3일 동안 3회독 일반상식 단기완성

3일 완성

공기업

최신기출
일반상식

SD에듀
(주)시대고시기획

머리말

공기업 취업을 꿈꾸는 여러분께 합격의 길을 열어드립니다!

신의 직장이라고 불리는 공기업에 취업하기 위해 많은 분들이 노력하고 있습니다. 최근 많은 기업들이 수시채용으로 전환하면서 공채 시즌은 옛말이 되어버렸고 취업난도 더욱 극심해져 어느 곳 하나 입사하기가 쉽지 않습니다. 그나마 공기업들이 공채를 통해 직원들을 선발하면서 채용시장에 활기를 불어넣고 있습니다.

공기업들은 직원 선발을 위한 필기시험에서 NCS를 필두로 하여 전공시험, 한국사, 일반상식을 선택적으로 추가하는 형태로 실시되고 있습니다. 특히 일반상식의 출제 범위는 수백 개가 넘는 공기업마다 제각각입니다. 때문에 각 기관에 맞는 대비란 어렵고 상식에 폭넓게 관심을 갖고 꾸준히 노력하는 것이 중요하다고 생각됩니다.

"노력은 사람이 그만두길 거부할 때만 그 보상을 전부 준다." 미국의 작가 나폴레온 힐의 말입니다. D-Day 3, 짧은 시간 동안에도 효율적으로 대비할 수 있도록 공기업 상식시험에 본서가 함께하겠습니다.

3일 동안 3회독, 일반상식 단기완성!

중앙공기업 및 지방공기업 상식시험에 꼭 필요한 일반상식을 마스터할 수 있습니다. 최신시사부터 분야별 기출상식과 암기상식까지 '기출과 기출의 빈틈을 채우는 일반상식'을 빠르게 완성합니다.

어떤 공기업에 입사하더라도 상식시험만큼은 이 책 하나로 거뜬히 통할 수 있도록 〈3일 완성 공기업 최신기출 일반상식〉을 다음과 같이 구성했습니다.

· ·

첫째 ▶ 상식시험에 출제될 확률이 높은 **최신상식**은 100가지 키워드로 선정하여 수록했습니다. 또 빈출노트를 통해 매년 자주 출제되는 상식들은 한눈에 파악하여 대비할 수 있도록 정리했습니다.

둘째 ▶ 다년간의 공기업 필기시험을 분석하여 출제 키워드를 **기출상식**으로 마스터하도록 했습니다. 상식 분야를 여러 카테고리로 나눠 유형을 확인할 수 있도록 했습니다. 또 실제 기출문제로 다시금 내용을 학습하도록 도왔습니다.

셋째 ▶ 꼭 알아야 하는 국어, 한자성어 등 기초상식들은 **암기상식**으로 수록해 빠른 시간 안에 필요한 내용만을 공부해 단기합격을 노릴 수 있도록 했습니다.

· ·

공기업 입사를 꿈꾸는 예비 직장인 여러분들이 본서를 통해 합격의 길로 나아가시길 진심으로 기원합니다.

시사상식연구소 씀

이 책의 구성과 특징

Section 01 이슈 브리핑

매일같이 쏟아져 나오는 최신시사 소식을 모두 다 공부할 수는 없습니다. 수많은 화제들 중 가장 출제 확률이 높은 '핫 키워드' 100개를 수록했습니다. 일반상식 분야는 각 분야에서 화제가 된 이슈들 중심으로 출제되는 만큼 가장 먼저 학습해둘 필요가 있습니다.

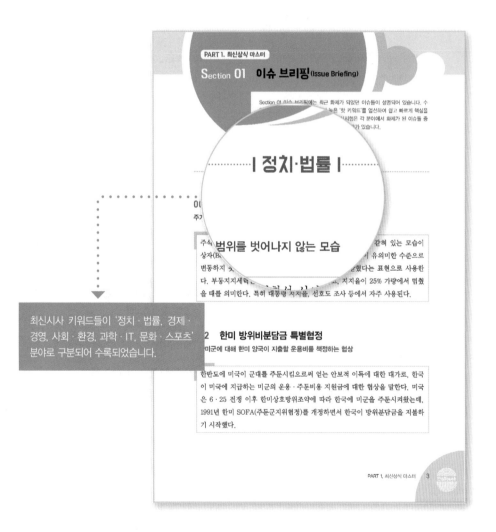

PART 1. 최신상식 마스터

Section 01 **이슈 브리핑**(Issue Briefing)

Section 01 이슈 브리핑에는 최근 화제가 되었던 이슈들이 설명되어 있습니다. 수
시험은 각 분야에서 화제가 된 이슈들 중
가 있습니다.

| 정치·법률 |

범위를 벗어나지 않는 모습 갇혀 있는 모습이
상자(B   이 유의미한 수준으로
변동하지   였다는 표현으로 사용한
다. 부동지지세력   , 지지율이 25% 가량에서 멈췄
을 때를 의미한다. 특히 대통령 지지율, 선도 조사 등에서 자주 사용된다.

2   한미 방위비분담금 특별협정
미군에 대해 한미 양국이 지출할 운용비를 책정하는 협상

한반도에 미국이 군대를 주둔시킴으로써 얻는 안보적 이득에 대한 대가로, 한국
이 미국에 지급하는 미군의 운용·주둔비용 지원금에 대한 협상을 말한다. 미국
은 6·25 전쟁 이후 한미상호방위조약에 따라 한국에 미군을 주둔시켜왔는데,
1991년 한미 SOFA(주둔군지위협정)를 개정하면서 한국이 방위분담금을 지불하
기 시작했다.

최신시사 키워드들이 '정치·법률, 경제·경영, 사회·환경, 과학·IT, 문화·스포츠' 분야로 구분되어 수록되었습니다.

PART 1   Section 02 빈출노트

상식시험을 진행하는 거의 모든 기관에서 출제되어온 '상식 중의 상식'을 정리했습니다. 올림픽 또는 월드컵의 연도별 개최지, 세계 3대 영화제와 관련한 수상 정보, 유네스코 지정 세계문화유산과 세계기록유산 등 매년 단골로 출제되는 정보를 확인할 수 있습니다.

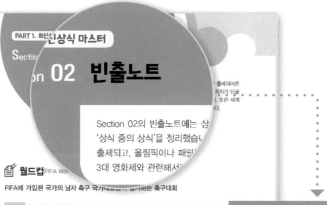

PART 1. 최신상식 마스터

Section 02 **빈출노트**

Section 02의 빈출노트에는 상⋯
'상식 중의 상식'을 정리했습니⋯
출제되고, 올림픽이나 패럴⋯
3대 영화제와 관련해서⋯

📋 **월드컵**(FIFA Wor⋯

FIFA에 가입된 국가의 남자 축구 국가대표팀이 참가하는 축구대회

국제축구연맹이 4년마다 개최하는 세계적인 축구대회로 소속 등에 상관없이 ⋯ 수 개인의 국적에 따라 출전하는데, 단일 종목 대회로는 세계에서 가장 큰 규⋯ 이다. 예선을 거쳐 본선에 진출한 국가들의 경기가 개최국 곳곳에서 약 한 달⋯ 걸쳐 진행된다. 이때 전 세계인의 관심이 월드컵에 집중된다. 1930년 우루과⋯ 에서 1회 대회가 개최되었지만 우리나라는 1954년 스위스에서 열린 제5회 대⋯ 에 처음으로 참가했고, 2002년 대회를 일본과 공동으로 개최하기도 했다.

FIFA(국제축구연맹)

축구 분야의 국제기구로, 국제올림픽위원회·국제육상연맹과 함께 세계 3대 체육기구로 불린다. 각종 국제 축구대회를 주관하며 국제 경기의 원활한 운영을 목적으로 한다.

[역대 월드컵 개최국과 우승국]

회	연도	개최국	우승국	준우승국
23회	2026년	미국·캐나다·멕시코	-	-
22회	2022년	카타르*	-	-
21회	2018년	러시아*	프랑스	크로아티아
20회	2014년	브라질*	독일	아르헨티나
19회	2010년	남아프리카공화국*	스페인	네덜란드

PART 1. 최신상식 마스터   51

'PART 1'은 섹션별로 학습 전략들이 소개되어 있습니다. 공부에 들어가기 전에 꼭 읽어보고, 주요하게 살펴봐야 할 부분을 파악해두도록 합시다.

이 책의 구성과 특징

PART 2 기출상식 마스터

공기업 필기시험에 출제된 상식 키워드를 정치 · 국제, 경제 · 금융, 사회 · 법률, 문화 · 미디어, 과학 · IT, 역사 · 철학의 6개 분야로 나누어 수록했습니다. 키워드에 따라 함께 알아두면 좋은 '추가 지식'도 수록되어 있어 이해의 폭을 넓힐 수 있습니다. 분야별 키워드를 학습한 뒤에는 Reviewing으로 복습하고, Actual Practice로 실전에 대비합니다.

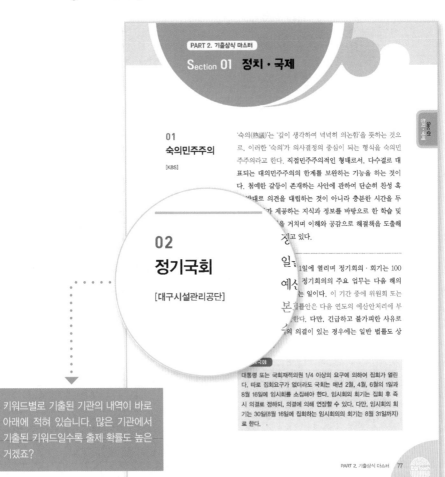

키워드별로 기출된 기관의 내역이 바로 아래에 적혀 있습니다. 많은 기관에서 기출된 키워드일수록 출제 확률도 높은 거겠죠?

STRUCTURES

PART 3   암기상식 마스터

한자성어, 맞춤법, 24절기 등 공기업 상식시험에 단골로 출제되는 암기상식들을 외우기 쉽게 정리했습니다. 단순 암기 학습이기 때문에 지루할 수 있지만 한번 외워두면 가장 확실하게 상식 시험 점수를 올릴 수 있는 지름길이기도 합니다.

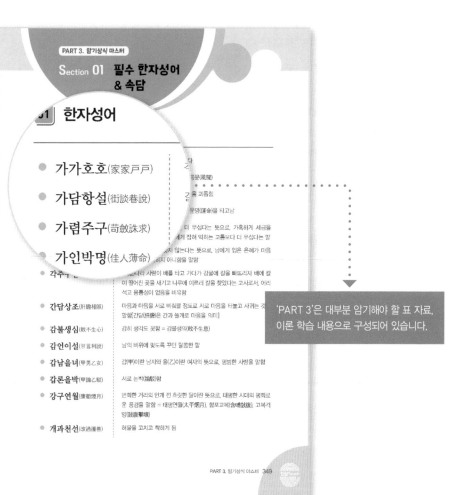

PART 3. 암기상식 마스터

Section 01   필수 한자성어 & 속담

01   한자성어

- **가가호호**(家家戶戶)
- **가담항설**(街談巷說)
- **가렴주구**(苛斂誅求)
- **가인박명**(佳人薄命)
- 각주구검

- **간담상조**(肝膽相照) 마음과 마음을 서로 비춰줄 정도로 서로 마음을 터놓고 사귀는 것 말함[간담(肝膽)은 간과 쓸개로 마음을 의미]
- **감불생심**(敢不生心) 감히 생각도 못 할 = 감불생의(敢不生意)
- **감언이설**(甘言利說) 남의 비위에 맞도록 꾸민 달콤한 말
- **갑남을녀**(甲男乙女) 갑(甲)이란 남자와 을(乙)이란 여자의 뜻으로 평범한 사람을 말함
- **갑론을박**(甲論乙駁) 서로 논박(論駁)함
- **강구연월**(康衢煙月) 번화한 거리의 안개 낀 흐릿한 달이란 뜻으로 태평한 시대의 평화로운 풍경을 말함 = 태평연월(太平烟月), 함포고복(含哺鼓腹), 고복격양(鼓腹擊壤)
- **개과천선**(改過遷善) 허물을 고치고 착하게 됨

'PART 3'은 대부분 암기해야 할 표 자료, 이론 학습 내용으로 구성되어 있습니다.

3일 완성 공기업 최신기출 일반상식

이 책의 차례

PART 1 ○ 최신상식 마스터

Section 01 이슈 브리핑 · · · · · · · · · · · · · · · 3

Section 02 빈출노트 · · · · · · · · · · · · · · · 51

PART 2 ○ 기출상식 마스터

Section 01 정치 · 국제 · · · · · · · · · · · · · · **77**

　　　　　 Reviewing · · · · · · · · · · · · · · · **100**

　　　　　 Actual Practice · · · · · · · · · · · **102**

Section 02 경제 · 금융 · · · · · · · · · · · · · · **120**

　　　　　 Reviewing · · · · · · · · · · · · · · · **149**

　　　　　 Actual Practice · · · · · · · · · · · **151**

Section 03 사회 · 법률 · · · · · · · · · · · · · · **176**

　　　　　 Reviewing · · · · · · · · · · · · · · · **201**

　　　　　 Actual Practice · · · · · · · · · · · **203**

Section 04 문화 · 미디어 · · · · · · · · · · · · **221**

　　　　　 Reviewing · · · · · · · · · · · · · · · **251**

　　　　　 Actual Practice · · · · · · · · · · · **253**

Section 05 과학 · IT · · · · · · · · · · · · · · · **272**

　　　　　 Reviewing · · · · · · · · · · · · · · · **292**

　　　　　 Actual Practice · · · · · · · · · · · **294**

Section 06 **역사 · 철학** · · · · · · · · · · · · · · · · · · · 305

Reviewing · 328

Actual Practice · · · · · · · · · · · · · · · · 330

PART 3 ○ 암기상식 마스터

Section 01 **필수 한자성어 & 속담**

❶ 한자성어 · · · · · · · · · · · · · · · · · · · 349

❷ 속담 · 364

Section 02 **한글 맞춤법 & 표준어**

❶ 틀리기 쉬운 맞춤법 · · · · · · · · · · · · · 366

❷ 띄어쓰기 · · · · · · · · · · · · · · · · · · · 366

❸ 복수 표준어 · · · · · · · · · · · · · · · · · 367

❹ 문장부호의 활용 · · · · · · · · · · · · · · · 368

Section 03 **빈틈없는 상식**

❶ 순우리말 단위어 · · · · · · · · · · · · · · · 371

❷ 24절기 · 372

❸ 나이 호칭 · · · · · · · · · · · · · · · · · · · 373

❹ 관계별 호칭 · · · · · · · · · · · · · · · · · 374

❺ 문학의 4대 장르 · · · · · · · · · · · · · · · 376

❻ 시나리오 용어 · · · · · · · · · · · · · · · · 376

❼ 우리나라의 시대별 주요 작가와 대표작품 · · · · · · 377

❽ 처음에 관한 모든 것 · · · · · · · · · · · · · 379

❾ 주요 순화어 · · · · · · · · · · · · · · · · · 380

D-DAY 3 일반상식 초단기 완성!
3일 동안 3회독 스터디 플래너

	구분			학습 내용	
꼼꼼하게 1회독 **1일차**	**이론정리**	PART 1	최신상식 마스터	Section 01	이슈 브리핑
				Section 02	빈출노트
		PART 2	기출상식 마스터	Section 01 정치 · 국제 ~ Section 06 역사 · 철학	
		PART 3	암기상식 마스터	Section 01 필수 한자성어 & 속담 ~ Section 03 빈틈없는 상식	
선택과 집중! 2회독 **2일차**	**문제풀이 오답파악**	PART 1	최신상식 마스터	Section 01 이슈 브리핑 ~ Section 02 빈출노트	
		PART 2	기출상식 마스터	Reviewing, Actual Practice 문제풀이!	
		PART 3	암기상식 마스터	국어 · 한자 위주 암기상식!	
키워드 위주 3회독 **3일차**	**실전 마무리**	PART 1	최신상식 마스터	이슈 브리핑으로 100가지 키워드만 빠르게	
				빈출노트로 기출 출제유형 파악	
		PART 2	기출상식 마스터	헷갈리는 Reviewing 문제 위주 키워드 회독!	
		PART 3	암기상식 마스터	필수 키워드로 빈틈없이 Clear!	

PART 1 최신상식 마스터

Section 01 이슈 브리핑

Section 02 빈출노트

3일 완성 ──────
공기업 최신기출 일반상식

PART 1은 출제될 확률이 가장 높은 시사 중심의 최신상식으로 이뤄져 있습니다. '이

슈 브리핑'에서는 얼마 전까지 뉴스를 장식했던 시사 키워드 100개를 분야별로 살펴

볼 수 있습니다. '빈출노트'에서는 예전부터 자주 출제되었지만 시기에 따라 세부 내

용이 쉽게 바뀌는 상식 키워드들이 수록되어 있습니다.

Section 01 이슈 브리핑(Issue Briefing)

Section 01 이슈 브리핑에는 최근 화제가 되었던 이슈들이 설명되어 있습니다. 수많은 화제들 중 가장 출제 확률이 높은 '핫 키워드'를 엄선하여 쉽고 빠르게 핵심을 파악할 수 있도록 정리했습니다. 일반상식시험은 각 분야에서 화제가 된 이슈들 중심으로 출제되는 만큼 가장 먼저 학습해둘 필요가 있습니다.

| 정치·법률 |

001 박스권
주가나 지지율 등이 일정한 범위를 벗어나지 않는 모습

주식시장에서 주가가 상한선과 하한선 사이 일정한 틀 안에 갇혀 있는 모습이 상자(Box) 같다고 붙여진 이름이다. 정치권에서는 지지율이 유의미한 수준으로 변동하지 못하는 것을 부정적인 측면에서 박스권에 갇혔다는 표현으로 사용한다. 부동지지세력인 콘크리트 지지층을 제외하고, 지지율이 25% 가량에서 멈췄을 때를 의미한다. 특히 대통령 지지율, 선호도 조사 등에서 자주 사용된다.

002 한미 방위비분담금 특별협정
주한미군에 대해 한미 양국이 지출할 운용비를 책정하는 협상

한반도에 미국이 군대를 주둔시킴으로써 얻는 안보적 이득에 대한 대가로, 한국이 미국에 지급하는 미군의 운용·주둔비용 지원금에 대한 협상을 말한다. 미국은 6·25 전쟁 이후 한미상호방위조약에 따라 한국에 미군을 주둔시켜왔는데, 1991년 한미 SOFA(주둔군지위협정)를 개정하면서 한국이 방위분담금을 지불하기 시작했다.

003 규제 샌드박스(Regulatory Sandbox)
새로운 시장을 위해 여러 규제를 제한적으로 완화해주는 제도

어떤 산업 분야에서 새로운 시장이 생겨날 조짐이 보일 때 기업들이 투자할 수 있는 동력을 낼 수 있도록 해당 분야에 가해지던 여러 규제를 제한적으로 완화하는 것이다. 어린아이가 위험 걱정 없이 마음 놓고 놀 수 있는 모래놀이터(Sandbox)에서 유래했다. 2016년 영국이 최초로 금융 부분에 규제 샌드박스를 도입한 뒤 세계 여러 나라에서 시행 중이다.

004 김용균법
산업재해 방지를 위해 산업현장안전과 기업의 책임을 대폭 강화하는 법안

2018년에 태안화력발전소 비정규직 노동자였던 고 김용균 사망사건 이후 입법 논의가 시작되어 고인의 이름을 따서 발의된 법안이다. 고 김용균 씨 사망은 원청관리자가 하청노동자에게 직접 업무지시를 내린 불법파견 때문에 발생한 것으로 밝혀져 '죽음의 외주화' 논란을 일으켰다. 이 사건의 원인이 안전관련법안의 한계에서 비롯되었다는 사회적 합의에 따라 산업안전규제 강화를 골자로 하는 산업안전보건법이 2020년에 개정되었고, 이후 산업재해를 발생시킨 기업에 징벌적 책임을 부과하는 중대재해 기업처벌법이 2021년에 입법됐다.

산업안전보건법 개정안(산업안전법)

산업현장의 안전규제를 대폭 강화하기 위해 발의된 법안으로 2020년 1월 16일부터 시행됐다. 주요 내용은 노동자 안전보건 조치 의무 위반 시 사업주에 대한 처벌을 강화하고 하청 가능한 사업의 종류를 축소시키는 등이다. 특히 도급인 산재 예방 조치 의무가 확대되고 사업장의 처벌 수준을 강화해 위험의 외주화를 방지한다.

중대재해 기업처벌법(중대재해법)

경영책임자와 기업에 징벌적 손해배상책임을 부과한다. 중대한 인명피해를 주는 산업재해가 발생했을 경우 경영책임자 등 사업주에 대한 형사처벌을 강화하는 내용이 핵심이다. 2022년부터 시행됐으며 50인 미만 사업장은 공포된 지 3년 후부터 시행된다.

005   부동산 3법

부동산과 관련된 종합부동산세법 · 법인세법 · 소득세법

부동산 3법은 부동산과 관련된 종합부동산세법 · 법인세법 · 소득세법을 통칭하여 부르는 말이다. 2020년 8월에는 7 · 10 부동산 대책에 대한 후속 입법절차로 국회에 개정 부동산 3법이 통과됐다. 개정 부동산 3법은 3주택 이상이나 투기조정대상지역 2주택 소유자의 종합부동산세 최고 세율을 6.0%로 높이고, 2년 미만 단기 보유 주택과 다주택자의 투기조정대상지역 내 주택 양도세 중과세율을 올리는 것이 주요 내용이다.

부동산 3법 주요 내용 (2020.12.29. 개정)

종합부동산세법	고액의 부동산 보유자에 대하여 개인의 경우 주택 이상 및 조정대상지역은 2주택에 대해 과세표준 구간별로 1.2%~6.0%의 세율을 적용하며, 법인은 다주택 보유 법인에 대해 중과 최고세율인 6%를 적용한다.
법인세법	법인이 보유한 주택을 양도할 때 추가세율이 인상된다. 또 법인의 주택 양도차익에 대해 기본 법인세율(10~25%)에 더해 추가 과세되는 세율이 기존 10%에서 20%로 인상된다.
소득세법	양도소득세제상 주택 수 계산 시 분양권이 포함된다. 1세대 1주택(고가주택)에 대한 장기보유특별공제율 적용 요건에 거주기간이 추가된다.

006   미국 경쟁법

중국 견제와 미국 경쟁력 강화를 위해 미국 연방하원에서 가결한 법안

미국 내 반도체 연구지원 및 생산보조에 520억달러를 투입하는 것을 핵심으로 하며 공급망 안전성 강화에 450억달러를 투입하는 내용이 포함된 법안이다. 또한 인공지능(AI)과 핵물리학, 동위원소, 기초과학을 집중 지원하고 에너지, 사이버, 기후변화 등의 지원을 강화하기로 했다. 나아가 중국, 러시아, 북한, 이란을 우려 대상국으로 지정해 해당 국가에 의해 발생한 악의적 인재를 미국 예산을 사용하는 연구개발 · 교육 지원에서 배제하기로 했다.

007   슬로벌라이제이션(Slowbalisation)

국제 공조와 통상이 점차 악화되는 상황

영국의 경제 전문 주간지 〈이코노미스트〉가 2020년 진단한 세계 경제의 흐름이다. 세계화(Globalization)의 속도가 점차 늦어진다(Slow)는 의미를 담고 있다. 2008년 미국발 금융위기로 인해 많은 국가들이 자국 산업의 보호를 위해 부분적 보호무역주의를 실시했고 코로나19 사태 이후 이 같은 경향이 심화되면서 이러한 진단이 나오게 되었다. 개발도상국의 성장으로 무역 시장의 역할 변화가 이뤄지면서 선진국과 개도국의 관계가 상호 호혜적 관계에서 경쟁적 관계로 변화한 것이 큰 요인이라고 평가된다.

세계화(Globalization : 글로벌라이제이션)

전 세계가 경제적·정치적으로 통합되는 것을 말한다. 1990년대의 냉전 해체 이후 세계 경제의 트렌드였다고 평해진다. 공산권의 개방 이후 운송비용과 통신비용이 빠른 속도로 절감되면서 세계의 실물경제와 금융경제는 빠르게 일체화되고 성장했다.

008   신호등 연정

올라프 숄츠 독일 총리 취임 후 공식 출범한 독일의 연립정부

16년간 집권한 앙겔라 메르켈 전 독일 총리의 뒤를 이어 2021년 12월 8일 올라프 숄츠가 제9대 독일 총리로 취임하면서 공식 출범한 독일의 연립정부의 별칭이다. 신호등 연정이란 숄츠 총리가 소속된 사회민주당(사민당)을 비롯해 자유민주당과 녹색당 등 3개 정당이 연합했다는 의미를 갖는다. '신호등'이라는 명칭은 연정에 참여한 정당들의 상징색이 각각 빨간색(사민당), 노란색(자유민주당), 녹색(녹색당)인 데 기인한다. 숄츠 총리의 취임 및 신호등 연정의 출범으로 독일 정치는 2005년 이후 16년 만에 중도우파에서 사민당을 중심으로 하는 중도좌파로의 정권교체가 이뤄졌다.

009 공정경제 3법
상법 · 공정거래법 · 금융그룹감독법 개정에 관한 법률

기업 지배구조 개선과 대기업의 부당한 경제력 남용 근절을 목적으로 발의된 상법 개정안과 공정거래법 개정안, 그리고 금융그룹감독에 관한 법률 개정안이다. 2020년 8월에 국무회의에서 의결되어 같은 해 12월 9일 열린 본 회의에서 가결됐다. 공정경제 3법 개정안을 통해 소액주주의 경영감독권이 강화되어 불법적 승계를 위한 기업의 자회사 설립 등을 방지할 수 있게 됐다. 공정경제 3법 도입 이후 규제대상 기업은 607개사에 달하며 금융복합기업집단으로 지정된 경우 별도 감독이 실시된다.

공정경제 3법 주요 내용

상법	소액주주의 경영감독권을 강화하는 '다중대표소송제', 감사위원의 독립성 보장을 위한 '분리선출제', 감사위원분리 선출 시 대주주의 의결권을 3%로 제한하는 '3%룰'이 주 내용이다.
공정거래법	담합 행위에 대한 공정거래위원회의 '전속고발권'을 폐지하고 상장사에 대한 사익편취 규제 기준을 지분율 30%에서 20%로 하향한다.
금융그룹감독법	계열사가 2개 이상의 금융업을 영위하며 소속 금융사 자산이 5조원 이상일 경우 복합금융그룹으로 지종되어 금융당국의 감독을 받는다.

010 B3W(Build Back Better for the World)
중국에 대항하기 위해 미국이 추진하는 글로벌 인프라 파트너십

조 바이든 미국 대통령이 2021년 6월 영국에서 열린 G7 정상회의에서 제안한 것으로 중국의 '일대일로(一帶一路)'에 대항하는 글로벌 인프라 파트너십을 말한다. 바이든 대통령의 대선 캠페인 '더 나은 건설(Build Back Better)'에서 차용한 명칭이다. 미국은 약화됐던 민주주의 리더십을 회복하여 동맹국들과 함께 중국의 부상을 견제하는 것은 물론, 주요 인프라를 비롯해 기후 · 보건 · 디지털 기술 · 성평등 분야에도 집중적으로 자본을 조달한다는 계획이다.

011 패스트트랙(Fast Track)
쟁점 법안의 빠른 본회의 의결을 진행하기 위한 입법 시스템

발의된 국회의 법안 처리가 무한정 미뤄지는 것을 막고, 법안을 신속하게 처리하기 위한 제도이다. 우리나라의 입법 과정은 해당 분야를 담당하는 상임위의 의결 → 법제사법위의 의결 → 본회의 의결 → 대통령 거부권 행사 여부 결정 순으로 진행된다. 본회의 의석수가 많더라도 해당 상임위 혹은 법사위 의결을 진행시킬 수 없어 법을 통과시키지 못하는 경우가 있는데, 이런 경우 소관 상임위 혹은 본회의 의석의 60%가 동의하면 '신속 처리 안건'으로 지정하여 바로 본회의 투표를 진행시킬 수 있다. 하지만 이를 위해 상임위 심의 180일, 법사위 회부 90일, 본회의 부의 60일, 최장 330일의 논의 기간을 의무적으로 갖게 된다.

012 연동형 비례대표제
정당 득표율에 비례해 의석을 배분하는 제도

지역구 당선자수와 전체 의석수를 연동해 정당 득표율로 총 의석수를 배분하는 선거제도를 말한다. 먼저 정당 득표율에 비례해 정당별 총 의석수를 배분하고 여기에 지역구 당선자 수를 뺀 만큼을 비례대표 의석으로 배정하는 방식이다. 예를 들어 전체 의석이 300석일 때 특정 정당이 50%의 정당 득표율을 얻으면 이 당은 총 150석의 의석을 갖는다. 이때 이 당이 120명의 지역구 당선자를 배출한다면 정당 득표율을 통해 배분된 150석에서 120석을 뺀 나머지 30석을 비례대표로 채운다.

013 고위공직자범죄수사처(공수처)

고위공직자의 범죄 사실을 수사하는 독립된 기관

대통령을 비롯해 국회의원, 국무총리, 검사, 판사, 경무관급 이상 경찰 등 고위공직자들이 직무와 관련해 저지른 범죄에 대한 수사를 전담하는 기구로, 줄여서 '공수처'로 부른다. 공수처 설치는 1996년 참여연대가 고위공직자비리수사처를 포함한 부패방지법안을 입법 청원한 지 23년, 고(故) 노무현 전 대통령이 2002년 대선공약으로 내건 지 17년 만인 2019년 12월 30일 입법화가 이뤄졌다. 공수처는 고위공직자의 부정부패 수사라는 목적 외에 기소권을 독점해온 검찰을 견제한다는 점에서 검찰 권한 분산을 골자로 한 '검찰개혁의 핵심'으로 평가받았다. 공수처 설치법안은 2020년 1월 국무회의에서 의결됐다. 공수처 검사는 공수처장과 차장 각 1명을 포함해 25명 이내로 한다. 2021년 1월 21일에 공수처가 공식 출범되면서 초대 공수처장으로 김진욱 헌법재판소 전 선임연구관이 임명됐다.

고위공직자범죄수사처의 수사 대상

수사 대상 고위공직자는 대통령, 국회의원, 대법원장 및 대법관, 헌법재판소장 및 헌법재판관, 국무총리와 국무총리 비서실 정무직 공무원, 중앙선거관리위원회의 정무직 공무원, 판사 및 검사, 경무관 이상 경찰공무원 등이다. 국회사무처 · 국회도서관 · 국회예산정책처 · 국회입법조사처 · 대법원장비서실 등의 정무직 공무원과 시도지사 및 교육감 등도 포함된다. 이 중 검사, 판사, 경찰에 대해서는 직접 기소할 수 있다. 수사 대상 범죄는 뇌물, 배임, 범죄은닉, 위증, 친족간 특례, 무고와 고위공직자 수사 과정에서 인지한 해당 고위공직자의 범죄 등이다.

014 검·경 수사권 조정안

수사·기소를 분리한 검·경 수사권 조정

검·경 수사권 조정안은 ▲ 검사 수사지휘권 폐지 ▲ 경찰 1차 수사종결권 부여 ▲ 검사 직접 수사범위 제한 등 검찰 권한을 분산하는 내용이 핵심이다. 2020년 1월 13일 이 같은 내용의 검·경 수사권 조정법안(형사소송법·검찰청법 개정안)이 통과됐으며 검찰의 수사지휘권은 1954년 형사소송법이 제정된 지 66년 만에 폐지됐다. 그간 형사소송법은 검사를 수사권의 주체로, 사법경찰관은 검사의 지휘를 받는 보조자로 규정해왔다. 그러나 개정안 통과로 검·경 관계는 '지휘'에서 '협력'으로 바뀌었다. 경찰에 1차적 수사종결권을 부여한 점도 개정안의 핵심이다. 경찰은 혐의가 인정되지 않는다고 판단한 사건을 자체 종결할 수 있다. 2020년 10월 29일 검·경 수사권 조정을 위한 검찰청법과 형사소송법 시행령이 국무회의를 통과해 2021년 1월 1일부터 시행됐다. 검찰의 직접수사 범위도 제한됐다. 시행령에 따르면 검찰 직접 수사 대상은 ▲ 4급 이상 공직자 ▲ 3,000만원 이상의 뇌물 사건 ▲ 5억원 이상의 사기·횡령·배임 등 경제범죄 ▲ 5,000만원 이상의 알선수재·배임수증재·정치자금 범죄 등이다.

국가수사본부(국수본)

검·경 수사권 조정 이후 경찰이 1차적 수사종결권을 갖게 된 수사기관으로 2021년 출범했다. 일반 경찰과 수사 경찰을 분리해 경찰의 수사 컨트롤타워 역할을 수행하여 한국판 FBI라 불린다.

국가수사본부 조직도

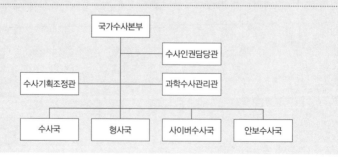

015 SLBM(잠수함발사탄도미사일)
잠수함에서 발사되는 탄도미사일

잠수함에 탑재되어 잠항하면서 발사되는 미사일 무기로, 대륙간탄도미사일(ICBM), 다탄두미사일(MIRV), 전략 핵폭격기 등과 함께 어느 곳이든 핵탄두 공격을 감행할 능력을 갖췄는지를 판단하는 기준 중 하나다. 목표물이 본국보다 해안에서 더 가까울 때에는 잠수함을 해안에 근접시켜 발사할 수 있으며, 조기에 모든 미사일을 탐지하기가 어렵다는 장점이 있다. 북한은 2021년 초 미국 새 행정부 출범을 앞두고 노동당 8차 당대회 기념 열병식에서 신형 잠수함발사탄도미사일(SLBM) '북극성-5형'을 공개했다. 또한 우리나라는 지난 2021년 9월 15일 독자개발한 SLBM 발사시험에 성공하면서 세계 7번째 SLBM 운용국이 됐다.

016 하이브리드 전쟁
모든 수단을 총동원해 상대국에 혼란과 불안을 일으키는 전쟁

군사적 수단과 비군사적 수단을 동원해 전쟁 상대국의 혼란과 불안을 야기하는 것을 말한다. 재래전을 포함해 가짜뉴스, 정치공작, 사이버 공격, 난민 유입 등 여러 방법으로 상대국에 공포와 혼란을 일으킨다. 모든 수단을 총동원한다는 특징 때문에 '복합전쟁', '비대칭 전쟁'이라고도 한다. 전쟁에는 무력충돌이 반드시 수반되는 데 비해 하이브리드 전쟁은 군사력 사용을 줄임으로써 공격 주체 및 의도가 잘 드러나지 않고 피해자 입장에서는 신속한 방어가 어렵다. 여기에 가능한 모든 수단을 동원해 내부분열, 여론악화, 사회혼란 등을 일으키기 때문에 상대에게 투입한 비용이나 노력보다 훨씬 더 큰 타격을 가할 수 있다.

017 파이브 아이즈(Five Eyes)
영어권 5개국이 참여하고 있는 기밀정보 동맹체

미국, 영국, 캐나다, 호주, 뉴질랜드 등 영어권 5개국이 참여하고 있는 기밀정보 동맹체다. 파이브 아이즈는 1946년 미국과 영국이 공산권과의 냉전에 대응하기 위해 비밀 정보교류 협정을 맺은 것이 시초로 1960년에 개발된 에셜론(Echelon)이라는 프로그램을 통해 전 세계 통신망을 취합한 정보를 공유하는 것으로 알려져 있다.

018 홍콩 국가보안법(홍콩보안법)
홍콩 내 중국 반(反)정부 행위를 처벌하는 법

홍콩보안법은 외국 세력과 결탁, 국가 분열, 국가정권 전복, 테러리즘 행위 등을 금지 · 처벌하고, 홍콩 내에 이를 집행할 기관인 국가안전처를 설치하는 내용이 담긴 홍콩의 중국 반(反)정부 행위 처벌법이다. 중국전국인민대표회의 상무위원회에서 2020년 6월 30일에 통과되어 홍콩의 실질적 헌법인 기본법 부칙에 삽입됐으며, 홍콩주권 반환일인 7월 1일부터 공식 시행되었다. 중국과 홍콩은 본래 일국양제(一國兩制)를 택하고 있어 홍콩 의회에서 법안을 발의해야 한다. 하지만 2019년 범죄인 인도법(송환법)에 반대한 시위가 6개월 넘게 지속되며 홍콩 민주화를 요구하는 대규모 시위로 번지자 중국 정부가 이를 대처하기 위해 직접 홍콩보안법을 제정했다.

일국양제(一國兩制)
중국이 영국에게서 홍콩을 반환받으며 체결한 협정에서 덩샤오핑이 내세운 '한 나라 두 체제'이다. 이에 따르면 1997년 중국에 홍콩이 반환된 이후로도 50년 동안 기존 체제를 유지하고, 외교와 국방을 제외한 입법 · 사법 · 행정 · 교육 등의 분야에서 자치권을 갖는다.

019 방공식별구역(ADIZ ; Air Defense Identification Zone)
자국의 영토와 영공을 방어하기 위한 구역

자국 영공에 접근하는 군용기를 미리 식별하기 위해 설정한 임의의 공역을 말한다. 방공식별구역은 임의로 선포하는 공역으로 국제법적으로 인정되지는 않는다. 하지만 다른 나라가 이를 인정한 이후에는 해당 공역에 진입하기 전에 미리 비행계획을 제출하고 진입 시 위치 등을 통보해야 한다. 만약 통보없이 외국의 항공기가 침범할 경우 전투기가 출격할 수 있다. 보통 방공식별구역은 자국의 영문 이니셜을 앞에 붙여 표기하는데 한국의 방공식별구역은 'KADIZ'이다.

020 쿼드(Quad)
미국, 일본, 인도, 호주 4국가가 모여 구성한 안보협의체

미국, 일본, 인도, 호주로 구성된 안보협의체다. 2007년 당시 아베 신조 일본총리의 주도로 시작됐으며 2020년 8월 미국의 제안 아래 공식적인 국제기구로 출범했다. '법치를 기반으로 한 자유롭고 개방된 인도·태평양(FOIP ; Free and Open Indo-Pacific)' 전략의 일환으로 시진핑 중국주석이 이끄는 일대일로를 견제하기 위한 목적도 갖고 있다. 이 때문에 반(反)중국의 성격을 가지고 있는데 당시, 미국은 쿼드를 인도-태평양판 나토(NATO, 북대서양조약기구)로 추진했다. 한편 쿼드는 한국, 뉴질랜드, 베트남이 추가로 참가하는 쿼드 플러스로 기구를 확대하려는 의지를 내비치기도 했다.

021 CPTPP(포괄적 · 점진적 환태평양경제동반자협정)

일본의 주도로 아시아와 태평양 11개국이 참여하는 무역협정

미국이 TPP(환태평양경제동반자협정)에서 탈퇴한 후 일본, 캐나다 등 11개국이 추진해 출범한 무역협정이다. 가입국은 일본, 캐나다, 멕시코, 호주, 뉴질랜드, 베트남, 말레이시아, 싱가포르, 칠레, 페루, 브루나이다. 2018년 3월 11개국이 공식서명하며 출범했고, 그해 12월 30일부터 공식 발효됐다. CPTPP의 원칙은 다양한 제품의 무역에 대한 관세를 전면적으로 철폐하는 것이고, 외국 자본의 투자 규제를 완화하며 자유로이 고급 인력이 이동하는 것을 허용하는 것이다.

RCEP(역내포괄적경제동반자협정)

아세안 10개국과 한 · 중 · 일, 호주, 뉴질랜드 등 15개국이 역내무역자유화를 위해 체결한 다자간 자유무역협정(FTA)을 말한다. RCEP는 전세계 인구의 절반, 국내총생산(GDP)의 3분의 1을 차지하는 대규모 자유무역협정으로, 아세안 10개국, 한 · 중 · 일, 호주, 뉴질랜드 정상들이 2020년 11월 15일 협정문에 최종서명했다.

022 신용점수제
신용등급제를 대체하는 개인신용평가 점수 제도

개인신용평가 기준을 1~1,000점까지의 점수로 부여하는 제도이다. 기존 신용등급제를 대체해 2021년 1월 1일부터 전 금융권에서 전면 시행됐다. 신용점수제가 실시되면서 신용평가를 할 때 등급에 따라 평가하는 것이 아니라 실제 신용상태를 적용해 세분화된 점수를 적용한다. 신용평가사(CB사)인 나이스평가정보와 코리아크레딧뷰로(KCB)는 개인의 신용등급을 산정하지 않고 신용점수만 산정해 금융사와 소비자 등에 제공한다. 근소한 차이로 하위 등급을 받은 사람이 대출 등에 제약을 받았던 문턱 효과가 완화되고 좀 더 정교한 여신 심사가 가능해진다.

023 그린 택소노미(Green Taxonomy)
친환경산업을 분류하기 위한 녹색산업 분류체계

녹색산업을 뜻하는 그린(Green)과 분류학을 뜻하는 택소노미(Taxonomy)의 합성어다. 환경적으로 지속 가능한 경제활동의 범위를 정하는 것으로 친환경산업을 분류하기 위한 녹색산업 분류체계를 말한다. 녹색투자를 받을 수 있는 산업 여부를 판별하는 기준으로 활용된다. 2020년 6월 세계 최초로 유럽연합(EU)이 그린 택소노미를 발표했을 당시만 해도 원자력발전을 포함한 원자력 관련 기술이 포함되지 않았지만, 2021년 12월에 마련한 그린 택소노미 초안에 방사성폐기물을 안전하게 처리할 계획을 세우고 자금과 부지가 마련됐을 경우 친환경으로 분류될 수 있다는 내용이 새롭게 포함됐다.

024   만타(MANTA)

2021년 미국 증시를 주도한 기업들

미국 증시를 주도하는 마이크로소프트(MS)와 애플(Apple), 엔비디아(NVIDIA), 테슬라(TESLA), 구글 모기업인 알파벳(Alphabet)의 머리글자를 딴 용어다. 글로벌 투자은행 골드만삭스가 팡(FAANG)이 저물고 만타(MANTA)의 시대가 왔다고 분석하면서 사용되기 시작했다. 팡은 미국 IT산업을 선도한 페이스북(현 메타 플랫폼스), 아마존, 애플, 넷플릭스, 구글을 일컫는 말이다. 만타에는 2021년 새롭게 활약한 기업들이 포함됐다.

025   트래블 룰(Travel Rule)

가상자산 사업자가 가상자산을 전송할 때 관련 정보를 모두 수집하도록 한 규정

암호화폐거래소 등 가상자산 사업자가 가상자산을 전송할 때 거래인의 실명 등 관련 정보를 모두 수집하도록 한 국제자금세탁방지기구(FATF) 규정이다. 국내의 경우 특정금융거래정보의 보고 및 이용 등에 관한 법률(특금법)이 개정됨에 따라 가상자산거래소는 2022년 9월 24일까지 가상자산 사업자로 등록해야 하는 것으로 알려졌다. 대형 거래소의 가상자산 사업자 신고 수리 여부도 불확실한 상황이라 중소 암호화폐거래소의 잇단 폐쇄가 예상됐다. 여기에 트래블 룰까지 적용될 경우 가상화폐거래소는 사업자 등록과 더불어 관련 시스템까지 갖춰야 해서 난항이 예상됐다. 트래블 룰은 유예기간을 거쳐 2022년 3월부터 적용됐다.

026 슬로플레이션(Slowflation)
경기회복 속도가 느린 가운데 물가가 치솟는 현상

경기회복속도가 둔화되는 상황 속에서도 물가상승이 나타나는 현상이다. 경기회복이 느려진다는 뜻의 'Slow'와 물가상승을 의미하는 '인플레이션(Inflation)'의 합성어다. 슬로플레이션에 대한 우려는 글로벌 공급망 대란에 따른 원자재가격 폭등에서 비롯된 것으로 스태그플레이션보다는 덜 심각한 상황이지만 경제전반에는 이 역시 상당한 충격을 미친다.

027 피지털(Phygital) 경제
물리적 매장을 디지털화하는 소비형태

디지털을 활용해 오프라인 공간에서의 육체적 경험을 확대한다는 뜻으로 최근 소비형태의 각 단계에 적용되고 있다. 오프라인을 의미하는 '피지컬(physical)'과 온라인을 의미하는 '디지털(digital)'의 합성어다. 피지털 경제에서는 오프라인 매장에서 마음에 드는 물건을 찾고 상품에 부착된 QR코드를 스캔해 상품정보 및 리뷰를 간편하게 찾을 수 있다. 픽업단계에서도 온라인에서 주문한 제품을 오프라인 매장에서 연중무휴 24시간 찾아갈 수 있도록 변화하고 있다.

028 공모주 청약
기업 상장이 결정됐을 때 공개적으로 투자자를 모집하는 것

투자자가 증권사에 IPO(Initial Public Offering) 공모주를 사겠다고 신청하는 행위를 말한다. IPO는 기업공개라는 뜻으로 기업이 코스닥, 코스피 등에 상장될 때 회사 주식을 매입할 개인 투자자를 공개 모집하는 것을 뜻한다. 공모주는 공개 모집 주식의 준말인데 공모주 청약을 한 투자자가 주식을 배정받게 되면 공모주 배정이 이뤄진다. 공모주 청약에 신청하는 모두가 공모주를 배정받는 것은 아니며 공모주에 몰리는 경쟁률과 기준에 따라 공모주 청약 성공 여부가 결정된다.

029   캐리트레이드(Carry Trade)
저금리 국가에서 자금을 빌려 고금리 국가 자산에 투자하는 것

저금리 국가에서 자금을 빌려 고금리 국가 자산에 투자하는 것을 말한다. 금리가 지속하여 낮을 것으로 예상되는 국가는 대부분 경제가 안정적인 선진국이고 고금리 정책을 펼치는 국가는 상대적으로 개도국들이기에 일반적으로 캐리트레이드는 선진국에서 돈을 빌려 개도국에 투자하는 방식으로 이뤄진다.

030   코워킹스페이스(Co-working Space)
공유경제형 사무실 임대 서비스

개방형 사무실을 임대해주는 서비스이다. 대규모의 사무실에 여러 사업자들이 테이블 단위로 비용을 지불하고 입주하여 업무를 본다. 소규모 스타트업의 경우 한 개의 사무실을 임대하는 것보다는 저렴한 가격에 사무공간을 이용할 수 있다. 트렌디한 인테리어로 근로자의 만족도를 높일 수 있고 각종 서비스 시설도 공용으로 저렴하게 확보할 수 있다는 장점을 보유하고 있다. 또한 이곳에 입주함으로써 개방된 공간에서 여러 스타트업 인재들이 직간접적으로 접촉하게 되면서 아이디어 교환과 협업 추진 등의 각종 시너지 효과를 유도하기도 한다. 하지만 공간이 개방되어 있어 보안이나 프라이버시 면에서 취약하며, 규모가 조금만 커져도 사무실을 임대하는 것보다 경제성이 낮아진다는 단점이 있다.

031   레몬법
자동차나 전자제품 소비자들을 불량품에서 보호하기 위한 법안

'오렌지인 줄 알고 샀는데 시어서 먹을 수 없는 레몬이었다면 가게 주인이 바꿔 줄 의무가 있다'는 말과 의미가 상통하는 법으로 자동차나 전자제품 등의 고장이 지속적으로 발생할 경우 제조사가 교환·환불해주도록 하는 법이다. 2019년 1월부터 새 차를 구입한 후 동일한 고장이 반복될 경우 교환 또는 환불을 받을 수 있도록 한 자동차관리법 개정안이 시행됐다.

032   신 파일러(Thin-filer)
신용을 평가할 금융거래 정보가 거의 없는 사람

영어로 얇다는 뜻의 'Thin', 서류라는 뜻의 'File', ~하는 사람이라는 의미를 가진 접미사 '-er'이 합쳐져 만들어진 용어로, 서류가 얇은 사람을 말한다. 이는 신용을 평가할 수 없을 정도로 금융거래 정보가 거의 없는 사람을 지칭한다. 구체적으로는 최근 2년 동안 신용카드 사용 내역이 없고, 3년간 대출 실적이 없는 이를 가리킨다. 20대 사회초년생이나 60대 이상 고령층이 주로 이에 해당한다. 신용정보가 부족하다는 이유에서 낮은 신용점수로 평가되어 대출 금리를 낮게 적용받기 어렵다.

033   리츠펀드(REITs ; Real Estate Investment Trusts)
소액 개인투자자가 부동산에 전문으로 투자하는 펀드

소액 개인투자자에게서 자금을 모아 부동산에 전문으로 투자할 수 있게 하는 펀드이다. 또한 이런 리츠펀드를 취급해 부동산 임대 수입에서 나오는 배당금과 부동산 가격이 상승하며 발생된 매매차익을 투자자에게 배당하는 '부동산투자회사' 또는 '부동산투자신탁'도 리츠라고 일컫는다.

034   환율조작국

미국에서 지정하는 외환시장에 개입해 환율을 조작하는 국가

자국의 수출을 늘리고 자국 제품의 가격경쟁력을 확보하기 위해 정부가 인위적으로 외환시장에 개입해 환율을 조작하는 국가를 말하며 미국에서 지정한다. 미국은 매년 4월과 10월 경제 및 환율정책 보고서를 통해 환율조작국을 발표한다. 미국의 '교역촉진법'에 따르면 ▲ 대미 무역수지 흑자가 200억달러 이상 ▲ 경상수지 흑자가 국내총생산(GDP)의 3% 이상 ▲ 외환시장 개입 규모가 GDP의 2% 이상 등 3개 요건에 모두 해당하면 환율조작국으로 지정한다고 명시됐다.

···················· **| 사회·환경 |** ····················

035   첫만남이용권

2022년부터 출생 아동에게 200만원의 바우처를 지급하는 제도

출산 가정의 초기 양육부담을 경감하기 위해 2022년 1월 이후 출생한 모든 아동에게 200만원의 바우처를 지급하는 제도다. 출생 아동의 보호자 혹은 대리인이 아동의 관할 읍·면·동 주민센터에서 이용권을 신청할 수 있으며, 각 지방자치단체는 신청 30일 이내에 지급 여부를 결정하여 신청자의 신용카드나 체크카드, 전용카드 등을 통해 포인트를 지급한다. 단, 아동복지시설에서 보호하는 아동의 경우에는 아동 명의의 계좌에 현금으로 지급된다. 포인트는 아이가 태어난 날로부터 1년간 유흥업소, 사행업종, 레저업종을 제외한 어디에서나 사용이 가능하며 사용기한이 지나면 잔액은 소멸한다.

036 잡호핑(Job-hopping)족

자신의 경력을 쌓고 전문성을 발전시키기 위한 목적으로 2~3년마다 직장을 옮기는 사람

'폴짝폴짝 여기저기 뛰어다닌다'를 뜻하는 영어 단어 'hop'을 이직하는 것에 비유한 용어로서, 장기간의 경기불황과 저성장 속에 주기적인 이직을 통해 새로운 활로를 개척하려는 젊은 직장인들을 가리킨다. 최근 자신의 경력을 쌓고 전문성을 높이기 위한 목적으로 2~3년마다 단기간에 직장을 옮기는 '잡호핑족'이 늘고 있다.

037 먼지차별

사회 내에 남아 있는 미세먼지처럼 사소한 성차별을 가리키는 용어

사회 곳곳에서 성차별을 퇴출시키기 위한 노력과 전반적인 의식 변화가 이뤄졌지만 여전히 사소하게 남아 있는 먼지와 같은 성차별을 가리키는 말이다. 강도는 강하지 않지만 이것이 차별이라고 느끼지 못하는 경우가 많기 때문에 차별을 당하는 입장에서는 오히려 대처하기가 쉽지 않다는 특징이 있다. 영어권에서는 흔히 'Microaggression'이라 표현된다.

038 가스라이팅(Gaslighting)

상황조작을 통해 판단력을 잃게 만들어 타인에게 지배력을 행사하는 것

연극 〈가스등(Gas Light)〉에서 유래한 말로 세뇌를 통해 정신적 학대를 하는 것을 뜻하는 심리학 용어다. 타인의 심리나 상황을 교묘하게 조작해 그 사람이 스스로 의심하게 만들어 타인에 대한 지배력을 강화하는 행위다. 거부, 반박, 전환, 경시, 망각, 부인 등 타인의 심리나 상황을 교묘하게 조작해 그 사람이 현실감과 판단력을 잃게 만들고, 이로써 타인에 대한 통제능력을 행사하는 것을 말한다.

039 인구절벽

생산가능인구(만 15~64세)의 비율이 급속도로 줄어드는 사회경제 현상

한 국가의 미래성장을 예측하게 하는 인구지표에서 생산가능인구인 만 15세~64세 비율이 줄어들어 경기가 둔화하는 현상을 가리킨다. 이는 경제 예측 전문가인 해리 덴트가 자신의 저서 〈인구절벽(Demographic Cliff)〉에서 사용한 용어로 청장년층의 인구 그래프가 절벽과 같이 떨어지는 것을 비유했다. 그에 따르면 한국 경제에도 이미 인구절벽이 시작돼 2024년부터 '취업자 마이너스 시대'가 도래할 전망이다. 취업자 감소는 저출산·고령화 현상으로 인한 인구구조의 변화 때문으로, 인구 데드크로스로 인해 중소기업은 물론 대기업까지 구인난을 겪게 된다.

인구 데드크로스

저출산·고령화 현상으로 출생자 수보다 사망자 수가 많아지며 인구가 자연 감소하는 현상이다. 우리나라는 2020년 출생자 수가 27만명, 사망자 수는 30만명으로 인구 데드크로스 현상이 인구통계상에서 처음 나타났다. 인구 데드크로스가 발생하면 의료 서비스와 연금에 대한 수요가 늘어나며 개인의 공공지출 부담이 증가하게 된다. 또한 국가 입장에서는 노동력 감소, 소비위축, 생산 감소 등의 현상이 동반되어 경제에 큰 타격을 받는다.

040 미세먼지법

미세먼지 대책의 법적 기반이 되는 '미세먼지 저감 및 관리에 관한 특별법'

2019년 2월 15일부터 시행된 미세먼지 특별법에 따르면 미세먼지가 이틀 연속 '나쁨' 수준(=$50\mu g/m^3$)일 때 '고농도 미세먼지 비상저감조치'가 발령된다. 비상저감조치가 발령되면 배출가스 5등급 이하의 차량은 운행이 제한되며 위반 시 10만원의 과태료가 부과된다. 또한 기존에 수도권 공공기관 중심으로 시행됐던 차량 2부제를 앞으로는 민간 차량에도 의무적으로 적용한다. 어린이집·유치원·초중고교는 휴원·휴업 및 수업시간을 단축할 수 있으며, 화력발전소나 시멘트 제조사 등 미세먼지를 배출하는 시설은 가동중지 및 가동시간과 가동률을 변경·조정할 수 있다.

041　3+3 육아휴직제

영아기 자녀를 둔 부모 모두의 육아휴직 사용을 촉진하기 위한 제도

자녀가 생후 12개월이 될 때까지 부모가 동시에 혹은 순차적으로 육아휴직을 사용할 경우 첫 3개월간 각각 통상임금의 100%(월 최대 300만원), 4~12개월에는 80%(월 최대 150만원)를 지급하는 제도다. 고용노동부가 2021년 12월 심의·의결한 '고용보험법 시행령' 개정안에 신설된 내용으로 영아기 자녀를 둔 부모의 육아휴직 사용을 촉진하기 위해 도입됐다. 기존에는 부부 중 한 사람만 100%(배우자는 80%)를 받았으며, 4~12개월 때는 통상임금의 절반(월 최대 120만원)을 지급해왔다. 상한액은 매월 상향조정되는데, 첫 달에는 각각 최대 200만원, 둘째 달은 최대 250만원, 셋째 달은 최대 300만원이다.

042　파리기후변화협약(Paris Climate Change Accord)

온실가스 감축을 목표로 파리에서 체결된 제21차 기후변화협약

프랑스 파리에서 2015년 12월 12일에 열린 제21차 유엔기후변화협약에서 195개 협약 당사국이 지구온난화 방지를 위해 채택한 협정이다. 지구 평균 기온이 산업화 이전보다 2도 이상 상승하지 않도록 온실가스를 단계적으로 감축하는 방안으로서, 2020년에 만료된 교토의정서(1997)를 대신하여 2021년부터 적용됐다. 이전까지는 의무 감축대상이 선진국이었지만 파리기후변화협약은 선진국과 개발도상국 구분 없이 모든 국가가 자국이 스스로 정한 방식에 따라 의무적인 온실가스 배출 감축을 시행한다. 우리나라의 감축목표는 2030년까지 배출전망치 대비(BAU) 37%다.

043 HMR(Home Meal Replacement : 가정간편식)
간단한 조리작업을 통해 바로 먹을 수 있는 식품류

간단한 조리작업을 통해 간편하게 식사를 대용할 수 있는 식품을 일컫는 말로, 그 종류로는 도시락, 레토르트, 신선편의식품 등이 있다. 음식의 종류가 개발되고 맛 수준이 올라가면서 빠르게 성장하고 있는데, 이러한 원인으로는 식사 조리에 큰 시간을 투자하기 힘든 1인 가구와 맞벌이 가구가 늘어난 것 등을 들 수 있다. 가정간편식 시장의 증가는 전기밥솥 등 조리도구 시장과 외식업 시장의 축소와도 연관이 있어 다양한 경제적 사회적 변화를 동반할 것으로 예측된다.

044 RE100(Renewable Energy 100%)
필요한 전력을 재생에너지로만 충당하겠다는 기업들의 자발적인 약속

2050년까지 필요한 전력의 100%를 태양광, 풍력 등 재생에너지로만 충당하겠다는 기업들의 자발적인 약속이다. 2014년 영국의 비영리단체인 기후그룹과 탄소공개프로젝트가 처음 제시했다. RE100 가입 기업은 2021년 1월 말 기준으로 미국(51개), 유럽(77개)에 이어, 아시아 기업(24개) 등 총 284곳에 이른다. 우리나라의 경우 제조업의 에너지 사용량 중 전력에 대한 의존도가 48%나 돼 기업이 부담해야 할 비용이 막대하다는 이유로 2020년 초까지만 해도 RE100 참여 기업이 전무했다. 그러나 RE100의 세계적 확산에 따라 2020년 말부터 LG화학, SK하이닉스, SK텔레콤, 한화큐셀 등이 잇따라 참여를 선언했다.

045 정치적 올바름(PC ; Political Correctness)

소수자에 대한 모든 차별을 철폐하자는 운동

> 1980년대 미국에서 만들어진 차별철폐 운동이다. 인종, 성, 성적지향, 장애, 종교, 직업, 나이 등의 차이로 언어적 · 사회적 차별을 받고 있는 것을 해소하길 원하는 구호들이 포함되어 있다. 주로 언어적인 측면에서 차별성을 내포하고 있는 단어를 배격하고 금지하자는 주장을 하고 있다.

046 펀슈머(Funsumer)

소비하는 과정에서 즐거움을 추구하는 소비자

> 즐기다(Fun)와 소비자(Consumer)의 합성어로, 일반적으로 필요한 상품을 소비하는 과정을 넘어 소비하는 과정에서 즐거움을 찾는 소비자를 의미한다. 펀슈머는 타인이 보기에는 별로 쓸모가 없더라도, 사용과정에서 즐거움을 느낄 수 있다면 제품을 선택하는 경향을 보인다. 펀슈머를 대상으로 한 상품은 SNS에서 활발하게 공유되어 짧은 기간 내에도 입소문이 난다는 특징이 있다.

047 도시광산

대거 방출되는 금이나 은, 동, 팔라듐 등을 보유한 도시의 가전제품 폐기물들

> 산업원료가 되는 금속자원들이 들어간 가전제품들은 폐기물의 형태로 생활주변에 쌓여 있는데, 그것을 수집할 경우 채산성을 확보할 수 있다. 이것이 마치 광산에서 채굴을 하는 것과 비슷하다는 데서 나온 말이다. 일반적으로 금속광물 자원은 지하에서 채취되지만 일부 금속자원은 지하 속에 묻혀 있는 매장량보다 이미 채굴되어 제품이나 폐기물 형태로 우리 주변에 축적되어 있는 양이 더 많다.

048 넷제로(Net Zero)

순 탄소배출량을 0으로 만드는 탄소중립 의제

배출하는 탄소량과 흡수·제거하는 탄소량을 같게 함으로써 실질적인 탄소배출량을 '0'으로 만드는 것을 말한다. 즉, 온실가스 배출량(+)과 흡수량(-)을 같게 만들어 더 이상 온실가스가 늘지 않는 상태를 말한다. 기후학자들은 넷제로가 달성된다면 20년 안에 지구 표면온도가 더 상승하지 않을 것이라고 보고 있다. 지금까지 100개 이상의 국가가 2050년까지 넷제로에 도달하겠다고 약속했다. 미국의 조 바이든 대통령은 공약으로 넷제로를 선언했고 중국도 2060년 이전까지 넷제로를 실현하겠다고 밝혔다. 우리나라 역시 장기저탄소발전전략(LEDS)을 위한 '넷제로2050'을 발표하고 2050년까지 온실가스 순배출을 '0'으로 만드는 탄소중립 의제를 세웠다.

049 출산크레딧 제도

자녀의 수에 따라 국민연금 가입기간을 추가 산입해 주는 제도

자녀의 수에 따라 국민연금 가입자, 혹은 가입자였던 사람이 노령연금수급권을 취득한 때 가입기간을 추가 산입해 주는 제도다. 국민연금법 제19조를 근거로 하여 2008년 1월 1일부터 시행되고 있는 출산장려정책 중 하나다. 국민연금의 사각지대를 줄이고 저출생과 고령사회에 대응해 출산을 장려하기 위해 도입되었다. 2008년 1월 1일 이후 둘째 자녀(입양 포함)를 얻은 부모에게는 12개월, 셋째 이상의 자녀를 얻은 부모에게는 각각 18개월을 추가로 인정(최대 50개월)한다. 출산크레딧을 받기 위해 출산 사실을 즉시 신고할 필요는 없으며 노령연금수급권이 발생해 노령연금을 청구할 때 신고하면 된다.

050 토지공개념

토지의 소유와 처분은 공공의 이익에 의해 제한될 수 있다는 개념

토지를 자원으로 인식하여 토지의 소유와 처분 등 소유권의 행사를 공공의 이익을 위해 제한할 수 있다는 의미로, 오랫동안 이어져온 토지 투기 문제를 감소시키기 위해서 토지의 공공재로서의 성격을 고려해야 한다는 사상이다. 토지공개념은 토지의 수요나 처분의 제한, 지대로 얻는 수익의 제한 등으로 적용될 수 있는데, 우리나라는 헌법 제122조 '국가는 토지소유권에 대해 법률이 정하는 바에 따라 제한과 의무를 과할 수 있다'는 규정으로 토지공개념을 반영하고 있다.

051 빌바오효과(Bilbao Effect)

건축물, 예술작품이 주는 도시 재생의 효과

스페인 북부 대서양 해변의 소도시 빌바오는 원래 철강과 조선 산업의 메카였으나 우리나라를 비롯한 아시아 국가들의 철강·조선 산업이 성장하면서 글로벌 경쟁력을 상실했다. 이에 따라 실업률은 급격히 상승했으며 도시 경제는 동력을 잃게됐다. 이에 고민하던 지방정부는 도시를 살리기 위해 재생추진협회를 설립했고, 1991년 미국의 구겐하임 미술관을 유치했다. 당시에는 반대도 만만치 않았지만 1997년 구겐하임 빌바오 미술관이 세계적인 건축가 프랭크 게리에 의해 완공되면서 도시의 운명은 달라졌다. 인구 36만명에 불과했던 도시가 연간 100만명 이상의 관광객이 찾아오는 문화예술의 도시로 변신한 것이다. 건축물, 예술작품 등 문화시설이 긍정적 영향을 미쳐 도시가 활성화되는 걸 표현할 때 '빌바오효과'라 한다.

프랭크 게리(Frank Gehry)

캐나다 태생의 미국 건축가로, 빌바오 구겐하임 미술관 건축 이후 스타 건축가가 됐다. 자유롭고 개방적이며 파격적인 건축성향으로 유명한데, 1993년 베네치아 건축 비엔날레에서는 미국의 대표적 건축가로 선정되었다. 주요 작품으로 빌바오 구겐하임 미술관, LA 월트디즈니 콘서트홀, 프라하 ING사옥 등이 있다.

052 청년기본자산

경제학자 토마 피케티가 경제 불평등 해소를 위해 내놓은 청년복지 방안

청년기본자산은 프랑스 경제학자 토마 피케티가 경제 불평등 해소를 위해 청년에게 성인 평균자산 60%를 보편적 급여로 제공해 기본자산제를 형성하자고 제안한 방안이다. 2020년 피케티의 저서 〈자본과 이데올로기〉에서 처음 언급됐으며, 경제 양극화 해소를 위해서는 사적 소유에 부과되는 모든 세금을 누진 소유세로 통합하고, 그 재원을 청년 자본지원에 써 모두를 위한 사회적 상속을 실현하자고 주장했다. 우리나라 역시 청년기본소득 도입을 위한 사회정책으로 논의된 바가 있으며 일부 학자들에 의해 연구가 진행됐다. 모든 시민들에게 기본 소득을 보장하는 제도인 음소득세에 기초한 청년 '안심소득제(Safety Income)'를 도입해야 한다는 주장도 제기됐다.

안심소득제(Safety Income)

연간 총소득이 기준소득(4인 가구 기준 5,000만원) 이하인 가구를 대상으로 기준소득에서 실제소득을 뺀 나머지 금액의 40%를 지원하는 제도를 말한다. 소득과 상관없이 지급하는 기본소득제와 달리 소득에 따라 지원을 달리하여 저소득층 중심의 지원을 하는 것이다.

053 범죄예방환경설계(CPTED)

설계를 이용해 범죄를 예방하려는 연구 분야

범죄학과 심리학, 건축학, 도시공학을 응용한 학문으로 도시생활공간에서 예상되는 범죄를 차단하는 건축·설계를 하는 것이다. 각종 안전시설 및 수단을 적용한다. '셉테드'라고도 한다. 2014년 부산 김길태 사건 이후 부산지방경찰청, 부산지방검찰청이 도입하여 주목받기 시작해 여러 지방자치단체에서 공공기관 설계에 활용하고 있다. 범죄 행위를 예방하는 것 외에도 주민들에게 심리적 안정감을 주어야 하며 도시의 미관을 크게 해치지 않는 선에서 자연스러운 형태로 목적을 이루는 설계를 추구한다.

054 백래시(Backlash)

사회적 · 정치적 변화에 따라 대중에게서 나타나는 강한 반발

사회적 · 정치적 변화에 따라 대중에게서 나타나는 강한 반발을 의미하는 말이다. 흑인인권운동, 페미니즘, 동성혼 법제화, 세금 정책, 총기 규제 등 사회 · 정치적 움직임에 대해 반대하는 사람들이 단순한 의견개진부터 시위나 폭력과 같은 행동을 통해 자신의 반발심을 표현하는 것을 뜻한다. 주로 진보적인 사회변화로 인해 기득권의 영향력 및 권력에 위협을 느끼는 사람들에 의해 일어난다. 대표적으로 1960년대 흑인인권운동에 대한 백인 차별주의자들의 반발을 화이트 백래시(White Backlash)라고 불렀다.

| 과학·IT |

055 셰일오일(Shale Oil)

미국에서 2010년대 들어서 개발되기 시작한 퇴적암 오일

퇴적암의 한 종류인 셰일층에서 채굴할 수 있는 '액체 탄화수소'를 가리키는 말이다. 이전에는 채굴 불가능하거나 시추 비용이 많이 들어 채산성이 없다고 여겨진 자원들이었다. 그런데 '수압파쇄', '수평시추' 등의 기술 개발로 셰일오일이 채산성을 갖춘 자원이 되면서 2010년 중반부터 생산량이 폭발적으로 늘어나 2018년에는 미국을 최대 산유국으로 만들었다. 현재 발견된 매장량을 고려하면 향후 200년가량 사용 가능할 것으로 추정된다. 미국은 셰일오일을 통해 에너지 자립을 이루게 되었고 중동산유국 등 유가에 대한 영향력이 축소됐다. 이를 '셰일혁명'이라고 부른다.

056 초거대 AI

인간처럼 종합적인 추론이 가능한 차세대 인공지능(AI)

기존 인공지능(AI)에서 한 단계 진화한 차세대 AI로 대용량 데이터를 스스로 학습해 인간처럼 종합적인 추론이 가능한 차세대 AI다. 기존 AI보다도 더 인간의 뇌에 가깝게 학습 · 판단 능력이 향상됐다. 단, 이를 위해서는 기존 AI보다 수백 배 이상의 데이터 학습량이 필요하다. 대표적인 초거대 AI로는 일론 머스크 테슬라 창업자가 세운 오픈AI가 2020년 선보인 GPT-3가 있다.

057 도요샛(SNIPE)

세계 최초의 편대비행 나노위성

2017년 한국천문연구원이 총괄기관으로 사업을 주도해 2022년 상반기 발사예정인 세계 최초의 편대비행 나노위성이다. 도요새는 작은 체구에 비해 오래 날 수 있는 비행능력을 지닌 새인데, 작지만 높이 나는 위성이라는 의미에서 도요샛으로 명명됐다. 10kg의 초소형 위성 4기로 구성되며 고에너지 입자 검출기, 전리권 플라스마 측정센서, 정밀 지구자기장 측정기 등의 과학 탑재체가 실릴 예정이다. 도요샛은 우주날씨 예보와 분석 정확도를 향상시키는 데 기여할 전망이다.

058 프롭테크(PropTech)

IT 기술을 적용하여 혁신을 이룬 부동산 산업

부동산(Property)과 기술(Technology)의 합성어로, 기존 부동산 산업에 IT를 결합시키는 것을 말한다. 부동산 산업이란 크게 부동산 중개 및 임대, 부동산 관리, 프로젝트 개발, 투자 및 자금조달 부분으로 구분할 수 있는데, 각 산업에서 빅데이터 분석, VR 등의 첨단 IT를 활용하여 더욱 합리적이고 빠르게 전략을 수립할 수 있다.

059 라이프로그(Life Log)

스마트 기기를 활용해 개인의 일상을 인터넷이나 스마트폰에 기록 · 저장하는 것

'삶의 기록'을 뜻하는 말로 스마트 기기 등을 활용하여 개인의 일상을 인터넷 (SNS)이나 스마트폰 등에 기록 · 저장하는 것을 말한다. 취미 · 건강 · 여가 등에서 생성되는 생활 전반의 기록을 정리 · 공유하는 활동으로 '일상의 디지털화'라 할 수 있다. 일반적으로 라이프로그 시스템은 사용자가 경험하는 모든 정보를 기록할 수 있는 장치, 수집된 정보를 체계적으로 인식해 분류하는 장치, 분류된 방대한 정보를 저장하는 장치로 구성된다. 이러한 라이프로그를 남기는 행위를 '라이프로깅(Life Logging)'이라고 한다.

060 엔데믹(Endemic)

한정된 지역에서 주기적으로 발생하는 감염병

특정 지역의 주민들에게서 주기적으로 발생하는 풍토병을 말한다. '-demic'은 '사람 또는 사람들이 사는 지역' 등을 뜻하는 고대 그리스어의 남성형 명사 'demos'에서 유래한 말로 감염병이 특정 지역이나 사람에 한정된 경우를 가리킨다. 넓은 지역에서 강력한 피해를 유발하는 팬데믹과 달리 한정된 지역에서 주기적으로 발생하는 감염병이기 때문에 감염자 수가 어느 정도 예측이 가능하다.

061 바이오디젤(Bio-diesel)

재생 기름으로 만들어진 화학 연료

폐기되는 식물성 기름이나 동물성 지방을 원료로 해서 만드는 화학 연료이다. 고갈되는 화석 연료를 대체하고 이산화탄소 배출량을 줄일 친환경적 에너지원으로 지목되지만 아직은 생산비용이 높아 지속적인 연구 · 개발이 이뤄지고 있다. 바이오디젤은 인화점 또한 150℃로 높아 기존 휘발유(-45℃)나 경유(64℃)에 비해 안전하게 이용할 수 있다.

안심Touch

062 반도체 슈퍼사이클(Commodities Super-cycle)

반도체 기억소자(D램) 가격이 크게 오르는 시장 상황

PC, 스마트폰 등에 들어가는 D램 가격의 장기적인 가격상승 추세 또는 시장상황을 말하며 '슈퍼사이클'은 20년 이상의 장기적 가격상승 추세를 뜻한다. 반도체 슈퍼사이클은 주요 제품인 D램의 평균판매단가(ASP)가 2년 연속 상승하는 구간을 말한다. PC 수요가 급증했던 1994~1995년을 1차, 클라우드와 서버 수요가 컸던 2017~2018년을 2차로 부른다. 코로나19로 비대면경제가 확산하면서 서버나 노트북 수요 등이 늘어나며 2021년에는 글로벌 반도체시장이 전년 대비 약 8~10% 증가하고, 메모리시장은 약 13~20% 증가할 것으로 전망됐다. 특히 시스템반도체는 5G통신칩·이미지센서 등의 수요 증가와 파운드리 대형 고객 확보로 늘어날 것으로 예상됐다.

파운드리(Foundry)

반도체 설계만 전문적으로 하는 업체인 팹리스로부터 양산 하청을 받아 위탁생산만 하는 반도체 제작 업체들을 가리킨다. 대표적인 기업으로는 TSMC, UMC 등이 있으며, 파운드리 강국으로 대만이 유명하다.

063 빅블러(Big Blur)

산업 간에 경계가 모호해지는 현상

사회 환경이 급격하게 변하면서 기존에 존재하던 산업 간에 경계가 불분명(Blur)해지고 있음을 말한다. 미래학자 스탠 데이비스가 1999년 그의 저서 〈블러 : 연결 경제에서의 변화의 속도〉에서 이 단어를 처음 사용했다. 사물인터넷이나 인공지능 등 기술의 비약적 발전이 산업 생태계를 변화시켜 산업 간의 경계가 허물어지고 있다고 주장한다. IT기술과 금융이 접목된 인터넷은행이 등장하며 카카오그룹은 금융업에 진출했고, 드론이 발전·보급되어 택배산업에도 도입됐으며 스마트폰의 대중화로 차량 공유 서비스를 이용할 수 있게 되는 것 등이 대표적인 예이다.

064 총유기탄소(Total Oganic Carbon)

폐수 내에 유기물 상태로 존재하는 탄소의 양

총탄소(TC)는 총유기탄소(TOC)와 총무기탄소(TIC)로 구성되며, 이중에서 반응성이 없는 총무기탄소를 제외한 물질을 총유기탄소라고 한다. TOC는 시료의 유기물을 측정하기 위하여 시료를 태워 발생하는 CO_2 가스의 양으로 수질오염도를 측정한다. 난분해성 유기물의 측정에 매우 적합하며, 유기물에 의한 수질오염도를 측정하는 가장 좋은 방식이다.

COD와 BOD의 차이

COD는 화학적으로 분해 가능한 유기물을 산화시키기 위해 필요한 산소의 양이며, BOD는 미생물이 유기물을 산화시키는 데 필요한 산소의 양이다.

065 정지궤도위성

위도 0도(적도) 상공에서 지구 자전속도와 같은 속도로 도는 위성

위도 0도(적도) 상공 35,786km의 위성을 가리키는 말로, 이 구간에서 받는 지구의 중력은 위성이 지구의 자전과 같은 속도로 공전할 때의 원심력과 비슷하다. 지구와 같은 속도로 자전하며 항상 고정된 지역의 상공에 떠 있으므로 통신용 위성으로 사용하기에 적합하다. 1945년 SF작가 아서 클라크가 이런 정지궤도의 유용함을 논문으로 발표하였기에 정지궤도는 클라크 궤도라고도 불린다. 전 세계 500개 이상의 위성들이 나열되어 있으며 한국은 2018년 12월 5일 첫 독자기술 정지궤도위성 천리안 2A를 발사하여 총 5개를 보유하게 됐다.

066 엔트로피(Entropy)

자연계의 무질서도를 나타내는 양

자연 물질이 변형되어 원래로 돌아갈 수 없는 현상으로 무질서도라고 표현하기도 한다. 1850년 클라우지우스가 열에너지의 변형과 관련된 현상을 설명하기 위하여 에너지(Energy)라는 단어와 그리스어의 변형(Tropy)이라는 말을 합성한 것이다. 물질의 열적 상태 자연의 모든 현상은 엔트로피가 증가하는 방향으로 일어난다. 물에 빨간 잉크를 떨어뜨리면 빨간 잉크는 물 전체로 퍼져 나가지만 그 반대로는 되지 않는다. 처음의 잉크 방울 형태를 질서 있는 상태, 잉크가 퍼져 나간 상태를 무질서한 상태라고 할 때, 세상의 모든 물질은 반드시 엔트로피가 증가하는 방향 즉, 무질서한 상태로 되려는 경향이 있다.

067 프탈레이트

플라스틱을 부드럽게 하기 위해 사용하는 화학 첨가제

인체의 호르몬 작용을 방해하거나 혼란시키는 내분비계 장애물질(환경호르몬)의 일종이다. 급성 독성은 낮으나 여성 불임, 정자수 감소 등 생식기관에 유해한 것으로 보고되고 있다. 각종 PVC제품, 목제 가공 및 향수 용매, 가정용 바닥재, 장난감, 가죽제품, 카펫 등에 이르기까지 아주 광범위한 용도로 사용되며 환경에서 잔류하는 특성으로 인해 지하수나 강 또는 음용수에서도 검출이 가능하다. 세계 각국은 DEHP 등 6종의 프탈레이트계 가소제가 인체에 유해하다는 잠정결정을 내리고 1999년부터 내분비계 장애를 일으키는 환경호르몬 추정물질로 관리해왔다.

068 크립토재킹(Cryptojacking)

개인 컴퓨터나 스마트폰을 암호화폐 채굴에 이용하는 신종 사이버 범죄

암호화폐(Cryptocurrency)와 납치(Hijacking)를 합성한 말로, 다른 사람의 컴퓨터나 스마트폰에 악성코드를 심어 암호화폐 채굴 도구로 악용하는 것을 말한다. 해커가 컴퓨터나 스마트폰에 암호화폐 채굴 악성코드를 설치하고 채굴한 암호화폐를 해커의 전자지갑으로 전송하는 방식으로 이뤄진다. 크립토재킹을 예방하려면 검증되지 않은 웹사이트 방문을 삼가고 백신 프로그램을 사용해야 한다. 스마트폰의 경우에는 최신 안드로이드 OS를 설치하고 실시간 보안 업데이트를 켜놓는 편이 좋다.

069 스니핑(Sniffing)

패킷이 오가는 인터넷망에 접근해 그 내용을 엿보거나 가로채는 것

인터넷회선을 오가는 타인의 데이터를 불법적으로 감청하는 것을 뜻한다. 특정 사용자가 인터넷 상에서 상호 수신하는 내용을 패킷 단위로 엿봐서 ID와 패스워드 등을 얻어낸다. 네트워크 회선 구조상 물리적으로 가까운 회선을 사용하는 사용자 사이에서는 데이터가 무작위로 전파되는데 본래 데이터가 수신될 곳이 아니라면 자동으로 폐기해야 하나(패킷 드랍), 이를 폐기되지 않도록 조작하여 타인의 정보를 수집하는 것이다. 이러한 패킷 감청은 국내 통신비밀보호법상 국가기관이라도 법원의 영장이 없으면 불가능하다.

패킷(Packet)

주로 데이터 통신 분야에서 사용되는 용어로, 네트워크를 통해 전송하기 쉽도록 나눈 데이터의 전송단위를 의미한다. 본래는 소포를 뜻하는 말이다.

쿠키(Cookie)

인터넷 사용자가 접속한 웹사이트 내용이 담긴 파일들을 말한다.

070 데이터마이닝(Datamining)

데이터에서 유용한 정보를 도출하는 기술

'데이터(Data)'와 채굴을 뜻하는 '마이닝(Mining)'이 합쳐진 단어로 방대한 양의 데이터로부터 유용한 정보를 추출하는 것을 말한다. 기업 활동 과정에서 축적된 대량의 데이터를 분석해 경영 활동에 필요한 다양한 의사결정에 활용하기 위해 사용된다. 데이터마이닝은 통계학의 분석방법론은 물론 기계학습, 인공지능, 컴퓨터과학 등을 결합해 사용한다. 데이터의 형태와 범위가 다양해지고 그 규모가 방대해지는 빅데이터의 등장으로 데이터마이닝의 중요성은 부각되고 있다.

071 지능정보기술

고차원적 정보처리 활동을 정보통신기술 기반으로 구현하는 기술

정보통신기술(ICT)을 기반으로 인간의 인지, 학습, 추론 등 고차원적 정보처리 활동을 구현하는 기술을 말한다. 전자적 방법으로 학습·추론·판단 등을 구현하는 기술, 데이터를 전자적 방법으로 수집·분석·가공 처리하는 기술 등을 가리킨다. 이러한 내용은 '지능정보화기본법'에 규정돼 있는데, 지능정보화란 정보의 생산·유통 또는 활용을 기반으로 지능정보기술이나 그 밖의 다른 기술을 적용·융합하여 사회 각 분야의 활동을 가능하게 하거나 그러한 활용을 효율화 및 고도화하는 것을 말한다. 이 법에 따라 정부는 지능정보기술의 개발과 보급을 촉진하기 위한 정책을 추진하고 지원을 아끼지 말아야 한다.

072　스마트팜(Smart Farm)

ICT 기술을 활용한 차세대 경작방식

> 온실에서 정보통신기술(ICT)을 활용해 모바일 기기 등을 통해 원격으로 생육환경을 조절하며 농작물을 재배하는 기술로, 최근 산업·학문적으로 주목받고 있는 분야다. 농업 인구와 농경지가 급격하게 감소하는 가운데 농업 노동력을 줄이고 농작물의 생산성을 향상할 수 있는 농업분야의 4차 산업혁명 기술로 불리고 있다.

073　제로레이팅(Zero Rating)

이용자가 사용한 특정 콘텐츠에 대한 데이터 사용 요금을 면제해주는 제도

> 특정한 콘텐츠에 대한 데이터 비용을 이동통신사가 대신 지불하거나 콘텐츠 사업자가 부담하도록 하여 서비스 이용자는 무료로 이용할 수 있게 하는 것을 말한다. 예컨대 통신업체들이 넷플릭스나 페이스북 같은 특정 업체들의 사이트에서 영상과 음악, 게시물 등을 무제한 무료로 받을 수 있는 것 등이다. 제로레이팅으로 소비자는 데이터 요금을 절약할 수 있고, 콘텐츠 사업자는 더 많은 고객을 모을 수 있지만 '망중립성'을 위반할 소지가 있다는 점에서 문제가 된다. 또한 대규모 자본이 시장을 장악하는 문제가 발생할 수도 있다.

망중립성(Network Neutrality)

네트워크 사업자는 모든 콘텐츠를 동등하게 취급해야 하며, 어떠한 차별도 있어서는 안 된다는 원칙이다. 인터넷 망을 통해 오고가는 인터넷 트래픽에 대해 데이터의 유형·사업자·내용 등을 불문하고 이를 생성하거나 소비하는 주체를 차별 없이 동일하게 처리해야 한다는 것이다.

074　바이오시밀러(Bio-similar)
특허가 만료된 바이오의약품의 복제약

'바이오(Bio)'에 '유사한'이라는 뜻의 'Similar'가 결합된 합성어로서, 기존 바이오의약품과 비슷하나 똑같지는 않은 제품이다. 바이오의약품 중에서 특허가 끝난 의약품은 기존에 특허 받은 회사의 단백질 의약품과 완벽하게 동일하지 않으므로 복제약이라 하지 않고 바이오시밀러라고 부른다. 즉, 처음 개발된 의약품(오리지널)의 복제약(제네릭)과 유사한 특성을 보이는 바이오의약품으로 생산한 경우를 바이오시밀러라고 한다. 우리나라에서는 셀트리온, 삼성바이오에피스, 알테오젠 등이 바이오시밀러를 생산 · 개발하고 있는 대표적인 기업이다.

075　데이터 3법
통계 · 연구 목적의 개인정보 활용을 위한 관련 법률 개정법

2020년 1월 국회를 통과한 정보통신망법, 신용정보법, 개인정보보호법 3개의 개정법을 말한다. 4차 산업혁명 시대의 핵심 자원인 데이터의 축적과 연구를 진행하기 위해, 개인정보를 '가명정보' 상태에서 다룰 수 있도록 하는 것을 골자로 한다. 이전까지는 관련 법률이 개인정보에 대해 우선적인 보호조치만을 해왔다면 법률 개정으로 인해, 신원을 특정할 수 없는 상태라면 개인 데이터를 기업들이 다양한 산업에 활용할 수 있게 하였다. 이러한 개인정보의 활용 과정에서 발생할 수 있는 문제와 오남용을 막기 위해 국무총리 소속으로 개인정보보호위원회를 설립했다.

076 유전자가위

세포의 유전자를 절삭하는 데 사용하는 기술

동식물 유전자의 특정 DNA부위를 자른다고 하여 '가위'라는 표현을 사용하는데, 손상된 DNA를 잘라낸 후에 정상 DNA로 바꾸는 기술이라 할 수 있다. 1·2세대의 유전자가위가 존재하며 3세대 유전자가위인 '크리스퍼 Cas9'도 개발됐다. 크리스퍼는 세균이 천적인 바이러스를 물리치기 위해 관련 DNA를 잘게 잘라 기억해 두었다가 다시 침입했을 때 물리치는 면역체계를 부르는 용어인데, 이를 이용해 개발한 기술이 3세대 유전자가위인 것이다. 줄기세포·체세포 유전병의 원인이 되는 돌연변이 교정, 항암세포 치료제와 같이 다양하게 활용될 수 있다.

077 디지털포렌식(Digital Forensic)

디지털 정보를 분석해 범죄 단서를 찾는 수사기법

디지털 증거를 수집·보존·처리하는 과학적·기술적인 기법을 말한다. '포렌식(Forensic)'의 사전적 의미는 '법의학적인', '범죄 과학 수사의', '재판에 관한' 등이다. 법정에서 증거로 사용되려면 증거능력(Admissibility)이 있어야 하며 이를 위해 증거가 법정에 제출될 때까지 변조 혹은 오염되지 않는 온전한 상태(Integrity)를 유지하는 일련의 절차 내지 과정을 디지털포렌식이라고 부른다. 초기에는 컴퓨터를 중심으로 증거수집이 이뤄졌으나 최근에는 이메일, 전자결재 등으로 확대됐다.

078 차세대 우주망원경(NGST)
허블우주망원경을 대체할 우주 관측용 망원경

허블우주망원경을 대체할 망원경이다. NGST는 'Next Generation Space Telescope'의 약자로 2002년 NASA의 제2대 국장인 제임스 웹의 업적을 기리기 위해 '제임스 웹 우주망원경(James E. Webb Space Telescope)'이라고도 한다. 차세대 우주망원경은 허블우주망원경보다 반사경의 크기가 더 커지고 무게는 더 가벼워진 한 단계 발전된 우주망원경이다. 미국 NASA와 유럽우주국(ESA), 캐나다우주국(CSA)이 함께 제작했다. 허블우주망원경과 달리 적외선 영역만 관측할 수 있지만, 더 먼 우주까지 관측할 수 있도록 제작됐다.

079 우주 태양광발전
우주에서 생산한 전기를 지구로 보내는 발전방식

태양전지판이 부착된 위성을 우주로 보내 전기를 생산한 뒤에 마이크로파를 통해 그 전기를 다시 지상으로 전송하는 발전방식을 말한다. SF작가 아이작 아시모프가 1941년에 발표한 소설 '리즌(Reason)'에서 처음 등장한 개념이다. 지구와 달리 우주는 밤낮의 구분이 없어 꾸준한 전기 생산이 가능하고, 날씨나 먼지의 영향도 없다. 또 발전소를 짓기 위한 부지 마련 문제나 송전탑·송전선 설치도 필요하지 않아 전문가들은 우주 태양광발전 방식이 지구에서 전기를 생산하는 것보다 10~20배 정도는 더 효율적이라고 예측하고 있다.

080 온택트(Ontact)
온라인을 통해 세상과 연결되는 것

온라인(Online)의 'On'과 비대면을 뜻하는 신조어 'Untact'를 합친 말이다. 다른 사람을 직접 만나거나 여가를 즐기기 위해 외부로 나가지 않아도 온라인을 통해 세상과 소통할 수 있는 것을 뜻한다. 온라인으로 진행되는 수업, 공연, 화상회의 등이 모두 온택트의 일환이다. 온택트는 코로나19가 낳은 '뉴노멀(New Normal)', 즉 새로운 시대의 일상으로 평가받는다. 기업, 지자체를 가리지 않고 온택트 시대에 발맞춰 마케팅을 이어가고 있다.

081 코리아월드
한류 콘텐츠를 공유하고 소통할 수 있는 메타버스 전시관

한국문화를 사랑하는 외국인들이 직접 제작한 한류 콘텐츠를 공유하고 소통할 수 있는 메타버스 전시관이다. 새로운 한류 수요층을 찾고 한국문화에 대한 호기심을 불러일으키기 위해 만들어졌다. '코리아월드'라는 명칭은 전 세계 한류 팬들이 한국문화 콘텐츠를 즐기기 위해 모이는 장소가 되길 바란다는 염원을 담은 것이다. 전시관에서는 외국인들이 제작한 다양한 한국문화 콘텐츠 관람뿐만 아니라 한류 체험행사 및 아바타를 활용한 사진촬영과 관람자 간 채팅도 가능하다.

082 제로웨이스트(Zero Waste)
일상생활에서 쓰레기를 줄이기 위한 환경운동

일상생활에서 쓰레기가 나오지 않도록 하는(Zero Waste) 생활습관을 이른다. 재활용 가능한 재료를 사용하거나 포장을 최소화해 쓰레기를 줄이거나 그것을 넘어 아예 썩지 않는 생활 쓰레기를 없애는 것을 의미한다. 비닐을 쓰지 않고 장을 보거나 포장 용기를 재활용하고, 대나무 칫솔과 천연 수세미를 사용하는 등의 방법으로 이뤄진다. 친환경 제품을 사는 것도 좋지만 무엇보다 소비를 줄이는 일이 중요하다는 의견도 공감을 얻고 있다. 환경보호가 중요시되면서 관련 캠페인이 벌어지고 있다.

083 소프트파워(Soft Power)
인간의 이성 및 감성적 능력을 포함하는 문화적 영향력

교육·학문·예술 등 인간의 이성 및 감성적 능력을 포함하는 문화적 영향력을 말한다. 군사력이나 경제력과 같은 하드파워(Hard Power)에 대응하는 개념으로 설득을 통해 자발적 순응을 유도하는 힘이다. 21세기에 들어서며 세계가 군사력을 바탕으로 한 하드파워, 즉 경성국가의 시대에서 연성국가의 시대로 접어들었다는 의미로 하버드대 케네디스쿨의 '조지프 나이'가 처음 사용했다. 대중문화의 전파, 특정 표준의 국제적 채택, 도덕적 우위의 확산 등을 통해 커지며, 세계 여러 나라에서 자국의 소프트파워를 키우고 활용하기 위한 노력을 계속하고 있다.

084 뉴미디어

쌍방향 소통이 되는 플랫폼 형식의 미디어

> IT 서비스의 발전으로 네트워크 이용자가 콘텐츠의 수용자이자 제공자도 될 수 있는 미디어 플랫폼의 시대가 열렸다. 유튜브, 페이스북 등과 같이 콘텐츠의 수용과 제작, 의사소통이 손쉽게 이뤄지는 플랫폼이 시장을 집어삼키고 있다.

레거시 미디어

뉴미디어와 달리 '물려받은' 기성 매체라는 의미의 단어다. 레거시 미디어에는 이용자 수가 점차 줄어들어 영향력도 감소해 위기를 맞고 있는 TV · 신문 등이 있다. 이에 대한 활로를 모색하기 위해 많은 콘텐츠를 OTT로 전환하는 '온라인 시프트', 플랫폼 체제에 같이 뛰어드는 'MCN 사업' 등 다양한 시도가 이뤄지고 있다.

085 코드커팅(Cord-cutting)

유료방송 서비스를 해지하고 OTT로 이동하는 것

> 일명 'TV 선 자르기'로, 케이블TV 가입을 해지하고 인터넷TV나 동영상 스트리밍 서비스 등으로 옮겨가는 것을 말한다. 이는 TV나 PC, 태블릿PC, 스마트폰 등 다양한 기기에서 하나의 콘텐츠를 끊김없이 이용할 수 있게 해주는 서비스인 N스크린과 새로운 사업자가 인터넷으로 드라마나 영화 등 다양한 미디어 콘텐츠를 제공하는 서비스인 OTT(Over The Top)의 발달에 따른 것이다. TV 선을 자르지 않고 OTT 서비스에 추가로 가입하는 것을 '코드스태킹(Cord-stacking)'이라고 한다.

OTT(Over The Top)

인터넷 플랫폼을 통해 방송프로그램, 영화, 교육 등 각종 미디어 콘텐츠를 제공하는 서비스다. OTT는 전파나 케이블이 아닌 범용 인터넷망(Public Internet)으로 영상 콘텐츠를 제공한다. 대표 OTT 서비스로는 넷플릭스, 왓챠플레이, 유튜브 등이 있다.

086 비건 패션(Vegan Fashion)

동물의 가죽이나 털을 사용하지 않고 만든 옷이나 가방 등을 사용하는 행위

채식을 추구하는 비거니즘(Veganism)에서 유래한 말로, 동물성 제품을 먹지 않는 식습관과 마찬가지로 동물의 가죽이나 털을 사용하는 의류를 거부하는 패션철학을 뜻한다. 살아 있는 동물의 털이나 가죽을 벗겨 옷을 만드는 경우가 많다는 사실이 알려지면서 패션업계에서는 동물학대 논란이 끊이지 않았다. 과거 비건 패션이 윤리적 차원에서 단순한 대용품으로 쓰이기 시작했다면, 최근에는 윤리적 소비와 함께 합리적인 가격, 관리의 용이성까지 더해지면서 트렌드로 자리 잡아가고 있다.

087 구독경제(Subscription Economy)

구독료를 내고 필요한 물건이나 서비스를 이용하는 것

일정 기간마다 비용(구독료)을 지불하고 필요한 물건이나 서비스를 이용하는 경제활동을 뜻한다. 영화나 드라마, 음악은 물론이고 책이나 게임에 이르기까지 다양한 품목에서 이뤄지고 있다. 이 분야는 스마트폰의 대중화로 빠르게 성장하고 있는 미래 유망 산업군에 속한다. 구독자에게 동영상 스트리밍 서비스를 제공하는 넷플릭스의 성공으로 점차 탄력을 받고 있다. 특정 신문이나 잡지 구독과 달리 동종의 물품이나 서비스를 소비자의 취향에 맞춰 취사선택해 이용할 수 있다는 점에서 효율적이다.

088 사이버 렉카

온라인상에서 화제가 되는 이슈를 자극적으로 포장해 공론화하는 매체

온라인상에서 화제가 되는 이슈를 자극적으로 포장해 공론화하는 매체를 말한다. 빠르게 소식을 옮기는 모습이 마치 사고현장에 신속히 도착해 자동차를 옮기는 견인차의 모습과 닮았다고 해서 생겨난 용어이다. 이들은 유튜브와 인터넷 커뮤니티에서 활동하는데 유튜브의 경우 자극적인 섬네일로 조회수를 유도한다. 사이버 렉카의 가장 큰 문제점은 정보의 정확한 사실 확인을 거치지 않고 무분별하게 다른 사람에게 퍼트린다는 것이다.

089 다크 넛지(Dark Nudge)

무의식 중에 비합리적 소비를 하도록 유도하는 상술

팔꿈치로 툭툭 옆구리를 찌르듯 소비자의 비합리적인 구매를 유도하는 상술을 지칭하는 용어이다. '넛지(Nudge)'가 '옆구리를 슬쩍 찌른다'는 뜻으로 상대방을 부드럽게 설득해 현명한 선택을 하도록 돕는다는 개념으로 쓰이는데, 여기에 '다크(Dark)'라는 표현이 더해져 부정적인 의미로 바뀌게 된 것이다. 음원사이트 등에서 무료 체험 기간이라고 유인하고 무료 기간이 끝난 뒤에 이용료가 계속 자동결제 되도록 하는 것이 대표적인 예다. 국립국어원은 이를 대체할 쉬운 우리말로 '함정 상술'을 선정했다.

090   뒷광고

광고비를 받은 사실을 소비자에게 밝히지 않고 하는 제품 홍보

유튜버 등 유명 인플루언서들이 업체로부터 광고비나 제품 등의 협찬을 받고 해당 상품을 사진, 영상 등으로 홍보하면서도 이를 알리지 않은 채 자신들이 직접 구매한 것처럼 하는 광고를 일컫는다. 일반적인 광고가 광고임을 명시하고 제품을 홍보하는 방식이라면, '뒷광고'는 소비자가 광고임을 알아채지 못하도록 뒤로 살짝 숨긴 광고라는 의미의 용어다. 뒷광고는 대중에게 영향력이 큰 인플루언서들이 대가를 받은 사실을 숨긴 채 제품을 홍보했다는 점에서 소비자 기만행위라는 지적을 낳았다.

추천·보증 등에 관한 표시·광고 심사지침 개정안

2020년 9월 1일부터 시행된 일명 '뒷광고 금지법'이다. 뒷광고 금지는 광고주와 추천·보증인이 경제적 관련성을 갖는 모든 경제적 이해관계를 공개하는 것을 의미한다. 시행일 이전 콘텐츠도 경제적 이해관계를 표시하지 않았다면 부당한 광고로 분류될 수 있어 뒤늦게라도 수정해야 한다. '체험단', 'A사와 함께 함' 등 모호한 표현으로만 표시한 경우에도 다시 명확하게 경제적 이해관계를 밝혀야 한다. 상품을 무료로 받았을 때는 '상품 협찬', 광고비를 받았을 때는 '광고' 등의 문구를 넣는 식이다. 제품이나 서비스를 무료로 받은 것은 아니지만 콘텐츠 제작을 대가로 할인을 받아 샀을 때에도 경제적 이해관계를 반드시 표시해야 한다.

경제적 이해관계 공개의 일반원칙

표시위치 (접근성)	경제적 이해관계를 표시하는 문구는 소비자가 쉽게 찾을 수 있도록 추천·보증 등의 내용과 근접한 위치에 표시한다. 이때, 표시문구는 추천·보증 등과 연결되어 소비자가 이를 단일한 게시물로 인식할 수 있도록 표시한다.
표현방식 (인식가능성)	소비자들이 쉽게 인식할 수 있는 형태로 표현한다. 문자 형태의 경우, 배경과 명확히 구분되며 소비자가 쉽게 인식할 수 있도록 적절한 문자 크기, 폰트, 색상 등을 선택하며, 음성 형태의 경우, 소비자가 소리 크기나 속도 등의 조절 없이도 명확하게 이해할 수 있도록 표현한다.
표시내용 (명확성)	명확한 내용으로 표시한다. 금전적 지원, 할인, 협찬 등 경제적 이해관계의 내용을 소비자가 이해하기 쉽도록 명확하게 표시한다.
사용언어 (언어동일성)	추천·보증 등의 내용과 동일한 언어를 사용한다. 다만, 동일하지 않은 언어를 일부 포함하더라도 표시문구를 전체적으로 보아 동일한 언어라고 볼 수 있는 등 소비자가 쉽게 이해할 수 있는 경우에는 예외적으로 외국어를 사용할 수 있다.

091 뉴스큐레이션(News Curation)
뉴스 취향 분석 및 제공 서비스

뉴스 구독 패턴을 분석하여, 사용자의 관심에 맞는 뉴스를 선택해 읽기 쉽게 정리해 제공해주는 서비스이다. 인터넷 뉴스 시대에 기사가 범람함에 따라 피로를 느낀 신문 구독자들이 자신에게 맞는 뉴스를 편리하게 보기 위해 뉴스큐레이션 서비스를 찾고 있다고 한다. 이러한 뉴스큐레이션 작업은 포털에서부터 SNS의 개인에 이르기까지 다양한 주체에 의해 이뤄지고 있으며, 최근에는 뉴스큐레이션만을 전문으로 담당하는 사이트도 생기고 있다.

092 바디포지티브(Body Positive)
자기 몸 긍정주의

자신의 몸을 있는 그대로 사랑하고 가꾸자는 취지에서 미국에서 처음 시작된 운동이다. '자기 몸 긍정주의'라고도 한다. 마른 몸을 아름답다고 여긴 과거의 시각에서 벗어나 신체적 능력, 크기, 성별, 인종, 외모와 관계없이 모든 신체를 동등하게 존중하자는 의미를 담고 있다. MZ세대를 중심으로 소셜미디어에서 확산되고 있으며, 패션업계에서도 이러한 트렌드를 반영하여 변화를 추구하고 있다.

093 리추얼 라이프(Ritual Life)
일상에 활력을 불어넣는 규칙적인 습관

일상에 활력을 불어넣는 규칙적인 습관을 의미한다. 규칙적으로 행하는 의식 또는 의례를 뜻하는 '리추얼(Ritual)'과 일상을 뜻하는 '라이프(Life)'를 합친 말이다. 자기계발을 중시하는 MZ세대 사이에 자리 잡은 하나의 트렌드로 코로나 블루와 취업난, 주택난 등에서 오는 무력감을 극복하고, 심리적 만족감과 성취감을 얻으려는 욕구가 반영된 것으로 분석된다.

094 노멀크러쉬(Normal Crush)
평범하고 소박한 삶을 추구하는 젊은 세대

'Normal(보통의)'과 'Crush(반하다)'의 합성어로, 평범한 삶을 추구하는 2030 세대를 말한다. 높은 실업률과 경기 불황의 시대를 살아가는 오늘날의 청년들은 현실을 직시하고 자신이 이룰 수 있는 작은 목표에 집중하는 모습을 보인다. '큰 성공, 인생역전' 같은 일이 일어나기도 어렵지만 이루기 위해 견뎌내야 하는 과정 자체가 정신적 압박을 동반하기 때문에 이러한 것에서 벗어나 평범한 일상을 즐기며 소소한 행복을 느끼는 삶을 택하는 것이다.

놈코어(Normcore)
꾸민 듯 안 꾸민 듯 하지만 의외의 멋을 연출하는 최신 패션 트렌드를 가리키는 말이다. 'Normal'과 'Hardcore'의 합성어이다.

095 드랙 아티스트(Drag Artist)
규정된 성역할에서 벗어나 자유롭게 자아를 표출하는 예술가

사회가 규정하는 이분법적인 성별, 지위 등에서 벗어나 자신을 꾸미는 퍼포먼스를 행하는 예술가를 가리키는 말이다. 이들은 성(gender)을 이분법적으로 나누는 시선에 머무르지 않고 과장된 메이크업과 패션 등으로 겉모습을 화려하게 꾸미고 퍼포먼스를 통해 자아를 표출한다. '드랙(drag)'이란 사회적으로 고정된 성역할에서 벗어나 자유로운 자아를 표출하는 예술행위를 뜻하는 말이다.

096 파오차이(泡菜)
채소를 염장한 중국의 절임요리

채소를 염장한 중국의 절임요리다. 양념에 버무리지 않고 발효하여 피클과 비슷한 새콤한 맛을 낸다. 김치와 다른 음식이지만 중국 언론인 환구시보가 2020년 11월 파오차이가 국제표준화기구(ISO)의 인증을 받아 국제표준으로 제정됐다는 보도를 하면서 김치 종주국 논란이 일었다. 그러나 ISO는 이에 대해 부인했으며, 우리나라 농림축산식품부 역시 파오차이의 국제표준 제정과 김치는 전혀 관련이 없다는 입장을 내놓았다. 김치는 이미 2001년 국제식품 규격위원회의 국제규격으로 설정된 바 있다.

097 화이트워싱(Whitewashing)
원작의 역할과 상관없이 무조건 백인 배우를 캐스팅하는 행태

할리우드에서 백인 배우를 선호하거나 캐스팅하는 행태다. 할리우드 영화계는 오랫동안 영화나 드라마 속의 캐릭터가 황색인종이나 흑색인종임에도 백색인종 배우를 캐스팅했다. 1961년 개봉된 〈티파니에서 아침을〉에서 일본인 역에 백인 남자배우를 캐스팅한 것부터 〈닥터 스트레인지〉, 〈덩케르크〉 등 많은 영화에서 화이트워싱했다. 그때마다 인종차별 논란이 이어졌다.

098 액티브 시니어(Active Senior)
은퇴 이후에도 여가생활을 즐기며 적극적으로 사회활동에 참여하는 장년층

은퇴한 장년층들은 여러 가지 활동에 도전하고, 자신의 건강관리와 외모관리도 꾸준히 하며 경제력을 바탕으로 활발한 소비를 한다. 시간적 여유와 경제적 여유를 모두 가지고 있기 때문인데, 이러한 추세에 따라 유통업계에서는 액티브 시니어를 끌기 위한 마케팅이 치열하게 이루어지고 있다.

099　기대수명

해당 연도 출생자에게 기대하는 평균 생존연수

그 해에 태어난 사람(0세)에게 기대하는 평균 생존연수를 말한다. 평균적으로 사람들이 앞으로 얼마나 살 것인지를 보여주는 지표다. 평균수명 또는 0세의 기대여명이라고도 한다. 기대수명이 상승했다는 것은 우리나라 사람 전체의 기대수명, 즉 평균수명이 늘어났다는 것이 아니라 통계결과가 발표된 연도 출생자의 수명이 이전 출생자보다 늘어났다는 의미다. 기대수명은 보험료율이나 의료정책 등 국가정책 수립을 위해 사용하며 의료, 과학 기술 등의 발전에 따라 앞으로 더 늘어날 것으로 예측한다. 한편 기대여명은 현재 n세인 사람이 앞으로 얼마나 더 생존할 것인지를 파악한 평균 생존연수다.

100　인스타그래머블(Instagrammable)

인스타그램에 올릴 만한 게시물

'인스타그램에 올릴 만한' 이라는 뜻을 가진 단어다. 사진을 주로 올리는 SNS인 인스타그램(Instagram)과 '할 수 있는'이라는 뜻의 접미사 '-able'을 합친 말이다. 현재 인스타그램은 많은 사람의 의식주에 지대한 영향을 끼치고 있다. 특히 젊은 세대가 카페, 식당 등을 방문할 때는 인스타그램에 사진을 게시할 만한 장소를 찾아가는 것이 중요한 기준이 됐다. 이러한 현상은 마케팅업계에서도 감성 마케팅을 펼치기 위한 핵심적인 요소로 평가받는다.

Section 02 빈출노트

Section 02의 빈출노트에는 상식시험을 진행하는 거의 모든 기관에서 출제되어온 '상식 중의 상식'을 정리했습니다. 올림픽 또는 월드컵에서는 연도별 개최지가 단골 출제되고, 올림픽이나 패럴림픽의 종목을 묻는 문제도 종종 등장합니다. 또한 세계 3대 영화제와 관련해서는 최근의 수상 정보에 대한 출제 비중이 높습니다.

 월드컵(FIFA World Cup)

FIFA에 가입된 국가의 남자 축구 국가대표팀이 참가하는 축구대회

국제축구연맹이 4년마다 개최하는 세계적인 축구대회로 소속 등에 상관없이 선수 개인의 국적에 따라 출전하는데, 단일 종목 대회로는 세계에서 가장 큰 규모이다. 예선을 거쳐 본선에 진출한 국가들의 경기가 개최국 곳곳에서 약 한 달에 걸쳐 진행된다. 이때 전 세계인의 관심이 월드컵에 집중된다. 1930년 우루과이에서 1회 대회가 개최되었지만 우리나라는 1954년 스위스에서 열린 제5회 대회에 처음으로 참가했고, 2002년 대회를 일본과 공동으로 개최하기도 했다.

FIFA(국제축구연맹)

축구 분야의 국제기구로, 국제올림픽위원회 · 국제육상연맹과 함께 세계 3대 체육기구로 불린다. 각종 국제 축구대회를 주관하며 국제 경기의 원활한 운영을 목적으로 한다.

[역대 월드컵 개최국과 우승국]

회	연도	개최국	우승국	준우승국
23회	2026년	미국 · 캐나다 · 멕시코	–	–
22회	2022년	카타르*	–	–
21회	2018년	러시아*	프랑스	크로아티아
20회	2014년	브라질*	독일	아르헨티나
19회	2010년	남아프리카공화국*	스페인	네덜란드

18회	2006년	독일*	이탈리아	프랑스
17회	2002년	한국 · 일본*	브라질	독일
16회	1998년	프랑스*	프랑스	브라질
15회	1994년	미국*	브라질	이탈리아
14회	1990년	이탈리아*	서독	아르헨티나
13회	1986년	멕시코*	아르헨티나	서독
12회	1982년	스페인	이탈리아	서독
11회	1978년	아르헨티나	아르헨티나	네덜란드
10회	1974년	서독	서독	네덜란드
9회	1970년	멕시코	브라질	이탈리아
8회	1966년	잉글랜드	잉글랜드	서독
7회	1962년	칠레	브라질	체코
6회	1958년	스웨덴	브라질	스웨덴
5회	1954년	스위스*	서독	헝가리
4회	1950년	브라질	우루과이	브라질
3회	1938년	프랑스	이탈리아	헝가리
2회	1934년	이탈리아	이탈리아	체코
1회	1930년	우루과이	우루과이	아르헨티나

* 대한민국 본선진출 대회

기출유형은?

Q1. 2018년과 2022년 월드컵의 개최국은? 〈한국연구재단, 수원문화재단〉

A1. 러시아, 카타르

Q2. 월드컵 본선의 총 경기 수는? 〈포항시설관리공단〉

    ① 48회   ② 52회   ③ 62회   ④ 64회

A2. ④

Q3. 2018 러시아 월드컵 우승 국가는? 〈수원문화재단〉

    ① 크로아티아   ② 덴마크   ③ 아르헨티나   ④ 프랑스

A3. ④

📝 올림픽(Olympic Games)

국제올림픽위원회가 4년마다 개최하는 국제스포츠대회

프랑스의 쿠베르탱(Pierre de Coubertin)은 프로이센과의 전쟁에서 패배한 프랑스를 재건하기 위해 고심하던 중 고대 그리스의 체육에 매료되어 고대 그리스의 제전경기인 올림피아제를 근대적 형식으로 부활시킬 것을 계획한다. 이후 1894년에 국제올림픽위원회(IOC)를 창설했고, 1896년에 '인류평화의 제전'이라는 구호로 그리스 아테네에서 제1회 올림픽을 개최했다. 이후 IOC는 4년마다 올림픽을 개최했고, 국제대회로서의 면모를 갖춘 1908년 런던올림픽 이후 규모가 커지기 시작해 오늘날에는 거의 모든 국가가 참가할 정도로 스포츠 분야 세계 최고의 대회가 되었다.

하계 올림픽			동계 올림픽		
회	연도	개최지	회	연도	개최지
34회	2028	미국 LA			
33회	2024	프랑스 파리			
32회	2021	일본 도쿄			
31회	2016	브라질 리우데자네이루	–	–	–
30회	2012	영국 런던			
29회	2008	중국 베이징			
28회	2004	그리스 아테네			
27회	2000	호주 시드니	25회	2026	이탈리아 밀라노, 코르티나담페초
26회	1996	미국 애틀랜타	24회	2022	중국 베이징
25회	1992	스페인 바르셀로나	23회	2018	대한민국 평창
24회	1988	대한민국 서울	22회	2014	러시아 소치
23회	1984	미국 LA	21회	2010	캐나다 밴쿠버, 휘슬러
22회	1980	소련 모스크바	20회	2006	이탈리아 토리노
21회	1976	캐나다 몬트리올	19회	2002	미국 솔트레이크시티
20회	1972	서독 뮌헨	18회	1998	일본 나가노

19회	1968	멕시코 멕시코시티	17회	1994	노르웨이 릴레함메르
18회	1964	일본 도쿄	16회	1992	프랑스 알베르빌
17회	1960	이탈리아 로마	15회	1988	캐나다 캘거리
16회	1956	호주 멜버른	14회	1984	유고슬라비아 사라예보
15회	1952	핀란드 헬싱키	13회	1980	미국 레이크플래시드
14회	1948	영국 런던	12회	1976	오스트리아 인스브루크
13회	1944	2차 세계대전으로 무산	11회	1972	일본 삿포로
12회	1940		10회	1968	프랑스 그르노블
11회	1936	독일 베를린	9회	1964	오스트리아 인스브루크
10회	1932	미국 LA	8회	1960	미국 스쿼밸리
9회	1928	네덜란드 암스테르담	7회	1956	이탈리아 코르티나담페초
8회	1924	프랑스 파리	6회	1952	노르웨이 오슬로
7회	1920	벨기에 앤트워프	5회	1948	스위스 생모리츠
6회	1916	1차 세계대전으로 무산	–	1944	2차 세계대전으로 무산
5회	1912	스웨덴 스톡홀름	–	1940	
4회	1908	영국 런던	4회	1936	독일 가르미슈파르텐키르헨
3회	1904	미국 세인트루이스	3회	1932	미국 레이크플래시드
2회	1900	프랑스 파리	2회	1928	스위스 생모리츠
1회	1896	그리스 아테네	1회	1924	프랑스 샤모니

기출유형은?

Q1. 2022 베이징 동계올림픽과 패럴림픽의 마스코트 이름을 쓰시오. 〈한국문화예술위원회〉

A1. 빙둔둔, 쉐룽룽

Q2. 2018 평창 동계올림픽의 개최지 세 곳을 쓰시오. 〈인천서구문화재단, 보훈복지의료공단〉

A2. 평창, 강릉, 정선

Q3. 발달 장애인을 위한 국제 스포츠대회의 이름은 무엇인가? 〈산업인력공단〉

    ① 패럴림픽   ② 스페셜올림픽   ③ 유스올림픽   ④ 유니버시아드

A3. ②

 **노벨상**(Nobel Prizes)

수상 부문	생리의학, 물리학, 화학, 경제학, 문학, 평화	
주최	스웨덴 왕립아카데미, 노르웨이 노벨위원회	
시작연도	1901년	
시상식 장소	스웨덴 스톡홀름(평화상은 노르웨이 오슬로)	
시상식 일정	매년 12월 10일	
심사	생리의학	카롤린스카 의학연구소
	물리학	스웨덴 왕립과학아카데미
	화학	
	경제학	
	문학	스웨덴 아카데미(한림원)
	평화	노르웨이 국회가 선출한 노벨위원회

2021 노벨상 수상자

- **노벨생리의학상, '감각 수용체' 연구자 2인**
  2021년 노벨생리의학상은 데이비드 줄리어스 캘리포니아대 교수와 아뎀 파타푸티언 미국 스크립스연구소 교수 등 두 명의 미국인이 수상했다. 이들은 온도와 압력을 느낄 수 있는 수용체를 발견한 공로를 인정받았다. 줄리어스는 캡사이신을 이용해 피부 신경말단에 존재하는 열에 반응하는 감각 수용체를 발견했고, 파타푸티언은 압력에 민감한 세포를 사용해 피부와 내부 장기에서 기계적 자극에 반응하는 새로운 종류의 촉각 수용체를 확인했다.

- **노벨물리학상, '기후의 물리학적 모델링 · 물리학 내의 무질서' 연구자 3인**
  2021년 노벨물리학상은 일본계 미국인인 슈쿠로 마나베 프린스턴대 교수와 독일의 클라우스 하셀만 막스플랑크 기상학연구소 교수, 이탈리아의 조르조 파리시 로마라사피엔자대 명예교수가 수상했다. 마나베와 하셀만은 기후의 물리학적 모델링과 지구온난화의 수학적 예측 가능성 증진에 기여한 공로로, 파리시는 원자에서 행성 단위에 이르기까지 물리학적 체계에서 무질서와 변동의 상호작용을 발견한 공로로 수상자로 선정됐다.

- **노벨화학상, '비대칭 유기촉매 반응' 연구자 2인**
  노벨화학상은 독일의 베냐민 리스트 막스플랑크 석탄연구소 교수와 미국의 데이비드 맥밀런 프린스턴대 교수가 수상했다. '비대칭 유기촉매 반응'이라고 하는 분자를 만드는 정밀한 도구를 개발한 공로로 영예를 안았다. 과거에는 촉매로 금속, 효소 등 2가지를 생각했지만 리스트와 맥밀런이 2000년에 독립적으로 제3의 촉매반응이라고 할 수 있는 유기분자를 기반으로 한 비대칭 유기촉매 반응을 개발하면서 새로운 길이 열렸다.

- **노벨문학상, 탄자니아 국적의 난민 출신 소설가**

  노벨문학상은 탄자니아 국적의 난민 출신 소설가인 압둘라자크 구르나가 수상했다. 최근 은퇴하기 전까지 영국 켄트대 교수로 영어와 탈식민주의 문학을 가르치면서 다수의 장·단편소설을 펴냈다. 특히 1990년 전후 동아프리카에서의 탐구 활동을 토대로 1994년 출간한 소설 '낙원(Paradise)'은 작가로서 그가 비약적으로 발전하는 계기가 됐다. 19세기 후반 동아프리카의 폭력적인 식민지화를 상세하게 묘사한 작품이다.

- **노벨평화상, 언론의 자유를 위해 맞서 싸운 저널리스트 2인**

  2021년 노벨평화상은 필리핀의 마리아 레사, 러시아의 드미트리 무라토프 등 언론인 2명이 수상했다. 레사는 필리핀에서 커지는 권위주의와 폭력의 사용, 권력 남용을 폭로하기 위해 표현의 자유를 활용한 인물로 평가받았다. 무라토프는 1993년 독립신문인 '노바야 가제타'를 공동설립했다. 이 매체는 팩트에 근거한 저널리즘과 기자 정신을 바탕으로 검열로 비판받는 러시아에서 중요한 정보 제공처로 주목받았다.

- **노벨경제학상, '경제의 경험적 연구·인과관계 분석' 연구자 3인**

  노벨경제학상은 데이비드 카드 캘리포니아대 교수, 조슈아 앵그리스트 매사추세츠공과대 교수, 휘도 임번스 스탠퍼드대 경영대학원 교수에게 돌아갔다. 카드는 경험적 연구로 노동 경제학 발전에 기여한 점을 인정받았다. 그는 주로 최저임금과 이민, 교육 등이 노동시장에 미치는 영향을 연구해 왔다. 앵그리스트와 임번스는 인과관계 분석에 방법론적으로 공헌한 점을 높이 평가받았다. 그들은 경제학 연구에서도 엄격한 과학적 방법에 따라 확실한 인과관계의 결론을 도출할 수 있도록 방법론적 문제를 해결했다.

기출유형은?

Q1. 2020년 노벨평화상을 수상한 단체는 어디인가? 〈한국산업인력공단〉

① WFP　　　　② WTO　　　　③ WHO　　　　④ UN

A1. ①

Q2. 다음 중 노벨문학상 수상자와 작품의 연결이 바르지 않은 것은? 〈평택도시공사〉

① 알베르 카뮈 – 〈페스트〉

② 마리오 바르가스 요사 – 〈천국은 다른 곳에〉

③ 오르한 파묵 – 〈내 이름은 빨강〉

④ 어니스트 헤밍웨이 – 〈이방인〉

A2. ④

📝 세계 3대 영화제

구분	특징	우리나라 주요 수상내역
베니스 영화제 (이탈리아)	• 1932년 시작된 후 매년 8~9월에 개최되는 가장 오래된 영화제 • 황금사자상 · 은사자상 · 볼피컵상 등 시상 • 예술성이 주된 평가기준	• 씨받이(1987) : 강수연(여우주연상) • 오아시스(2002) : 이창동(감독상), 문소리(신인여우상) • 피에타(2012) : 김기덕(황금사자상)
칸 영화제 (프랑스)	• 1946년 시작된 후 매년 5월에 개최 • 황금종려상 · 심사위원대상 · 남우주연상 · 여우주연상 등 시상 • 감독의 재능과 창의성을 중점적으로 평가	• 취화선(2002) : 임권택(감독상) • 올드보이(2004) : 박찬욱(심사위원대상) • 밀양(2007) : 전도연(여우주연상) • 기생충(2019) : 봉준호(황금종려상)
베를린 영화제 (독일)	• 1951년 시작된 후 매년 2월에 개최 • 금곰상 · 은곰상 · 주연상 · 조연상 등 시상 • 비평가 위주의 예술작품 발굴을 중시	• 사마리아(2004) : 김기덕(감독상) • 밤의 해변에서 혼자(2017) : 김민희(여자연기자상) • 도망친 여자(2020) : 홍상수(감독상) • 인트로덕션(2021) : 홍상수(각본상) • 소설가의 영화(2022) : 홍상수(심사위원대상)

기출유형은?

Q1. 2022 베를린 영화제에서 심사위원대상을 수상한 작품은? 〈경기도공공기관열린채용〉

① 〈인트로덕션〉　　　　　　　② 〈기생충〉
③ 〈도망친 여자〉　　　　　　　④ 〈소설가의 영화〉

A1. ④

Q2. 세계 3대 영화제가 아닌 것은? 〈한국기술교육대학교〉

① 모스크바 영화제　　　　　　② 베를린 영화제
③ 베니스 영화제　　　　　　　④ 칸 영화제

A2. ①

Q3. 다음 중 이탈리아 베니스 영화제에서 시상하는 상의 명칭은 무엇인가? 〈한국연구재단〉

① 황금사자상　　　　　　　　② 금곰상
③ 오스카상　　　　　　　　　④ 황금종려상

A3. ①

📝 국내 5대 국제영화제

구분	특징
부산 국제 영화제	• 1996년 시작된 아시아 최대의 비경쟁 영화제 • 모든 영화가 초청 대상, 어떤 영화든 2회 상영이 기본 • 서구에 눌려 있던 아시아 영화인의 연대를 실현
전주 국제 영화제	• '취향의 다양성', '새로운 영화 체험'을 가치로 내걸어 2000년 출범 • 재능 있고 혁신적인 감독의 작품을 통해 영화의 예술적 · 기술적 · 매체적 진화를 체험할 수 있도록 함 • 새로운 대안적 영화 소개, 디지털 영화 상영 및 지원
부천 국제 판타스틱 영화제	• 1997년부터 부천국제영화제 조직위원회 주관으로 개최 • 우리 영화를 세계에 알리고, 저예산 및 독립영화의 국제적 메카를 지향하며, 시민이 중심이 되는 수도권 축제의 이미지를 완성하려는 목적으로 기획 • '사랑, 환상, 모험'을 주제로 한 대중적 · 창의적 · 미래지향적인 프로그램 구성
제천 국제 음악영화제	• 2005년 시작된 국내 최초의 음악영화제 • 부문 경쟁을 포함한 비경쟁국제영화제로 영화와 음악을 동시에 즐기는 축제 • 국내외의 다양한 음악영화를 가장 먼저 소개하는 창구
서울 국제 여성영화제	• 1997년 사단법인 여성문화예술기획을 주최로 시작 • 세계 여성영화의 흐름과 아시아 지역의 국제여성영화 네트워크를 소개하기 위한 목적 • 아시아 여성영화인력 발굴, 여성영화 제작지원

기출유형은?

Q1. 부산국제영화제에서 한국장편독립영화의 새로운 배우들에게 주는 상은 무엇인가?

〈영화진흥위원회〉

① 넷팩상　　　　　　　　　② 올해의 배우상
③ 뉴커런츠상　　　　　　　④ 선재상

A1. ②

Q2. 부천시에서 1997년부터 개최되는 영화제의 이름은 무엇인가?

〈영화진흥위원회, 한국환경공단〉

A2. 부천 국제 판타스틱영화제

📝 유네스코 지정 한국의 세계문화유산 · 세계기록유산

구분	등재 현황
세계유산	석굴암 · 불국사(1995), 해인사 장경판전(1995), 종묘(1995), 창덕궁(1997), 수원화성(1997), 경주역사유적지구(2000), 고창 · 화순 · 강화 고인돌 유적(2000), 제주화산섬과 용암동굴(2007), 조선왕릉(2009), 안동하회 · 경주양동마을(2010), 남한산성(2014), 백제역사유적지(2015), 한국의 산지승원(2018), 한국의 서원(2019), 한국의 갯벌(2021)
세계기록유산	훈민정음 해례본(1997), 조선왕조실록(1997), 직지심체요절(2001), 승정원일기(2001), 해인사 대장경판 및 제경판(2007), 조선왕조의궤(2007), 동의보감(2009), 일성록(2011), 5 · 18 민주화 운동 기록물(2011), 난중일기(2013), 새마을운동 기록물(2013), KBS 특별생방송 '이산가족을 찾습니다' 기록물(2015), 한국의 유교책판(2015), 조선왕실 어보와 어책(2017), 국채보상운동 기록물(2017), 조선통신사 기록물(2017)
인류무형문화유산	종묘제례 및 종묘제례악(2001), 판소리(2003), 강릉단오제(2005), 강강술래(2009), 남사당놀이(2009), 영산재(2009), 처용무(2009), 제주칠머리당영등굿(2009), 가곡(2010), 대목장(2010), 매사냥(2010), 택견(2011), 줄타기(2011), 한산모시짜기(2011), 아리랑(2012), 김장문화(2013), 농악(2014), 줄다리기(2015), 제주해녀문화(2016), 씨름(2018), 연등회(2020)

산사, 한국의 산지승원(7곳)

양산 통도사, 영주 부석사, 안동 봉정사, 보은 법주사, 공주 마곡사, 순천 선암사, 해남 대흥사

한국의 서원(9곳)

소수서원, 남계서원, 도산서원, 옥산서원, 필암서원, 도동서원, 병산서원, 돈암서원, 무성서원

기출유형은?

Q1. 다음 중 유네스코 지정 세계문화유산이 아닌 것은? 〈경기문화재단, 서부발전〉

① 해인사 장경판전　　　　　② 창경궁

③ 수원화성　　　　　　　　④ 안동 하회마을

A1. ②

Q2. 전 세계인에게 교육 · 과학 · 문화를 보급하고, 국제적인 협력을 도모하기 위해 설립된 국제연합의 전문기구는 무엇인가? 〈기장군도시관리공단〉

A2. 유네스코(UNESCO)

📝 국보 · 보물 · 사적 · 명승 · 국가무형문화재

구분	제1호	제2호	제3호	제4호	제5호
국보	서울 숭례문	서울 원각사지 십층석탑	서울 북한산 신라 진흥왕 순수비	여주 고달사지 승탑	보은 법주사 쌍사자 석등
보물	서울 흥인지문	옛 보신각 동종	서울 원각사지 대원각사비	안양 중초사지 당간지주	중초사지삼층 석탑 (1997년 해제)
사적	경주 포석정지	김해 봉황동 유적	수원 화성	부여 가림성	부여 부소산성
명승	명주 청학동 소금강	거제 해금강	완도 정도리 구계등	해남 대둔산 일원 (1998년 해제)	승주 송광사 · 선암사 일원 (1998년 해제)
국가무형 문화재	종묘제례악	양주 별산대놀이	남사당놀이	갓일	판소리

기출유형은?

Q1. 다음 중 우리나라의 국가무형문화재가 아닌 것은? 〈한국관광공사〉

① 처용무   ② 매사냥

③ 매듭장   ④ 갓일

A1. ②

Q2. 우리나라 국보 제1호와 국가무형문화재 제1호는 각각 무엇인가?

〈포항시설관리공단, 대구시설관리공단〉

A2. 서울 숭례문, 종묘제례악

Q3. 우리나라 국보 제1호와 보물 제1호를 쓰시오. 〈aT〉

A3. 서울 숭례문, 서울 흥인지문

 **UN**(United Nations)

설립일	1945년 10월 24일
설립목적	전쟁 방지 및 평화 유지, 정치 · 경제 · 사회 · 문화 등 모든 분야의 국제협력 증진
주요활동	평화유지활동, 군비축소활동, 국제협력활동
본부 소재지	미국 뉴욕
공용어	영어, 프랑스어, 스페인어, 아랍어, 중국어, 러시아어

주요 기구	총회	• 국제연합의 최고 의사결정기관 • 9월 셋째 화요일에 정기총회 개최(특별한 안건이 있을 경우에는 특별총회 또는 긴급총회 소집)
	안전보장이사회 (안보리, UNSC)	• UN 회원국의 평화와 안보 담당 • 5개의 상임이사국(미국 · 영국 · 프랑스 · 러시아 · 중국)과 10개의 비상임이사국으로 구성됨
	경제사회이사회 (ECOSOC)	• 국제적인 경제 · 사회 협력과 개발 촉진, UN 총회를 보조하는 기구 • 유엔가맹국 중 총회에서 선출된 54개국으로 구성
	국제사법재판소 (ICJ)	• 국가 간의 법률적 분쟁을 재판을 통해 해결 • 네덜란드 헤이그에 위치함
	신탁통치이사회	신탁통치를 받던 팔라우가 1994년 독립국이 된 이후로 기능이 중지됨
	사무국	UN의 운영과 사무 총괄
전문 기구		국제노동기구(ILO), 국제연합식량농업기구(FAO), 국제연합교육과학문화기구(UNES-CO), 세계보건기구(WHO), 국제통화기금(IMF), 국제부흥개발은행(세계은행, IBRD), 국제금융공사(IFC), 국제개발협회(IDA), 국제민간항공기구(ICAO), 만국우편연합(UPU), 국제해사기구(IMO), 세계기상기구(WMO), 국제전기통신연합(ITU), 세계지적재산권기구(WIPO), 국제농업개발기금(IFAD), 국제연합공업개발기구(UNIDO), 세계관광기구(UNWTO), 세계은행(WB), 국제투자분쟁해결센터(ICSID), 다자간투자보증기구(MIGA)

Q1. 다음 중 UN의 공용어가 아닌 것은? 〈부산지방공단스포원〉

① 중국어   ② 아랍어

③ 러시아어   ④ 독일어

A1. ④

Q2. 다음 중 유엔 상임이사국에 소속되지 않는 국가는? 〈대전도시철도공사〉

① 미국   ② 중국

③ 프랑스   ④ 일본

A2. ④

Q3. 2017년 1월 1일 임기를 시작한 제9대 UN사무총장의 이름은 무엇인가?

〈대구시설관리공단〉

① 코피 아난   ② 반기문

③ 안토니우 구테헤스   ④ 잔니 인판티노

A3. ③

📝 국가별 수도 및 화폐단위

국가명(Country)	수도(Capital)	화폐단위(Currency)
가나	아크라	세디
과테말라	과테말라시티	케찰
그리스	아테네	유로(이전 드라크마)
나미비아	빈트후크	나미비아 달러
나이지리아	아부자	나이라
남아프리카공화국	프리토리아(행정) 케이프타운(입법) 블룸폰테인(사법)	랜드
네덜란드	암스테르담	유로(이전 길다)
네팔	카트만두	네팔 루피
노르웨이	오슬로	노르웨이 크로네
뉴질랜드	웰링턴	뉴질랜드 달러
니카라과	마나과	코르도바오르
대만	타이페이	대만 달러
덴마크	코펜하겐	크로네
독일	베를린	유로(이전 도이치 마크)
동티모르	딜리	미국 달러
라오스	비엔티안	키프
라이베리아	몬로비아	라이베리아 달러
라트비아	리가	유로(이전 라트)
러시아	모스크바	루블
레바논	베이루트	레바논 파운드
루마니아	부쿠레슈티	레이
룩셈부르크	룩셈부르크	유로(이전 룩셈부르크 프랑)
르완다	키갈리	르완다 프랑
리비아	트리폴리	리비아 디나르
리투아니아	빌뉴스	리타스
리히텐슈타인	파두츠	스위스 프랑

마다가스카르	안타나나리보	마다가스카르 프랑
말레이시아	쿠알라룸푸르	링깃
멕시코	멕시코시티	멕시코 페소
모나코	모나코	유로
모로코	라바트	디람
모리셔스	포트루이스	모리셔스 루피
모잠비크	마푸투	메티칼
몬테네그로	포드고리차	유로
몰디브	말레	루피
몰타	발레타	유로(이전 몰타 리라)
몽골	울란바토르	투그릭
미얀마(버마)	네피도(양곤)	챠트
바레인	마나마	바레인 디나르
바티칸시국	바티칸시티	유로
바하마	나소	바하마 달러
방글라데시	다카	타카
베네수엘라	카라카스	볼리바르
베트남	하노이	동
벨기에	브뤼셀	유로(이전 벨기에 프랑)
벨라루스	민스크	벨로루시 루블
보스니아헤르체고비나	사라예보	마카
볼리비아	라파스(행정) 수크레(사법)	볼리비아노
부탄	팀푸	눌트룸
불가리아	소피아	레프
브라질	브라질리아	헤알
브루나이	반다르스리브가완	브루나이 달러
사우디아라비아	리야드	리얄
세네갈	다카르	CFA 프랑
세르비아	베오그라드	디나르
세이셸	빅토리아	세이셸 루피

소말리아	모가디슈	소말리아 실링
수단	하르툼	수단 디나르
스리랑카	콜롬보	루피
스웨덴	스톡홀름	크로나
스위스	베른	스위스 프랑
스페인	마드리드	유로(이전 페세타)
슬로바키아	브라티슬라바	유로(이전 코루나)
슬로베니아	류블랴나	유로(이전 쿠나)
시리아	다마스쿠스	시리아 파운드
시에라리온	프리타운	리온
싱가포르	싱가포르	싱가포르 달러
아랍에미리트(UAE)	아부다비	아랍에미리트 디르함
아르헨티나	부에노스아이레스	페소
아메리카 합중국(USA)	워싱턴 DC	US 달러
아이슬란드	레이캬비크	크로나
아일랜드	더블린	유로(이전 아일랜드 파운드)
아제르바이잔	바쿠	마나트
아프가니스탄	카불	아프가니
알바니아	티라나	레크
알제리	알제	디나르
에스토니아	탈린	유로(이전 크룬)
에콰도르	키토	US 달러
에티오피아	아디스아바바	비르
엘살바도르	산살바도르	US 달러
영국	런던	파운드
예멘 아랍 공화국	사나	예멘 리얄
오만	무스카트	오만 리얄
오스트리아	비엔나	유로(이전 실링)
온두라스	테구시갈파	온두라스 렘피라
요르단	암만	요르단 디나르

우간다	캄팔라	우간다 실링
우루과이	몬테비데오	우루과이 페소
우즈베키스탄	타슈켄트	숨
우크라이나	키예프	그리브나
이라크	바그다드	이라크 디나르
이란	테헤란	토만(최근 변경)
이스라엘	예루살렘(분쟁 중)	셰겔
이집트	카이로	이집트 파운드
이탈리아	로마	유로(이전 리라)
인도	뉴델리	루피
인도네시아	자카르타(천도 계획)	루피아
일본	도쿄	엔
자메이카	킹스턴	자메이카 달러
조지아	트리빌시	라리
중국	베이징	위안 / 인민폐
중앙아프리카공화국	방기	CFA 프랑
짐바브웨	하라레	짐바브웨 달러
체코	프라하	코루나
칠레	산티아고	칠레 페소
카메룬	야운데	CFA 프랑
카자흐스탄	아스타나	텡게
카타르	도하	카타르 리얄
캄보디아	프놈펜	리엘
캐나다	오타와	캐나다 달러
케냐	나이로비	케냐 실링
코소보	프리슈티나	유로(이전 마르크)
코스타리카	산호세	콜론
코트디부아르	아비장	CFA 프랑
콜롬비아	보고타	콜롬비아 페소
쿠바	아바나	쿠바 페소

쿠웨이트	쿠웨이트시티	쿠웨이트 디나르
크로아티아	자그레브	쿠나
키르기스스탄	비슈케크	솜
키리바시	타라와	호주 달러
키프로스	니코시아	유로(이전 키프로스 파운드)
탄자니아	도도마(정치) 다르에스살람(행정)	탄자니아 실링
태국	방콕	바트
터키	앙카라	터키 리라
튀니지	튀니스	튀니지 디나르
파나마	파나마시티	발보아, US달러
파라과이	아순시온	과라니
파키스탄	이슬라마바드	파키스탄 루피
파푸아뉴기니	포트모르즈비	키나
팔라우	멜레케오크	US 달러
페루	리마	누에보솔
포르투갈	리스본	유로(이전 에스쿠도)
폴란드	바르샤바	즐로티
프랑스	파리	유로(이전 프랑스 프랑)
피지	수바	피지 달러
핀란드	헬싱키	유로(이전 마르카)
필리핀	마닐라	페소
헝가리	부다페스트	포린트
호주	캔버라	호주 달러

Q1. 국가별 수도의 연결로 적절하지 않은 것은? 〈경기관광공사〉

　　① 캐나다 – 토론토
　　② 호주 – 캔버라
　　③ 터키 – 앙카라
　　④ 헝가리 – 부다페스트

A1. ①

Q2. 쿠바의 수도를 쓰시오. 〈서울시농수산식품공사〉

A2. 하바나

📝 기출 인물 리스트

No	이름	특징	기관
1	아웅 산 수치	미얀마의 실질적인 지도자로, 평범한 삶을 살다가 1988년 미얀마 민주화 운동에 뛰어들며 본격적인 정치활동을 시작했다. 민주화를 위한 공로를 인정받아 1991년 노벨평화상을 받았으나 로힝야족 문제로 인해 세계적인 비난을 받기도 했다.	경기도경제과학진흥원, 부산교통공사, 대구시설관리공단, 한국해운조합
2	일론 머스크	테슬라의 CEO로, 스페이스X의 창업자이다.	장애인고용공단
3	김환기	한국 근현대미술사를 대표하는 서양화가로, 국내 근현대 미술 경매에서 가장 높은 낙찰가를 기록하기로 유명하다.	대전도시철도공사
4	이중섭	한국의 서양화가로, 향토성이 강한 소재를 사용해 시대적 아픔과 자신의 소망을 표현했다. 다양한 '소'를 그린 작품들로 유명하다.	주택도시보증공사, aT
5	김수근	한국 현대 건축의 선구자로, 종합예술잡지 〈공간〉을 창간하기도 했다. 남산 자유센터, 한국일보 사옥, 부여박물관, 올림픽 주경기장 등을 설계했다.	주택도시보증공사, aT
6	윤이상	경남 통영 출신의 세계적인 작곡가로, 동백림 사건으로 추방당해 독일로 귀화한 후 돌아오지 못하다가 2018년 그의 유해가 고향인 통영으로 돌아왔다.	대구시설공단
7	피델 카스트로	2016년에 사망한 쿠바의 전 국가평의회 의장으로, 1959년 바티스타 정권을 무너뜨리고 총리가 된 후 미국과 단교했으며 공산주의 정책을 추진했다. 49년간 집권하여 세계적인 장기집권자로 꼽힌다.	전남신용보증재단
8	앨빈 토플러	미국의 미래학자로, 2016년 사망할 때까지 다양한 저서를 통해 시대를 꿰뚫는 통찰력으로 미래를 예견했다. 대표작으로는 〈제3의 물결〉, 〈미래의 충격〉, 〈권력이동〉, 〈부의 미래〉 등이 있다.	부산교통공사
9	레제프 타이이프 에르도안	2014년 터키 역사상 최초로 치러진 직선제 대통령 선거에서 당선된 터키의 대통령이다.	경기콘텐츠진흥원
10	에마뉘엘 마크롱	2016년 중도 성향의 정당인 앙마르슈를 창당하고, 39세의 나이로 대통령이 된 프랑스의 25대 대통령(2017.5~)이다.	서울시설관리공단
11	시진핑	중화인민공화국의 정치인으로 국가주석과 국가중앙군사위원회 주석을 겸한다. 2013년 3월 국가주석에 오르며 당·정·군 3대 권력을 장악했다.	경기콘텐츠진흥원, 산림과학원, 한국농어촌공사

12	장강명	2016년 제40회 '오늘의 작가상'을 수상한 소설가, 작품으로는 〈한국이 싫어서〉, 〈알바생 자르기〉 등이 있다.	MBC
13	황병기	'가야금 명인'이라 불리는 가야금 연주자이자 창작 가야금 음악의 창시자이다. 대표곡으로는 〈침향무〉, 〈미궁〉, 〈비단길〉, 〈숲〉 등이 있다.	한국문화예술위원회
14	한강	2016년 맨부커상 인터내셔널 부문을 수상한 소설 〈채식주의자〉의 작가로서, 작품으로는 〈소년이 온다〉, 〈여수의 사랑〉, 〈붉은꽃 이야기〉, 〈희랍어 시간〉, 〈가만가만 부르는 노래〉 등이 있다.	EBS
15	조 바이든	미국 제46대 대통령이다. 오바마 행정부에서 부통령을 지냈다. 풍부한 국정 경험과 확장성, 높은 대중 인지도가 장점이다. 또 전통적 민주당 지지층인 흑인 등 소수인종뿐 아니라 중서부 백인 노동자 계층에서도 경쟁력이 있다는 평가를 받았다. 첫 취임 시기 기준 미국 역사상 가장 나이가 많은 대통령이기도 하다.	방송통신심의위원회
16	유발 하라리	〈사피엔스〉, 〈호모 데우스〉, 〈21세기를 위한 21가지 제언〉 등의 베스트셀러 저자이다. 독특한 역사관을 내비치는 이스라엘 역사학자로 그런 역사관을 담은 그의 저서 〈사피엔스〉와 유튜브에 업로드한 그의 세계사 강의로 유명해졌다. 역사학에서 생물학까지 통달한 그의 통찰력으로 인간의 진화, 발전, 제도, 역사에 대한 심오한 질문을 던진다. 그는 인간의 발전이 '인지혁명'이라는 거짓말과, 음해에서 비롯된 추상적 개체에 대한 정보전달 능력의 발달로 인해 가능했다고 주장한다.	서울교통공사
17	조남주	1978년생 방송작가 출신의 한국 소설가이다. 페미니즘적 시각에서 바라본 사회고발형 소설 〈82년생 김지영〉이 베스트셀러에 올라 스타작가가 되었다.	영화진흥위원회

📝 한국사&세계사 기출 인물

No	이름	특징	기관
1	신채호	일제강점기의 역사가·언론인이자 독립운동가로, 영웅전이나 역사 논문을 통한 민족의식 고취에 앞장섰다. 의열단의 독립투쟁 노선 등을 천명하는 '조선혁명선언'을 집필했으며, 저서로는 〈조선상고사〉, 〈조선사연구초〉, 〈을지문덕전〉 등이 있다.	경기도시공사, 한국보훈복지의료공단, 부산교통공사
2	공민왕	고려의 31대 왕으로서, 원의 지배로부터 벗어나기 위해 과감한 개혁정치를 단행했다. 몽골풍을 금지하고 기철 등 친원파들을 숙청했으며, 쌍성총관부를 되찾았으나 아내 노국공주가 죽은 후 실의에 빠져 기행을 일삼다 살해되었다.	부산교통공사, 한국서부발전, 농어촌공사
3	신문왕	통일신라시대의 명군으로 삼국통일 후 신라 왕권의 기틀을 잡았다. 중앙교육기관인 국학을 설치하고 행정구역인 9주 5소경 체제를 확립했다. 녹읍을 폐지하고 관료전을 지급해 골품제를 약화시키고 계급보다는 직급 위주의 사회기반을 다졌다.	한국중부발전, 한국동서발전, 주택도시보증공사
4	묘청	고려 인종 때의 승려로, 왕의 신임을 얻어 '서경(평양) 천도 운동'을 주도했다. 천도 이유는 당시 문벌귀족 김부식 세력을 견제하기 위해서였던 것으로 추측된다. '대위국(大爲國)'으로 국호를 변경하여 고려가 황제국임을 천명하기도 했지만 천도가 좌절되자 '묘청의 난'을 일으켰다.	한국자산관리공사, 대구시설공단
5	안중근	대한제국 독립군 소속의 독립열사다. 1909년 중국 하얼빈 역에서 조선 총독 이토 히로부미를 암살했다. 이후 뤼순으로 끌려가 처형되었다. '爲國獻身軍人本分(위국헌신 군인본분)'이라는 휘호를 남겼고 이는 국군의 슬로건이 되었다.	대구시설공단, 한국보훈복지의료공단
6	원효	통일신라시대 승려로 젊은 시절 태학에서 유교를 공부하다가 출가하여 승려가 되었다. 당나라 유학을 가던 길에 '일체유심조(一切唯心造)'의 진리를 깨닫고 귀해해 가르침을 전파하고 저서를 남긴다. 이두를 규정한 설총의 아버지이기도 하다.	공무원연금공단, 한국동서발전
7	최승로	고려 초기의 문신으로 최치원의 후손이기도 하다. 성종 때에 〈시무 28조〉를 올려 유교를 통한 정치 구현을 왕에게 간언하기도 했다. 이로 인해 성종 때에 억불 정책이 실시된다.	경기도시공사
8	서희	고려 성종 때의 문신으로, 993년 거란의 1차 침입 때 소손녕과 담판을 벌였다. 당시 거란의 의도가 고려와의 통상·강화임을 알아채고 이를 이용해 강동 6주를 회복하는 공을 세웠다.	경기도시공사

9	세종 대왕	훈민정음을 창제한 조선의 4대 임금이다. 의정부 서사제를 실시하였으며, 관습도감을 두어 음악을 정비했다. 〈농사직설〉을 통해 민생을 살폈고, 장영실을 통해 과학 발전을 장려했다. 대외적으로는 여진을 몰아내고 4군 6진을 개척하였으며 왜국의 대마도를 정벌하기도 했다.	한국남동발전
10	고려 광종	고려 4대 임금으로 중국의 연호를 사용하지 않고 '광덕', '준풍'의 독자적인 연호를 사용했다. 또한 처음으로 과거제도를 실시하였으며 노비안검법으로 귀족을 견제하고 노비를 해방시켜 민생 안정을 이끌었다.	한국서부발전
11	김수로	가야(가락국)의 시조이다. 설화에 따르면 하늘에서 떨어진 6개의 알 중 하나에서 부화하였으며 이후 여섯 가야국의 왕으로 추대되었다고 한다. 이후 김수로는 신라 왕족과 혈통이 연결되어 문무왕 때에 신라의 종묘에 봉향되었다는 기록이 있다.	부산교통공사
12	광해군	후금과 명나라 사이에서 중립외교를 펼친 조선의 15대 임금이다. 임진왜란 도중에는 각지를 누비며 의병을 모집했다고 한다. 왕으로 즉위한 뒤 군소세력이었던 북인과 결탁하여 왕권강화를 모색했으나, 인조반정이 일어나 폐위되었다.	서울신용보증 재단
13	서재필	한국의 독립운동가이다. 1882년 18세의 나이로 과거에 급제해 관직에 올랐으나 갑신정변의 실패 후 미국으로 망명한다. 미국 시민권자가 된 이후 귀국해 1896년 조선 최초의 민간 신문인 〈독립신문〉을 발간한다.	한국보훈복지 의료공단
14	근초 고왕	백제의 전성기를 이끈 13대 임금으로, 고구려의 평양성을 쳐 고국원왕을 전사시키기도 했으며, 왜국·중국으로 진출하기도 해 백제의 외교적 역량을 강화하기도 했다. 왜국에는 '칠지도', '칠자경'을 하사하기도 했다.	대전도시철도 공사
15	최치원	신라의 유학자로 문묘에 종사된 해동 18현 중의 한 명이다. 6두품 출신으로 태어나 어린 시절 당으로 유학을 갔다. 빈공과에 급제해 당의 관리를 지내다 신라로 귀국해 관직에 종사하며 다양한 문예활동을 했다. 〈토황소격문〉, 〈계원필경〉 등 뛰어난 글솜씨로 유명하다.	대전도시철도 공사
16	고려 성종	고려 6대 임금으로 최승로의 〈시무 28조〉를 받아들여 유교적 국가 정치제도의 틀을 잡았다. 연등회, 팔관회 등의 불교 행사를 폐지하고 유교 제사를 실시했다. 12목을 설치해 왕권을 강화했으며 노비환천법을 실시해 부곡민 체제와 장원 제도를 강화했다.	경기도시공사
17	흥선 대원군	조선 고종의 아버지로 섭정을 했다. 세도가를 몰아내고 당백전을 발행해 경복궁을 중건하는 등 왕권 강화를 시도했다. 대외적으로는 쇄국정책을 실시하고 천주교를 박해했는데, 이로 인해 병인양요와 신미양요가 일어나기도 했다.	부산교통공사

18	임꺽정	조선왕조실록에 나오는 조선시대에 실존했던 도적이다. 명종 때에 민생이 궁핍해지자 함경도 일대를 중심으로 관아와 민가를 습격하는 도적활동을 했다. 세력이 커졌을 때는 서울 일대에서도 활동했으며 재물을 백성에게 나눠주는 등 '의적'의 면모를 보였다고 한다.	대구시설공단
19	의천	고려 문종의 아들로 아버지의 명에 의해 불가에 귀의했다고 한다. 당시 요나라와 송나라를 유학하여 불법을 배웠고 선종 때에 귀국하여 고려에 천태종을 설파했다. 이후 고려의 국사(國師)가 되어 후학 양성에 힘썼다.	한국보훈복지 의료공단
20	칭기즈칸	몽골제국의 초대 칸으로 몽골의 부족을 통합해 금나라를 무너뜨리고 중국 대륙의 패자가 되었으며, 중앙아시아와 유라시아의 여러 국가들을 정복했다. 철저한 능력 위주의 인사 정책을 추진했으며 정복민을 통치하기 위한 각종 기만 · 공포 정책에 능했다.	부산교통공사
21	조지 워싱턴	미국 독립전쟁 당시 대륙군 총사령관이었으며 이후 미국 헌법 제정 의회를 이끌어 헌법을 만들고 선거를 통해 초대 대통령이 되었다. 종신 집권 요구를 받았으나 퇴임을 고집했다. 〈고별사〉를 통해 연방 유지의 중요성을 강조하고 대외에 대한 지나친 간섭을 경계했다.	부산교통공사
22	마틴 루터 킹	미국의 흑인인권운동가로서 당시 미국에 만연해 있던 흑인에 대한 차별대우 등 각종 인종차별에 비폭력인권운동으로 대항했다. 이러한 활동으로 1964년에는 노벨평화상을 받았다. 〈나는 꿈이 있습니다〉라는 연설문으로도 유명하다.	주택도시보증 공사
23	김구	대한민국의 독립운동가로 상하이 대한민국임시정부에서 한국독립당으로 활동했으며, 1944년 독립 직전 주석 직을 맡고 있었다. 광복 과정에서 모스크바 3상회의에 반하여 신탁통치 반대운동을 주도했다. 황해도 해주에서 출생하여, 동학농민운동에 참여하기도 했다.	평택도시공사, 대전보훈병원, 한국지역난방 공사
24	김원봉	1898년생의 독립운동가이다. 1919년 아나키즘 단체인 의열단을 조직했고 1944년에는 임시정부에서 군무부장으로 재임하기도 했다. 1948년 이후에는 국가 부수반으로 북한 정부수립에 참여하기도 했다.	지역난방공사, 경기문화재단

Q1. 다음 중 앨빈 토플러의 책이 아닌 것은? 〈부산교통공사〉

① 불확실성의 시대

② 제3의 물결

③ 미래의 충격

④ 부의 미래

A1. ① 불확실성의 시대(작가 : 존 케네스 갤브레이스)

Q2. 2018년 1월에 타계한 가야금 명인을 쓰시오. 〈한국문화예술위원회〉

A2. 황병기

Q3. 다음 발언을 한 인물은 누구인가? 〈한국지역난방공사〉

> "한국이 있어야 한국 사람이 있고, 한국 사람이 있고야 민주주의도 공산주의도 또 무슨 단체도 있을 수 있는 것이다"

A3. 김구

PART 2 기출상식 마스터

Section 01 정치 · 국제

Section 02 경제 · 금융

Section 03 사회 · 법률

Section 04 문화 · 미디어

Section 05 과학 · IT

Section 06 역사 · 철학

3일 완성 ———————
공기업 최신기출 일반상식

PART 2는 정치부터 역사·철학에 이르기까지 공기업들의 상식시험에서 출제되었던

용어들을 수록했습니다. 해당 용어가 출제되었던 기업을 표시했고, 연관된 내용까지

꼼꼼하게 넣어 폭넓은 학습이 이루어지도록 구성했는데요. 먼저 분야별로 용어에 대

한 설명을 학습하여 지식을 습득하고 약술형·단답형 문제를 통해 확실히 기억한 후

객관식 문제로 실전에 대비하세요!

Section 01 정치 · 국제

01
숙의민주주의

[KBS]

'숙의(熟議)'는 '깊이 생각하여 넉넉히 의논함'을 뜻하는 것으로, 이러한 '숙의'가 의사결정의 중심이 되는 형식을 숙의민주주의라고 한다. 직접민주주의적인 형태로서, 다수결로 대표되는 대의민주주의의 한계를 보완하는 기능을 하는 것이다. 첨예한 갈등이 존재하는 사안에 관하여 단순히 찬성 혹은 반대로 의견을 대립하는 것이 아니라 충분한 시간을 두고, 전문가가 제공하는 지식과 정보를 바탕으로 한 학습 및 의견 수렴 과정을 거치며 이해와 공감으로 해결책을 도출해 낸다는 장점을 가지고 있다.

02
정기국회

[대구시설관리공단]

정기국회는 매년 9월 1일에 열리며 정기회의 · 회기는 100일을 초과할 수 없다. 정기회의의 주요 업무는 다음 해의 예산안을 심의 확정하는 일이다. 이 기간 중에 위원회 또는 본회의에 상정하는 법률안은 다음 연도의 예산안처리에 부수하는 법률안에 한한다. 다만, 긴급하고 불가피한 사유로 위원회 또는 본회의 의결이 있는 경우에는 일반 법률도 상정할 수 있다.

>> 임시국회

대통령 또는 국회재적의원 1/4 이상의 요구에 의하여 집회가 열린다. 따로 집회요구가 없더라도 국회는 매년 2월, 4월, 6월의 1일과 8월 16일에 임시회를 소집해야 한다. 임시회의 회기는 집회 후 즉시 의결로 정하되, 의결에 의해 연장할 수 있다. 다만, 임시회의 회기는 30일(8월 16일에 집회하는 임시회의의 회기는 8월 31일까지)로 한다.

03
국회의결정족수

[한국마사회, 서울시설공
단, 한국수력원자력, 서울
농수산식품공사, 남동발
전, 방송통신위원회]

조건	안건
재적 2/3 이상	국회의원 제명, 대통령 탄핵소추, 헌법개정안 의결, 국회의원 무자격 결정
재적 과반수의 출석, 출석 2/3 이상	법률안 재의결, 의안의 번안의결
재적 3/5 이상	무제한 토론의 종결 의결, 체계자구 심사 본회의 부의 요구, 신속처리안건 지정
재적 과반수	계엄 해제 요구, 대통령 탄핵소추 발의, 일반 탄핵소추, 국무총리 · 국무위원 해임 건의, 안건 신속처리 건의, 국회의장 · 부의장 선출, 헌법개정안 발의
재적 1/4 이상의 출석, 출석 과반수	전원위원회 의결
재적 과반수 출석, 출석 과반수	일반 의결
출석 과반수	국회 회의 비공개 여부
재적 과반수 출석, 출석 다수	국회 임시의장 선출, 최고 득표자 2인 발생 시 대통령 당선자 결정
재적 1/3 이상	무제한 토론 종결 발의, 무제한 토론 요구, 일반 탄핵소추 발의, 국무총리 · 국무위원 해임 건의 발의
재적 1/4 이상	국회의원 석방 요구 발의, 국정조사 발의, 전원위원회, 임시회 소집 요구, 휴회 중 본회의 재개 요구
재적 1/5 이상	위원회 개회, 본회의 개회, 표결방식 변경 요구
50인 이상	예산안 수정
30인 이상	일반 의안 수정, 국회의원 자격심사 청구, 폐기된 법률안 본회의 부의
20인 이상	징계 요구, 교섭단체 성립, 긴급 현안 질문, 국무위원 · 정부위원 출석 요구
10인 이상	회의 비공개 발의, 일반 의안 발의

04
매니페스토
(Manifesto)

[한국언론진흥재단, 한국
수력원자력]

정당이나 후보자가 선거공약의 구체적인 로드맵을 문서화하여 공표하는 정책서약서를 말한다. 매니페스토(Manifesto)의 어원은 라틴어의 '마니페스투스(Manifestus)'로 당시에는 증거 또는 증거물이란 의미로 쓰였다. 훗날 이탈리아로 들어가 '마니페스또(Manifesto)'가 되었는데, '과거 행적을 설명하고, 미래 행동의 동기를 밝히는 공적인 선언'이라는 의미로 사용되었다. 오늘날에는 구체적인 정책대안을 공약서에 담아서 유권자에게 약속하는 것을 말한다. 유권자는 이를 통해 후보의 정책을 평가하고, 실천가능한 공약과 대안을 제시한 후보가 당선될 수 있는 환경을 만드는데, 우리나라에서는 2006년 지방선거에서 처음 등장했다.

05
필리버스터
(Filibuster)

[구미시설공단, 광주광역
시도시공사, 전주MBC,
한국농어촌공사]

의회 내에서 긴 발언을 통해 의사진행을 합법적으로 방해하는 행위를 말하는 것으로, 고대 로마 원로원에서 카토가 율리우스 카이사르의 입안정책을 막는 데 사용한 것에서 유래했다. 우리나라는 1964년 당시 국회의원 김대중이 김준연 의원의 구속동의안 통과를 막기 위해 5시간 19분 동안 연설을 진행한 것이 최초이다. 그러나 박정희정권 시절 필리버스터가 금지되었다가 2012년 국회선진화법이 도입되면서 부활했다. 2016년 2월 23일 국회 본회의에서 테러방지법의 직권상정을 저지하기 위한 더불어민주당의 릴레이 의사방해 연설이 진행돼 화제를 모은 바 있다.

>> **국회선진화법**

국회 개혁을 위해 2012년에 개정된 국회법을 말한다. 직권상정 요건 제한, 국회폭력 금지, 날치기 금지, 국회의원의 겸직 금지, 여야 간 의견 대립이 심한 법률을 재적의원 5분의 3 이상의 동의로 논의 기간 제한과 같은 내용이다. 일방적인 국회 운영 및 법률안 처리나 국회 폭력을 예방하기 위해 2012년 5월 2일, 18대 국회 마지막 본회의에서 여야 합의로 도입됐다.

06
게리맨더링
(Gerrymandering)

[MBC, 한국환경공단, aT]

1812년 당시 미국 매사추세츠주지사 게리가 당시 공화당 후보에게 유리하도록 선거구를 재조정했는데 그 모양이 마치 그리스 신화에 나오는 샐러맨더와 비슷하다고 한 데서 유래한 말이다. 이는 특정 정당이나 후보자에게 유리하도록 선거구를 인위적으로 획정하는 것을 의미하며, 이를 방지하기 위해 선거구 법정주의를 채택하고 있다.

07
국회인사청문회

[경기도공공기관열린채용]

사법부 혹은 행정부의 요인을 임명할 때 국회가 인사의 비위사실, 도덕성을 검증하는 과정이다. 국회는 정부로부터 임명동의안을 받을 경우 20일 이내에 청문 절차를 마무리해야 하며 실제 청문회 기간은 3일을 넘을 수 없다. 인사청문회 대상 중 국무총리, 헌법재판소장, 대법원장, 감사원장, 대법관에 대해서는 국회의 동의가 없이는 임명할 수 없으나 국무위원, 검찰총장, 경찰청장, 합참의장 등의 기타 요직에 대해서는 청문 기한이 끝날 경우 국회 임명동의안 없이 임명할 수 있다.

08
포퓰리즘
(Populism)

[인천교통공사, aT]

대중의 인기를 얻는 데만 급급해 정책의 현실성이나 가치판단, 옳고 그름 등 본래의 목적을 외면하는 정치형태로 '대중영합주의' 혹은 '민중주의'라고도 한다. 1870년대 러시아의 브나로드(Vnarod)에서 비롯된 정치적 이데올로기인데, 현대에서의 포퓰리즘은 일반대중, 저소득계층, 중소기업 등의 지지를 확보하기 위해 본래의 목적을 외면하는 지나친 대중 선호정책을 의미한다.

09
스핀닥터
(Spin Doctor)

[한국언론진흥재단, 한국
소비자원, 전남신용보증
재단]

정부 수반에게 유리한 여론 조성을 담당하는 정치 전문가
로, 정책을 시행하기 전에 국민들의 의견을 대통령에게 전
달하여 설득하고, 대통령의 의사를 국민에게 설명한다. 이
러한 과정에서 대통령에게 유리한 여론을 조성하거나 왜곡
할 수도 있다.

10
밴드왜건효과
(Band Wagon Effect)

[한국장학재단, 한국농어
촌공사, 주택금융공사, 한
국공항공사]

서커스 행렬을 선도하는 악대 마차를 밴드왜건이라 하는데,
사람들이 무의식적으로 이곳에 이끌리면서 군중이 점점 증
가하는 현상에서 생긴 표현이다. 선거에서 특정 유력 후보의
지지율이 높은 경우 그 후보자를 지지하지 않던 유권자들까
지 덩달아 지지하게 되는 현상을 의미한다.

11
언더독효과
(Under Dog Effect)

[부천협력기관, 영상물등
급위원회]

개싸움 중에 밑에 깔린 개(Under Dog)가 이기기를 바라는
마음과 절대강자에 대한 견제심리가 발동하게 되는 현상에
서 생긴 표현으로, 선거철에 유권자들이 지지율이 낮은 후보
에게 동정표를 주는 현상을 말한다. 여론조사 전문가들은 밴
드왜건과 언더독이 동시에 나타나기 때문에 여론조사 발표
가 선거결과에 미치는 영향은 중립적이라고 본다.

>> **브래들리효과(Bradley Effect)**

여론조사 때는 흑인 등 유색인종 후보를 지지한다고 했던 백인들이
정작 투표에서는 백인 후보를 선택하기 때문에 나타나는 현상이다.
1982년 미국 캘리포니아 주지사 선거에서 민주당 후보였던 흑인 토
머스 브래들리가 여론조사와 출구조사에서 백인 공화당 후보에 앞
섰지만 실제 선거 결과에서는 브래들리가 패했다. 전문가들은 이 원
인으로 백인 일부가 인종 편견에 대한 시각을 감추기 위해 투표 전
여론조사에서는 흑인 후보를 지지한다고 거짓진술을 했기 때문이라
고 분석했다.

12
캐스팅보트
(Casting Vote)

[세종시설관리공단, 인천교통공사, 포항시설관리공단, 동대문구시설관리공단]

합의체의 의결에서 가부동수인 경우에 의장이 가지는 결정권이다. 우리나라 국회에서는 가부동수인 경우 헌법 제49조에 따라 부결된 것으로 본다. 또 양대 당파의 세력이 거의 비슷하여 제3당이 비록 소수일지라도 의결의 가부를 좌우할 경우 "제3당이 캐스팅보트를 쥐고 있다"고 말하기도 한다.

13
그레이보트
(Grey Vote)

[한국소비자원]

전 세계적으로 노령화가 지속되고 청년층에 비해 노년층의 투표참여율이 높아 노년층의 이해관계가 선거결과를 좌우하는 경향을 말한다. 영국이 유럽연합(EU) 탈퇴 여부를 묻는 국민투표를 실시한 결과 브렉시트에 대해 노년층은 우호적이었던 반면 청년층 대다수는 부정적이었다. 그러나 노년층의 높은 투표율로 브렉시트가 결정되었고, 여기서 그레이보트라는 단어가 나왔다.

14
공직자의 임기

[대구시설관리공단, 대전도시공사, 중부발전, 남동발전, 국민체육진흥공단]

- 임기 2년 : 검찰총장, 국회의장, 국회부의장
- 임기 4년 : 감사원장, 감사위원, 국회의원
- 임기 5년 : 대통령
- 임기 6년 : 헌법재판소 재판관, 중앙선거관리위원장, 대법원장, 대법관
- 임기 10년 : 판사

15
북방한계선
(NLL ; Northern Limit Line)

[전주MBC, 수산자원관리공단]

남한과 북한 간의 해양경계선으로, 서해 백령도 · 대청도 · 소청도 · 연평도 · 우도의 5개 섬 북단과 북한 측에서 관할하는 옹진반도 사이의 중간선을 말한다. 1953년 이루어진 정전협정에서 남 · 북한 간의 육상경계선만 설정한 채 해양경계선은 설정하지 않았는데, 당시 주한 유엔군 사령관이었던 클라크는 정전협정 직후 남북한 충돌을 방지하기 위해 해양경계선을 설정했다. 북한은 1972년까지는 이 한계선에 이의를 제기하지 않았으나 1973년부터 북한이 서해 5개 섬

주변 수역을 북한 연해라고 주장하며 NLL을 부정·침범하여 우리나라 함정과 대치하는 사태가 발생하기도 했다.

> **>> 군사분계선(MDL ; Military Demarcation Line)**
>
> 휴전협정에 의해 두 교전국 간에 그어지는 군사활동의 경계선이다. 한국의 경우 1953년 7월 유엔군 측과 공산군 측이 합의한 정전협정에 따라 규정된 휴전의 경계선을 말하며, '휴전선'이라 부른다. 길이는 약 250km이며, 남북 양쪽 2km 지역을 비무장지대로 설정하여 완충구역으로 둔다. 정전협정 제1조는 양측이 휴전 당시 점령하고 있던 지역을 기준으로 군사분계선을 설정하고 상호 간에 선을 침범하거나 적대행위를 하는 것을 금지하고 있다.

16
레임덕
(Lame Duck)

[부산교통공사, 인천교통공사]

절름발이 오리라는 뜻이며, 현직에 있던 대통령의 임기 만료를 앞두고 나타나는 것으로 대통령의 권위나 명령이 제대로 시행되지 않거나 먹혀들지 않아서 국정 수행에 차질이 생기는 일종의 권력누수 현상이다. 레임덕이 발생하기 쉬운 경우는 임기 제한으로 인해 권좌나 지위에 오르지 못하게 된 경우, 임기만료가 얼마 남지 않은 경우, 집권당이 의회에서 다수 의석을 얻지 못한 경우 등이 있다.

17
CVID

[광주도시철도공사, 농촌진흥청]

'Complete, Verifiable and Irreversible Dismantlement'의 약자로 미국이 북미 대화와 경제 제재 해체를 대가로 내건 '완벽한 비핵화' 정도를 나타내는 말이다. 2003년 8월 실시된 한반도 6자회담에서 처음 북핵 문제의 해결방안으로 제시됐다. CVID의 요건으로는 북한에서 물리적 핵 개발 시설을 완벽히 해체하는 것, 추가적 핵 프로그램을 중단하고, 핵 시설 사찰을 수용하는 것, 핵확산금지조약(NPT)에 다시 가입하는 것 등이다. 미국은 CVID를 대가로 북한에게 'CVIG'를 보장했다. CVIG는 'Complete, Verifiable and Irreversible Guarantee'의 약자로 북한에 대한 완벽한 체제 보장을 의미한다.

만씀Touch

18
대통령

[서울시설공단, 대구시설관리공단, 한국지역난방공사, 한국마사회, 부천시협력기관채용, 한국에너지공단, SH공사, 한국농어촌공사, 영화진흥위원회]

대통령은 한 나라의 원수이자 외국에 대해 국가를 대표하는 자로서, 국가 원수로서의 권한과 행정부 수반으로서의 권한을 가진다. 대통령의 선출 방식이나 임기는 나라 또는 정부 형태에 따라 다르다. 대통령 선거의 피선거권은 만 40세부터이다. 또한 대통령은 내란 또는 외환의 죄를 범한 경우를 제외하고는 형사상의 소추를 받지 않는다.

권한	국가 원수로서의 권한	긴급명령권, 조약체결 · 비준권, 국민투표부의권, 헌법기관 임명권
	행정부 수반으로서의 권한	국군통수권, 행정 집행권, 법률 공포 · 거부권
의무 (헌법상)	국가의 독립과 영토 보전의 의무, 국가의 계속성과 헌법 수호의 책무, 겸직 금지 의무, 조국의 평화적 통일을 위한 성실한 노력 의무, 취임 선서문 상의 직책을 성실히 수행할 의무	

>> 국가 긴급권의 발동 요건 및 통제 수단

종류	발동 요건	통제 수단
긴급 재정 · 경제처분 및 명령권	내우, 외환, 천재지변 또는 중대한 재정 · 경제상의 위기	국회의 사후 승인
긴급명령권	국가의 안위에 관계되는 중대한 교전상태	국회의 사후 승인
계엄선포권	전시 · 사변 또는 이에 준하는 국가 비상사태	국회의 해제 요구

19
보궐선거

[주택도시보증공사, 수원
문화재단]

지역구 국회의원·지역구 지방의회의원, 지방자치단체장 및 교육감의 임기개시 후에 사퇴·사망·피선거권 상실 등으로 신분을 상실하여 궐원 또는 궐위가 발생한 경우에 실시하는 선거이다. 2015년 개정된 선거법에 따라 보궐선거의 선거일은 4월 첫 번째 주 수요일에 단독으로 실시한다. 3대 선거가 있을 경우 추가적으로 함께 실시할 수 있다. 비례대표 국회의원, 비례대표 지방의회의원의 궐원 시에는 보궐선거를 실시하지 않고 의석승계를 하게 된다. 대통령이 궐위된 때에는 보궐선거라고 하지 않고 '궐위로 인한 선거'라 하며, 궐위로 인한 선거에서 당선된 대통령의 임기는 전임자의 잔임기간이 아니라 당선이 결정된 때부터 새로 임기가 개시되어 5년간 재임하게 된다.

> **>> 재선거**
>
> 후보자 또는 당선자가 없거나 선거의 전부무효 판결 또는 결정, 당선인이 임기개시 전에 사퇴·사망하거나 피선거권이 상실된 때, 그리고 선거범죄로 당선이 무효가 된 때에 실시하는 선거이다. 임기개시 전 사퇴·사망·피선거권 상실이라는 점에서 보궐선거와 구별되고, 선거구 내의 전 투표구를 대상으로 실시한다는 점에서 일부재선거나 재투표와 구별된다.

20
로그롤링
(Log-rolling)

[한국언론진흥재단]

정치세력이 이익을 위해 경쟁세력의 요구를 수용하거나 암묵적으로 동의하는 정치적 행위를 의미하며 '보트트랜딩(Vote-tranding)'이라고도 한다. 원래는 '통나무 굴리기'라는 뜻으로, 두 사람이 통나무 위에 올라가 굴리면서 목적지까지 운반하되 떨어지지 않도록 보조를 맞춘다는 말에서 유래되었다. 두 개의 경쟁세력이 적극적으로 담합을 하거나 묵시적으로 동조하는 것을 의미한다.

21
엽관주의
(Spoils System)

[한국에너지공단, 한국중
부발전, 대구시설공단]

"전리품은 승자의 것이다"라고 한 미국 상원의원 마시의 말에서 유래한 것으로, 당시 선거에서 이긴 정당 혹은 사람이 관직을 독식하던 인사 관행을 말한다. 정당에 대한 기여나 당선자(인사권자)와의 개인적 관계에 의해 관직을 임용하게 됨에 따라 행정능률이 저하되고 행정질서가 교란되는 각종 문제가 발생하면서 실적주의가 대두하게 되었다. 우리나라의 경우는 엽관주의를 지양하고 정권 교체에 따른 국가작용의 혼란을 예방하고 일관성 있는 공무수행의 독자성을 유지하기 위해 헌법과 법률에 따라 공무원의 신분이 보장되는 직업공무원제를 채택하고 있다.

>> **직업공무원제**

공직에 종사하는 것을 직업으로 여기며 오직 직무능력에 따라 선발해 근무하도록 조직 · 운영되는 공무원 인사제도이다.

22
국회의원

[서울시설공단, 포항시설
관리공단]

국회의 구성원으로, 만 18세 이상의 국민 중 선거에 의해 선출되며 임기는 4년이다. 국회의원은 입법과 관련하여 헌법과 법률을 개정 제안 · 의결한다. 또한 국가재정과 관련하여 정부의 예산안을 심의 · 확정하고 결산을 심사하며, 일반국정과 관련하여 감사와 조사를 실시한다. 국회의원의 수는 200명 이상으로 하되 구체적인 수는 법률로 정한다. 현재 「공직선거법」에 따른 국회의원의 수는 300명으로, 지역구 의원 253명과 비례대표 의원 47명으로 구성된다.

특권	면책특권	국회의원이 국회에서 직무상 행한 발언과 표결에 대해 국회 외에서 책임을 지지 않으나 국회 내에서는 책임을 추궁할 수 있다.
	불체포특권	국회의원은 현행범인 경우를 제외하고는 회기 중에 국회의 동의 없이 체포 또는 구금되지 아니하며, 회기 전에 체포·구금된 때에는 현행범이 아닌 한, 국회의 요구가 있으면 회기 중 석방된다.
의무	헌법상	겸직금지의무, 청렴의무, 개회 의무, 예산 의결 의무
	국회법상	품위유지의무, 국회의 본회의와 위원회 출석의무, 의사에 관한 법령·규칙 준수의무

23 비례대표제
(比例代表制)

[한국에너지공단]

정당의 총 득표수에 비례하여 의석수를 부여하는 선거제도이다. 비례대표제의 장점은 사표를 보완하고 다양한 여론을 반영한다는 것이다.

연동형 비례대표제

유권자들이 지역구 선거에 한 표, 전국구 선거에 한 표를 행사하되, 정당이 전국구 선거 득표율보다 많은 비율의 의석을 지역구에서 확보할 경우 한 석도 얻지 못하고 반대로 지역구에서 확보한 의석 비율이 전국구 선거 득표율보다 낮을 경우 전국구 의석으로 보전받는 투표제도이다. 우리나라에 도입된 제도에 따르면 정당 득표율에 비해 지역구 의석 확보 비율이 낮더라도 손해 의석의 50%까지만 보전을 받는다.

24
매카시즘
(McCarthyism)

[한국폴리텍]

1950년대에 미국에서 발생한 정치운동 현상이다. 반공산주의 성향이 강한 집단이 반대성향을 지닌 정치적 집단이나 반대자들을 공산주의자로 매도하는 행태를 보이던 것을 말한다. 운동을 주도하던 미국 상원의원 조지프 매카시의 이름을 따서 명명되었다.

25
오픈 프라이머리
(Open Primary, 예비선거)

[장애인고용공단, 세종시 시설관리공단]

미국에서는 본 선거를 치르기 전에 정당별로 후보자를 선정하는 예비선거(Primary)를 치르는데, 이때 투표 자격에 제한을 두지 않고 무소속 유권자나 다른 정당원에게도 투표할 수 있는 자격을 개방한다. 이러한 방식을 오픈 프라이머리라고 한다. 단, 유권자는 한 정당의 예비선거에만 투표할 수 있다.

>> **코커스(Caucus)**

미국의 전통적인 정당집회를 말한다. 제한된 수의 정당 간부나 선거인단이 모여 공직선거에 나설 후보자를 선출하거나 전당대회에 참석할 대의원을 선출하는 모임이다. 미국 대통령 선거에서는 각 정당의 대통령 후보를 지명하는 전당대회에 내보낼 대의원을 뽑는 당원(黨員)대회를 의미한다. 코커스에는 정당에 등록된 당원들만이 참가하여 자신이 선호하는 후보를 지지하는 대의원을 선출하고, 여기서 선출된 대의원들이 전당대회에서 투표하여 정당의 후보를 정한다.

26
국정조사

[국민건강보험공단]

국회가 어떤 사안에 대해 문제가 있다고 판단할 경우 하는 조사이다. 재적의원 4분의 1 이상의 요구가 있을 때에 실시한다. 공개를 원칙으로 하고, 비공개를 요할 경우에는 전원위원회의 의결을 얻도록 하고 있다. 반면 국정감사는 매년 정기국회 기간(9월 1일부터 100일 이내) 중 30일 이내로 실시하는 전체 국정에 대한 감찰 행위이다.

27
브렉시트
(Brexit)

[영상물등급위원회, 금융
감독원, aT]

'영국(Britain)'과 '탈퇴(Exit)'의 혼성어로, 영국의 유럽연합 탈퇴를 의미한다. EU의 재정이 악화되자 영국이 내야 할 EU 분담금 부담이 커지면서 영국 보수당을 중심으로 EU 탈퇴 움직임이 시작됐다. 이에 더해 취업 목적의 이민자가 크게 증가하고, 시리아 등으로부터 난민 유입이 계속되자 EU 탈퇴를 요구하는 움직임은 가속화했다. 2016년 6월 영국의 브렉시트 국민투표 결과 약 26만여 표차로 유럽연합(EU) 탈퇴가 결정됐다. 이후 2017년 3월 테레사 메이 총리가 탈퇴 통보문에 서명하면서 리스본 조약 50조가 발동됐다.

28
리스본 조약
(Treaty of Lisbon)

[인천교통공사]

유럽연합 27개 회원국 정상들이 2007년 10월 포르투갈의 수도 리스본에서 열린 정상회담에서 최종 합의한 뒤 같은 해 12월에 공식 서명한 조약으로, 정식 명칭은 유럽연합 개정조약(EU Reform Treaty)이다. 유럽연합의 내부 통합을 공고히 하고 정치공동체로 발전하기 위한 규범을 제시한다. 유럽연합 회원국이 번갈아 맡던 순회의장국 제도 대신 임기 2년 6개월에 1차례 연임할 수 있는 유럽연합 대통령직(상임의장)을 신설하고, 외무장관에 해당하는 임기 5년의 외교정책 대표직도 신설하였다. 의사결정방식도 종전의 만장일치제에서 이중다수결제도로 변경했다.

> **>> 이중다수결제도**
> 어떤 정책을 결정할 때 유럽연합 전체 인구의 65% 이상, 27개 회원국 중 15개국 이상이 찬성하면 가결되는 제도

29
뉴거버넌스
(New Governance)

[한국중부발전, 한국수력
원자력]

국가 통치 과정에서 기업, 시민단체, 세계 기구 등과 연계하여 방향을 정하는 것으로, 정부의 협력 체제를 강조하는 정치 개념이다. 정부는 기존의 수평적인 관계를 벗어나 각 집단들과의 네트워크를 형성하는 데 주력한다. 1980년 미국 정치에서 보이기 시작한 개념이다.

30
일대일로
(一帶一路, One Belt
and One Road)

[KBS]

고대 실크로드와 바닷길을 통해 해외시장을 개척했던 역사에서 착안하여 이름 붙인 중국의 시진핑 주석이 세운 21세기 육상 및 해상 실크로드 계획을 말한다. 중국에서 시작해 중앙아시아와 이란을 거쳐 지중해 연안으로 이어진 고대의 무역로를 따라 21세기 경제협력벨트를 형성하고, 바닷길로 중국 · 동남아시아 · 남아시아 · 중동 · 아프리카를 연결시키겠다는 구상이다. 이것을 중국의 패권 획득 전략으로 본 일본과 미국은 '인도-태평양 전략'을 세워 인도를 비롯한, 인근 국가들을 회유하여 중국을 군사적 · 경제적으로 포위하는 전략을 세웠다.

31
연방준비제도
(Fed, Federal reserve
system)

[aT]

1913년 미국의 연방준비법에 의해 설치된 미국의 중앙은행 제도이다. 미국은 전역을 12개 연방준비구로 나눠 각 지구에 하나씩 연방준비은행을 두고 이들을 연방준비제도이사회(FRB)가 통합하여 관리하는 형태를 취한다. 이사회는 각 연방은행의 운영을 관리하고 미국의 금융정책을 결정하는 역할을 하고 있는데, 화폐공급 한도를 결정하는 것은 연방공개시장위원회(FOMC)이며 FRB는 FOMC와 협력하여 금융정책을 수행한다. 각 연방은행의 주된 업무는 은행권(연방준비권과 연방준비은행권)의 발행이고, 그밖에는 민간금융기관의 예금지불을 집중적으로 보관하고 상업어음 재할인 등을 하는 것이다.

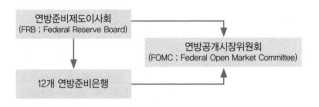

>> **FOMC(Federal Open Market Committee)**

연방준비제도 산하의 기구로, 공개시장운영정책의 수립과 집행을
담당한다. 1년에 총 8회 개최되는 회의에서 미국 경제에 대한 평가
및 통화정책과 관련된 각종 의사 결정을 한다.

32
AIIB
(Asian Infrastructure
Investment Bank)

[교직원공제회, 서울교통
공사]

미국과 일본이 주도하는 세계은행(World Bank)과 아시아개
발은행(ADB) 등에 대항하기 위해 중국의 주도로 설립된 아
시아인프라투자은행으로, 아시아 · 태평양지역 개발도상국
의 인프라 구축을 목적으로 한다. 시진핑 중국 국가주석이
2013년 10월 아시아 순방 중 제안하여 2016년 1월 베이징에
서 창립총회를 열고 공식 출범했다. 한국, 인도, 영국, 독일
등 57개국을 창립회원국으로 하고 있으며 초기 자본금의 대
부분은 중국이 투자하여 500억달러 규모로 시작되었다.

33
파리기후협정
(Paris Climate Change
Accord)

[한국시설안전공단, 해양
환경관리공단, 인천교통
공사, 경기도공무직통합
채용]

2020년에 만료된 교토의정서체제를 대체하기 위해 체결된
기후변화협약으로, 2015년 12월 12일 파리에서 열린 21차 유
엔 기후변화협약 당사국총회 본회의에서 195개 당사국이 채
택했다. 교통의정서에서는 선진국만이 온실가스 감축 의무
를 부담했지만 파리협정에서는 당사국 모두가 '자국이 스스
로 정한 방식'에 따라 의무적인 온실가스 배출 감축을 시행하
기로 했다. 미국은 2017년 트럼프 전 대통령이 이 협정을 탈
퇴하였으나, 바이든 대통령 취임 후 다시 가입했다.

34
베이다이허 회의
(北戴河 回議)

[경기콘텐츠진흥원]

베이다이허는 베이징에서 동쪽으로 약 280km 떨어진 해변이다. 1954년부터 중국 공산당 지도자들의 여름 휴양지로 쓰이고 있는 것으로 유명하다. 매년 8월이면 중국의 전·현직 당-정-군 고위 간부들은 베이다이허에 모여 13일간의 회의를 개최한다. 전국대표대회 의결 내용과 중앙위원 내정 명단 등 중국 정치의 대부분이 여기서 결정되는 것으로 알려져 있다. 베이다이허 회의를 시작하게 된 계기는 1954년 마오쩌둥과 수뇌부가 이곳으로 여름 휴가를 가서 자연스레 정치 회의를 하던 것에서부터 비롯됐으며, 문화대혁명 기간 동안 중지되었다고 한다. 이후 1984년부터 덩샤오핑이 다시 개최한 것으로 알려져 있다. 이러한 중국 수뇌부의 의결 형태를 일각에서는 '피서(避暑) 정치'라고 부르기도 한다.

>> 태자당

중국 혁명원로의 자제들을 가리키는 말이다. 구체적인 형태를 띠고 있는 정치 파벌로 구분된다. 시진핑도 과거 태자당의 일원으로 알려져 있다.

>> 상하이방

상하이 서기 출신인 장쩌민 전 중국공산당 총서기를 중심으로 한 파벌이다. 대부분 상하이 출신으로 이뤄져 있으며 막강한 경제력을 자랑한다.

35
페르소나 논
그라타
(Persona non – Grata)

[청주MBC]

'좋아하지 않는 인물'이란 뜻의 라틴어로 외교상의 '기피인물'을 의미한다. 외교사절의 아그레망이 요청되었을 때 요청받은 국가는 그 이유를 밝히지 않고 그 사람의 파견을 거부할 수 있다(외교관계에 관한 빈협약 9조 참조). 아그레망을 얻은 사람은 '페르소나 그라타(Persona Grata)', 아그레망을 얻지 못한 사람을 '페르소나 논 그라타(Persona non – Grata)'라고 한다.

> **>> 아그레망(Agrément)**
>
> 특정 인물을 외교사절로 임명하기 전에 외교사절을 받아들일 상대국의 의향을 확인하는데, 상대국이 이의가 없다고 회답하는 것을 '아그레망을 부여한다'라고 한다. 일반적으로 아그레망은 요청 후 20~30일이 경과한 후에 부여하며 아그레망이 부여되었을 경우 대사는 국가원수에게 신임장(Letter of Credence)을 받는다.

36
유로존
(Euro zone)

[대구시설공단]

유럽연합의 단일화폐인 유로를 국가통화로 도입하여 사용하는 국가나 지역을 말한다. 오스트리아, 핀란드, 독일, 포르투갈, 프랑스, 아일랜드, 스페인, 라트비아, 벨기에, 키프로스, 그리스, 슬로바키아, 이탈리아, 룩셈부르크, 몰타, 네덜란드, 에스토니아, 슬로베니아 등 총 18개국이 가입되어 있었으나 2015년 1월 1일부터 리투아니아가 추가로 유로존에 포함됨에 따라 19개국이 되었다. 유로존에 가입하려는 국가는 2년 동안 유럽의 환율변동을 조정하여 통화의 안정성을 확보하는 것을 목적으로 하는 유럽 환율 메커니즘에 참여해야 한다.

Sec 01
정치·국제

37
G7
(Group of 7)

[서울시설공단, 경기도공
무직통합채용, 영화진흥
위원회]

프랑스가 1975년 창설한 G6 정상회의에서 미국, 프랑스, 서독, 영국, 이탈리아, 일본 등 서방 선진 6개국의 모임으로 출범했으며, 이듬해 캐나다가 추가되어 서방 선진 7개국으로 불리게 되었다. G7은 매년 각국의 대통령 및 총리가 모여 정상회담을 개최한다.

>> G20(Group of 20)

선진국 외에 주요 신흥국을 포괄하는 국제논의체제가 필요하다는 인식이 확산되면서 1999년에 창설된 국제기구이다. 회원국은 미국, 프랑스, 영국, 독일, 일본, 이탈리아, 캐나다 등 G7에 속한 7개국과 대한민국, 러시아, 유럽연합 의장국, 아르헨티나, 호주, 브라질, 중국, 인도, 인도네시아, 멕시코, 사우디아라비아, 남아프리카공화국, 터키를 포함하는 13개국을 더한 20개국을 말한다.

38
고노 담화

[한국사회적기업진흥원]

1993년 8월 4일 당시 일본의 관방장관 고노 요헤이가 위안부 문제와 관련해 일본군 및 관헌의 관여와 징집·사역에서의 강제를 인정하고 문제의 본질이 중대한 인권 침해였음을 승인하면서 사죄한 것으로, 일본 정부의 공식 입장이다. 아베 전 총리는 고노 담화를 수정할 필요가 있다고 언급해 논란을 야기했다.

>> 무라야마 담화

1995년 당시 일본의 무라야마 총리가 식민지 지배와 침략의 역사를 인정하고 사죄하는 뜻을 공식적으로 표명한 담화이다. 일본이 식민지배에 대해 가장 적극적으로 사죄한 것으로 평가되지만 강제동원 피해자에 대한 배상이나 위안부 문제 등에 대한 언급은 없었다.

39
APEC
(Asia – Pacific Economic Cooperation, 아시아·태평양 경제 협력체)

[경기도시공사]

태평양 주변 국가들의 정치·경제적 결속을 다지는 국제기구이다. 지속적인 경제성장과 공동의 번영을 위해 1989년 호주 캔버라에서 12개국 간의 각료회의로 출범했으며 1993년부터 매년 정상회의를 개최하였다. APEC은 전 세계 GDP의 약 60%, 교역량의 약 46%를 점유하는 세계 최대의 지역협력체로 현재 우리나라를 포함하여 미국, 일본, 중국, 러시아 등 총 21개국이 가입해 있다. 또한 APEC의 회원국들은 우리나라 총 교역의 70.3%의 비중을 차지하여 무역·투자의 최대 파트너로서 매우 중요한 역할을 하고 있다.

40
치킨게임
(Game of Chicken)

[경기도시공사]

어느 한쪽이 양보하지 않을 경우 양쪽 모두 파국으로 치닫게 되는 극단적인 게임이론이다. 1950년대 미국 청년들 사이에서 유행한 자동차 게임이론에서 유래되었는데, 두 대의 차량이 마주보며 돌진하다가 피하면 지는 것으로 이때 충돌 직전에 누군가 비켜가지 않으면 양쪽 모두 자멸하게 된다는 것이다. 1950~1970년대 미국과 소련 사이의 극심한 군비경쟁을 꼬집는 용어로 사용되면서 국제정치학 용어로 정착되었다. 정치나 노사협상, 국제외교 등에서 상대의 양보를 기다리다가 파국으로 끝나는 것 등을 예로 들 수 있다.

41
모라토리엄
(Moratorium)

[부산교통공사]

라틴어로 '지체하다'란 뜻의 'Morari'에서 파생된 말로 대외채무에 대한 지불유예를 의미한다. 채무의 상환기한이 되었지만 전쟁·지진·경제공황·화폐개혁 등 한 국가 전체 또는 어느 특정 지역에서 발생한 긴급사태로 해당 시점에서 갚을 수는 없는 상황이 생길 경우 국가권력을 발동해 금전적인 채무이행을 일정 기간 동안 연장하는 것이다. 채무국은 여러 협상을 통해 외채 상환을 유예 받지만 국제적으로 신용이 하락하여 대외거래에 많은 어려움이 뒤따르며, 구조조정이나 세금 인상 등 불이익도 감수해야 한다.

국가나 기업의 부도, 개인이 부채를 갚을 때가 됐는데도 이자 지불이나 원금 상환이 불가능한 상태인 것을 말한다. 베네수엘라, 아르헨티나 등이 디폴트를 선언한 바 있다. 국가의 경우 디폴트를 선언한 후 채무불이행국과 채권국 간에 협상에 들어가게 되지만 일단 디폴트를 선언하게 되면 국가의 대외신인도가 크게 떨어진다.

42
먼로주의
(Monroe Doctrine)

[KBS, 화성시공공기관통합채용]

자국의 이익이나 안보에 직접적인 관련이 없는 경우 타국과 동맹관계를 맺지 않고 개입을 꺼리는 미국의 외교정책을 말한다. 일종의 외교적 고립주의라고 할 수 있는데, 1823년 미국의 5대 대통령인 먼로가 의회에 제출한 연두교서에 유럽의 문제에 개입하지 않겠다는 외교방침을 밝힌 것이 유래가 되었다. 이후 미국의 이러한 외교정책뿐만 아니라 자국의 이익에 관계 없는 일에 어떠한 간섭을 하지 않거나 독자적인 노선을 걷는 행보를 '먼로주의'라고 부르게 되었다.

43
사드
(THAAD ; Terminal High Altitude Area Defense)

[SBS, aT]

미국 미사일방어 체계의 핵심 전력 중 하나로 탄도미사일이 발사되었을 때 인공위성과 지상 레이더에서 수신한 정보를 바탕으로 요격미사일을 발사하여 40~150km의 높은 고도에서 직접 충돌하여 파괴하도록 설계되었다. 2016년 정부는 북한의 공격을 방어하기 위해 사드의 국내 배치를 선언하고 경북 성주를 배치지역으로 결정했다. 그러나 지역 주민의 결사적인 반발과 중국, 러시아 등 주변국의 강력한 비난을 초래했고, 특히 중국은 보복성 경제조치를 단행했다.

44
국제사면
위원회
(AI ; Amnesty International)

[경기도시공사]

인권을 침해받는 사람들의 편에 서서 정의를 요구하고 관련 연구를 수행하는 것을 목적으로 설립된 기구이다. 이데올로기, 정치 · 종교 상의 신념 및 견해로 인해 체포 · 투옥된 정치범의 석방이나 공정한 재판, 옥중 처우 개선, 고문과 사형의 폐지 등을 위해 활동한다. 이러한 활동으로 1977년에 노벨평화상, 1978년에 유엔인권상을 수상하였다. 150개 이상의 국가에 지부가 설치되어 있으며 회원수는 220만명이 넘는다. 1972년에 국제사면위원회 한국지부가 설립되었으며 사무국은 영국 런던에 있다.

45
핵확산금지
조약
(NPT ; Nuclear Non-proliferation Treaty)

[한국수력원자력, 전라남도공공기관통합채용]

1968년 미국, 소련, 영국 등 총 56개국이 핵무기 보유국의 증가 방지를 목적으로 체결하였고 1970년에 발효된 다국간 조약이다. 핵보유국에 대해서는 핵무기 등의 제3자로의 이양을 금지하고 핵군축을 요구한다. 비핵보유국에 대해서는 핵무기 개발 · 도입 · 보유 금지와 원자력시설에 대한 국제원자력기구(IAEA)의 사찰을 의무화하고 있다.

46
난사군도
분쟁

[경상대학병원]

남중국해에 있는 스프래틀리군도(중국명 : 난사군도)에 대한 주권을 주장하는 국가들 간의 분쟁을 말한다. 남중국해는 중국의 남쪽에 위치했고 중국을 비롯하여 대만, 베트남, 필리핀, 말레이시아, 브루나이에 둘러싸인 해역이다. 남중국해에는 4개의 군도가 있는데 그중 난사군도의 점유해역이 가장 넓다. 섬 자체의 효용성은 적지만 풍부한 천연자원을 가지고 있고, 해상 교통의 요충지가 되는 곳이기 때문에 현재 6개국이 영유권을 주장한다. 중국과 대만은 역사적 권원, 베트남은 지리적 근접성, 필리핀은 무주지 선점, 말레이시아와 브루나이는 대륙붕 관련 해양법협약에 따른 근거를 내세워 각각 영유권과 관할권을 주장하고 있어 분쟁이 계속되고 있다.

47
ICBM
(Inter-Continental
Ballistic Missile)

[구리시농수산물공사, 한
국농어촌공사]

5,000km 이상 사정거리의 탄도미사일을 말한다. 1957년 러시아는 세계 최초의 ICBM인 R-7을 발사했고, 미국은 1959년부터 배치하기 시작했다. 초기 ICBM은 추진제 문제와 발사준비 시간 때문에 사실상 사용이 불가능했던 까닭에 이후 로켓으로 개량되어 우주개발에 사용됐다. 훗날 2세대는 추진제 문제를 해결하고, 발사 준비 시간을 단축시키는 데 초점을 맞춰 개발했다. 1990년대부터 ICBM 개발에 나선 북한은 1998년 대포동 1호를 시작으로 꾸준히 개발을 진행 중이고, 지난 2022년 3월에는 2017년에 이어 '화성-17형'을 시험 발사한 후 발사 성공을 대대적으로 발표하기도 했다.

>> **SLBM(Submarine-Launched Ballistic Missile)**
해저의 잠수함에서 발사하는 탄도미사일을 가리킨다.

48
더블린 조약
(Dublin Regulation)

[영화진흥위원회]

유럽에 유입된 난민은 첫발을 디딘 유럽연합(EU)의 회원국에 난민 등록을 하는 것을 원칙으로 규정한 조약이다. 아일랜드 더블린에서 1990년 유럽연합(EU)의 12개 회원국이 서명했고, 이후 1997년 9월에 발효됐다. 매년 유럽으로 유입되는 난민은 증가하는데, 일부 특정 국가에만 난민 등록이 편중되고 있어 이를 억제하고, EU의 변방국들도 적절하게 분산해서 난민을 수용하자는 취지였다. 그러나 대다수의 난민들이 해로를 통해 유입돼 이탈리아와 그리스에 첫발을 딛게 되면서, 이탈리아와 그리스는 EU 회원국과 갈등이 커졌다. 그래서 유럽 내의 전체 난민을 EU 국가들이 인구에 따라 고르게 책임지는 '난민쿼터제'가 2015년 9월 통과되었지만 각국 내부의 정치적 문제로 유명무실한 상황이다.

49
베른협약
(Berne Convention)

[대전도시철도공사]

1886년 스위스의 수도 베른에서 문학적·예술적 저작물에 대한 저작권자의 권리를 보호하기 위해 체결된 조약이다. 외국인의 저작물을 무단 출판하는 것을 막고 다른 가맹국의 저작물을 자국민의 저작물과 동등하게 대우하도록 한다. 무방식주의에 따라 별도의 등록 없이 저작물의 완성과 동시에 저작권이 발생하는 것으로 보며 보호기간은 저작자의 생존 및 사후 50년을 원칙으로 한다.

>> **무방식주의**

저작물에 대한 권리의 향유 및 행사에 있어 등록 등의 절차를 거치지 않더라도 그 저작 사실 자체에 의해 보호받을 수 있는 것을 말한다.

50
데탕트
(Détente)

[농촌진흥청]

두 차례의 세계대전 이후 미·소 양국이 이른바 냉전 상태를 지속해오다가 1970년대에 들어서면서 양국의 평화공존정책으로 점차 세계 전체에 전쟁의 위기가 완화된 것을 말한다. '완화, 휴식'을 뜻하는 프랑스어인데, 1970년대 초 당시 미국의 닉슨 대통령이 중국 등 공산국가들을 방문하고 냉전 종식을 위한 합의문을 이끌어낸 데서 비롯했다. '데탕트 무드'는 동서냉전이 차차 줄어들고 양쪽 진영이 화해의 제스처를 취했다는 의미로 미국 언론이 처음으로 사용했다.

51
스모킹건
(Smoking Gun)

[구리시농수산물공사, 한국농어촌공사]

총에서 연기가 나면 총을 들고 있는 사람이 총을 쏜 범인이라 확신할 수 있다고 하여, 범죄 혐의를 입증하는 직접적이고 확실한 증거라는 의미로 사용한다. 영국의 작가 코난 도일의 소설 셜록홈즈 시리즈 중 〈글로리아 스콧〉 등장한 '스모킹 피스톨'에서 유래했다. 이후 범죄에 있어서의 결정적 단서뿐만 아니라 명백한 증거, 과학적 증거까지 모두 표현하는 용어가 되었다.

Reviewing

01 유권자들이 학습 및 의견 수렴 과정을 거쳐 이해와 공감으로 해결책을 도출해 내는 직접민주주의 구현의 한 방식을 (   )(이)라고 한다.

02 정당이나 후보자가 선거공약의 구체적인 로드맵을 문서화하여 공표하는 정책서약서를 (   )(이)라고 말한다.

03 의회 내에서 긴 발언을 통해 의사진행을 합법적으로 방해하는 행위를 (   )(이)라고 한다.

04 (   )은/는 정책을 시행하기 전에 국민들의 의견을 대통령에게 전달하여 설득하고, 대통령의 의사를 국민에게 설명하는 일을 맡은 이를 가리키는 말이다.

05 여론조사 때는 흑인 등 유색인종 후보를 지지한다고 했던 백인들이 정작 투표에서는 백인 후보를 선택하는 현상을 (   )효과라고 한다.

06 전 세계적으로 노령화가 지속되고 청년층에 비해 노년층의 투표참여율이 높아 자연스럽게 노년층의 이해관계가 선거결과를 좌우하는 경향을 (   )(이)라고 한다.

07 남한과 북한 간의 해양경계선으로, 서해 백령도 · 대청도 · 소청도 · 연평도 · 우도의 5개 섬과 북한 측에서 관할하는 옹진반도 사이의 중간선을 (   )(이)라고 한다.

08 현직에 있던 대통령의 임기 만료를 앞두고, 대통령의 권위나 명령이 제대로 시행되지 않거나 먹혀들지 않아서 국정 수행에 차질이 생기는 현상을 (   )(이)라고 한다.

09 (   )은/는 미국이 북미 대화와 경제 제재 해체를 대가로 내건 '완벽한 비핵화' 정도를 나타내는 말로 2003년 8월 한반도 6자회담에서 처음 제시된 용어이다.

10 정치세력이 이익을 위해 경쟁세력의 요구를 수용하거나 암묵적으로 동의하는 정치적 행위를 (   )(이)라고 한다.

Answer

01 숙의민주주의 02 매니페스토 03 필리버스터 04 스핀닥터 05 브래들리 06 그레이보트 07 NLL 08 레임덕
09 CVID 10 로그롤링

11 선거에서 이긴 정당 혹은 사람이 관식을 독식하는 인사 관행을 (   )(이)라고 한다.

12 1950년대에 미국에서 반공산주의 성향이 강한 집단이 반대성향을 지닌 정치적 집단이나 반대자들을 공산주의자로 매도하던 것을 (   )(이)라고 한다.

13 미국의 정당에서 제한된 수의 정당 간부나 선거인단이 모여 공직선거에 나설 후보자를 선출하거나 전당대회에 참석할 대의원을 선출하는 모임을 (   )(이)라고 한다.

14 영국의 유럽연합 탈퇴를 의미하는 말로, 영국과 탈퇴의 영단어를 합성한 것을 (   )(이)라고 한다.

15 국가 통치 과정에서 기업, 시민단체, 세계 기구 등과 연계하여 방향을 정하는 것으로, 정부의 협력 체제를 강조하는 정치 개념을 (   )(이)라고 한다.

16 (   )은/는 고대 실크로드와 바닷길을 통해 해외시장을 개척했던 역사에서 착안하여 이름 붙인 중국의 시진핑 주석이 세운 21세기 육상 및 해상 실크로드 계획이다.

17 시진핑 중국 국가주석이 2013년 10월 아시아 순방 중 제안하여 2016년 1월 베이징에서 창립총회를 열고 공식 출범한 투자 은행을 (   )(이)라고 한다.

18 특정 인물을 외교사절로 임명하기 전에 외교사절을 받아들일 상대국의 의향을 확인하는데, 상대국이 이의가 없다고 회답하는 것을 '(   )을/를 부여한다'라고 한다.

19 1950~1970년대 미국과 소련 사이의 극심한 군비경쟁을 꼬집는 용어로, 상대의 양보를 기다리다가 파국으로 끝나는 것을 가리키는 용어를 (   )(이)라고 한다.

20 해저의 잠수함에서 발사하는 탄도미사일을 (   )(이)라고 한다.

Answer

11 엽관주의 12 매카시즘 13 코커스 14 브렉시트 15 뉴거버넌스 16 일대일로 17 AIIB 18 아그레망 19 치킨게임
20 SLBM

01 최근 미중 분쟁과정에서 강대국과 신흥국의 필연적인 충돌을 가리키는 국제정
치학 용어 '(   )의 충돌'이 주목받고 있다. 괄호 안에 들어갈 말을 고르시오.

〈근로복지공단〉

① 투키디데스   ② 헤로도토스

③ 헤시오도스   ④ 호메로스

 투키디데스는 고대 그리스 아테나의 역사가로, 당시 신흥국 아테네와 기존 강대국 스파르타 사
이의 전쟁을 그린 〈펠레폰네소스 전쟁사〉의 저자이다. 아테네와 스파르타의 충돌을 현대 미국
과 중국의 관계로 치환하여 양국의 갈등이 필연적임을 예견할 때 〈펠레폰네소스 전쟁사〉 저자
의 이름을 따 '투키디데스의 함정'이라고 한다.

02 시진핑 중국 국가 주석이 세운 21세기 육상 및 해상 실크로드 계획은? 〈KBS〉

① 신창타이   ② 샹그릴라 대화

③ 일대일로   ④ 시코노믹스

 중국에서 시작해 중앙아시아와 이란을 거쳐 지중해 연안으로 이어진 고대 무역로를 따라 경제
협력벨트를 형성하고, 바닷길로 중국 · 동남아시아 · 남아시아 · 중동 · 아프리카를 연결시키겠
다는 계획이다.
① 신창타이 : 중국식 '뉴노멀'
② 샹그릴라 대화 : 아시아안보회의
④ 시코노믹스 : 시진핑 중국 국가주석의 경제정책

03 북한이 핵미사일 포기를 조건으로 미국에게 요구한 조건인 '완벽한 체제보장'을
가리키는 용어는 무엇인가?
〈포항시설관리공단〉

① CVID   ② CVIG

③ FFVD   ④ CPD

미국은 CVID를 대가로 북한에게 'CVIG'를 보장했다. CVIG는 'Complete, Verifiable and
Irreversible Guarantee'의 약자로 북한에 대한 완벽한 체제 보장을 의미한다.

04 다음 설명에 해당하는 국제기구는 무엇인가? 〈한국연구재단〉

> 아시아 · 태평양 지역에 위치한 국가 간 무역장벽을 없앤 자유로운 무역을 목표로 체결된 세계 최대 규모의 자유무역협정

① APEC　　　　　　　　　② CPTPP
③ RCEP　　　　　　　　　④ ASEM

 CPTPP(포괄적 · 점진적 환태평양경제동반자협정)에 대한 설명이다.
① APEC(Asia-Pacific Economic Cooperation) : 태평양 주변 국가들의 지속적인 경제성장과 공동의 번영을 위해 출범한 아시아태평양경제협력체
③ RCEP(Regional Comprehensive Economic Partnership) : 중국이 추진한 ASEAN 회원국과 한국, 일본, 중국, 인도 등 총 16개국의 역내 포괄적경제동반자협정
④ ASEM(Asia-Europe Meeting) : 한국, 중국, 일본 동북아 3개국과 ASEAN 회원국, 유럽연합(EU)이 참여하는 아시아와 유럽 간 정상회의

05 다음의 국가 중 AIIB에 가입하지 않은 나라는? 〈교직원공제회〉

① 중국　　　　　　　　　　② 일본
③ 영국　　　　　　　　　　④ 러시아

 AIIB(Asian Infrastructure Investment Bank, 아시아인프라투자은행)는 미국과 일본이 주도하는 세계은행 등에 대항하기 위해 중국의 주도로 설립된 국제금융기구로 아시아 · 태평양 지역 개발도상국을 지원함으로써 인프라를 구축하는 것을 목표로 한다. 중국, 인도, 러시아, 독일, 영국, 한국 등 103개 회원국 등이 참여하고 있으나 미국과 일본은 가입하지 않은 상태이다.

06 다음 중 영토분쟁 중인 지역이 아닌 곳은? 〈aT〉

① 이어도　　　　　　　　　② 조어도
③ 홋카이도　　　　　　　　④ 난사군도

 이어도는 우리나라와 중국 사이에, 조어도는 일본과 중국 사이에 분쟁이 있는 지역이다. 난사군도를 두고는 중국을 비롯하여 대만, 베트남, 필리핀, 말레이시아, 브루나이가 대립하고 있다. 홋카이도는 영토분쟁 지역은 아니지만, 홋카이도 서북쪽에 위치한 쿠릴열도를 두고 일본과 러시아가 분쟁 중이다.

07 다음의 괄호 안에 해당하는 숫자를 모두 더한 것은? 〈대구시설공단〉

> • 헌법재판관 수 : ( )명
> • 대법관 임기 : ( )년
> • 국회의원 피선거권 연령 : 만 ( )세 이상

① 30 ② 33
③ 40 ④ 45

 헌법재판관 : 9명, 대법관 임기 : 6년, 국회의원의 피선거권 : 만 18세 이상
∴ 9 + 6 + 18 = 33

08 선거로 정권을 잡은 사람이나 정당이 관직을 지배하는 인사 관행은?

〈한국언론진흥재단〉

① 실적주의 ② 성과연봉제
③ 엽관주의 ④ 다면평가제

 공무원의 임면(任免)을 당파적 충성이나 기여의 정도에 따라 결정하는 정치적 관행을 엽관주의라 한다.

09 외교상의 중립정책, 즉 일종의 고립주의를 무엇이라 하는가? 〈한국수력원자력〉

① 먼로주의
② 전체주의
③ 국수주의
④ 마르크스주의

 먼로주의(Monroe Doctrine)는 미국의 제5대 대통령 J. 먼로가 의회에 제출한 연례교서에서 밝힌 외교방침으로, 유럽으로부터 간섭을 받지 않기 위해 선언한 고립주의 외교정책이다.

10 정치인 또는 고위관료의 측근 중 대변인 역할을 하여 입장·정책을 정리하여 발표하거나 국민을 설득하는 역할을 하는 사람을 일컫는 용어는? 〈한국언론진흥재단〉

① 스핀닥터   ② 데마고그

③ 섀도캐비닛   ④ 마타도어

 정부 수반에게 유리한 여론 조성을 담당하는 정치 전문가를 스핀닥터라고 한다.
② 데마고그 : 대중을 선동으로 권력을 획득·유지·강화하는 정치가
③ 섀도캐비닛 : 의원내각제에서 야당이 정권 획득에 대비하여 미리 정하는 총리와 각료 멤버
④ 마타도어 : 출처를 위장하여 공개하지 않고 근거 없는 사실 등을 조작해 상대방을 혼란과 위험에 빠뜨리거나 그 내부를 교란시키기 위한 정치적 술책

11 특정 정당이나 정치인에게 유리하도록 선거구를 획정하는 것으로, 우리나라는 이것을 막기 위해 선거구를 법률로 정하는 선거구 법정주의를 채택하고 있다. 이것은 무엇인가? 〈한전KPS〉

① 로그롤링   ② 포크배럴

③ 캐스팅보트   ④ 게리맨더링

 자기 당에 유리하도록 선거구를 획정하는 것을 게리맨더링이라 한다. 1812년 미국 매사추세츠주의 주지사였던 엘브리지 게리가 획정한 선거구의 지도가 그리스 신화에 나오는 괴물 샐러맨더와 닮았다 하여 붙여진 이름이다.
① 로그롤링 : 서로의 안건에 찬성하기로 합의하여 양쪽 모두의 안건을 통과시키는 행위
② 포크배럴 : 정치인들이 지역주민에 대한 선심사업을 위해 정부의 예산을 최대한 많이 확보하려는 행위
③ 캐스팅보트 : 표결 결과 찬반이 동수인 경우에 의장이 가지는 결정권

12 핵확산금지조약에서 인정하는 핵보유국에 해당하는 나라는?
〈전라남도공공기관통합채용〉

① 이탈리아   ② 독일

③ 러시아   ④ 캐나다

 현재 핵확산금지조약에서 인정하는 핵보유국은 미국, 영국, 프랑스, 러시아, 중국이다.

13 다음 중 국정조사에 대한 설명으로 틀린 것은? 〈국민건강보험공단, 구리시농수산물공사〉

① 재적의원 4분의 1 이상의 요구가 있는 때에 조사를 시행한다.

② 비공개로 진행하는 것이 원칙이다.

③ 특정한 국정대상으로 한다.

④ 비정기적이며, 수시로 조사할 수 있다.

 국회는 국정에 대하여 문제가 있다고 판단할 경우 이를 조사할 수 있다. 매년 정기적으로 실시하는 국정감사와 방식은 동일하다. 재적의원 4분의 1 이상의 요구가 있을 때에 실시한다. 공개를 원칙으로 하고, 비공개를 요할 경우에는 전원위원회의 의결을 얻도록 하고 있다.

14 의원내각제의 특징으로 옳지 않은 것은? 〈서울신용보증재단〉

① 행정부와 입법부의 이원화로 대통령제보다 신속하고 능률적인 국정운영이 어렵다.

② 의회와 정부 두 기관은 상호견제적인 내각불신임권과 의회해산권을 행사한다.

③ 국민의 대표로 선출된 의회의 통제가 용이하여 민주주의의 요청에 부합된다.

④ 행정부가 입법부에 대하여 정치적 책임을 지게 됨으로써 책임정치가 실현될 수 있다.

 ① 의원내각제는 행정부와 입법부가 상호협조관계에 있다는 것이 가장 큰 장점이다. 이를 통하여 입법부와 행정부가 상호협조와 조화를 이뤄 신속하고 능률적인 국정운영이 가능해진다.

15 UN 상임이사국에 소속되지 않는 나라는? 〈대전도시철도공사〉

① 중국 ② 러시아

③ 프랑스 ④ 스웨덴

 유엔안전보장이사회는 상임이사국 5개국과 2년 임기의 비상임이사국 10개국, 총 15개국으로 구성된다. 현재 UN 상임이사국은 미국, 영국, 러시아, 프랑스, 중국이다.

16 의회 안에서 소수당이 다수당의 독주를 막기 위해 이루어지는 합법적인 의사진행 방해 행위를 가리키는 말은? 〈구미시설공단〉

① 크로스보팅   ② 게리맨더링

③ 필리버스터   ④ 매니페스토

 국회에서 다수파의 독주를 막거나 의사진행을 저지할 필요가 있을 때 장시간 연설 등의 방법으로 진행을 방해하는 방법을 필리버스터라 한다. 2016년 2월 테러방지법의 의결을 막기 위해 더불어민주당이 8박 9일 동안 필리버스터를 진행한 바 있다.

---

17 다음 설명에 해당하는 국제기구는 무엇인가? 〈경기도시공사〉

> 태평양 주변 국가들의 정치·경제적 결속을 다지는 기구로 지속적인 경제성장과 공동의 번영을 위해 1989년 호주 캔버라에서 12개국 간의 각료회의로 출범했다. 전 세계 GDP의 약 60%, 교역량의 약 46%를 점유하는 세계 최대의 지역협력체이다.

① APEC   ② ASEAN

③ RCEP   ④ ASEM

 아시아태평양경제협력체인 APEC(Asia-Pacific Economic Cooperation)에 대한 설명이다.
② ASEAN(Association of South-East Asian Nations) : 동남아시아 국가 간의 지역협력을 촉진하기 위해 결성한 동남아시아국가연합

---

18 세계에서 가장 넓은 영토를 가진 국가는? 〈경기도시공사〉

① 중국   ② 미국

③ 러시아   ④ 캐나다

 러시아의 면적은 17,098,242㎢로 세계 1위이다. 동아시아부터 동유럽에 이르는 세계 최대의 영토를 갖고 있다.

---

19 2017년 국제신용평가사 S&P는 베네수엘라가 채무를 이행할 수 없는 상황에 처했음을 공식적으로 밝혔다. 외국에서 빌린 차관을 기한 내에 갚지 못하는 경우를 의미하는 용어는 무엇인가? 〈인천교통공사〉

① 디폴트   ② 사이드카

③ 모라토리엄   ④ 독트린

 디폴트(Default)는 한 나라의 정부가 외국에서 빌려온 빚을 상환기간 내에 갚지 못하는 채무불이행 상태를 의미한다.

20 대통령의 권한 대행 순서로 바른 것은? 〈MBC〉

① 국회의장 – 국무총리 – 대법원장

② 국무총리 – 기획재정부장관 – 교육부장관

③ 국회의장 – 기획재정부장관 – 외교부장관

④ 국무총리 – 국회의장 – 대법원장

 대통령이 궐위되거나 사고로 인하여 직무를 수행할 수 없을 때에는 국무총리, 법률이 정한 국무위원의 순서로 그 권한을 대행한다(헌법 제71조). 국무회의 의장인 대통령이 사고로 직무를 수행할 수 없는 경우에는 부의장인 국무총리가 그 직무를 대행하고, 의장과 부의장이 모두 사고로 직무를 수행할 수 없는 경우에는 기획재정부장관이 겸임하는 부총리, 교육부장관이 겸임하는 부총리 및 정부조직법 제26조 제1항에 규정된 순서에 따라 국무위원이 그 직무를 대행한다(정부조직법 제12조 참조).

행정각부(정부조직법 제26조 제1항)
대통령의 통할 하에 다음의 행정각부를 둔다.
1. 기획재정부
2. 교육부
3. 과학기술정보통신부
4. 외교부
5. 통일부
6. 법무부
7. 국방부
8. 행정안전부
9. 문화체육관광부
10. 농림축산식품부
11. 산업통상자원부
12. 보건복지부
13. 환경부

14. 고용노동부
15. 여성가족부
16. 국토교통부
17. 해양수산부
18. 중소벤처기업부

21 의안을 의결하는 데 있어 가부동수인 경우 의장의 결정권은 무엇인가? 〈세종시설공단〉

① 캐스팅보트　　　　　　　　　② 필리버스터
③ 게리맨더링　　　　　　　　　④ 프레임업

 캐스팅보트는 합의체의 의결에서 가부(可否)동수인 경우 의장이 가지는 결정권을 의미하는데, 의회에서 2대 정당의 세력이 비등하여 그 승부 또는 가부가 제3당의 의사에 좌우되는 경우에 제3당의 결정권을 표현하기도 한다. 우리나라에서는 가부동수인 경우 부결된 것으로 본다.

22 다음 빈칸에 공통으로 들어갈 말로 적당한 것은? 〈경기도시공사〉

> • (　　)은/는 1950년대 미국 청년들 사이에서 유행한 자동차 게임이론에서 유래
> • (　　)의 예로는 한 국가 안의 정치나 노사협상, 국제외교 등에서 상대의 양보를 기다리다가 파국으로 끝나는 것 등이 있다.

① 필리버스터　　　　　　　　　② 로그롤링
③ 캐스팅보트　　　　　　　　　④ 치킨게임

 어느 한쪽이 양보하지 않을 경우 양쪽 모두 파국으로 치닫게 되는 극단적인 게임이론을 치킨게임(Chicken Game)이라 한다. 1950~1970년대 미국과 소련 사이의 극심한 군비경쟁을 꼬집는 용어로 사용되면서 국제정치학 용어로 정착되었다.

23 채무의 상환기한이 되었지만 전쟁·지진·경제공황·화폐개혁 등으로 그 시점에서 갚을 수 없어 국가권력을 발동해 채무이행을 일정 기간 동안 연장하는 것을 무엇이라 하는가? 〈부산교통공사〉

① 디폴트 ② 모라토리엄
③ 리프로파일링 ④ 로폴리틱스

 모라토리엄은 한 국가의 대외 채무에 대한 지불유예를 의미한다. 채무국은 협상을 통해 외채 상환을 유예 받지만 국제적으로 신용이 하락하여 대외거래에 많은 어려움이 뒤따르고 구조조정이나 세금 인상 등 불이익을 종용받는다.
③ 리프로파일링(Reprofiling) : 국채의 상환기간을 연장하거나 금리를 낮추는 것과 같은 약한 정도의 채무조정
④ 로폴리틱스(Low Politics) : 통화나 무역 등 경제문제 중심의 외교

24 아시아태평양지역 관광산업의 발전을 도모하기 위해 세계의 정부관광기관을 중심으로 한 약 1,000개의 회원들로 구성된 민관합동 국제기구는 무엇인가? 〈한국관광공사〉

① ICCA ② IATA
③ KATA ④ PATA

 아시아태평양지역 관광협회(Pacific Area Travel Association)를 말한다. 우리나라는 1963년 한국관광공사가 정부회원으로서 PATA에 가입했다.
① ICCA(International Congress and Convention Association) : 여행사들에 의해 창립된, 국제회의 및 컨벤션 정보를 교환하기 위한 협회
② IATA(International Air Transport Association) : 국제항공운송협회
③ KATA(Korea Association of Travel Agents) : 한국여행업협회

25 숙의민주주의에 관한 설명으로 옳지 않은 것은? 〈KBS〉

① 숙의민주주의란 합의적 의사결정을 바탕으로 한 민주주의를 말한다.
② 첨예한 갈등이 존재하는 정책 사안에 대해 공론화라는 방법으로 적용된다.
③ 숙의민주주의에 의한 결정은 정치적 책임의 소재를 분명히 하여 국가와 사회 간 유대를 강화시킨다.
④ 의견수렴과정에서 수사에 능한 사람들이 자기에게 유리한 결정으로 유도할 가능성이 있다.

③ 국가가 의사결정을 한 시민들에게 책임을 전가함으로써 국가와 사회의 적대적 관계를 조장할 수 있다.

26 다음 중 환경과 관련이 없는 협약은? 〈한국수력원자력〉

① 베른협약 ② 런던협약

③ 바젤협약 ④ 람사르 협약

 베른협약은 문학적·예술적 저작물에 대한 저작권자의 권리를 보호하기 위해 체결되었다.
② 런던협약 : 폐기물 및 기타 물질의 투기에 의한 해양오염 방지에 관한 협약
③ 바젤협약 : 유해폐기물의 국가 간 이동 및 처리에 관한 협약
④ 람사르 협약 : 물새서식지로서 중요한 습지 보호에 관한 협약

27 우리나라가 해외로 파병한 부대 이름 중 잘못 연결된 것은? 〈경상대학병원〉

① 레바논 – 동명부대 ② 동티모르 – 상록수부대

③ 아이티 – 한빛부대 ④ UAE – 아크부대

 한빛부대는 2013년 3월 남수단 내전지역에 파병한 공병의료부대로, 남수단의 재건지원과 의료지원 활동을 수행했다. 아이티에 파병했던 단비부대는 아이티의 지진 피해 복구와 재건을 돕는임무 외에도 의료서비스, 민사작전, 인도주의적 활동 지원 등 다양한 임무를 수행한 후 2012년해단식을 마쳤다.

28 다음 중 유로존에 가입되어 있지 않은 국가는? 〈대구시설공단〉

① 에스토니아 ② 벨기에

③ 독일 ④ 영국

 영국, 스웨덴, 덴마크, 체코, 불가리아, 헝가리, 폴란드, 루마니아, 크로아티아 등의 EU 회원국은유럽연합의 단일화폐인 유로를 국가통화로 도입하여 사용하는 유로존(Eurozone)에 가입되어있지 않다.

29 록히드 마틴사가 개발한 공중방어시스템으로, 미국을 향해 날아오는 미사일을 고(高)고도 상공에서 격추하기 위한 목적으로 개발된 방어체계는? 〈aT〉

① 대륙간탄도미사일(ICBM) ② 중거리탄도미사일(IRBM)

③ 레이저빔(Laser Beam) ④ 사드(THAAD)

 사드(THAAD)는 미국의 고(高)고도 미사일 방어체계다. 우리나라에서는 성주에 사드를 배치하는 문제로 국내외 정세에 큰 파장이 있었다.

30 일본이 위안부 모집을 위해 강제 연행했다는 것을 인정하는 내용이 담긴 담화는? 〈한국사회적기업진흥원〉

① 고노 담화 ② 미야자와 담화

③ 무라야마 담화 ④ 노변담화

 고노 담화는 1993년 8월 4일 고노 요헤이 관방장관이 위안부 문제와 관련해 일본군 및 관헌의 관여와 징집·사역에서의 강제를 인정하고 문제의 본질이 중대한 인권 침해였음을 승인하면서 사죄한 것으로 일본 정부의 공식입장이다.

② 미야자와 담화 : 1982년 역사교과서 파동 시 미야자와 당시 관방장관이 "일본 정부가 책임지고 교과서 기술을 시정하겠다"고 밝힌 내용으로, 일본은 이에 근거해 교과서 검정 기준에 '근린제국 (배려) 조항'을 집어넣었다.

③ 무라야마 담화 : 1995년 일본이 전후 50년을 맞아 식민지 지배와 침략에 대해 총체적인 사죄와 반성의 뜻을 표명한 것이다.

④ 노변담화 : 미국의 대통령이었던 루즈벨트가 뉴딜정책에 대한 국민들의 지지를 호소하기 위해 시작한 담화이다.

31 다음 중 북방한계선(NLL)에 대한 설명으로 옳지 않은 것은? 〈전주MBC〉

① 1953년 정전 직후 주한 유엔군 사령관이 북한과의 협의로 해상경계선을 설정하였다.

② 북한은 북방한계선을 자주 침범하면서 해상경계선의 효력을 부정해왔다.

③ 서해 백령도·대청도·소청도·연평도·우도의 5개 섬과 북한 측에서 관할하는 옹진반도 사이의 중간선이다.

④ NLL을 둘러싼 남북의 대립은 연평해전과 서해교전으로 이어져 수십명의 사망자를 냈다.

북방한계선(NLL ; Northern Limit Line)은 1953년 정전 직후 클라크 주한 유엔군 사령관이 북한과의 협의 없이 설정한 해상경계선이다.

32 다음 중 외교상의 기피인물을 가리키는 용어는?　　　　　　　　　〈국립공원관리공단〉

① 아그레망　　　　　　　　　　　② 페르소나 그라타

③ 페르소나 논 그라타　　　　　　　④ 페르소나

 외교사절 파견 시 상대국의 동의(아그레망)를 요청했을 때, 요청받은 국가가 받아들이기를 거부하는 사람을 페르소나 논 그라타(Persona non-Grata)라고 한다.

33 남중국해에 위치한 이 지역에 대해 중국, 대만, 베트남, 필리핀, 말레이시아, 브루나이는 각기 다른 이유로 영유권을 주장하며 분쟁을 벌이고 있다. 이 지역은?　　　　　　　　　　　　　　　　　　　　　　　　　　〈경상대학병원〉

① 쿠릴열도　　　　　　　　　　　② 조어도

③ 카슈미르　　　　　　　　　　　④ 난사군도

 남중국해에 있는 스프래틀리군도(중국명 : 난사군도)이다.

34 다음 설명과 관련된 조약은 무엇인가?　　　　　　　　　　〈영화진흥위원회〉

> 이 조약은 난민이 처음으로 도착한 유럽연합의 회원국에서 난민 등록을 하도록 규정한다. 그러나 지리적인 근접성으로 인해 시리아와 리비아 등으로부터 매년 수십만명의 난민이 유입되는 이탈리아는 이를 감내하기 버겁다.

① 더블린 조약　　　　　　　　　　② 리스본 조약

③ 제네바 조약　　　　　　　　　　④ 베르사유 조약

 난민이 망명 신청을 할 때 처음 발을 디딘 국가에서 등록을 하도록 규정한 더블린 조약에 관한 내용이다.

35 선거철에 유권자들이 지지율이 낮은 후보에게 동정표를 주는 현상을 무엇이라 하는가? 〈부천협력기관〉

① 밴드왜건효과　　　　　　　② 브래들리효과
③ 언더독효과　　　　　　　　④ 플라시보효과

 지지율이 낮은 후보를 개싸움 중에 밑에 깔린 개에 비유해 표현한 것으로, 언더독효과라 한다.

36 다음 중 현재 연방준비제도 이사회의 의장은 누구인가? 〈aT〉

① 제롬 파월　　　　　　　　② 재닛 옐런
③ 밴 버냉키　　　　　　　　④ 크리스틴 라가르드

 연방준비제도는 1913년 미국의 연방준비법에 의해 설치된 미국의 중앙은행제도이다. 연방준비제도 이사회 의장은 미국의 대통령이 이사회 이사 중에서 임명한다. 임기는 4년이다.

37 헌법에 규정된 선거원칙에 해당하지 않는 것은? 〈한국마사회〉

① 보통선거　　　　　　　　　② 평등선거
③ 비밀선거　　　　　　　　　④ 자유선거

 자유선거는 헌법에 규정되어 있지 않다.

[민주선거의 4대 기본 원칙]
- 보통선거 : 만 18세 이상 국민에게 성별·재산·종교·교육에 관계없이 선거권을 주는 제도 ↔ 제한선거
- 평등선거 : 모든 유권자에게 한 표씩 주고, 그 한 표의 가치를 평등하게 인정하는 제도 ↔ 차등선거
- 직접선거 : 선거권자가 대리인을 거치지 않고 자신이 직접 투표 장소에 나가 투표하는 제도 ↔ 대리선거
- 비밀선거 : 누구에게 투표했는지 알 수 없게 하는 제도 ↔ 공개선거

38 다음 중 대통령 선거에 대한 설명으로 옳은 것은? 〈한국연구재단〉

① 우리나라 대통령의 임기는 5년 중임이다.

② 대통령 선거에 출마하기 위해서는 선거일 현재 10년 이상 국내에 거주하고 있는 만 40세 이상의 국민이어야 한다.

③ 만 18세 이상의 국민에게 투표권이 주어진다.

④ 선거·당선의 효력에 관하여 이의가 있는 경우 선거일 또는 당선인 결정일로부터 90일 이내에 대법원에 소송을 제기할 수 있다.

 우리나라 대통령의 임기는 5년 단임이며 대통령 선거에 출마하기 위해서는 선거일 기준 5년 이상 국내에 거주해야 한다. 또한 선거·당선의 효력에 관하여 이의가 있는 경우 선거일 또는 당선인 결정일로부터 30일 이내에 대법원에 소송을 제기할 수 있다.

39 스페인에서 분리독립 운동이 일어났던 카탈루냐 지방의 주도는? 〈영화진흥위원회〉

① 세비야   ② 로그로뇨

③ 바르셀로나   ④ 라스팔마스

 카탈루냐의 주도는 바르셀로나이다.

40 다음 중 정치인들이 지역주민의 인기를 지나치게 의식해 특정 지역구의 선심성 사업에 대한 예산을 확보하려는 행위는? 〈한국언론진흥재단〉

① 골디락스   ② 포크배럴

③ 로그롤링   ④ 그리드락

 지역구의 선심사업을 위해 중앙정부의 예산을 남용하는 행위를 포크배럴(Pork Barrel)이라 한다.

41 정책의 현실성이나 가치판단, 옳고 그름 등 본래의 목적을 외면하고 일반 대중의 인기에만 영합하여 목적을 달성하려는 정치행태를 의미하는 것은? 〈인천교통공사〉

① 네포티즘   ② 포퓰리즘

③ 매카시즘   ④ 노비즘

 네포티즘은 '족벌정치, 친족중용주의'를 말하고, 매카시즘은 '반공주의', 노비즘은 '철저한 개인 주의'를 의미한다.

42 원내 교섭단체를 구성하기 위해 필요한 의원의 수는? 〈한국공항공사〉

① 10명   ② 15명

③ 20명   ④ 30명

 교섭단체는 국회의 원활한 의사진행을 위해 중요 안건에 관하여 사전협의를 하기 위해 구성한 의원단체를 말한다. 국회법 제33조에 따라 20인 이상의 소속의원을 가진 정당은 하나의 교섭단체가 되고, 다른 교섭단체에 속하지 않는 20인 이상의 의원으로 따로 교섭단체를 구성할 수도 있다.

43 우리나라 국회에 대한 설명으로 옳은 것은? 〈서울시설공단〉

① 국회의원을 체포 또는 구금하려면 언제나 국회의 동의가 있어야 한다.

② 국회의원의 임기는 5년이다.

③ 국회는 재적의원 과반수의 찬성으로 의결한다.

④ 국회의 의원정수는 지역구 국회의원과 비례대표 국회의원을 합하여 300명으로 한다.

 ④ 공직선거법 제21조 제1항의 내용이다.
① 현행범인 경우에는 예외이다.
② 국회의원의 임기는 4년이다.
③ 국회는 헌법 또는 법률에 특별한 규정이 없는 한 재적의원 과반수의 출석과 출석의원 과반수의 찬성으로 의결한다. 가부동수인 때에는 부결된 것으로 본다.

44 공직자와 그 임기가 바르게 연결되지 않은 것은? 〈대전도시공사〉

① 헌법재판소 재판관 – 6년　　② 중앙선거관리위원회 위원 – 6년

③ 대법관 – 6년　　④ 감사원장 – 6년

 주요 공직자 임기
- 대통령 : 5년
- 국회의원, 감사원장, 감사위원 : 4년
- 판사 : 10년
- 헌법재판소 재판관, 중앙선거관리위원회 위원, 대법관, 대법원장 : 6년
- 검찰총장, 국회의장 : 2년

45 2020년 이후의 기후 변화 대응을 담은 국제협약은? 〈인천교통공사〉

① 교토의정서　　② 몬트리올의정서

③ 파리기후협정　　④ 나고야의정서

 파리기후협정은 2020년에 만료된 교토의정서를 대체하여 2020년 이후 적용하는 새로운 기후 변화 대응 체제다. 2015년 파리에서 열린 기후변화협약 당사국총회에서 195개 당사국이 채택한 것으로, 온실가스 배출량의 단계적 감축을 목표로 한다.
① 교토의정서 : 1997년 일본 교토에서 개최된 기후변화협약 당사국총회에서 채택된 기후변화 협약의 구체적 이행방안. 선진국의 온실가스 감축 목표치를 규정하고, 의무이행 대상국을 정했다.
② 몬트리올의정서 : 오존층 파괴물질의 생산 및 사용의 규제에 관한 국제협약
④ 나고야의정서 : 생물자원 활용으로 창출한 이익을 공유하기 위한 지침에 관한 국제협약

46 다음 중 데탕트와 관련된 것은? 〈농촌진흥청〉

① 긴장완화　　② 무정부주의

③ 테이퍼링　　④ 냉전 가속

 데탕트는 두 차례의 세계대전 이후 미국과 소련 양국이 이른바 냉전 상태를 지속해오다가 1970년대에 들어 양국의 평화공존정책으로 점차 세계 전체에 전쟁의 위기가 완화된 것을 말한다.

47 세계 각국의 정·재계 수뇌들이 모여 세계 경제의 발전에 대해 논의하고 각종 정보를 교환하는 국제민간회의는? 〈경기콘텐츠진흥원〉

① 세계사회포럼　　　　　　　② 일대일로정상포럼

③ 다보스포럼　　　　　　　　④ 보아오포럼

 세계경제포럼(World Economic Forum)이라는 국제민간회의는 매년 스위스의 다보스에서 개최되기 때문에 다보스포럼이라고 불린다.

48 다음 빈칸에 공통으로 들어가는 단어는 무엇인가? 〈농촌진흥청〉

> • _____ : 동남아 신흥3국
> • _____ 신드롬 : 잘해주려고 더욱 신경 쓰다가 오히려 기대치에 못 미치거나 탈이 나는 현상

① VIP　　　　　　　　　　② VDT

③ LID　　　　　　　　　　④ BIN

 신흥 동남아 국가 베트남(Vietnam), 인도네시아(Indonesia), 필리핀(Philippines)을 묶어 'VIP'라 한다. 또한 잘해주려고 더 노력을 쏟을 때 오히려 잘 안되는 현상을 VIP 신드롬이라 한다.

49 선거에 출마한 후보가 내놓은 공약을 밝히는 운동을 무엇이라 하는가? 〈한국언론진흥재단〉

① 아그레망　　　　　　　　② 로그롤링

③ 플리바게닝　　　　　　　④ 매니페스토

 매니페스토는 선거와 관련하여 유권자에게 확고한 정치적 의도와 견해를 밝히는 것으로 연설이나 문서의 형태로 구체적인 공약을 제시한다.

50 다음 중 재선거와 보궐선거에 대한 설명으로 옳지 않은 것은? 〈주택도시보증공사〉

① 재선거는 임기개시 전에 당선 무효가 된 경우 실시한다.

② 보궐선거는 궐위를 메우기 위해 실시된다.

③ 지역구 국회의원의 궐원 시에는 보궐선거를 실시한다.

④ 전국구 국회의원의 궐원 시에는 중앙선거관리위원회가 궐원통지를 받은 후 15일 이내에 궐원된 국회의원의 의석을 승계할 자를 결정해야 한다.

 해설 전국구 국회의원의 궐원 시에는 중앙선거관리위원회가 궐원통지를 받은 후 10일 이내에 의석을 승계할 자를 결정해야 한다.

Section 02 경제 · 금융

01
니치 마케팅
(Niche Marketing)

[서울시설공단, 인천국제
공항공사, 한국원자력환
경공단]

니치란 틈새를 비집고 들어감을 의미하는 것으로 세분화된
시장이나 소비상황을 설명하는 말이기도 하다. 아직 활성
화되어 있지 않지만 수요가 있는 곳을 찾아 서비스와 제품
을 내놓는 방식의 마케팅을 말한다. 국내 사례로는 남성 전
용 미용실 '블루클럽'이나 왼손잡이용 가위 등이 니치 마케
팅에 해당한다.

>> **퍼플카우 마케팅(Purple Cow Marketing)**

보는 순간 사람들의 시선을 확 잡아끄는 서비스를 가리키는 말이다.
일반적인 소의 이미지가 아니라 눈에 확 띌 수 있도록 소를 보라색
으로 바꾸는 것처럼 기존의 제품보다 새롭고 흥미진진하게 만드는
것이다.

>> **뉴메릭 마케팅(Numeric Marketing)**

브랜드나 상품의 특성을 나타내는 숫자를 통해 사람들에게 인지도
를 높이는 마케팅 전략이다.

02
넛크래커
(Nut-cracker)

[한국원자력환경공단]

호두 까는 기계를 의미하는 '넛크래커'는 지렛대 원리를 이
용해 가운데 호두를 압착시켜 까는 원리로 작동하는 기구
이다. 이를 경제학에서는 선진국 산업의 기술력과 자본력
을 따라가지 못하면서 값싼 노동력과 성장력을 이용해 새
로 치고 들어오는 후진국의 산업에 치이는, 중진국의 산업
들을 가리키는 용어로 쓰인다. 일본의 기술력과 중국의 값
싼 노동력 사이에서 이도저도 아니게 되어 경쟁력을 잃어
가고 있는 한국 산업을 가리키는 용어로 자주 사용된다.

03
인터넷전문
은행

[금융감독원, 금융결제원]

인터넷과 콜센터에서 지점망 없이 운영되는 은행이다. 저비용구조와, 그에 따른 보다 높은 예금금리, 낮은 대출금리, 저렴한 수수료 등을 장점으로 한다. 미국과 유럽에선 이미 1990년대부터 인터넷은행이 등장했고, 일본에서도 2000년대에 등장하여 운영 중이다. 국내에서는 2014년에 정부가 발표한 경제정책 방향에 따라 인터넷전문은행 설립 논의가 본격화됐다. 2016년 금융위원회가 케이뱅크의 설립 승인을 하여 2017년 4월부터 국내 최초의 인터넷전문은행인 케이뱅크가 영업을 시작했고, 7월에는 카카오뱅크가 합류했다. 카카오뱅크가 출범 첫날부터 약 24만명의 신규 고객을 유치하는 등 돌풍을 일으키자 시중은행들 역시 수수료 인하 등으로 대응에 나섰는데, 이는 카카오뱅크의 등장이 금융권의 '메기효과'를 가져왔다는 평가로 이어졌다. 2019년 12월 토스뱅크 또한 인가를 받았다.

>> **메기효과(Catfish Effect)**
강한 경쟁자로 인해 약자의 활동 수준이 높아지며 전체 분위기가 활성화되는 현상이다. 노르웨이의 한 어부가 청어를 싱싱한 상태로 육지로 데리고 오기 위해 수조에 메기를 넣었다는 데서 유래한 용어인데, 이를 오늘날 경제에 적용시킨 것이다. 카카오뱅크가 출범한 이후 나타난 시중은행의 서비스 개선 등의 변화들이 메기효과가 작용한 것이라고 분석되었다.

04
넛지 이론
(Nudge Theory)

[한국소비자원, 평택도시공사, 포항시설관리공단]

2017년 노벨경제학상을 받은 행동경제학자 리처드 탈러와 하버드대학교의 캐스 선스타인 교수가 공동 집필한 〈넛지〉라는 책에서 소개되며 화제가 된 행동경제학 이론이다. 'Nudge(넛지)'는 '쿡 찌르다, 환기시키다'를 뜻하는데, 상대방의 행동을 변화시키는 유연한 방식의 전략을 의미한다. 선택은 상대방에게 맡기되 그의 행동을 특정한 방향으로 유도할 수 있는 효과적인 방식을 제안하는 것이다.

05
갭 투자
(Gap Investment)

[KBS]

주택의 매매가격과 전세가격의 갭(Gap, 차액)을 투자금으로 하여 주택을 매입한 후 바로 전세를 주어 매매가격을 충당하고 이후 주택의 매매가격이 상승하게 되면 수익을 얻는 투자기법이다. 매매가 대비 전세가의 비율이 높은 지역이 갭 투자의 주요 타깃이 된다. 예를 들어 어떤 주택의 매매가격이 3억원이고, 전세가격이 2억 5,000만원인 경우 전세를 안고 5,000만원을 투자금으로 하여 그 주택을 매입한 후에 주택의 가격이 오르면 오른 금액만큼의 수익을 얻게 되는 형태이다. 이는 전형적인 '레버리지' 투자이다.

>> **레버리지(Leverage)**

부족한 자금을 빌려서 수익률을 극대화하는 투자기법이다. 타인에게 빌린 자본을 지렛대(Leverage) 삼아 자기 자본의 이익률을 높인다고 하여 레버리지라고 한다.

06
언택트 마케팅
(Untact Marketing)

[용인도시공사]

'Contact(접촉하다)'에 부정을 의미하는 'un'을 붙여 '접촉하지 않는다'는 의미를 나타내는 언택트에 'Marketing'을 합성한 단어로, '비대면 마케팅'을 의미한다. VR, 인공지능, 키오스크 등의 기술을 이용해 고객과의 접촉을 최소화하면서 제품이나 서비스에 대한 정보를 제공하는 방식으로 나타난다. 미국의 전자상거래업체인 아마존이 시애틀 본사에 무인점포 '아마존고'를 개점하며 화제가 되었고 우리나라에서도 대다수 유통업계에서 언택트 마케팅이 활발하게 이루어지고 있다. 편의점에는 셀프 결제 시스템이 등장했고, 일부 패스트푸드 업계는 디지털 키오스크를 도입해 주문 및 결제를 모두 셀프로 진행할 수 있게 했으며 24시간 무인으로 운영되는 로봇 카페도 문을 열었다.

07
다양한 펀드

[경기도경제과학진흥원,
부산교통공사]

벌처펀드	파산위기의 기업, 부실채권을 매입해 정상화시킨 후 비싼 값에 되파는 펀드
헤지펀드	레버리지를 통해 단기성 고수익을 추구하는 펀드
모태펀드	이미 운용되는 펀드에 투자하여 위험을 감소시키는 펀드
리츠펀드	부동산투자회사 지분을 매입해 이익을 얻는 펀드
스폿펀드	목표수익률만 달성하면 바로 해지되는 펀드
뮤추얼펀드	펀드를 운용하기 위한 회사를 차려 투자자들은 회사의 주주의 형태로 참여하는 펀드
머니마켓펀드	공사채에만 투자하여 낮지만 안정적인 수익을 얻는 펀드
엄브렐라펀드	투자 도중에 투자유형을 변경할 수 있는 펀드
바이아웃펀드	기업을 인수한 후 가치를 높여 비싸게 되파는 펀드
인덱스펀드	주가지수에 따라 수익률이 변화되는 펀드
ELS펀드	주가지수에 따른 증권에 투자하되 우량채권에도 분산하여 위험을 만회할 수 있는 펀드

08
액면분할
(Stock Split)

[경북대학교병원]

기존 주식의 액면가를 일정한 비율로 나누어 발행되는 주식의 총 수를 증가시키는 것이다. 일반적으로 주식의 가격이 과도하게 높게 거래되어 거래가 부진한 경우 실시해 소규모 자본을 가진 투자자들도 참여할 수 있도록 한다.

09
그레샴의 법칙
(Gresham's Law)

[한국농어촌공사, 경기문화
재단, 전남신용보증재단]

소재의 가치가 서로 다른 화폐가 동일한 명목가치를 가진 화폐로 통용되면, 소재가치가 높은 화폐는 유통시장에서 사라지고 소재가치가 낮은 화폐만 유통되는 법칙이다. "악화가 양화를 구축한다"는 말로도 유명하다. 16세기 영국 엘리자베스 여왕의 경제 고문이었던 토머스 그레샴의 주장에서 유래했다.

10
통화스와프
(Currency Swaps)

[한국소비자원, 포항시설
관리공단]

계약 조건에 따라 일정 시점에 통화, 금리 등의 교환을 약속하는 금융기법으로, 스와프에는 외국환을 거래하는 외환스와프, 통화를 교환하는 통화스와프, 동일한 통화의 이자를 서로 교환하는 금리스와프 등이 있다. 스와프는 서로의 부채를 지원하여 위험을 분산하려는 것이 목적이다. 국가 간의 통화스와프 협정은 두 나라가 자국 통화를 상대국 통화와 맞교환하는 방식으로 이뤄지며 한 나라에 외환위기가 발생하면 상대국이 즉각 외화를 융통해줌으로써 유동성 위기에서 벗어나고 환시세의 안정을 꾀할 수 있다.

[우리나라의 통화스와프 체결 현황(2022년 3월 기준)]

	국가	규모	만기
양자	스위스 (스위스 프랑)	106억달러	2026.3
	캐나다 (캐나다 달러)	무제한	무기한
	중국(위안)	560억 달러	2025.10
	UAE(디르함)	54억달러	2022.4
	말레이시아(링깃)	47억달러	2023.2
	호주(호주 달러)	77억달러	2023.2
	인도네시아 (루피아)	100억달러	2023.3
	터키(터키 리라)	20억 달러	2024.8
다자	태국 치앙마이 이니셔티브	384억 달러	무기한

11
DTI
(Debt To Income ratio)

[경북관광공사]

총부채상환비율이라고도 불리는 DTI(Debt To Income ratio)는 담보대출을 받을 때 평가기준이 되는 총 소득에서 부채(빚)가 차지하는 비율을 의미한다. 모든 주택담보대출의 원리금 상환 비용과 기타 대출의 이자 상환 비용(원금 상환 비용 제외)이 소득에서 차지하는 비율로 나타낸다. 은행 등 금융기관이 채무자의 소득수준을 따져본 뒤 돈을 얼마나 잘 갚을 수 있는지를 판단하여 대출한도를 정할 때 사용한다. 정부는 DTI지수를 제한하여 국민들이 대출상환액이 소득의 일정 비율을 넘지 않도록 유도한다.

12
DSR
(Debt Service Ratio)

[금융감독원, 신용회복위원회, 영화진흥위원회]

총부채원리금상환비율이라 불리며, DTI와 비슷하게 채무자의 소득 대비 기존 채무액을 참고해 대출 가능 한도를 설정하는 데 사용되는 지표이다. 집을 사는 데 사용한 주택대출의 원리금을 포함시키는 것은 물론 신용대출, 자동차 할부, 학자금 대출, 카드 론 등 모든 기타 대출의 이자와 원금 상환비용까지 모두 더해 소득에서 차지하는 비율로 나타낸다.

13
LTV
(Loan To Value ratio)

[금융감독원]

집을 담보로 은행에서 돈을 빌릴 때 집의 자산 가치를 평가하는 비율이다. 주택의 종류 및 주택의 소재 지역에 따라 담보자산의 시가 대비 처분가액 비율이 달라질 수 있다. 이는 과도한 부동산 담보대출을 억제하고 부동산 투기를 막는 데 효과가 있다. 보통 기준시가가 아닌 시가의 일정 비율로 정한다.

$$LTV = \frac{\text{주택담보대출금} + \text{선순위채권} + \text{임차보증금 및 최우선변제 소액임차보증금}}{\text{담보가치}}$$

14
따이공
(代工)

[포항시설관리공단]

한국과 중국을 오가며 면세점 등에서 저렴한 가격에 물건을 구입해 시장에 이를 판매하여 수익을 남기는 일명 '보따리상'이다. 따이공들은 한국에서 구입한 화장품 등의 제품을 웨이보나 위챗 등 SNS를 통해 중국 고객들에게 판매한다. 이러한 거래는 정상적인 유통 채널로 인정되지 않지만 양국 모두 크게 문제되지 않는 범위 내에서 묵인해온 까닭에 확대되어 있다.

>> **왕홍(網紅)**

중국어로 인터넷을 뜻하는 '왕루어'와 인기인을 뜻하는 '훙런'을 합성한 왕루어훙런(網絡紅人)의 준말로 '인터넷 스타'를 뜻한다. 소셜 네트워크서비스(SNS) 또는 인터넷 사이트에 자신의 글 또는 영상 등을 올려 엄청난 수의 팔로워를 거느리며 대중과 소통하는데, 미국의 유튜버나 우리나라의 파워블로거와 유사하다.

15
크라우드 펀딩
(Crowd Funding)

[세종시설관리공단, 전주 MBC]

군중(Crowd)으로부터 투자(Funding)를 받는다는 의미로 주로 소셜미디어를 통해 이루어지기 때문에 '소셜 펀딩'이라고 불린다. 사업 구상이나 창작 아이디어를 제시하여 불특정 다수인 대중들로부터 투자를 받는 방식이다.

16
스튜어드십 코드
(Stewardship code)

[포항시설관리공단, 지방 공기업평가원]

연기금·보험사 등 기관투자자들이 기업의 의사결정에 적극적으로 참여하여 주주의 역할을 충실히 수행하고, 위탁받은 국민 또는 고객의 자금을 투명하게 운용하는 수탁자의 책임 역시 충실히 수행하도록 유도해 수익률을 높이는 데 목적을 둔 일종의 가이드라인이다. 과거 서양에서 귀족들의 저택에 기거하며 집안일을 관리하던 '스튜어드(집사)'에서 유래했다. 오늘날의 기관들도 과거의 스튜어드처럼 자신이 관리하고 있는 고객의 재산을 선량하게 관리해야 할 의무가 있다는 것이다. 2010년 영국에서 세계 최초로 도입한 이후 캐나다, 네덜란드, 스위스, 이탈리아, 일본 등도 이를 도입하여 운용 중이다. 우리나라의 경우 문재인 정부에서 국민연금의 스튜어드십 코드 도입과 주주 의결권 확대를 강조한 바 있다.

>> **코리아 디스카운트(Korea Discount)**

우리나라 기업의 주가가 실질적인 가치 또는 동일한 수준의 외국 기업에 비해 저평가되는 현상을 의미한다. 남북의 대치관계로 인한 불안 요인, 북한의 핵 도발, 회계의 불투명성, 노동시장의 경직성 등의 원인으로부터 비롯된다.

17
제품수명주기
(PLC ; Production Life Cycle)

[주택금융공사, 한국소비자원]

제품이 시장에 나온 후 쇠퇴하기까지의 과정으로, 수명주기는 제품의 성격에 따라 다르지만 대체로 도입기 · 성장기 · 성숙기 · 쇠퇴기의 과정으로 나눌 수 있다. 특히 기업이 노력을 전개해야 할 부분은 도입기와 성장기이며, 기업은 성장을 위해서 언제나 성장기에 있을 만한 제품을 라인에 끼워 두고 신제품 개발이나 경영의 다각화를 시도하여야 한다.

- 도입기 : 신제품이 처음 시장에 선을 보이면서 시작된다. 이 시기의 마케팅은 소비자들과 중간 상인들에게 제품의 존재와 제품의 이점을 알리는 데 중점을 두게 되며, 광고와 판매 촉진에 많은 투자를 한다.
- 성장기 : 소비자들이 문제의 제품에 대해서 이미 어느 정도 알게 되고, 그 제품을 취급하는 점포도 증가하게 되므로 판매가 급속히 증가한다.
- 성숙기 : 자사 제품의 독특한 점을 부각시켜 자사 제품이 경쟁 제품과 구별되도록 하는 데 주안점을 둔다.
- 쇠퇴기 : 판매부진과 이익감소로 인하여 몇몇 회사는 시장을 떠나고, 남은 회사들은 광고비를 줄여 가격을 더 낮추며, 원가 관리를 강화하는 등의 자구책을 강구하게 된다.

18
추가경정예산

[영화진흥위원회, 산업연구원, 전라남도공공기관 통합채용]

확정된 본예산이 실행되는 단계에서 천재지변 등 국내외 경제 변화나 돌발사건 등으로 부득이하게 발생한 경비로 본예산의 변경이 필요할 때 국회의 동의를 받아 편성하는 예산을 말한다. 국회에서 예산이 의결된 후에 발생한 사유로 인해 예산을 변경한다는 점에서 수정예산과 차이가 있다.

19
BCG
매트릭스

[한국관광공사, 한국소비자원, 국민체육진흥공단, 한국보훈복지의료공단]

보스턴컨설팅그룹에 의해 1970년대 초반 개발된 것으로, 기업의 경영전략 수립에 있어 하나의 기본적인 분석도구로 활용되는 사업포트폴리오 분석기법이다. BCG 매트릭스는 시장성장률·점유율 측면에서 사업(전략사업 단위)이 현재 처한 상황을 파악하여 상황에 알맞은 처방을 내리기 위한 분석도구이다.

- 스타(Star) 사업 : 시장의 성장률과 회사의 시장 점유율이 높아 성공가능성이 큰 사업이다. 지속적인 투자가 필요하다.
- 캐시카우(Cash Cow) 사업 : 회사의 시장 점유율은 높지만 시장 자체의 성장률이 낮다. 많은 수익이 나오므로 다른 사업에 투자할 자금을 마련해준다.
- 물음표(Question Mark) 사업 : 시장 성장률이 높지만 아직 회사의 시장 점유율은 낮다. 많은 투자금액이 필요하다.
- 도그(Dog) 사업 : 성장성과 수익성이 없는 사업이므로 철수해야 한다.

>> SWOT분석

기업의 내부 환경을 분석하여 '강점'과 '약점'을 발견하고, 외부 환경을 분석하여 '기회'와 '위협'을 찾아내 마케팅 전략을 수립하는 경영기법이다. 네 가지를 조합해 현재 기업이 어떤 상황에 처해 있는지를 판단한다.

20
체리피커
(Cherry Picker)

[MBC, 부산교통공사,
대전도시철도공사,
경상대학병원]

달콤한 체리만 골라먹는 사람이라는 뜻으로, 기업의 상품이나 서비스를 구매하지 않으면서 자신의 실속만을 챙기는 소비자를 말한다. 보통 신용카드 회사의 특별한 서비스 혜택만 누리고 카드는 사용하지 않는 고객을 가리킨다. 체리피커들은 기업의 서비스나 유통체계의 약점을 이용해 혜택만을 얻으려 상품이나 서비스를 주문했다가 반품하는 등해당 회사에 적지 않은 피해를 주기도 한다. 이에 기업들은 놀이공원 할인이나 영화관 할인 등과 같은 비용부담이 큰서비스를 줄이고, 디마케팅 등 일반고객과 차별화시키는 정책으로 대응하고 있다.

> **>> 디마케팅(De-marketing)**
> 기업들이 자사 상품에 대한 고객의 구매를 의도적으로 줄임으로써 적절한 수요를 창출하는 마케팅 기법이다.

21
세계 3대
신용평가기관

[YTN, 매일경제]

세계 3대 신용평가기관은 각국·기업의 정치·경제상황과 향후 전망 등을 고려하여 등급을 매김으로써 국가신용도를 평가한다.

피치 레이팅스 (Fitch Ratings)	• 1913년 존 놀스 피치(John Knowles Fitch)가 설립한 피치퍼블리싱(Fitch Publishing Company)에서 출발 • 1924년 'AAA~D'까지 등급을 매기는 평가방식 도입 • 뉴욕·런던에 본사 소재
무디스 (Moody's Corporation)	• 1909년 존 무디(John Moody)가 설립 • 기업체 및 정부를 대상으로 재무 관련 조사 및 분석 • 뉴욕 증권거래소 상장기업
스탠더드 앤드 푸어스 (Standard&Poor's)	• 1860년 헨리 바늄 푸어(Henry Varnum Poor)가 설립한 후 1942년 스탠더드와 합병하며 지금의 회사명으로 변경 • 미국의 3대 지수로 불리는 S&P500지수 발표 • 뉴욕에 본사 소재

22
골디락스
(Goldilocks)

[부산교통공사]

높은 성장률을 기록하면서도 물가상승 압력이 거의 없는 이상적인 경제상황을 표현하는 것으로, 영국 동화 〈골디락스와 곰 세 마리〉에 등장하는 소녀 이름에서 유래한 용어이다. 동화에서 여주인공 골디락스는 곰이 끓이고 나간 세 가지의 수프인 뜨거운 것과 차가운 것, 적당한 것 중에서 적당한 것을 먹고 딱딱한 침대, 너무 물렁한 침대, 적당한 침대 중 적당한 침대에 누워 쉬는데 이러한 골디락스를 경제에 비유하여 뜨겁지도 차갑지도 않은, 안정적인 경제 상태를 표현한다. 가격이 아주 비싼 상품과 싼 상품, 중간 가격의 상품을 함께 진열하여 중간 가격의 상품을 선택하게 유도하는 판촉기법을 '골디락스 가격'이라고 하기도 한다.

23
스놉효과
(Snob Effect)

[광주광역시도시공사]

특정 상품이 대중화되어 소비가 증가하면 오히려 그 상품의 수요가 줄어드는 현상이다. 1950년 미국의 경제학자인 하비 라이벤슈타인이 〈Quarterly Journal of Economics〉라는 경제학 잡지에서 '속물'이라는 의미를 가진 '스놉'을 사용하여 베블런효과와 비교·설명하면서 대두됐다. 특정 계층이 타인과 차별화된 상품을 추구하면서 비롯된 것으로 부유층이 아무나 살 수 없는 고가의 명품을 선호하다 명품이 대중화 되면 안 쓰는 것이 대표적이다. 스놉효과를 활용한 마케팅도 활성화되어 있다. 백화점, 영화관 등에서 VIP제도를 만들어 일정 금액 이상을 구매한 고객에 한해 VIP라운지 등 각종 혜택을 부여하는 것 등이다.

>> 베블런효과(Veblen Effect)

미국의 사회학자이며 사회평론가인 베블런이 1899년 출간한 〈유한계급론〉에서 언급한 것으로, 자신의 성공을 과시하기 위한 상류층의 소비가 반영된 현상이다. 즉, 가격이 오르는데도 수요가 줄지 않고 오히려 증가하는 것을 말한다.

24
양적완화
(Quantitative Easing)

[주택금융공사, 예금보험
공사, 농촌진흥청, 천안시
시설관리공단]

정책금리가 0%에 근접하거나 혹은 다른 이유로 시장경제의 흐름을 정책금리로 제어할 수 없는 이른바 유동성 저하 상황에 처했을 때, 유동성을 충분히 공급함으로써 시장의 거래량을 확대하는 정책이다. 중앙은행은 채권이나 다른 자산을 사들임으로써 이율을 더 낮추지 않고도 돈의 흐름을 늘리게 된다.

25
갈라파고스
증후군

[한국언론진흥재단]

일본의 나쓰노 다케시 교수가 처음 사용한 말로, 이전까지는 최고의 기술을 가지고 있는 산업이 세계시장을 무시해 도태되는 상황을 설명한다. 기술력은 충분하지만 국제 표준을 무시하고 내수시장만을 위한 제품을 생산한 탓에 1990년대 이후부터 우리나라를 비롯한 외국 기업과의 경쟁에서 뒤처지게 된 일본이 대표적이다.

26
숏커버링
(Short Covering)

[기장군도시관리공단]

공매도로 주식을 매도한 뒤, 매물을 마련하기 위해 정산 시점에 주식을 구매하는 행위를 말한다. 투자자들이 공매도를 실시한 이유가 주가가 내려갈 것을 예측했기 때문이듯 반대로 투자자들이 숏커버링을 하는 이유는 이때쯤 주가가 최저점을 찍을 것이라 예측했기 때문이다. 이로 인해 주식시장에서 숏커버링이 다량으로 일어날 경우 여러 투자자들이 모이며 주가가 상승하는 모습을 보인다.

>> **윈도드레싱(Window Dressing)**

실적이 좋은 주식은 집중 매입하고, 실적이 저조한 주식을 처분하여 투자수익률을 최대한 높이는 행위이다.

>> **공매도(Short)**

주식시장의 시스템을 이용한 방법으로, 주식의 매도가 결정된 뒤 그 정산이 이뤄지기까지 며칠간의 시간이 걸리는 점을 이용하여, 주식이 없는 상태에서 매도하고 정산이 이뤄지기 전에 주식을 구입하여 그대로 파는 것이다.

27
리디노미네이션
(Redenomination)

[제주MBC, 부천시공공기
관통합채용]

한 나라에서 통용되는 화폐의 액면가(디노미네이션)를 동일한 비율의 낮은 숫자로 변경하는 조치로, 화폐의 가치적인 변동은 없다. 경제 규모가 커지고 물가가 상승함에 따라 거래되는 숫자의 자릿수가 늘어나는 계산상의 불편을 해소하기 위해 실행한다.

28
마케팅믹스
4P

[교통안전공단, 국민체육
진흥공단, 한국보훈복지
의료공단]

마케팅믹스란 표적시장에서 마케팅 목표를 달성하기 위해 필요한 요소들의 조합을 말한다. 제품(Product), 가격(Price), 유통(Place), 촉진(Promotion)의 요소로 구성되는데, 이 요소들을 조합해서 마케팅 목표를 달성하는 것이 마케팅믹스의 핵심이다.

>> **마케팅믹스 nP**

마케팅믹스 4P에 People(또는 Public relations), Partnership, Participation, Process 등을 더해 5P, 6P, 7P라고도 한다.

29
앵커링 효과
(Anchoring Effect)

[한국농어촌공사, 지방공
기업평가원]

심리학자이자 행동경제학의 창시자인 다니엘 카너먼(Daniel Kahneman)과 아모스 트버스키(Amos Tversky)에 의해 제시된 개념으로, 닻을 내린 배가 많이 움직이지 못하는 것처럼 최초에 제시된 대상이 기준점 역할을 하여 합리적인 사고를 하지 못하고 이후에 영향을 주는 현상을 일컫는다. 앵커링 효과는 쇼핑, 비즈니스 상황, 주식거래, 학생평가 상황 등에 이르기까지 매우 광범위하게 일어난다.

30 립스틱효과
(Lipstick Effect)

[EBS, 한국산업기술진흥원, 서울시농수산식품공사, 주택금융공사, 전라남도공공기관통합채용]

경기가 불황일 때 저가 사치품의 매출이 상승하는 현상을 말한다. 어려운 경제여건에서는 높은 가격대의 상품보다는 립스틱처럼 상대적으로 저렴한 가격에 만족을 주는 제품이 인기를 끈다는 데서 유래했는데, 유명 화장품 브랜드 에스티로더는 이들의 상관관계를 보여주는 립스틱 지수를 내놓기도 했다.

>> 스몰럭셔리(Small Luxury)

높은 실업률과 경기침체 등의 불황 속에서 비싼 가격의 명품들 대신 음식, 화장품 등 비교적 작은 것으로부터 사치를 부리는 새로운 소비트렌드와 이러한 소비트렌드로부터 나타나는 현상들을 말한다. 한 잔에 5,000원이 넘는 금액의 커피를 마시면 '사치'라고 생각되지만 이 커피는 만원 미만의 가격으로 '누리고 있다'는 느낌을 주고, 어려운 삶 속에 큰 위로와 기쁨이 되는 것이다.

31 엥겔계수
(Engel's coefficient)

[대구시설관리공단]

총 가계지출액 중에서 식료품비가 차지하는 비율을 말한다. 저소득가계일수록 가계지출 중 식료품비가 차지하는 비율이 높고, 고소득가계일수록 식료품비가 차지하는 비율이 낮다는 엥겔의 이론에서 도출되었다. 식료품은 필수품이기 때문에 소득 수준과 관계없이 반드시 일정한 비율을 소비해야 하며 동시에 어느 수준 이상은 소비할 필요가 없는 재화이다. 따라서 엥겔계수는 소득 수준이 높아짐에 따라 점차 감소하는 경향이 있다. 일반적으로 엥겔계수가 0.5 이상이면 후진국, 0.3~0.5인 경우 개발도상국, 0.3 이하일 경우 선진국으로 분류한다.

엥겔계수 = 식료품비/총 생계비 × 100

32
베블런효과
(Veblen Effect)

[EBS, 농촌진흥청, 동대
문구시설관리공단, 영화
진흥위원회]

가격이 오르는데도 일부 계층의 과시욕이나 허영심 등으로 인해 수요가 줄어들지 않는 현상으로, **상류층 소비자들의 소비 행태를 표현한 말이다.** 미국의 경제학자이자 사회학자인 소스타인 베블런이 자신의 저서 〈유한계급론(1899)〉에서 '상류층계급의 소비는 사회적 지위를 과시하기 위하여 자각 없이 행해진다'고 지적한 데서 유래했다.

33
빅맥지수

[경기콘텐츠진흥원, 영화
진흥위원회]

맥도날드의 빅맥 햄버거 값을 비교해 각국의 통화가치와 통화의 실질 구매력을 평가하는 지수이다. 영국 이코노미스트지는 전 세계적으로 팔리고 있는 맥도날드 햄버거인 빅맥가격을 기준으로 한 빅맥지수를 분기별로 발표하는데, 이것은 '환율은 두 나라에서 동일한 상품과 서비스의 가격이 비슷해질 때까지 움직인다'는 구매력 평가설을 근거로 적정환율을 산출하는 데 활용된다.

34
롱테일 법칙
(Long Tail Theory)

[국민체육진흥공단]

전체 제품의 80%에 해당하는 하위 상품이 20%에 해당하는 상위 상품보다 더 뛰어난 가치를 창출한다는 이론이다. '롱테일'은 판매곡선에서 판매율이 높아 솟아오른 머리 부분 다음에 낮은 판매율이 길게 이어지는 꼬리 부분을 가리키는 말이다. 잡지의 편집장인 크리스 앤더슨이 "인터넷 비즈니스에 성공한 기업들 상당수가 20%의 머리 부분이 아니라 80%의 꼬리에 기반하여 성공했다"고 주장하면서 대두된 이론이다. 파레토 법칙과 반대되는 이론이라 하여 '역파레토 법칙'이라고도 한다. 80%에 해당하는 비주류 상품들의 매출이 20%에 해당하는 주류 상품 못지않은 경제성을 지니고 있다는 것이다.

이탈리아의 경제학자 빌프레도 파레토가 발표한 소득의 분포에 관한 이론이다. 보통 상위 20% 사람들이 전체 부(富)의 80%를 가진다거나 매출 순위 상위 20% 상품들이 매출의 80%를 창출한다는 의미로 쓰인다.

35
공유경제

[한국소비자원, 중소기업 기술정보진흥원, 영상물 등급위원회, 경기도공무 직통합채용]

한번 생산된 제품을 여럿이 공유해 쓰는 협업소비를 기본으로 하여 자동차나 빈방 등 활용도가 떨어지는 물품이나 부동산을 다른 사람과 함께 공유함으로써 자원 활용을 극대화하는 경제활동을 말한다. '공유경제'라는 용어는 2008년 하버드대학교의 로렌스 레식 교수가 그의 저서 〈리믹스〉에서 처음 사용했다. 현대사회에 맞춘 합리적인 소비를 하자는 인식에서 부각되었고, 스마트폰의 발달이 활성화에 기여하면서 보편적인 개념으로 발전했다. 모바일 차량서비스인 '우버', 집을 공유하는 '에어비앤비', 카셰어링 서비스인 '쏘카' 등이 공유경제의 대표적인 사례이다.

>> 긱 이코노미(Gig Economy)

필요할 때 원하는 만큼만 노동력을 제공한다는 노동 트렌드이다. 그만큼 여러 사람과 일자리가 공유되기도 한다. 배송업체 아마존에서는 개인 차량을 보유한 일반인 배송 요원을 활용하는 '아마존 플렉스(Amazon Flex)'사업을 활용 중이기도 하다.

36
지니계수
(Gini Coefficient)

[청주MBC, 공무원연금 공단]

각 계층 사이에서 이루어지는 소득 분배가 얼마나 평등한지를 나타내는 수치이며 계층의 빈부격차를 한눈에 보여준다. 저소득층에서 고소득층을 향하는 사람의 수를 누적 백분율로 하여 가로축에 나타내고 그 사람들의 소득에 대한 누적 백분율을 세로축에 나타낼 때 그려지는 로렌츠 곡선과 대각선으로 둘러싸인 면적을 대각선 아래쪽의 직각 삼각형의 면적으로 나눈 비율이다. 이 수치가 0에 가까울수록 소득 분배가 평등하게 이루어졌다고 평가한다.

37
O2O
(Online To Offline)

[한국장애인고용공단, 부산경제진흥원, 화성시공공기관통합채용]

오프라인과 온라인을 결합한 서비스를 제공하는 마케팅 방식이다. 정보에 대한 유통 비용이 저렴한 온라인과 실제 소비가 일어나는 오프라인 매장의 장점을 접목한 새로운 시장을 만드는 것이다. 온라인 매장은 상품을 광고하기 위해 들어가는 비용의 부담이 크지 않다. 또한 고객들도 오프라인 매장에 비해 손쉽게 물건을 찾을 수 있다는 장점이 있다. 반면 오프라인 매장은 물건을 직접 사용해보거나 입어볼 수 있다는 장점이 있다. O2O 마케팅은 이런 두 곳의 장점을 결합시키는 과정에서 나타났다. 온라인을 통해 고객의 시선을 끈 뒤 오프라인 매장에 방문하게 하기도 하며, 오프라인을 통해 상품에 직접 접촉해본 뒤 온라인을 통해 구매하게끔 하기도 한다.

>> 옴니채널(Omni - Channel)

소비자가 다양한 경로를 넘나들며 상품을 검색 및 구매할 수 있도록 한 서비스이다. 온라인 쇼핑몰에서는 오프라인보다 저렴하게 상품을 구입할 수 있기 때문에 오프라인 쇼핑몰을 통해 직접 물건을 보고, 구입은 온라인 쇼핑몰에서 하는 이른바 '쇼루밍(Showrooming)'족이 늘어남에 따라 어떠한 채널을 통해 상품을 구입하더라도 똑같은 혜택을 받고 구입할 수 있는 옴니채널 전략을 사용하는 사례가 증가하고 있다.

38
기업공개
(IPO ; Initial Public Offering)

[한국중부발전, 광주광역시공공기관통합채용]

형식적으로 주식회사가 일반대중에게 주식을 분산시킴으로써 기업공개 요건을 갖추는 것을 의미한다. 실질적으로 소수의 대주주가 소유한 주식을 일반대중에게 분산시켜 증권시장을 통해 자유롭게 거래될 수 있게 함으로써 자금조달의 원활화를 기하고 자본과 경영을 분리하여 경영합리화를 도모하는 것이다. 법률적으로는, 상장을 목적으로 50인 이상의 여러 사람들을 대상으로 주식을 파는 행위를 말한다.

39
OSMU 마케팅
(One Source Multi
Use Marketing)

[방송통신심의위원회]

하나의 콘텐츠를 가지고 다양한 방식으로 파생시킨 상품을 만들어 판매함으로써 부가가치를 극대화하는 방식을 말한다. 2017년 인기 웹툰 〈신과 함께〉가 영화화되며 크게 흥행했고, 과거 웹툰을 드라마화하여 크게 성공한 〈치즈 인 더 트랩〉 역시 영화로 만들어졌는데, 이러한 방식은 시장에서의 시너지 효과가 크며 문화적·상업적 확장성을 가진다. 예를 들면 웹툰을 영화나 드라마, 게임, 뮤지컬로 제작한 후에 다시 작품 속 캐릭터를 완구류·의류·문구류·식품·유아용품 등 다양한 상품으로 제작하게 되면 미디어 산업뿐만 아니라 제조업 영역까지 시장이 확장되며 경제적 효용이 커진다.

>> **퍼플오션(Purple Ocean)**

치열한 경쟁시장인 레드오션과 경쟁자가 적어 가능성이 무한한 블루오션을 더한 개념이다. 완전히 새로운 상품은 아니지만 기존의 상품에 독창성을 더해 차별화하여 승부한다는 것으로, OSMU 마케팅과 유사한 전략이다. 경쟁을 피할 수 없는 현실에서는 발상의 전환이 필요하다는 것이다.

40
유동성함정
(Liquidity Trap)

[한국소비자원, 한국자산관리공사, 부산항보완공사]

각 경제주체들이 돈을 움켜쥐고 시장에 내놓지 않아 경기가 좋아지지 않는 상황이 마치 함정에 빠진 것 같다고 하여 이러한 이름이 붙여졌다. 경제학자 케인스가 처음 고안한 것으로 통화당국이 금리를 인하하고 자금을 공급해도 시중 금리가 떨어지지 않고, 기업의 생산 및 투자가 증가하지도 않으며 가계 역시 소비를 늘리지 않는 상황을 나타낸다.

41
사모펀드
(私募 fund)

은행 혹은 증권사에서 공개적으로 투자자를 모집하여 운영하는 투자 기금, 즉 공모펀드(公募 Fund)가 아닌, 비공개적으로 소수의 투자자로부터 돈을 모아 이것을 중심으로 운영되는 펀드를 가리킨다. '투자 신탁업법'에서는 100인 이하의 투자자, '증권투자회사법'은 49인 이하(50인 미만)의 특정한 소수로부터 자금을 모아 운용하는 펀드로 정의한다.

42
리쇼어링
(Reshoring)

낮은 인건비나 더 큰 시장을 찾아 해외로 진출했던 기업들이 본국으로 회귀하는 현상이다. 각국 정부는 장기화되는 경기침체와 높은 실업률 문제를 해결하고자 해외에 나가있는 자국기업들을 각종 세제혜택과 규제 완화 등을 통해 자국으로 불러들이는 정책을 추진하고 있다. 기업들이 돌아오게 되면 일자리 문제가 자연스럽게 해결되고 이는 결국 경기를 살리기 때문이다. 미국은 오바마 정부 때부터 적극적인 리쇼어링을 추진했고, 일본 역시 대기업 규제 완화 및 공격적인 통화정책으로 유턴기업이 증가함에 따라 경제적인 효과를 얻었다.

43
페이퍼컴퍼니
(Paper Company)

세금 절감을 노려 물리적 실체 없이 서류형태로만 존재하는 기업으로, 라이베리아, 케이맨제도, 버진아일랜드 등 조세를 부과하지 않는 국가나 지역에 서류상으로만 회사를 등록하여 그 기능을 수행한다. 사업유지를 위해 소요되는 합산소득에 대한 세금과 기업의 활동 및 유지를 위해 소요되는 제반경비를 절감하기 위해 설립되는데 그 실체 파악이 어렵다.

>> **버진아일랜드(Virgin Islands)**

중앙아메리카 서인도제도의 동부 리워드제도에 속하는 섬들의 통칭으로, 영국령과 미국령으로 나뉜다. 카리브제도 안의 36개 섬은 영국령, 서부의 40여 개 섬은 미국령이다. 조세피난처로 알려진 곳은 영국령으로, 영국의 간섭을 거의 받지 않아 세금이 낮고 규제가 약하기 때문에 약 12만개의 페이퍼컴퍼니가 존재하는 것으로 알려져 있다.

44
ISA
(개인종합자산관리 계좌)

[전주MBC, 한국장학재단]

'Individual Savings Account'의 머리글자를 조합한 용어로, 하나의 통장으로 예금이나 적금, 주식 · 펀드 · ELS 등의 파생상품 투자까지 가능한 통합계좌를 말한다. 2016년 정부는 서민들이 목돈을 마련할 수 있도록 하겠다며 ISA를 출시했다. 연 2,000만원 한도로 가입 가능하다. 일반형은 투자수익의 200만원까지 비과세를 적용받을 수 있으며 최소가입기간은 5년이다. 15~29세 청년은 청년형에 가입 가능하다. 청년형은 200만원까지 비과세를 적용받을 수 있으며 최소가입기간은 3년이다. 총 급여 5,000만원 이하의 근로자 또는 종합소득금액 3,500만원 이하의 사업자 · 농어민은 서민형에 가입 가능하다. 서민형은 400만원까지 비과세를 적용받을 수 있으며 최소가입기간은 3년이다.

>> **노란우산공제**

중소기업중앙회에서 운영하는 소기업과 소상공인을 위한 공제사업(보험사업)이다. 기금을 마련하여 개별 사업자에 폐업이나 노령 등의 위기가 왔을 때 돕는다. 가입 시 연 500만원까지 소득공제를 받을 수 있으며 보험업법의 적용을 받지 않는 것이 특징이다.

45
세계 3대 석유

[한국소비자원, 한국장학
재단]

생산량과 거래량이 많고 독점되어 있지 않으며, 가격형성
과정이 투명한 주요 원유시장이다.

서부 텍사스산 중질유 (WTI ; West Texas Intermediate)	미국 서부 텍사스 부근에서 생산되는 원유로 미국, 캐나다, 멕시코 등 미주지역의 원유 가격의 기준이 된다. 미국 석유시장 자체가 세계 시장의 1/4을 차지하고 있기 때문에 WTI는 국제 유가를 선도하는 가격지표로 가장 많이 사용된다.
브렌트유 (Brent Oil)	영국 북해의 브렌트, 티슬 등의 지역에서 생산된다. 유럽과 아프리카 지역 유가의 기준이 되며 가장 광범위한 지역으로 수출되는 원유이다.
두바이유 (Dubai Oil)	중동 두바이 지역에서 생산되는 원유로 중동을 포함한 아시아 · 태평양 지역을 대표하는 원유이다. 현재 우리나라 수입 석유의 약 80%를 차지하고 있으며, 유가 결정에도 가장 큰 영향을 미치는 원유이다.

46
리니언시
(Leniency)

[한국장학재단]

담합 사실을 처음 신고한 업체에게는 과징금을 100% 면제
해주고, 2순위 신고자에게는 50%를 면제해주는 방법으로
기업 상호 간의 불신을 자극하여 담합을 방지하는 효과를
얻을 수 있는 제도이다. 매출액이 클수록 과징금도 커지기
때문에 담합으로 인해 가장 많은 혜택을 본 기업이 자진신
고를 하여 처벌을 면할 수 있다는 한계도 있다.

47
레몬마켓
(Lemon Market)

[교직원공제회]

쓸모없는 재화나 서비스만 매물로 나오는 시장을 의미한
다. 미국에서 '시큼하고 맛없는 과일'로 통용되는 레몬은
'불량품'을 뜻하기도 하는데, 이를 경제 분야에 차용한 표현
이다. 정보의 비대칭성으로 소비자들은 판매자보다 제품에
대한 정보가 적을 수밖에 없는데, 소비자들은 자신들이 속
아서 구매할 것을 우려해 싼값만 지불하려 하고 이로 인해
저급품만 유통되게 시장이 변질되는 것을 의미한다.

48
프로슈머
(Prosumer)

[한국언론진흥재단, 울산
MBC, 지방공기업평가원]

1980년 앨빈 토플러가 〈제3의 물결〉에서 처음 사용한 용어로 기업의 생산자(Producer)와 소비자(Consumer)의 합성어이다. 생산자적 기능을 수행하는 소비자를 말하는데 자신들의 욕구에 따라 직접 상품의 개발을 요구하고 유통에까지 관여하는 소비자를 말한다.

49
블랙스완
(Black Swan)

[경상대학병원, 천안시시
설관리공단]

통념상 전혀 예측할 수 없었던 불가능한 일이 일어나는 경우를 의미한다. 모든 백조는 흰색이라고 믿었지만 17세기 말 네덜란드의 한 탐험가가 검은 백조를 발견하면서 통념이 부서지는 충격을 받은 데서 유래했다. 2007년 미국의 금융분석가 나심 니콜라스 탈레브가 자신의 저서 〈블랙스완〉에서 증시의 대폭락 가능성과 글로벌 금융위기를 예측하면서 유명해졌다.

50
FANG

[부천시협력기관]

미국의 4대 IT 기업인 페이스북(Facebook, 현 메타 플랫폼스), 아마존(Amazon), 넷플릭스(Netflix), 구글(Google)의 머리글자를 조합한 단어로 2015년 말부터 미국 증시 상승세를 이끈 주요 IT기업들을 가리킨다. 2016년 초 기업들이 발표한 실적 정보에서 이들 기업은 괄목할만한 성장을 보인 반면, 애플은 성장 정체 현상을 보이자 'FANG의 시대가 열렸다'는 평가가 나왔다. 제조업인 애플은 글로벌 경기 침체에 취약하지만 플랫폼 사업을 하는 FANG 기업들은 이러한 영향을 거의 받지 않기 때문에 성장세가 계속될 것으로 분석되면서 주가는 고공행진을 이어갔다.

≫ BATX

중국의 4대 ICT업체인 바이두(Baidu), 알리바바(Alibaba), 텐센트(Tencent), 샤오미(Xiaomi)를 지칭하는 용어

Baidu	중국 최대의 검색포털 사이트로 검색시장에서 약 70%에 달하는 점유율을 차지한다. 우리나라의 '네이버'와 같이 뉴스, 지식인, 블로그, 클라우드, 지도 등 폭넓은 서비스를 제공하고 자율주행자동차 등 신사업 분야에도 도전하고 있다.
Alibaba	중국 최대의 전자상거래업체로 한류 등 인기 있는 콘텐츠 사업에 투자하여 해외직구 이용자들이 즐겨 찾는다.
Tencent	중국 최대의 SNS업체이자 온라인게임개발업체로 웨어러블 디바이스 개발 및 스마트TV 등 각종 플랫폼 구축도 추진하는 중이다.
Xiaomi	중국 최대의 통신 기기 및 소프트웨어 업체로 스마트폰 출시 3년 만에 중국 내 스마트폰 시장 점유율 1위에 오르기도 했다.

51
어닝쇼크
(Earning Shock)

[방송통신심의위원회]

일반적으로 기업은 일정 기간(1년에 4번) 분기별로 그동안의 실적을 발표한다. 이런 실적 발표 시기에 주주들의 이목이 집중되고 가격이 급변하는데 시장이 예상 치에 한참 못 미치는 실적을 올릴 경우 주가가 급락하는 현상을 가리킨다. 반대로 기대 이상의 실적을 올린 경우 주가가 급등하여 '어닝 서프라이즈'가 일어나게 된다.

52
테이퍼링
(Tapering)

[부천시협력기관, 대전광역시공공기관통합채용]

'점점 가늘어지다'라는 뜻을 가진 단어로, 2013년 당시 연방준비제도 의장이었던 벤 버냉키가 처음 언급했다. 저금리 상태에서 경기부양을 위해 중앙은행이 금융자산을 매입함으로써 시장에 유동성을 공급하는 것을 양적완화라 하는데, 테이퍼링이란 이와 반대로 양적완화 정책을 점차 축소해가는 출구전략을 의미한다. 미국이 테이퍼링을 할 경우 경기회복 상태에서 통화가 과잉공급되는 경우 발생하는 물가 상승을 막는 효과를 얻는 반면, 세계 시장에 분산되었던 자금이 미국으로 유입되며 신흥국은 자금 유출로 위기를 겪을 수 있다.

53
더블딥
(Double Dip)

[부산교통공사]

'이중하강, 이중침체'라는 뜻을 가진 단어로, 경기가 침체 국면에서 회복될 조짐을 보이다가 다시 침체 국면으로 빠져드는 현상을 말한다. 더블딥에 빠지면 특히 중소기업의 상황이 더욱 악화된다. 경기침체기를 타개하고자 기업들이 채무를 늘리고 생산량을 늘리면 일시적으로 경기가 반등하는 것처럼 보이지만 실제로는 국민경제 악화로 인해 수요침체가 다시 강화됨으로써 거듭하여 경기 하락 국면으로 접어들게 되는데, 이때 많은 기업들이 도산한다.

54
필립스곡선
(Phillip's Curve)

[주택금융공사, EBS, 한국소비자원, 기장군도시관리공사]

물가상승률과 실업률과의 관계를 나타낸 그래프를 말한다. 경제성장과 안정은 동시에 달성하기 어렵다. 실업을 줄이기 위한 확장정책은 인플레이션을 초래하여 임금상승률을 높이고, 실업률이 증가하면 물가·임금상승률은 낮아지는데 이러한 관계를 나타낸 곡선이 필립스곡선이다. 필립스곡선은 단순히 경험적 관계에서 도출한 것에 불과하지만 완전고용과 물가안정이란 두 가지 경제정책 사이의 모순을 지적함으로써 경제정책의 분석에 큰 공헌을 했다고 평가된다.

55
금융통화 위원회

[부산교통공사]

한국은행의 통화신용정책에 관한 주요 사항을 심의·의결하는 정책결정기구로서 한국은행 총재 및 부총재를 포함하여 총 7인의 위원(임기 4년)으로 구성된다. 한국은행 총재는 금융통화위원회 의장을 겸임하며 국무회의 심의를 거쳐 대통령이 임명한다. 금융통화위원회의 본회의는 의장이 필요하다고 인정하는 때, 또는 위원 2인 이상의 요구가 있을 때 의장이 소집할 수 있는데 현재는 매월 둘째 주, 넷째 주 목요일에 정기회의를 개최한다. 회의에서는 통화신용정책에 관한 사항을 심의·의결하며, 주요 내용에는 한국은행권 발행, 금융기관의 최저지급준비율, 한국은행의 금융기관에 대한 재할인, 기타 여신업무의 기준 및 이자율, 한국은행의 공개시장에서의 증권매매 및 통화안정증권 발행·상환 등에 관한 사항 등이 있다.

> **>> 기준금리**
>
> 한국은행의 금융통화위원회에서 회의를 통해 결정하는 금리를 말한다. 환매조건부채권 매매, 대기성 여·수신 등 금융기관 간 거래의 기준이 된다.

중앙은행기관이 기준금리를 설정할 때 상정하는 '이 정도로 기준금리를 설정하면 경기가 부양되지도 하강되지도 않겠다'싶은 수치를 가리킨다.

56
황금낙하산
(Golden Parachute)

[한국소비자원, 주택금융 공사]

기업이 M&A를 하기에 앞서, 임기가 종료되지 않은 경영진들에게 거액의 퇴직금을 지급하거나 스톡옵션을 제공하는 것을 말한다. 적대적 M&A에서 인수대상 기업의 CEO가 인수로 인하여 임기 전에 사임하게 될 경우 거액의 퇴직금, 스톡옵션, 일정 기간 동안의 보수와 보너스 등을 받도록 함으로써 기업의 인수비용을 높이곤 한다. 인수비용을 높여 M&A를 어렵게 만들어 경영권을 지키기 위한 수단으로 도입됐다.

57
지주회사

[농어촌공사]

다른 회사의 주식(지분 포함)을 소유함으로써 사업 활동을 지배하는 것을 주된 사업으로 하는 회사로서 자산총액이 5,000억원 이상인 회사를 말한다(독점규제 및 공정거래에 관한 법률 제2조 제1의 2호). 타 회사 주식의 과반수 또는 지배에 필요한 비율을 소유·취득하여 해당 자회사의 지배권을 갖고 자본적으로나 관리기술적인 차원에서 지배관계를 형성하는데, 사업 내용 지배에 있어 자기 사업의 존재유무에 따라 순수지배회사와 사업지주회사로 나뉜다.

>> 콘체른(Konzern)

여러 개의 기업이 주식 교환이나 출자 등 금융적 결합에 의해 하나의 기업처럼 수직적으로 결합된 기업집단을 의미한다. 일반적으로 하나의 거대한 기업이 계통이 다른 다수의 기업을 지배하기 위해 형성하며, 법률적으로 독립되어 있지만 실질적으로는 결합되어 있는 형태이다. 개개의 기업의 독립성을 보장하는 카르텔, 동일산업 내의 기업합동으로 이루어진 트러스트와 구별되며 각종 산업에 걸쳐 독점력을 발휘한다.

58
스파 브랜드
(SPA Brand)

[경기도시공사]

'Specialty store retailer Private label Apparel Brand' 의 약자로 제품의 기획부터 마케팅까지 직접 관리하는 브랜드를 말한다. 직매장을 운영하기 때문에 재고 관리 및 유통의 비용을 줄일 수 있고, 이로 인해 제품의 가격 또한 저렴하다. 뿐만 아니라 상품의 회전율이 빠르기 때문에 소비자의 욕구 및 트렌드를 정확하고 신속하게 반영할 수 있어 소비자의 만족도 또한 높다.

59
카피캣
(Copycat)

[광주광역시도시공사]

모방하여 만든 제품을 비하하는 표현이다. 영국에서 경멸스러운 사람을 의미하는 '고양이(Cat)'에 '복사(Copy)'를 합성한 단어로, 2012년 당시 애플의 최고경영자였던 스티브 잡스가 아이패드 신제품을 발표하면서 삼성전자, 구글, 모토로라를 '카피캣'으로 지칭하면서 널리 알려졌다.

60
기회비용
(Opportunity Cost)

[한국소비자원, 보훈복지
의료공단]

포기된 재화의 대체 기회 평가량을 의미하는 것으로, 어떤 생산물의 비용을 그 생산으로 단념한 다른 생산기회의 희생으로 보는 개념이다. 즉, 나의 선택에 따라 포기하게 된 선택의 가치로 대안이 여러 가지인 경우에는 포기한 대안들 중 가장 큰 가치를 의미한다.

>> 매몰비용(Sunk Cost)
의사 결정을 하고 실행한 이후에 이를 돌이키더라도 회수할 수 없는 비용

61
테킬라효과
(Tequila Effect)

[제주MBC]

한 국가의 금융·통화 위기가 주변의 다른 국가로 급속히 확산되는 현상을 멕시코의 전통 술인 테킬라에 비유해 표현한 것이다. 한 나라의 경제위기로 인해 주변 국가들이 덩달아 취한 것처럼 확산된다는 의미에서 만들어졌다. 1997년 태국의 외환위기가 필리핀·한국·말레이시아 등에 영향을 끼쳤고, 급기야 우리나라가 IMF에 구제금융을 신청하게 된 것은 테킬라효과였다고 볼 수 있다.

>> 칵테일리스크(Cocktail Risks)

여러 가지 악재가 동시에 일어나는 위기 상황을 술이나 다양한 음료를 혼합한 음료인 칵테일에 빗대 표현한 것이다. 2016년 당시 영국의 재무장관 조지 오스본이 기자회견에서 "세계 경제에 위험한 칵테일형 위기가 다가오고 있다"는 발언을 한 이후부터 널리 알려졌다. 세계 경제에 위협이 될 만한 칵테일리스크로는 중국 경제의 침체, 유가의 급락, 미국의 기준금리 상승 등을 들 수 있다.

62
윔블던효과
(Wimbledon Effect)

[KBS]

외국자본이 국내시장을 장악하는 현상을 말한다. 1980년대 이후 영국의 금융산업이 런던을 중심으로 매우 성공적인 성장을 보였던 데 반해, 정작 영국의 금융회사 중에서는 성공한 회사가 거의 없었던 것을 영국이 주최하는 윔블던 테니스 대회에서 영국인이 우승한 전적이 거의 없는 사례에 비유한 표현이다.

63
스태그플레이션
(Stagflation)

[언론중재위원회]

'경기침체(Stagnation)'와 '물가 상승(Inflation)'을 결합한 용어로, 경제활동이 침체되고 있는 상황에서도 물가는 지속적으로 상승하고 있는 현상이다. 스태그플레이션이 발생할 경우 경제성장과 물가안정 중 어느 쪽도 달성하기가 어려워진다.

64
상계관세

[산업인력공단]

특정 수입품이 수출국 정부로부터 보조금 또는 장려금을 지원 받아 수출경쟁력이 높아짐에 따라, 이를 수입하는 국가의 국내 산업이 실질적인 피해를 입거나 타격을 입을 우려가 있는 경우 수입국이 해당 물품에 부과하는 관세이다. 보조를 받았다고 추정되는 범위 내에서 해당 물품에 상계관세를 부과함으로써 국내 산업의 공정경쟁을 도모하고 관련 국내 산업을 보호한다는 취지이다. 관세 및 무역에 관한 일반협정(GATT)은 수출국이 물품에 지원한 보조금을 상쇄하는 상계관세 부과를 허용하고 있다. 상계관세는 기본관세 외에 해당 물품에 지급되는 장려금이나 보조금을 더해 산정된다. 세이프가드라고도 한다.

>> **반덤핑관세**

현저히 낮은 가격에 수입된 물품으로 인해 수입국의 국내 산업이 피해를 입게 되었을 때 수입국이 국내 정상적인 가격과의 차액만큼 부과하는 관세를 말한다. 수입국이 자국의 국내 산업을 보호하고, 공정한 가격경쟁을 이루기 위해 부과한다. 우리나라의 경우 관세법에서 규정하고 있으며, 판정의 주요 기준은 수입물품에 덤핑행위가 존재하는지, 해당 물품의 수입으로 국내 산업에 피해가 야기됐는지, 덤핑행위와 국내 산업의 피해에 인과관계가 존재하는지 여부 등이다.

65
파노플리효과
(Panoplie Effect)

[대전도시철도공사]

프랑스의 사회학자 장 보드리야르가 정의한 개념으로, 특정 제품을 사용함으로써 자신이 특정 집단이나 계층(비교적 상류층)에 소속된다고 믿는 현상을 말한다. 파노플리는 '묶음, 집단'을 의미하는 프랑스어이다. 특정한 제품군의 소비를 통해 자신을 드러냄으로써 인정받고자 하는 대중들의 과시욕을 표현한다.

01 아직 활성화되어 있지 않지만 수요가 있는 곳을 찾아 서비스와 제품을 내놓는 방식의 마케팅을 (　　) 마케팅이라고 한다.

02 강한 경쟁자로 인해 약자의 활동 수준이 높아지며 전체 분위기가 활성화되는 현상을 (　　)효과라고 한다.

03 '쿡 찌르다, 환기시키다'를 뜻하는 단어로 상대방의 행동을 변화시키는 유연한 방식을 의미하는 말을 (　　)(이)라고 한다.

04 부족한 자금을 빌려서 수익률을 극대화하는 투자기법으로 타인에게 빌린 자본을 마치 '지렛대'와 같이 사용하여 자기 자본의 이익률을 높이는 투자를 (　　)(이)라고 한다.

05 VR, 인공지능, 키오스크 등의 기술을 이용해 고객과의 접촉을 최소화하면서 제품이나 서비스에 대한 정보를 제공하는 마케팅 방식을 (　　) 마케팅이라고 한다.

06 "악화가 양화를 구축한다"는 어구와 가장 관련 있는 경제 법칙으로 통화의 소재가치가 나쁜 화폐가, 소재가치가 좋은 화폐를 대체하는 것을 (　　)의 법칙이라 한다.

07 총부채상환비율이라고도 불리는 (　　)은/는 모든 주택담보대출의 원리금 상환 비용과 기타 대출의 이자 상환 비용이 소득에서 차지하는 비율로 나타낸다.

08 총부채원리금상환비율이라 불리며, 주택대출의 원리금과 기타 대출의 이자와 원금 상환비용을 모두 더해 소득에서 차지하는 비율로 나타나는 것을 (　　)(이)라고 한다.

09 기업의 의사결정에 적극적으로 참여하여 주주의 역할을 충실히 수행하고, 위탁 받은 국민 또는 고객의 자금을 투명하게 운용하는 수탁자의 규칙을 (　　)(이)라고 한다.

10 시장 성장률·점유율 측면에서 사업이 현재 처한 상황을 파악하여 상황에 알맞은 처방을 내리기 위한 분석도구를 (　　)(이)라고 한다.

Answer

01 니치 **02** 메기 **03** 넛지 **04** 레버리지 **05** 언택트 **06** 그레샴 **07** DTI **08** DSR **09** 스튜어드십 코드
10 BCG매트릭스

11 기업의 상품이나 서비스를 구매하지 않으면서 자신의 실속만을 챙기는 소비자를 (   )(이)라고 말한다.

12 높은 성장률을 기록하면서도 물가상승 압력이 거의 없는 이상적인 경제상황을 (   )(이)라고 한다.

13 (   ) 증후군은 일본의 나쓰노 다케시 교수가 처음 사용한 말로, 최고의 기술을 가지고 있는 산업이 세계시장에서 단절된 상황을 설명한다.

14 한 나라에서 통용되는 화폐의 액면가(디노미네이션)를 동일한 비율의 낮은 숫자로 변경하는 조치를 (   )(이)라고 한다.

15 총 가계지출액 중에서 식료품비가 차지하는 비율로 생활수준을 나타내는 지표를 (   )(이)라고 한다.

16 각 계층 사이에서 이루어지는 소득 분배가 얼마나 평등한지를 나타내는 수치로, 로렌츠 곡선을 통해 구하는 지표를 (   )(이)라고 한다.

17 오프라인과 온라인을 결합한 서비스 제공 방식을 (   ) 마케팅이라고 한다.

18 낮은 인건비나 더 큰 시장을 찾아 해외로 진출했던 기업들이 본국에서 각종 세제혜택과 규제 완화 정책 등을 시행하자 본국으로 회귀하는 현상을 (   )(이)라고 한다.

19 담합 사실을 처음 신고한 업체에게는 과징금을 100% 면제해주고, 2순위 신고자에게는 50%를 면제해주어 담합을 방지하는 것을 (   )(이)라고 한다.

20 물가상승률과 실업률과의 관계를 나타낸 그래프로, 실업률이 증가하면 물가 · 임금상승률이 낮아지는 관계를 나타낸 것을 (   )곡선이라 한다.

Answer

11 체리피커 12 골디락스 13 갈라파고스 14 리디노미네이션 15 엥겔계수 16 지니계수 17 O2O 18 리쇼어링
19 리니언시 20 필립스

Actual Practice

01 다음의 사례와 관련된 이론은 무엇인가? 〈한국소비자원〉

> 암스테르담의 스키폴 국제공항은 남자화장실 소변기 주변에 튄 소변으로 화장실이 늘 더러웠다. 이 문제를 개선하기 위해 소변기 안쪽에 파리를 그려 넣었다. 그 결과, 소변기 주변으로 튀는 소변의 양이 80%가량 줄어들었다.

① 넛지 이론　　　　　　　　② 빅뱅 이론
③ 깨진 유리창 이론　　　　　④ 카오스 이론

 위의 사례는 2017 노벨경제학상 수상자인 리처드 탈러 교수의 넛지 이론과 관련이 있다. 'Nudge(넛지)'는 '쿡 찌르다, 환기시키다'를 뜻하는 영단어로 상대방의 행동을 변화시키는 유연한 방식을 의미한다. 선택은 상대방에게 맡기되 그의 행동을 특정한 방향으로 유도할 수 있는 효과적인 방식을 제안하는 것이다. 이러한 방식은 '튀지 않도록 주의 하세요', '~하지 마세요'와 같은 지시적인 메시지보다 효과적이다.

02 값싼 가격에 질 낮은 저급품만 유통되는 시장을 가리키는 용어는? 〈언론중재위원회〉

① 레몬마켓　　　　　　　　② 프리마켓
③ 제3마켓　　　　　　　　④ 피치마켓

 레몬마켓은 저급품만 유통되는 시장으로, 불량품이 넘쳐나면서 소비자의 외면을 받게 된다. 피치마켓은 레몬마켓의 반대어로, 고품질의 상품이나 우량의 재화·서비스가 거래되는 시장을 의미한다.

03 증시에서 거래가 부진한 약세 시장을 무엇이라 하는가? 〈기장군도시관리공단〉

① 베어마켓(Bear market)
② 레몬마켓(Lemon market)
③ 불마켓(Bull market)
④ 피치마켓(Peach market)

Answer　　　　1 ① 2 ① 3 ①

주식시장을 곰이 손톱을 아래로 내리찍는 것에 빗대어 증시가 하락하는 시장을 베어마켓이라 한다.
② 레몬마켓(Lemon Market) : 저급품만 유통되는 시장
③ 불마켓(Bull Market) : 장기간에 걸친 주가 상승 또는 상승장
④ 피치마켓(Peach Market) : 우량의 재화나 서비스가 거래되는 시장

04 다음 중 세계 3대 신용평가기관이 아닌 것은? 〈부산교통공사〉

① 무디스(Moody's)
② 스탠더드 앤드 푸어스(S&P)
③ 피치 레이팅스(FITCH Ratings)
④ D&B(Dun&Bradstreet Inc)

 영국의 피치 레이팅스, 미국의 무디스와 스탠더드 앤드 푸어스(S&P)는 세계 3대 신용평가기관 으로서 각국의 정치 · 경제 상황과 향후 전망 등을 고려하여 국가별 등급을 매김으로써 국가신 용도를 평가한다. D&B(Dun&Bradstreet Inc)는 미국의 상사신용조사 전문기관으로서 1933년에 R. G. Dun&Company와 Bradstreet Company의 합병으로 설립되었다.

05 경제학자 케인스가 처음 고안한 개념으로 금리 인하, 재정지출 확대 등과 같은 경 기부양책이 경기활성화에 도움이 되지 않는 상태를 의미하는 것은? 〈경상대학병원〉

① 소프트패치
② 유동성함정
③ 양적완화
④ 블랙스완

 경제주체들이 돈을 움켜쥐고 시장에 내놓지 않는 상황으로, 기업의 생산 · 투자와 가계의 소비 가 늘지 않아 정부가 무슨 방법을 써도 경기가 점점 더 나빠져 마치 함정에 빠진 것처럼 보이는 현상을 유동성함정이라 한다.
① 소프트패치 : 경기 회복 국면에서 일시적인 어려움을 겪는 상황
③ 양적완화 : 금리 인하를 통한 경기부양효과가 한계에 봉착했을 때, 중앙은행이 국채매입 등 의 방법으로 유동성을 시중에 직접 푸는 정책
④ 블랙스완 : 통념상 일어날 수 없는 일이 발생하는 경우

06 다양한 소셜미디어를 통해 연결되어 있는 소비자들에게, 기업을 노출시켜 인지도를 상승시키며 제품이나 서비스를 홍보하는 마케팅 기법은 무엇인가?

〈부산교통공사〉

① 디 마케팅　　　　　　　　　② 니치 마케팅

③ 바이럴 마케팅　　　　　　　④ 다이렉트 마케팅

 바이럴 마케팅(Viral Marketing)은 소셜미디어를 이용하는 소비자들이 블로그나 이메일에 특정 제품이나 서비스를 노출시키며 마케팅 효과를 내는 것이다. 마치 바이러스처럼 확산된다고 하여 붙은 이름이다.

경제 · 금융

Sec 02

07 다음 중 공유경제와 관련이 없는 것은?

〈한국철도시설공단〉

① 우버　　　　　　　　　　　② 에어비앤비

③ 쏘카　　　　　　　　　　　④ ISO

 '공유경제'라는 용어는 2008년 하버드대학교의 로렌스 레식 교수가 자신의 책 〈리믹스〉에서 처음 사용하면서 등장했다. 현대사회에 맞춘 합리적인 소비를 하자는 인식에서 공유경제라는 개념이 부각되었고, 스마트폰의 발달이 활성화에 기여하면서 보편적인 개념으로 발전했다. 모바일 차량서비스인 우버, 집을 공유하는 에어비앤비, 카셰어링 서비스인 쏘카 등이 공유경제의 대표적인 사례이다. 'ISO'는 국제표준화기구로 공유경제와는 관련이 없다.

08 다음 보기에서 제시된 마케팅 사례는 무엇인가?

〈MBC〉

- 경기 중계방송 전후에 자사 광고를 내보내는 방법
- 경기장 주변에 광고하는 방법
- 복권이나 경품행사 등을 통해 경기주체와 개최장소 등을 알리는 방법

① 헝거 마케팅

② 코즈 마케팅

③ 니치 마케팅

④ 앰부시 마케팅

공식 스폰서의 권리를 획득하지 못한 기업이 마치 자신이 스폰서인 것처럼 보여주는 전략을 앰부시 마케팅이라 한다.

① 헝거 마케팅 : 정해진 시간에 제한된 물량만 공급해 소비자들의 구매심리를 자극하는 전략 마케팅

② 코즈 마케팅 : 기업과 사회적 이슈가 연계되어 상호이익을 추구하는 마케팅

③ 니치 마케팅 : 시장의 빈틈을 공략하는 새로운 상품을 내놓아 경쟁력을 제고시키는 마케팅

09 연간 소득 대비 모든 부채의 연간 원리금 상환액을 기준으로 부채상환능력을 평가함으로써 대출규모를 제한하는 규제는? 〈KBS〉

① DTI   ② LTV

③ DSR   ④ DTA

 DSR(Debt Service Ratio)은 차주의 소득 대비 부채 수준을 나타내는 지표로 현행 총부채상환비율(DTI)과 비슷하지만 훨씬 엄격하다. 해당 주택담보대출의 원리금과 기타 대출의 이자 부담만을 적용해 계산하는 DTI와 달리 DSR은 할부금, 마이너스 통장 등 전체 부채의 원리금 상환 부담을 반영해 산출한다.

② LTV : 주택의 담보 가치 대비 대출금액의 비율

④ DTA : 자산평가액 대비 총부채 비율

10 IPO에 대한 설명 중 옳지 않은 것은? 〈한국중부발전〉

① 주식공개나 기업공개를 의미한다.

② 공모가가 너무 높으면 투자수익이 줄어 자본조달 여건이 나빠진다.

③ 소유권 분산으로 경영에 주주들의 압력이 가해질 수 있다.

④ 발행회사는 주식 발행가격이 높을수록 시초가는 낮아진다.

 IPO(Initial Public Offering)는 기업이 자금 조달을 위해 주식과 경영상의 내용을 공개하는 것을 의미한다. 발행회사가 공모가를 높게 잡으면 투자가의 투자수익은 줄어 추가공모 등을 통한 자본조달 여건이 나빠진다. 성공적인 IPO를 위해서는 적정수준에서 기업을 공개하는 것이 중요하며 투자자들의 관심을 모으는 것이 필요하다.

11 주식투자에서 특정 기업에 집중함으로써 발생할 수 있는 위험을 피하고, 투자수익을 극대화하기 위해 여러 종목에 분산 투자해야 한다는 것을 ( )이론이라 한다. 〈주택금융공사〉

① 리베이트　　　　　　　　② 포트폴리오
③ 베이시스　　　　　　　　④ 골든크로스

 포트폴리오는 본래 서류가방 또는 자료수집철을 뜻하며 수익을 극대화하기 위해 분산 투자를 해야한다는 것을 포트폴리오 이론이라 한다.
① 리베이트 : 지불대금이나 이자의 일부 상당액을 지불인에게 되돌려주는 것
③ 베이시스 : 정상 시장에서 형성된 현물가격과 선물가격 간의 차이
④ 골든크로스 : 주가를 예측하는 기술적 분석의 지표로, 단기 이동평균선이 장기 이동평균선을 가로질러 올라가는 현상

12 주가가 떨어질 것을 예측해 주식을 공매도하고 반등이 예상되자 주식을 사는 것을 무엇이라 하는가? 〈기장군도시관리공단〉

① 사이드카　　　　　　　　② 디노미네이션
③ 서킷브레이커　　　　　　④ 숏커버링

 없는 주식이나 채권을 판 후 보다 싼 값으로 주식이나 그 채권을 구해 매입자에게 넘기는 공매도를 한 뒤 정산일에 주식을 매입하는 것을 숏커버링이라 한다. 이는 주가 상승 요인으로 작용한다.

13 제품의 수명주기 중 다음은 어느 단계에 해당하는가? 〈한국소비자원〉

> 자사 제품의 독특한 점을 부각시켜 자사 제품이 경쟁 제품과 구별되도록 하는 데 집중한다.

① 도입기
② 성장기
③ 성숙기
④ 쇠퇴기

제품이 시장에 나온 후 쇠퇴하기까지의 과정 중 성숙기에 해당한다.

① 도입기 : 소비자들과 중간 상인들에게 제품의 존재와 제품의 이점을 알리는 데 중점을 두게 되며, 광고와 판매 촉진에 많은 투자를 한다.

② 성장기 : 소비자들이 문제의 제품에 대해서 이미 어느 정도 알게 되고, 그 제품을 취급하는 점포도 증가하게 되므로 판매가 급속히 증가한다.

④ 쇠퇴기 : 판매부진과 이익감소로 인하여 몇몇 회사는 시장을 떠나고, 남은 회사들은 광고비를 줄여 가격을 더 낮추며, 원가 관리를 강화하는 등의 자구책을 강구하게 된다.

14 총 가계지출액 중에서 식료품비가 차지하는 비율, 즉 엥겔계수에 대한 설명과 가장 거리가 먼 것은? 〈MBC〉

① 농산물 가격이 상승하면 엥겔계수가 올라간다.

② 엥겔계수를 구하는 식은 식료품비/총가계지출액×100이다.

③ 엥겔계수는 소득 수준이 높아짐에 따라 점차 증가하는 경향이 있다.

④ 엥겔계수 상승에 따른 부담은 저소득층이 상대적으로 더 커진다.

 ③ 식료품은 필수품이기 때문에 소득 수준과 관계없이 반드시 일정한 비율을 소비해야 하며 동시에 어느 수준 이상은 소비할 필요가 없는 재화이다. 따라서 엥겔계수는 소득 수준이 높아짐에 따라 점차 감소하는 경향이 있다.

15 개인의 소비행동이 사회의 소비수준의 영향을 받아 타인의 소비행동을 모방하려는 소비성향이나 후진국이 선진국의 소비성향을 따라가는 현상을 표현하는 말은 무엇인가? 〈한국수력원자력〉

① 대체효과   ② 의존효과

③ 전시효과   ④ 가격효과

 전시효과는 J.S.듀젠베리에 의해 처음으로 이 용어가 사용되었으며, 시위효과(示威效果)라고도 한다. 소득이 낮은 후진국에서 선진국의 소비성향을 따라 높은 소비지출이 행해지고, 이것은 후진국의 자본축적을 저해하는 한 요인이 된다.

16 원/달러 환율이 연일 하락하고 있는 경우, 그 영향으로 옳지 않은 것은?

〈인천도시개발공사〉

① 한국 수출품의 가격 경쟁력 약화를 초래해 수출에 타격을 줄 수 있다.
② 원화가치 하락으로 국외여행이 감소할 것이다.
③ 경상수지와 기업수지 악화를 불러올 수 있다.
④ 수입업체에 유리하게 작용할 수 있다.

 ② 환율의 하락은 평가절상으로 인한 원화가치의 상승을 의미한다.

17 제품 생산부터 판매에 이르기까지 소비자를 관여시키는 마케팅 기법을 무엇이라고 하는가?

〈한국언론진흥재단〉

① 프로슈머 마케팅　　　　　② 풀 마케팅
③ 앰부시 마케팅　　　　　　④ 노이즈 마케팅

 소비자의 아이디어를 제품 개발 및 유통에까지 활용하는 마케팅 기법을 프로슈머 마케팅이라한다.
② 풀 마케팅 : 광고·홍보 활동에 고객들을 직접 주인공으로 참여시켜 벌이는 판매 기법
④ 노이즈 마케팅 : 상품의 품질과는 상관없이 오로지 상품 판매를 목적으로 각종 이슈를 요란스럽게 치장해 구설에 오르도록 하거나, 화젯거리로 소비자들의 이목을 현혹시켜 판매를 늘리는 마케팅 기법

18 자산운용사 등이 결산기에 투자수익률을 높이기 위해 주식을 집중구매하거나처분하는 행위를 무엇이라 하는가?

〈여수MBC〉

① 숏커버링　　　　　　　　② 공매도
③ 윈도드레싱　　　　　　　④ 빅배스

 실적이 좋은 주식은 집중 매입하고, 실적이 저조한 주식을 처분하여 투자수익률을 최대한 높이는 행위를 윈도드레싱이라 한다.
② 공매도 : 주식이나 채권이 없는 상태에서 매도 주문하는 것
④ 빅배스 : 기업이 과거의 부진한 실적을, 한 회계연도에 모두 반영하여 손실 및 이익을 그대로 회계장부에 드러내는 것

19 상호 · 특허상품 · 노하우를 소유한 자가 계약을 통해 다른 사람에게 상표의 사용권과 제품의 판매권 · 기술 등을 제공하고 그 대가로 가맹비 · 보증금 · 로열티 등을 받는 시스템을 무엇이라고 하는가?　〈공무원연금공단〉

① OEM
② ODM
③ 프랜차이즈
④ 라이선스

해설 ① OEM(Original Equipment Manufacturing) : 주문자 상표 부착생산이라고도 하며, 계약에 따라 상대편의 상표를 붙인 부품이나 완제품을 제조하여 공급하는 일종의 하청부 생산을 의미한다.
② ODM(Original Development Manufacturing) : 제조업자 개발생산 또는 제조업자 설계생산이다. 판매업자(주문자)가 건네준 설계도에 따라 단순히 생산만 하는 OEM 방식과는 달리, 판매업자가 요구하는 기술을 자체개발해 납품하는 생산방식이다.
④ 라이선스(License) : 외국에서 개발된 제품이나 제조 기술의 특허권 또는 그것의 사용을 허가하는 것을 의미한다.

20 달러당 1,100원이던 환율이 1,200원이 되었을 때 일어나는 경제적 변화로 틀린 것은?　〈인천관광공사〉

① 국제수지가 개선된다.
② 국내 물가가 상승한다.
③ 외채상환 부담이 증가한다.
④ 수출이 감소된다.

해설 일반적으로 환율이 상승하면 수출가격이 낮아져 수출이 증가하고 수입가격이 높아져 수입은 감소한다. 따라서 국제 무역수지가 개선되지만 환율이 올라 동일한 외환과 교환되는 원화가 증가하므로 외채상환 부담은 증가한다.

21 국내 시장에서 외국 기업들이 성장하는 반면, 자국 기업들은 부진을 면하지 못하는 현상을 무엇이라 하는가?　〈KBS〉

① 윔블던효과
② 롱테일 법칙
③ 칵테일효과
④ 스핀오프

윔블던 테니스 대회를 개최하는 것은 영국이지만, 우승은 외국 선수들이 더 많이 한다는 데서 유래한 윔블던효과이다. 즉, 개방된 시장을 외국 기업이 석권하는 현상이다.
② 롱테일 법칙 : 인터넷 쇼핑몰에서 비인기 상품이 올리는 매출을 모두 합하면 인기상품 매출만큼 커지는 의외의 현상을 말한다.
④ 스핀오프(Spin Off) : 기업 경쟁력 강화를 위해 다각화된 기업이 한 회사를 독립시키는 '회사 분할'을 말한다. 회사 분할은 경영 효율성 증진 및 필요 없는 부분을 정리하려는 목적으로 실시한다.

22 환율제도에 대한 설명 중 틀린 것은? 〈주택금융공사〉

① 고정환율제 – 외환시세의 변동을 전혀 인정하지 않고 고정시켜 놓은 환율 제도
② 시장평균환율제 – 외환시장의 수요와 공급에 따라 결정되는 환율제도
③ 복수통화바스켓 – 자국과 교역비중이 큰 복수국가 통화들의 가중치에 따라 반영하는 환율제도
④ 공동변동환율제 – 역내에서는 변동환율제를 채택하고, 역외에 대해서는 제한환율제를 택하는 제도

 ④ 공동변동환율제는 역내에서는 제한환율제를 채택하고, 역외에 대해서는 변동환율제를 채택하는 환율제도이다.

23 주객이 전도된 상황을 가리키는 말로, 경제에서 선물 매매가 현물시장을 흔들어 직접 영향을 주는 현상을 무엇이라 하는가? 〈한국언론진흥재단〉

① 레임덕 ② 왝더독
③ 언더독 ④ 로그롤링

 '개 꼬리가 몸통을 흔든다(The Tail Wagging The Dog)'는 말에서 나온 왝더독 현상이다.

24 경기침체 속에서 물가상승이 동시에 발생하는 상태를 가리키는 용어는?

〈언론중재위원회〉

① 리디노미네이션   ② 하이퍼인플레이션

③ 스태그플레이션   ④ 애그플레이션

 경기침체기에 발생하는 인플레이션으로, 저성장·고물가의 상태를 스태그플레이션이라 한다.
① 한 나라에서 통용되는 화폐의 액면가(디노미네이션)를 동일한 비율의 낮은 숫자로 변경하는 조치
② 물가 상승 현상이 통제를 벗어난 초인플레이션 상태
④ 곡물 가격이 상승하면서 일반 물가도 오르는 현상

25 미군이 베트남전에서 전쟁을 종료하고 희생을 최소화하면서 빠져나오기 위해 사용했던 전략에서 유래된 말로 금리인상, 흑자예산 등 경기회복 시점에서 사용하는 경제정책은?

〈예금보험공사〉

① 후퇴전략   ② 출구전략

③ 회복전략   ④ 기만전략

 경기를 부양하기 위하여 취하였던 각종 완화정책을 정상화하는 것을 출구전략이라 한다. 경기가 침체하면 기준금리를 내리거나 재정지출을 확대하여 유동성 공급을 늘리는 조치를 취하는데, 경기가 회복되는 과정에서 유동성이 과도하게 공급됨으로써 물가 상승과 인플레이션을 초래할 수 있다. 이를 막기 위해 천천히 경제에 미칠 후유증을 최소화하면서 각종 비상조치를 정상화하여 재정 건전성을 강화해나간다.

26 프랑스의 철학자 장 보드리야르가 정의한 개념으로, 소비자가 특정 상품을 소비하면 자신이 그것을 소비하는 계층과 같은 부류라는 생각을 가지게 되는 심리를 무엇이라 하는가?

〈대전도시철도공사〉

① 베블런효과   ② 립스틱효과

③ 파노플리효과   ④ 플라시보효과

 특정 상품을 소비하면, 그 상품을 소비하는 특정 집단에 속하게 된다고 여기는 심리를 파노플리효과라 한다.

27 다음 중 BCG 매트릭스에서 원의 크기가 의미하는 것은? 〈보훈복지의료공단〉

① 시장 성장률

② 상대적 시장점유율

③ 기업의 규모

④ 매출액의 크기

 BCG 매트릭스에서 원의 크기는 매출액의 크기를 의미한다. BCG 매트릭스는 미국의 보스턴 컨설팅 그룹이 개발한 사업전략의 평가기법으로, '성장–점유율 분석'이라고도 한다. 상대적 시장점유율과 시장성장률이라는 2가지를 각각 X, Y축으로 하여 매트릭스(2차원 공간)에 해당 사업을 위치시켜 사업전략을 위한 분석과 판단에 이용한다.

28 서인도제도의 동부에 있는 리워드제도에 위치한 대표적인 조세피난처는?

〈포항시설관리공단〉

① 케이맨군도

② 버진아일랜드

③ 파나마

④ 라이베리아

 버진아일랜드는 리워드제도 동쪽에 있는 섬들을 통칭하는데, 그중에서도 카리브제도 안에 위치한 36개의 섬인 영국령 버진아일랜드는 본국(영국)의 간섭을 받지 않아 세금이 낮고 규제가 약하기 때문에 약 12만개의 페이퍼컴퍼니가 존재하는 것으로 알려져 있다.

29 돈을 풀고 금리를 낮춰도 투자와 소비가 늘지 않는 현상을 무엇이라 하는가?

〈해양환경관리공단〉

① 유동성함정   ② 디스플레이션

③ 골디락스   ④ 스크루플레이션

 시중에 자금이 풀려도 기업의 투자나 가계의 지출이 늘지 않아 경기가 침체된 상태를 유동성함정이라 한다. 경제학자 케인스는 한 나라 경제가 유동성함정에 빠졌을 때는 금융 · 통화정책보다는 재정정책을 펴는 것이 효과적이라고 주장하기도 했다.

30 각국의 단기금리의 차이와 환율의 차이에 의한 투기적 이익을 위해 국제금융시장을 이동하는 단기부동 자본을 무엇이라 하는가? 〈한국공항공사〉

① 마진머니(Margin Money)

② 핫머니(Hot Money)

③ 스마트머니(Smart Money)

④ 시드머니(Seed Money)

 국제금융시장을 이동하는 단기자금을 핫머니라 한다. 각국의 단기금리의 차이·환율의 차이에 의한 투기적 이익을 목적으로 하는 것과 국내통화 불안을 피하기 위한 자본도피 등 2가지가 있다.

31 사회 구성원의 주관적인 가치판단을 반영하여 소득 분배의 불평등 정도를 측정하는 지표는? 〈보훈복지의료공단〉

① 지니계수 ② 빅맥지수

③ 엥겔계수 ④ 앳킨슨지수

 불평등에 대한 사회구성원의 주관적 판단을 반영한 앳킨슨지수는 앤토니 앳킨슨 런던정경대 교수가 개발한 불평등 지표로, 지니계수와 같이 1에 가까울수록 불평등 정도가 심각하다는 뜻이다.

32 다음 중 연결이 잘못된 것은? 〈부천협력기관〉

① 벌처펀드 – 고위험 고수익

② 인덱스펀드 – 주가지표 연동수익

③ 스폿펀드 – 장기 고수익

④ 뮤추얼펀드 – 회사형 투자신탁

 스폿펀드는 투자신탁회사들이 '일정한 수익률을 올려주겠다'고 가입고객들에게 약속한 후 이 목표수익률을 달성하면 만기 이전이라도 환매수수료 없이 투자자에게 원금과 이자를 돌려주는 초단기 상품이다.

① 벌처펀드 : 저평가된 채권을 싼 가격으로 매입하기 위해 운용되는 투자기금

② 인덱스펀드 : 주가지수에 영향력이 큰 종목들 위주로 펀드에 편입해 펀드 수익률이 주가지수를 따라가도록 운용하는 상품

④ 뮤추얼펀드 : 투자자들이 맡긴 자금을 운용한 뒤 수익을 배당금 형태로 돌려주는 투자회사

33 1996년 개설한 한국의 제2주식시장은 무엇인가? 〈경기콘텐츠진흥원〉

① 한국거래소(KRX) ② 코스닥(KOSDAQ)
③ 코넥스(KONEX) ④ 나스닥(NASDAQ)

 코스닥(Korea Securities Dealers Automated Quotations)은 IT(Information Technology), BT(Bio Technology), CT(Culture Technology) 기업과 벤처기업의 자금조달을 목적으로 1996년 7월 개설되었다.
① 한국거래소(KRX) : 한국증권선물거래소법에 따라 2005년 1월에 한국증권거래소, 코스닥, 한국선물거래소, 코스닥위원회가 합병되어 개설된 통합거래소
③ 코넥스(KONEX) : 코스닥 상장 요건을 충족하지 못하는 벤처기업과 중소기업이 상장할 수 있도록 2013년 7월에 개장한 중소기업 전용 주식시장
④ 나스닥(NASDAQ) : 1971년 2월에 개설된 미국의 벤처 중심 주식시장

Sec 02
경제 · 금융

34 다음 중 리디노미네이션(Redenomination)에 대한 설명으로 옳지 않은 것은?
〈제주MBC〉

① 나라의 화폐를 가치의 변동 없이 모든 지폐와 은행권의 액면을 동일한 비율의 낮은 숫자로 표현하는 것을 말한다.
② 리디노미네이션의 목적은 화폐의 숫자가 너무 커서 발생하는 국민들의 계산이나 회계 기장의 불편, 지급상의 불편 등의 해소에 있다.
③ 리디노미네이션은 인플레이션 기대심리를 유발할 수 있다는 문제점이 있다.
④ 화폐단위가 변경되면서 새로운 화폐를 만들어야 하기 때문에 화폐제조비용이 늘어난다.

 ③ 리디노미네이션은 인플레이션의 기대심리를 억제시키고, 국민들의 거래 편의와 회계장부의 편리화 등의 장점을 갖고 있다.

35 주택의 매매가와 전세가의 차액을 투자금으로 전세를 끼고 주택을 매입하는 방식의 투자는?
〈KBS〉

① 리츠 ② 갭 투자
③ 스윙매매 ④ ETF

전세를 안고 주택을 매입하는 방식으로 투자를 한 후에 시세 차익을 노리는 투자 기법을 갭 투자라 한다.

36 다음의 설명과 관련 있는 것은 무엇인가?　〈토지주택공사〉

> 경기회복 시점에 과도하게 풀린 자금이나 각종 완화정책을 인플레이션 등의 부작용을 일으키지 않고 회수하는 것을 말한다.

① 출구전략   ② 디레버리지
③ 양적완화   ④ 통화스와프

 출구전략과 관련된 내용이다. 금리인상. 은행의 지급준비금 조절 등의 방법이 있다.
② 디레버리지 : 레버리지를 해소하기 위해 빚을 상환하는 것
③ 양적완화 : 시중에 통화량을 늘려 유동성을 공급하는 정책
④ 통화스와프 : 외환 부족 등 유사시 국가 간에 통화를 맞교환할 것을 약속하는 것

37 수출국이 특정 수출산업에 대해 장려금이나 보조금을 지급하여 수출상품의 가격경쟁력을 높일 경우, 수입국이 그 수입상품에 대해 보조금액에 해당하는 만큼의 관세를 부과하는 것을 무엇이라고 하는가?　〈산업인력공단〉

① 상계관세   ② 조정관세
③ 탄력관세   ④ 보호관세

수입국은 자국의 국내 산업의 경쟁력을 유지하기 위해 상계관세를 부과한다.
② 조정관세 : 경제에 부정적인 영향을 미칠 우려가 있을 경우에 일시적으로 일정 기간 동안 세율을 조정하여 부과하는 것
③ 탄력관세 : 물가를 안정시킬 목적으로 정부가 국회의 위임을 받아 일정 범위 내에서 관세율을 가감하는 것
④ 보호관세 : 국내의 산업을 보호하고 육성하기 위해 여러 산업의 제품과 동일한 외국의 수입품에 높은 관세를 부과하는 것

38 다음 보기에서 설명하는 것과 관련 있는 것은? 〈대구시설공단〉

> • 미국에서 11월 추수감사절의 다음날을 일컫는 용어
> • 미국에서 전통적으로 연말 쇼핑시즌을 알리는 시점이나 연중 최대의 쇼핑이 이뤄지는 날
> • 2004년 국회에서 노무현 전 대통령에 대한 탄핵이 가결된 후 한국금융시장의 폭락 장세 지칭

① 블랙먼데이   ② 블랙프라이데이

③ 화이트먼데이   ④ 박싱데이

 모두 '블랙프라이데이'라고 부른다.

39 한 국가의 금융·통화 위기가 주변의 다른 국가로 급속히 확산되는 현상을 지칭하는 용어는? 〈제주MBC〉

① 칵테일리스크   ② 카푸치노효과

③ 테킬라효과   ④ 스필오버효과

멕시코의 전통 술인 테킬라에 빗대 표현한 것으로, 한 나라의 경제위기로 인해 주변 국가들이 덩달아 취한 것처럼 금융·통화 위기가 급속히 확산된다는 의미에서 만들어졌다.

40 다음 제시된 사례들에 적용된 마케팅 기법은? 〈한국장애인고용공단〉

> • 소셜커머스로 레스토랑 할인쿠폰을 구매한다.
> • 매장 사이트를 방문하여 예약을 한다.
> • 지도앱 등을 통해 가장 가까운 카페 중 한 곳을 고른다.

① 바이럴 마케팅   ② O2O 마케팅

③ 레트로 마케팅   ④ 데카르트 마케팅

 O2O 마케팅(Online To Offline)이란, 모바일 서비스를 기반으로 한 오프라인 매장의 마케팅 방법이다. 온라인을 통해 오프라인 매장에 대한 정보를 얻거나 매장에서 이용할 수 있는 쿠폰 등을 온라인에서 얻는 것 등이 있다.

41 다음 보기에서 설명하는 용어는 무엇인가? 〈EBS〉

> • 전체 결과의 80%가 전체 원인의 20%에서 일어나는 현상을 가리킨다.
> • 20%의 고객이 백화점 전체 매출의 80%에 해당하는 만큼 쇼핑하는 현상

① 롱테일 법칙　　　　　　　　　② 파레토 법칙
③ 하인리히 법칙　　　　　　　　④ 세이의 법칙

 파레토 법칙에 대한 설명이다.
① 롱테일 법칙 : 역파레토 법칙이라고도 하며 80%의 비핵심적인 다수도 20%의 핵심 소수만큼 뛰어난 가치를 창출하는 것
③ 하인리히 법칙 : 대형사고가 발생하기 전에 반드시 그와 관련된 징후들이 존재한다는 것
④ 세이의 법칙 : 공급이 수요를 창출한다는 법칙

42 다음 중 엥겔계수에 대한 설명으로 옳지 않은 것은? 〈대구시설공단〉

① 총 가계지출액 중에서 식료품비가 차지하는 비율을 의미한다.
② 식료품은 어느 가정에서나 소비되는 동시에, 일정 수준 이상은 소비할 필요가 없다.
③ 엥겔계수는 소득 수준이 높아짐에 따라 점차 증가하는 경향이 있다.
④ 일반적으로 엥겔계수가 50% 이상이면 후진국, 30% 이하일 경우 선진국으로 분류한다.

 엥겔계수는 소득 수준이 높아짐에 따라 점차 감소하는 경향이 있다.

43 M&A 공격이 들어왔을 때, 피인수 기업이 임기가 종료되지 않은 경영진들에게 거액의 퇴직금을 지급하거나 스톡옵션을 제공하는 방법으로 대응하는 전략은 무엇인가? 〈주택금융공사〉

① 포이즌필　　　　　　　　　　② 백기사
③ 황금낙하산　　　　　　　　　④ 흑기사

황금낙하산은 상대 기업에게 인수비용 부담을 높여 경영자의 신분을 보장하고 적대적 M&A를 방어하는 전략으로 활용된다.

① 포이즌필 : 적대적 M&A나 경영권 침해 시도가 있는 경우 기존 주주들에게 시가보다 훨씬 싼 가격에 지분을 매입할 수 있는 권리를 부여해 상대의 지분 확보를 어렵게 하는 것

② 백기사 : 매수대상 기업의 경영자에게 우호적인 기업 인수자

④ 흑기사 : 적대적 M&A를 시도하는 기업의 경영권 탈취를 돕는 제3자

44 금융시장이 극도로 불안한 상황일 때 은행에 돈을 맡긴 사람들이 대규모로 예금을 인출하려해 은행이 지급불능 상태에 빠지는 걸 무엇이라 하는가? 〈금융감독원〉

① 더블딥 ② 디폴트

③ 펀드런 ④ 뱅크런

 대규모 예금인출사태를 뱅크런(Bank Run)이라 한다. 금융시장이 불안정하거나 거래은행의 재정상태가 좋지 않다고 판단할 때, 많은 사람들이 한꺼번에 예금을 인출하려고 하면서 은행은 위기를 맞게 된다.

45 시장의 빈틈을 공략하는 새로운 상품을 잇달아 시장에 내놓음으로써 셰어(Share)를 유지시키는 전략은? 〈한국언론진흥재단〉

① 니치 마케팅 ② 코즈 마케팅

③ 앰부시 마케팅 ④ 퍼플카우 마케팅

 틈새를 비집고 들어가는 것처럼 시장의 빈틈을 공략하는 것으로, 시장 세분화를 통해 특정한 성격을 가진 소규모의 소비자를 대상으로 하는 니치 마케팅이다.

46 다음 중 세계 3대 석유에 속하지 않는 것은? 〈한국소비자원, 산업인력공단〉

① 두바이유 ② 브렌트유

③ 텍사스산 중질유 ④ 앙골라유

해설 세계 3대 유종은 생산량이 많고, 특정 생산자가 생산을 독점하지 않아 가격 형성이 투명한 두바이유, 브렌트유, 텍사스산 중질유를 말한다.

47 상류층 소비자의 과시적인 소비행태를 이르는 말은? 〈농촌진흥청〉

① 전시효과 ② 베블런효과
③ 립스틱효과 ④ 파노플리효과

해설 경제학자 베블런은 자신의 저서 〈유한계급론(1899)〉에서 "상류층의 두드러진 소비는 사회적 지위를 과시하기 위해서 자각 없이 행해진다"고 지적했다.
① 전시효과 : 개인의 소비지출이 소득 수준에 의해 정해지지 않고, 주변 사람들의 더 높은 소비생활의 영향을 받아 점차 높아지는 경향
③ 립스틱효과 : 경제적 불황기에 나타나는 소비패턴으로 가격이 저렴하고 소비만족도가 높은 사치품의 판매량이 증가하는 현상
④ 파노플리효과 : 고가 사치품 등을 구매함으로써 특정 집단에 소속되고 싶어 하는 욕망을 나타내는 현상

48 노벨경제학상을 받은 조지 애컬로프의 논문 '레몬시장(The Market for Lemons)'에서는 중고차 시장에서 불량 중고차를 '레몬'이라 부르는 반면 우량 중고차를 '이것'에 빗대어 설명했다. '이것'은 무엇인가? 〈교직원공제회〉

① 복숭아 ② 자두
③ 오렌지 ④ 포도

해설 중고차 시장에서는 불량 중고차를 겉으로는 그럴 듯해 보이지만 막상 먹어보면 너무 신맛 때문에 먹지 못하는 '레몬'에, 상태가 양호한 중고차는 겉모양에 비해 맛이 좋은 '복숭아'에 빗대어 표현한다.

49 마태효과가 의미하는 것은? 〈부산도시공사〉

① 부익부빈익빈
② 상부상조
③ 노블리스 오블리주
④ 공유경제

해설 마태효과(Mattew Effect)는 성경 마태복음에 나오는 '가진 자는 더 많이 갖게 되고 덜 가진 사람은 점점 더 적게 가지게 된다'는 구절에서 착안한 부익부빈익빈 현상을 표현한다.

50 미국 보스턴 컨설팅 그룹이 개발한 BCG 매트릭스에서 기존 투자에 의해 수익이 계속적으로 실현되는 자금 공급 원천에 해당하는 사업은? 〈한국언론진흥재단〉

① 스타(Star)

② 도그(Dog)

③ 캐시카우(Cash Cow)

④ 물음표(Question Mark)

 캐시카우 사업은 시장점유율이 높아 안정적으로 수익을 창출하지만 성장 가능성은 낮은 사업이다. 스타 사업은 수익성과 성장성이 모두 큰 사업이며, 그 반대가 사양산업인 도그 사업이다. 물음표 사업은 앞으로 어떻게 될지 알 수 없는 사업이다.

51 다음 중 임금상승률과 실업률 사이의 상충관계를 나타낸 것은? 〈EBS〉

① 로렌츠곡선 ② 필립스곡선

③ 지니계수 ④ 래퍼곡선

 실업률과 물가상승률의 반비례 관계를 나타낸 것은 필립스곡선(Phillips Curve)이다. 실업률이 낮으면 임금이나 물가의 상승률이 높고, 실업률이 높으면 임금이나 물가의 상승률이 낮다는 것을 보여준다.

52 중앙은행에서 상정하는 '이 정도면 물가가 오르지도 떨어지지도 않겠다'고 예상되는 금리 수준을 무엇이라 하는가? 〈경북관광공사〉

① 콜금리 ② 기준금리

③ 실질금리 ④ 중립금리

 중립금리 : 중앙은행이 기준금리를 설정하기 위해 상정하는 물가가 오르지도 떨어지지도 않을 금리이다.

① 콜금리 : 시중은행들 간에 단기성 자금을 빌릴 때 매기는 금리이다.

② 기준금리 : 중앙은행이 시중은행에 돈을 빌려줄 때 매기는 금리이다.

③ 실질금리 : 예금금리에서 물가상승률을 뺀 실물 가치 대비 금리의 정도를 말한다.

53 다음 중 예산에 대한 설명으로 타당하지 않은 것은? 〈한국전력공사〉

① 수정예산 – 예산 성립 전에 본예산을 수정하기 위하여 제출되는 예산

② 추가경정예산 – 예산 성립 후에 생긴 사유로 추가 예산의 필요가 있을 때 편성 · 제출되는 예산

③ 순계예산 – 필요경비를 공제한 순세입 · 순세출만을 계산한 예산

④ 잠정예산 – 예산이 국회를 통과한 경우 행정부 임의로 지출이 허용되는 예산

 잠정예산은 회계연도 개시 전까지 입법부에서 본예산이 의결되지 않을 경우 잠정적으로 사용할 수 있는 예산의 한 종류이다.

54 다음 중 마케팅믹스 4P에 해당하지 않는 것은? 〈영화진흥위원회〉

① Price   ② Product

③ Place   ④ Person

 마케팅믹스란 표적시장에서 마케팅 목표를 달성하기 위해 필요한 요소들의 조합을 말하는 것으로 제품(Product), 가격(Price), 유통(Place), 촉진(Promotion)의 요소로 구성된다.

55 기업의 분기별 실적발표 시 예상보다 기업의 수익이 나빠 주가에 갑작스럽게 악영향이 미치는 것을 무엇이라 하는가? 〈방송통신심의위원회〉

① 어닝쇼크

② 어닝서프라이즈

③ 디레버리지

④ 갈라파고스

 일반적으로 기업은 분기별로(1년에 4번) 그동안의 실적을 발표한다. 이런 실적 발표 시기에 주주들의 이목이 집중되고 가격이 급변하는데 시장이 예상 치에 한참 못 미치는 실적을 올릴 경우 주가가 급락하는 현상을 어닝쇼크라 한다.

56 다음 중 보완재 관계가 아닌 것은? 〈한국중부발전〉

① 콜라 – 사이다

② 커피 – 설탕

③ 바늘 – 실

④ 만년필 – 잉크

 보완재는 대체재와 대립되는 개념으로, 서로 보완 관계에 있는 재화를 말한다. 즉, 두 가지 이상의 재화를 따로 소비할 때 효용의 합계보다 함께 소비했을 때의 효용이 증가하는 경우이다. 콜라와 사이다는 대체재 관계이다.

57 주택담보인정비율을 의미하는 용어는? 〈금융감독원〉

① LTV   ② DTI

③ RTI   ④ LOI

 LTV(Loan To Value ratio)는 은행들이 주택을 담보로 대출받을 때 적용되는 담보가치 대비 대출가능한도, 즉 '주택담보대출비율'을 말한다.
② DTI(Debt To Income ratio) : 총부채상환비율
③ RTI(Rent To Interest ratio) : 임대업 이자상환비율
④ LOI(Letter Of Intention) : 투자의향서

58 누적소득분포를 이용하여 소득의 양극화를 측정하는 기준으로 널리 사용되는 지표는? 〈청주MBC〉

① 앳킨슨지수   ② 피셔지수

③ 지니계수   ④ 엥겔계수

 지니계수는 가로축에 인구의 누적백분율을, 세로축에 저소득층부터 소득의 누적백분율을 놓고 곡선을 그려 계산하며 소득분배 불균형을 측정하는 기준으로 널리 사용된다.

59 높은 성장률을 기록하면서도 물가상승 압력이 거의 없는 이상적인 경제상황을 무엇이라 하는가? 〈부산교통공사〉

① 골디락스　　　　　　　　　② 블랙스완

③ 뉴노멀　　　　　　　　　　④ 디플레이션

해설🔍 영국 동화 〈골디락스와 곰 세 마리〉에 등장하는 소녀 골디락스는 곰이 끓이고 나간 세 가지의 수프인 뜨거운 것과 차가운 것, 적당한 것 중에서 적당한 것을 먹고 딱딱한 침대, 너무 물렁한 침대, 적당한 침대 중 적당한 침대에 누워 쉬는데 이러한 골디락스를 경제에 비유하여 뜨겁지도 차갑지도 않은, 안정적인 경제 상태를 표현한다.

60 특정 주식의 주당시가를 주당이익으로 나눈 수치로, 주가가 수익의 몇 배가 되는가를 나타내는 것은? 〈한국중부발전〉

① ROE　　　　　　　　　　② ROA

③ EPS　　　　　　　　　　④ PER

해설🔍 PER(주가수익비율, Price Earning Ratio)을 말한다. PER이 높다는 것은 주당이익에 비해 주식가격이 높다는 것을 의미하고 PER이 낮다는 것은 주당이익에 비해 주식가격이 낮다는 것을 의미하므로, PER이 낮은 주식은 앞으로 주식가격이 상승할 가능성이 크다.
① ROE(자기자본이익률, Return On Equity)
② ROA(총자산이익률, Return On Assets)
③ EPS(주당순이익, Earning Per Share)

61 1980년대 미국에서 처음 등장한 단어로, 경기침체 후 잠시 회복기를 보이다가 다시 침체에 빠지는 이중침체 현상을 뜻하는 경제용어는? 〈부산교통공사〉

① 더블딥　　　　　　　　　② 트리플위칭

③ 디노미네이션　　　　　　④ 버블경제

해설🔍 경기가 침체국면에서 회복할 조짐을 보이다가 다시 침체국면으로 빠져드는 현상을 더블딥(Double Dip)이라 한다. 두 번의 침체의 골을 거쳐 회복기에 접어들기 때문에 W자형 경제구조라고도 불린다.

62 부실기업이나 부실채권에 투자하여 경영을 정상화시킨 후 되파는 방법으로 고수익을 창출하는 자금을 무엇이라 하는가? 〈경기도경제과학진흥원〉

① 인덱스펀드 ② 스폿펀드
③ 헤지펀드 ④ 벌처펀드

 벌처펀드는 자금 등 경영상의 위기에 처한 기업 또는 부실채권을 싼 가격에 인수한 뒤 정상화된 기업 또는 채권을 비싼 가격에 팔아 단기간에 고수익을 얻는다.

63 매출액이나 고용자 수가 3년 연속 평균 20% 이상으로 고성장하는 기업을 무엇이라 하는가? 〈광주광역시도시공사〉

① 벤처기업 ② 스몰자이언츠
③ 가젤형 기업 ④ 히든챔피언

 미국의 경제학자 데이비드 버치의 논문에서 처음 사용된 표현으로, 기업들을 빠른 속도로 달리면서 점프력도 좋은 동물 가젤(Gazelles)에 비유해 가젤형 기업이라 한다.
① 벤처기업 : 첨단기술과 아이디어로 새로운 분야의 사업에 도전하는 중소기업
② 스몰자이언츠 : 뛰어난 기술력을 갖춘 한국형 중소기업
④ 히든챔피언 : 잘 알려지지는 않았지만 세계적인 경쟁력을 갖춘 기업

64 다음 중 기업과 기업 간의 거래를 나타내는 용어는 무엇인가? 〈경기도시공사〉

① EDI
② B2C
③ B2G
④ B2B

 B2B(Business To Business) : 기업과 기업 간 거래
① EDI(Electronic Data Interchange) : 기업 간의 거래데이터를 교환하기 위한 표준시스템
② B2C(Business To Customers) : 기업과 소비자 간 거래
③ B2G(Business To Government) : 기업과 정부 간 거래

65 다음 중 FANG 기업에 해당하지 않는 것은?　　　　　　　　　　　〈부천시협력기관〉

① 페이스북(Facebook)　　　　　　② 알리바바(Alibaba)

③ 넷플릭스(Netflix)　　　　　　　④ 구글(Google)

 미국의 4대 IT 기업인 페이스북(Facebook, 현 메타 플랫폼스), 아마존(Amazon), 넷플릭스(Netflix), 구글(Google)을 FANG이라고 한다.

66 다음 중 채권시장의 유용성이 아닌 것은?　　　　　　　　　　　〈경기신용보증재단〉

① 장기자금의 조달　　　　　　　② 경기 예측

③ 통화정책에 활용　　　　　　　④ 변동금리형 자산운용

 채권은 확정이자부증권이므로 만기일에는 확정금리의 이자를 받는다.

67 현재 우리나라와 통화스와프 협정이 체결되어 있지 않은 국가는?

〈한국소비자원, 포항시설관리공단〉

① 중국　　　　　　　　　　　　② 캐나다

③ 일본　　　　　　　　　　　　④ 호주

 우리나라는 중국, 아랍에미리트, 말레이시아, 호주, 인도네시아, 캐나다, 스위스, 터키, 치앙마이 이니셔티브와 통화스와프 협정이 체결되어 있지만 일본과는 통화스와프 협정이 종료됐다.

68 해외에 나가 있는 기업이 본국의 세제 혜택과 규제 완화 등에 의해 본국으로 회귀하는 현상을 무엇이라 하는가?　　　　　　　　　　　　　　〈농어촌공사〉

① 리쇼어링　　　　　　　　　　② 오프쇼어링

③ 리니언시　　　　　　　　　　④ 양적완화

해설 장기 경기침체에서 벗어나고자 세계 각국은 적극적인 리쇼어링을 추진하고 있다. 기업들이 국내로 돌아오게 되면 자연스레 일자리가 창출되고 경제가 활기를 찾기 때문이다.

69 경제가 어려울수록 가격이 저렴한 사치품의 판매가 증가하는 현상을 무엇이라 하는가? 〈EBS, 주택금융공사〉

① 베블런효과　　　　　　　　② 스놉효과

③ 립스틱효과　　　　　　　　④ 전시효과

 경기가 불황일 때 립스틱과 같이 상대적으로 가격이 낮은 사치품의 매출이 증가한다 하여 립스틱효과라 부른다. 립스틱은 필수품은 아니지만 크게 부담을 주는 가격이 아니라 최소한의 돈으로 사치욕구를 충족시켜주기 때문이다.

70 절대 일어날 것 같지 않은 일이 일어나는 것을 뜻하는 것으로, 나심 니콜라스 탈레브가 집필한 책의 제목은? 〈경상대학병원〉

① 파놉티콘　　　　　　　　　② 블랙스완

③ 치킨게임　　　　　　　　　④ 회색코뿔소

 백조는 모두 흰색이라 믿었으나 17세기의 한 학자가 흑조를 발견하면서 존재하지 않을 것 같은 일이 일어나는 것을 블랙스완이라고 부르기 시작했다. 이후 월가의 투자전문가인 나심 니콜라스 탈레브가 그의 저서 〈블랙스완〉에서 미국의 서브프라임 모기지 사태를 예견하면서 더욱 널리 알려졌다.

Section 03 사회·법률

01
인구절벽

[세종시교육청]

한 국가의 미래성장을 예측하게 하는 인구지표에서 생산가능인구인 만 15세~64세 비율이 줄어들어 경기가 둔화하는 현상을 가리킨다. 이는 경제 예측전문가인 해리 덴트가 자신의 저서 〈인구절벽(Demographic Cliff)〉에서 사용한 용어다. 그에 따르면 한국 경제에도 이미 인구절벽이 시작돼 2024년부터 '취업자 마이너스 시대'가 도래할 전망이다. 취업자 감소는 저출산·고령화 현상으로 인한 인구구조의 변화 때문으로, 인구 데드크로스로 인해 중소기업은 물론 대기업까지 구인난을 겪게 된다.

>> **인구 데드크로스**

저출산·고령화 현상으로 출생자 수보다 사망자 수가 많아지며 인구가 자연감소하는 현상이다. 인구 데드크로스가 발생하면 의료서비스와 연금에 대한 수요가 늘어나며 개인의 공공지출부담이 증가하게 된다. 또한 국가입장에서는 노동력감소, 소비위축, 생산감소 등의 현상이 동반되어 경제에 큰 타격을 받는다.

02
페미니즘
(Feminism)

[전남신용보증재단, 서울시설공단]

여성중심적인 의식에 바탕을 두고 성차별과 여성해방을 목표로 하는 경향을 말한다. 페미니즘은 여성과 남성의 동등한 평등을 지향하며 사회체제·제도의 개혁을 통해 여성해방을 실현하고자 한다. 1960년대에 정치적인 변혁 운동이 일어나면서 여성해방 운동이 본격화되기 시작했고, 여성학이라는 새로운 분야의 등장과 함께 여성의 활발한 정치 참여도 주목받고 있다.

03
말뫼의 눈물

[KBS]

과거에는 번성했으나 현재는 쇠퇴한 도시의 슬픔을 상징적으로 표현한다. 과거 스웨덴의 말뫼시는 큰 조선소가 들어서 크게 번영한 곳이었지만 1980년대 스웨덴의 조선업이 불황에 빠지자 말뫼에 있던 조선소들도 문을 닫게 되었다. 그때 우리나라의 현대중공업이 골리앗 크레인을 1달러에 인수하게 됐는데, 말뫼의 시민들이 크레인을 떠나보내며 항구에서 눈물을 흘렸다고 한다. 이후 말뫼시는 시민들이 힘을 모아 신재생에너지 등 새로운 사업에 투자하여 다시 활력을 띠게 되었는데, 이 때문에 말뫼의 눈물은 위기를 재도약의 기회로 이끈 원동력을 나타내기도 한다.

04
파파게노효과
(Papageno Effect)

[한국소비자원, 한국문화예술위원회, KBS]

자살과 관련한 언론보도를 자제함으로써 자살을 예방하는 효과를 말한다. 모차르트의 오페라 〈마술피리〉에 새잡이꾼으로 등장하는 인물 '파파게노'에서 유래했다. 극중에서 파파게노는 연인이 떠나자 괴로워하며 자살을 시도하는데, 이때 요정들이 나타나 그에게 노래를 들려준다. 노래를 들은 파파게노가 자살충동을 버리고 새 삶을 살게 된다는 이야기로부터 나온 명칭이다. 자살에 대한 대중매체의 보도가 오히려 자살을 부추길 수 있으므로 이를 자제하여 자살을 방지하려는 노력이라고 할 수 있다.

>> 베르테르효과(Werther Effect)

유명인의 자살 보도 후에 일반인들의 자살이 늘어나는 것처럼, 개인의 자살이 사회에 전염되는 현상이다. 괴테의 소설 〈젊은 베르테르의 슬픔〉에는 주인공 베르테르가 총으로 자살하는 내용이 등장하는데, 이 책을 읽은 젊은이들이 책의 내용을 모방하여 권총자살을 하는 현상이 나타나면서 이와 같은 이름이 붙여졌다.

05
하우스 디바이드
(House Divide)

[한국폴리텍]

'하우스 디바이드'는 미국 에이브러햄 링컨이 남북전쟁 당시 미국의 구성원들이 분열하여 양극단으로 치닫는 것을 가리키는 용어로 처음 사용하였다. 최근 부동산 가격이 급증하면서 사회 인원들이 집의 유무 차이에 따라 양극화가 심해지고 계층화가 진행되고 있다는 의미로 우리나라에서 사용되고 있다. 이와 비슷하게 1990년대 중반 미국의 정보화 격차에 따른 부익부 빈익빈 현상의 심화로 '디지털 디바이드'라는 용어가 사용되기도 했다.

06
젠트리피케이션
(Gentrification)

[한국문화예술위원회, 한국소비자원, 한국언론진흥재단, 주택금융공사, 소상공인시장진흥공단]

낙후된 구도심 지역이 활성화되어 중산층 이상의 계층이 유입됨으로써 기존의 저소득층 원주민을 대체하는 현상을 말한다. 지주계급 또는 신사계급을 뜻하는 '젠트리(Gentry)'에서 파생된 용어로, 1964년 영국의 사회학자 루스 글라스가 처음 사용했다. 런던 서부에 위치한 첼시와 햄프스테드 등 하층계급 주거지역이 중산층 이상의 계층 유입으로 인하여 고급 주거지역으로 탈바꿈하면서 기존의 하층계급 주민은 치솟은 주거비용을 감당하지 못하여 결과적으로 살던 곳에서 쫓겨나게 되었는데, 이로 인해 지역 전체의 구성과 성격이 변한 것에서 유래했다. 우리나라에서는 서촌, 해방촌, 경리단길, 성수동 서울숲길 등이 대표적이다.

07
케렌시아
(Querencia)

[전남신용보증재단, 부천시공공기관통합채용]

'안식처, 귀소본능'을 의미하는 스페인어로, 누구에게도 방해받지 않고 홀로 휴식을 즐길 수 있는 자신만의 공간을 의미한다. 스페인의 투우장에서는 소들이 경기장의 특정한 곳을 각자의 케렌시아로 정해 경기 전 쉬면서 마지막 에너지를 모았다고 한 데서 유래했다. 이를 오늘날 치열한 경쟁 속에서 바쁘게 살아가는 현대인들에 적용시켜, 지친 심신을 재충전하는 아늑한 쉼터로서의 의미를 가지게 되었다.

08
휘게 라이프
(Hygge Life)

[한국소비자원]

덴마크어로 '편안함, 따뜻함, 아늑함'을 뜻하는 명사로, 가족 또는 친구와 함께하는 소소한 일상을 추구하는 생활 방식을 말한다. 뭐든 최신의 것을 찾는 것보다는 오래되었지만 더 친숙한 것을 찾고, 자극적이고 화려한 것보다는 편안하고 아늑한 것을 선호하며 주위 사람들과 여유를 즐기는 삶이라고 할 수 있다. 북유럽에 위치한 덴마크는 사계절 춥고 물가가 높기로 유명함에도 불구하고 행복지수가 세계 1~2위이다. 이러한 비결로 많은 이들이 그들의 휘게 라이프를 선망하며 전 세계적인 주목을 받고 있다.

>> 휘게와 상통하는 라이프스타일

- Lagom : '적당한'을 의미하는 스웨덴어로, 균형적인 삶을 추구하는 북유럽의 라이프스타일
- Kinfolk : 가까운 사람들과 함께하는 여유롭고 소박한 삶을 즐기는 문화
- 단샤리(斷捨離) : 요가의 행법인 단행(斷行), 사행(捨行), 이행(離行)을 조합한 단어로, 일상에서 불필요한 것을 끊고 버리는 단출한 삶

09
미닝아웃
(Meaning Out)

[MBC]

소비를 통해 나의 가치나 신념을 드러내는 것이다. 예전 세대의 소비 기준은 오직 상품의 필요성과 경제성이었으나, 현 세대는 조금 경제적이지 않더라도 자신의 사회적 신념을 보여주기 위한 소비를 하기도 한다. 환경보호, 동물 복지, 친환경 등 윤리적 신념이나 위안부, 반전과 관련 있는 상품을 소비하고, 자신의 소비를 알리는 SNS 활동을 이어가는 행위 등을 말한다.

10
사회적
폭포효과

[인천교통공사]

사람들이 판단을 내릴 때 타인의 생각과 행동에 의존하려는 경향을 의미한다. 하버드대학교의 캐스 선스타인 교수가 자신의 저서 〈루머〉에서 근거 없는 소문이 확산되는 것을 설명하면서 이러한 표현을 사용했다. 자신의 주변에 있는 사람들이 어떠한 루머를 사실이라고 신뢰하면 자신 역시 신뢰하게 되고, 특히 그 내용이 자신이 잘 알지 못하는 것일수록 더 신뢰하게 되는 현상으로, '가짜뉴스'의 문제를 설명할 수 있다.

11
고령사회
(高齢社會)

[포항시설관리공단, 농촌
진흥청]

전체 인구 중에서 65세 이상의 인구가 14% 이상을 차지하는 사회를 말한다. 우리나라는 세계에서 가장 빠르게 고령화가 진행되고 있다. 2000년에 65세 이상 고령인구가 전체 인구의 7%인 '고령화사회'에 진입했고, 이후 2018년 8월 조사에서 65세 이상의 인구가 전체 인구의 14.54%를 차지하며 본격적으로 고령사회에 들어섰다. 2000년 고령화사회 진입 후 17년 만인데, 고령화 속도가 빠르다는 일본의 경우(24년)와 비교할 때 7년이나 빠른 것이다.

>> 초고령화 사회

전체 인구 중에서 65세 이상 인구의 비율이 20% 이상인 사회

12
메라비언의
법칙
(the Law of
Mehrabian)

[경기관광공사]

상대방에 대한 첫인상과 호감을 결정하는 데 있어서 시각적 요소가 55%, 청각은 38%의 영향을 미치는 반면, 말하는 내용은 겨우 7%만 작용한다는 이론이다. 효과적인 소통에 있어 말보다 '비언어적' 요소가 차지하는 비율이 무려 93%나 된다는 것으로, 1971년 메라비언이 자신의 저서 〈침묵의 메시지(Silent Messages)〉에 발표했다. 현재 설득, 협상, 마케팅, 광고, 프레젠테이션 등 커뮤니케이션과 관련된 모든 분야의 이론이 이를 기반으로 하고 있다.

13
베버리지 보고서
(Beveridge Report)

[경기문화재단, 서울공공
보건의료재단]

영국의 경제학자이며 사회보장제도·완전고용제도의 주창자인 윌리엄 헨리 베버리지가 정부의 위촉을 받아 사회보장에 관한 문제를 조사·연구한 보고서이다. 이 보고서는 국민의 최저생활의 보장을 목적으로 5대악(결핍, 질병, 무지, 불결, 나태)의 퇴치를 주장했으며 사회보장제도상의 6원칙도 제시했다.

>> **사회보장제도상의 6원칙**

- 포괄성의 원칙(Principle of the Comprehensiveness)
- 급여 적절성의 원칙((Principle of the Benefit Adequacy)
- 정액 갹출의 원칙(Principle of the Flat Rate Contribution)
- 정액 급여의 원칙(Principle of the Flat Rate Benefit)
- 행정 통일의 원리(Principle of the Administrative Uniformity)
- 피보험자 분류의 원칙(Principle of the Classification)

14
애드호크라시
(Adhocracy)

[경기콘텐츠진흥원]

당면 과제를 해결하기 위해 다양한 전문적 기술을 가진 사람들로 구성된 임시적 조직구조로, 전통적 관료제의 구조와는 달리 융통성·적응성·혁신성을 지닌다. 미래학자인 앨빈 토플러가 〈미래의 충격〉에서 관료제와 대비되는 개념으로 확립했다. 제2차 세계대전에 투입되었던 기동타격대 애드호크라시에서 유래한 것으로, 당시 애드호크라시라는 특수부대가 그러했듯 임무가 부여될 때마다 구성하여 활동하고 유연하게 기능별로 분화시켜 직무를 수행한다는 것이다.

>> **델파이기법**

전문가 합의법으로 불리는 문제 해결법으로, 다양한 분야의 전문가들이 서로의 의견에 돌아가며 피드백을 내놓아 서서히 입장 차이를 줄이고 하나의 결론을 도출하는 것이다.

15
제노비스
신드롬
(Genovese
Syndrome)

[울산MBC]

'방관자효과'라고도 부르는 이 현상은 미국 뉴욕에서 발생한 '키티 제노비스 살해사건'에서 유래됐다. 사고 현장에서는 주위에 사람이 많을수록 책임감이 약해져 '내가 아니어도 누군가 돕겠지'라는 생각을 하는 경향이 강해지는 것을 말한다.

16
유리천장
(Glass Ceiling)

[농어촌공사]

충분한 능력이 있는 여성에게 비공개적으로 승진의 최상한 선을 두거나 승진 자체를 막는 상황을 비유적으로 표현한 말이다. 겉으로 보기에는 사회에서 성별로 인한 차별이 많이 완화된 것 같지만 실제로는 존재하고 있다는 것이다. 투명한 유리처럼, 보이지는 않지만 위가 막혀 있다고 하여 생긴 말이다.

17
노동3권
(勞動三權)

[서울교통공사, 경기도공
무직통합채용]

헌법 제33조 1항에 따라 근로자가 갖는 권리로, 근로자는 근로조건의 향상을 위하여 자주적인 단결권·단체교섭권 및 단체행동권을 가진다.

>> 숍 제도

노동 종사자가 해당 직종의 노동조합에 반드시 가입해야 되는지를 나타내는 노사협의와 이를 지탱하는 법률적 제도를 가리키는 말이다. '오픈숍(Open Shop)'은 노동자가 노동조합에 가입할지 말지를 자유롭게 정하는 것이며 우리나라는 법적으로 공무원을 제외한 모든 직종이 이렇게 되어 있다. 반대로 '클로즈드숍(Closed Shop)'은 해당 직종 종사자는 고용 전부터 반드시 노동조합의 조합원이어야 하는 제도를 말한다. '유니언숍(Union Shop)'은 오픈숍과 클로즈드숍의 중간 형태로, 고용 조건에 노동조합에 가입해야 한다는 조건이 들어가 있어 고용인이 노동조합에 들어갈 것을 강제하는 제도를 말한다.

18
칵테일파티
효과
(Cocktail Party Effect)

[EBS, 영화진흥위원회]

칵테일파티에서처럼 여러 사람들이 모여 한꺼번에 이야기하고 있어도 내가 관심 있는 이야기를 골라 들을 수 있는 능력 또는 현상이다. 즉, 다수의 음원이 공간적으로 산재하고 있을 때 그 안에 특정 음원 또는 특정인의 음성에 주목하게 되면 우리의 귀는 여러 음원으로부터 분리시켜 특정음만 들을 수 있다.

19
매슬로우의
동기이론
(Maslow's Motivation Theory)

[부산도시공사, 한국수력원자력, 한국보훈복지공단]

욕구를 강도와 중요성에 따라 5단계로 분류한 아브라함 매슬로우의 이론이다. 하위 단계에서 상위 단계로 계층적으로 배열되어 하위 단계의 욕구가 충족되면 그 다음 단계의 욕구가 발생한다고 본다. 욕구는 행동을 일으키는 동기요인이며, 인간의 욕구는 그 충족도에 따라 낮은 단계에서부터 높은 단계로 성장한다.

>> 매슬로우 욕구 5단계
- 1단계 : 생리적 욕구 → 먹고 자는 것, 종족 보존 등 최하위 단계의 욕구
- 2단계 : 안전에 대한 욕구 → 추위 · 질병 · 위험 등으로부터 자신을 보호하려는 욕구
- 3단계 : 애정과 소속에 대한 욕구 → 가정을 이루거나 친구를 사귀는 등 어떤 조직이나 단체에 소속되어 애정을 주고받는 욕구
- 4단계 : 자기존중의 욕구 → 소속단체의 구성원으로 명예나 권력을 누리려는 욕구
- 5단계 : 자아실현의 욕구 → 자신의 재능과 잠재력을 충분히 발휘하여 자기가 이룰 수 있는 모든 것을 성취하려는 최고 수준의 욕구

20
깨진 유리창
이론
(Broken Window
Theory)

[인천교통공사]

사소한 것들을 방치하면 더 큰 범죄나 사회문제로 이어진다는 사회범죄심리학 이론으로, 미국의 범죄학자 제임스 윌슨과 조지 켈링이 1982년 '깨진 유리창'이라는 글에서 처음으로 소개했다. 만일 길거리에 있는 상점에 어떤 이가 돌을 던져 유리창이 깨졌을 때 귀찮거나 어떠한 이유에서 이를 방치해두면 그 다음부터는 '해도 된다'라는 생각에 훨씬 더 큰 피해를 조장하는 결과를 가져온다는 것이다.

21
헤일로효과
(Halo Effect)

[한전KPS]

능력 자체보다 인상이나 고정관념 등이 대상(사람, 사물 등) 평가에 큰 영향을 미치는 현상으로 '후광효과'라고도 한다. 외적인 특징으로부터 연상되어 나타나는 고정관념을 바탕으로 특정 대상을 완전히 이해했다고 착각하는 현상이다. 특정 사람을 평가할 때 인물이 호감 가는 외모를 갖고 있으면 그 사람의 지능이나 성격 또한 좋다고 평가한다. 특히 기업의 인사고과에서 평가자가 범하기 쉬운 오류로 이를 방지하기 위해서는 선입견이나 편견 등을 제거하고, 종합 평정보다는 평정 요소마다 분석·평가해야 한다.

22
피터의 법칙
(Peter's Principle)

[광주광역시공공기관통합
채용]

피터의 법칙(Peter's Principle)은 미국 콜롬비아대 로렌스 피터가 1969년 발표한 이론이다. 조직의 상위에 있는 직급일수록 성과가 낮고 무능력한 상급자가 차지하게 된다는 것인데, 처음에는 유능했던 사람도 연공을 인정받아 승진하다 보면 일의 능률이 떨어지고 성과가 저하된다는 이론이다. 무능력한 상급자들은 직위가 보장되어 계속 조직의 윗자리에 머무르게 된다. 관료제의 병폐를 지적한 것이라 볼 수 있다.

23
CSR
(Corporate Social Responsibility)

[금융결제원]

기업이 경제적 책임이나 법적인 책임을 지는 것 외에도 적극적이고 폭넓은 사회적 책임을 수행해야 한다는 것을 말한다. 즉, 기업이 벌어들인 수익의 일부를 사회에 환원함으로써 사회적인 역할을 분담하고 사회 발전에 기여해야 하는 의무를 강조하는 것이다.

24
번아웃증후군
(Burnout Syndrome)

[노원구서비스공단]

한 가지 일에 몰두하던 사람이 불타오르듯 집중하다 갑자기 불이 꺼진 듯 무기력해지면서 극도의 신체적 · 정서적 피로로 무기력증이나 자기혐오, 직무거부 등에 빠지는 증상이다. 단순 스트레스는 물론 수면장애와 우울증, 인지능력 저하와 같은 질병을 유발할 수 있으며, 심한 경우에는 자살과 같은 극단적인 선택을 할 수도 있다. 주로 생각대로 일이 실현되지 않거나 육체적 · 정신적 피로가 쌓였을 때 나타난다.

25
바나나 신드롬
(Build Absolutely Nothing Anywhere Near Anybody Syndrome)

[한국문화예술위원회, 한국장학재단, 서울신용보증재단]

공해와 수질오염 등을 유발하는 공단, 댐, 원자력 발전소, 핵폐기물 처리장 등 혐오시설의 설치에 대해 그 지역 주민들이 집단으로 거부하는 지역이기주의 현상을 말한다. 님비 현상과 유사한 개념이다.

>> 님투 현상

'Not In my Terms Of Office'의 머리글자를 따서 만든 용어로, 공직자가 자신의 재임 기간 중에는 원자력 발전소, 쓰레기 매립장, 핵폐기물 처리장 등 주민들이 거부하는 시설의 설치나 사업의 추진을 미루는 것을 말한다. 즉 골칫거리가 될 만한 일은 추진하지 않은 채 안일하게 시간만 보내는 태도라 할 수 있다.

26
노블레스 말라드
(Noblesse Malade)

[국민연금공단, 한국산업단지공단]

'부패한 귀족'을 의미하는 말로 오늘날로 하면 '갑질'하는 기득권층이나 권력에 기대 부정부패를 일삼는 부유층 등이라 할 수 있다. 반대어로는 권력층의 의무를 다하는 것을 가리키는 '노블레스 오블리주', '리세스 오블리주' 등이 있다.

27
플라시보효과
(Placebo Effect)

[대전도시공사, 광주광역시공공기관통합채용]

플라시보(가짜약)는 '기쁨을 주다, 즐겁게 하다'라는 의미를 가진 라틴어 단어를 어원으로 하는 것으로, 어떤 병을 가진 환자에게 그 병에 대한 효능이 전혀 없는 것을 약이라 믿게 한 후에 먹였을 때 환자의 병세가 호전되는 현상을 말한다.

> **>> 피그말리온효과(Pygmalion Effect)**
>
> 그리스 신화에 나오는 조각가 피그말리온의 이름에서 유래한 심리학 용어로, 타인의 기대나 관심으로 인해 능률이 오르거나 결과가 좋아지는 현상을 말한다. '무언가를 간절히 바라면 결국 그 소망이 이뤄진다'는 상징을 담고 있다.

28
링겔만효과
(Ringelmann Effect)

[EBS]

집단에 참여하는 개인이 늘어날수록 성과에 대한 1명의 공헌도가 오히려 떨어지는 현상을 말한다. 즉, 혼자서 일할 때보다 집단 속에서 일할 때 노력을 덜 기울이기 때문에 이러한 현상이 나타난다고 한다. 이 효과는 독일 심리학자 링겔만이 줄다리기를 통해 각 개인들의 공헌도 변화를 측정하는 실험을 통해 발견했다고 하여 그의 이름을 붙였다.

29
사일로효과
(Silos Effect)

[청주MBC, EBS]

어떠한 조직 내의 각 부서들이 다른 부서와 벽을 쌓고, 자신이 속한 부서의 이익만을 추구하는 부서이기주의와 같은 현상을 말한다. '사일로'는 원래 곡식을 저장해두는 원통형의 독립된 구조물인데 그 폐쇄성이 조직이기주의와 같다 하여 이러한 이름이 붙었다.

30
바넘효과
(Barnum Effect)

[기장군도시관리공단]

사람들이 보편적으로 가지고 있는 성격이나 심리적 특징을 자신만의 특성으로 여기는 심리적 경향으로, 19세기 말 곡 예단에서 사람들의 성격과 특징 등을 알아내는 일을 하던 바넘에서 유래했다. 1940년대 말 심리학자인 포러가 성격 진단 실험을 통해 처음으로 증명한 까닭에 '포러효과'라고 도 한다. 한동안 우리 사회에 유행했던 혈액형별 성격론이 대표적이다.

31
탄소배출권
(Certified Emission Reductions)

[경기문화재단, 경기도시 공사, 영화진흥위원회]

청정개발사업을 통해서 온실가스 방출량을 줄여 일정량의 온실가스만을 배출할 수 있는 권리를 말한다. 선진국이 개 발도상국에 가서 온실가스 감축사업을 하면 유엔에서 이를 심사·평가해 일정량의 탄소배출권을 부여한다. 할당받은 배출량보다 적은 양을 배출하게 되면 남는 배출권은 다른 나라에 돈을 받고 판매할 수도 있다.

>> **탄소발자국(Carbon Footprint)**

개인 또는 단체가 직접·간접적으로 발생시키는 온실 기체의 총량 을 표시한 것이다. 우리가 일상생활에서 탄소를 얼마나 배출해내는 지 그 양을 한눈에 볼 수 있게 표시하여 지구온난화의 가장 큰 원인 중의 하나인 탄소 발생에 대해 경각심을 갖고 정화를 위한 노력을 하자는 취지에서 만들어졌다.

32
노모포비아
(Nomophobia)

[경기도시공사, aT]

'no, mobile(휴대폰), phobia(공포)'를 결합시킨 단어로, 휴대폰이 가까이 없으면 불안감을 느끼는 증상 또는 그러 한 증상을 가진 사람들을 말한다. CNN은 노모포비아의 대 표적인 증상은 권태, 외로움, 불안함이며 하루 세 시간 이 상 휴대폰을 사용하는 사람들은 노모포비아에 걸릴 가능성 이 높고, 스마트폰 때문에 인터넷 접속이 늘어나면서 노모 포비아가 확산일로에 놓여 있다고 진단했다. 전체 스마트 폰 사용자 3명 중 1명꼴로 이러한 증상이 나타나고 있다.

33
펜스 룰
(Pence Rule)

[방송통신심의위원회]

미국의 부통령인 마이크 펜스가 2002년 미국 의회 전문지 〈더 힐〉과의 인터뷰에서 자신의 행동 규칙에 관해 발언한 데서 유래한 용어이다. 당시 그는 "아내 외의 여자와는 절대로 단둘이 식사하지 않는다"고 했는데, 오해의 소지가 될 만한 행동을 아예 하지 않음으로써 성적으로 발생할 수 있는 각종 문제를 사전 차단한다는 것이다. 각계각층에서 성폭력을 고발하는 미투 캠페인이 확산되면서 펜스 룰이 부각되기 시작했다. 한편 펜스 룰의 확대는 사회에서 여성 소외로 이어질 수 있다는 우려도 제기되었다.

34
각종 증후군

[한국언론진흥재단, 구미 시설공단, EBS]

구분	특징
뮌하우젠증후군 (Munchausen Syndrome)	1951년 미국의 정신과 의사인 리처드 애셔가 〈The Lancet〉에 이 증상을 묘사하며 알려졌는데, 어떠한 신체적인 증상이 없음에도 의도적으로 아프다고 하여 진료를 받는 정신과적 질환을 말한다. 뮌하우젠이라는 병명은 이러한 증상을 가졌던 18세기 독일의 뮌하우젠 남작의 이름에서 따왔다.
서번트증후군 (Savant Syndrome)	사회성이 떨어지고 소통능력이 떨어지는 등의 지적 장애를 갖고 있으나 기억, 암산, 퍼즐 등의 특정 분야에서는 천재적인 능력을 갖는 증상이다. 특히 음악이나 색채감각을 포함한 예능 분야에서 잘 나타난다.
스톡홀름증후군 (Stockholm Syndrome)	인질이 인질범에게 동화되어 그들에게 동조하는 비이성적 심리현상을 가리키는 범죄심리학 용어이다. 목숨을 잃을 수 있다는 극도의 스트레스에 적응함으로써 스스로를 보호하려는 심리가 반영된 것이다.
리마증후군 (Lima Syndrome)	인질범들이 인질들에게 정신적으로 동화되어 자신을 인질과 동일시함으로써 공격적인 태도가 완화되는 현상을 가리키는 범죄심리학 용어이다.
VDT증후군 (Visual Display Terminal Syndrome)	컴퓨터 단말기를 오랜 시간 사용함으로써 발생하는 질병을 의미하는 것으로 VDT(Visual Display Terminal)란 주로 컴퓨터 모니터를 말한다. 주요 증상은 눈의 피로와 시력 저하이다.

피터팬증후군 (Peter Pan Syndrome)	성년이 되어도 어른들의 사회에 적응할 수 없는 '어린아이'와 같은 남성들에게 나타나는 심리증상을 말한다.
리플리증후군 (Ripley Syndrom)	남들을 속이는 데 도가 지나쳐 거짓말이 늘고 결국에는 자기 자신도 그 거짓을 진실인 것으로 믿게 되는 증상이다.
파랑새증후군 (Bluebird Syndrome)	장래의 행복만을 꿈꾸면서 자기 주변에 만족하지 못하는 사람을 의미한다. 즉, 몽상가처럼 지금 시점에 만족하지 못하고 새로운 이상만을 추구하며 사는 것이다.
LID증후군 (Loss Isolation Depression Syndrome)	핵가족화에 기인한 노인들의 고독증세를 말한다. 자녀들은 분가해서 떠나고 주위에 의지할 사람들이 하나둘 세상을 떠나면서 그 손실에 따른 고독감을 느끼고, 자녀와 떨어져 대화할 상대를 잃은 채 소외되기도 하는데 이런 상태가 지속되면 우울증에 빠지게 된다.
리셋증후군 (Reset Syndrome)	컴퓨터가 게임에서 리셋(Reset)버튼만 누르면 처음부터 다시 시작할 수 있는 것처럼 현실 세계에서도 '리셋'이 가능하다고 착각하는 증상을 말한다.
샹그릴라증후군 (Shangrila Syndrome)	시간적인 여유와 경제적인 풍요를 가진 시니어 계층이 단조롭고 무색무취한 삶의 틀을 깨고, 젊게 살아가고자 하는 것을 말한다.
므두셀라증후군 (Methuselah Syndrome)	과거는 항상 좋고 아름다운 것으로 생각하려는 현상을 말한다.
스탕달증후군 (Stendhal Syndrome)	뛰어난 미술품이나 예술작품을 보았을 때 순간적으로 느끼는 각종 정신적 충동이나 분열 증상으로, 이 현상을 겪고 처음으로 기록한 스탕달의 이름을 따서 명칭을 붙였다.

35
파이어족

[경기도공공기관열린채용,
부천시공공기관통합채용,
대전광역시공공기관통합
채용]

파이어는 'Financial Independence, Retire Early'의 약자로 젊었을 때 극단적으로 절약한 후 노후자금을 빨리 모아 30대, 늦어도 40대에는 퇴직하고자 하는 사람들을 의미한다. 파이어족은 심플한 라이프스타일을 통해 저축금을 빨리 마련하고 조기에 은퇴함으로써 승진, 월급, 은행 대출 등의 고민에서 벗어나고자 한다.

36
풍선효과
(Balloon Effect)

[경기도시공사, 전남중소
기업종합지원센터, 광명
도시공사]

어떤 문제를 해결하기 위해 정책을 실시하여 그 문제가 해결되고 나면 다른 곳에서 그로 말미암은 또 다른 문제가 발생하는 현상을 말한다. 이러한 현상이 마치 풍선의 한 쪽을 누르면 다른 쪽이 튀어나오는 모습 같다고 하여 풍선효과라는 이름을 붙였다. 남미 국가에서 불법 마약 생산과 거래로 인한 범죄가 심해지자, 미국 정부가 이를 강력하게 단속했는데 그 후 단속이 약한 지역에서 마약 거래가 급증했다는 데서 유래했다.

37
I턴 현상
(I-Turn Effect)

[경기도시공사]

도시에서 태어나 자란 사람들이 농촌으로 이주하는 현상으로, 청년 세대가 출신지와 무관한 지방에 정착하는 것을 말한다. 1980년대 일본 도쿄의 북서쪽에 있는 나가노현에서 회사원들에게 지방으로의 이주를 권유했는데, 이때 도시에서 지방으로 이동하는 사람들의 동선이 알파벳 I 모양 같다 하여 이러한 이름이 붙었다고 한다.

>> **기타 노동력 이동 현상**

• U턴(U-turn) 현상 : 대도시에 취직한 지방도시 출신자가 고향으로 다시 되돌아가는 현상
• J턴(J-turn) 현상 : 대도시에 취직한 근로자가 도시생활에 지쳐 중·소 지방도시에 취직하는 현상

38
퀴어
(Queer)

[한국언론진흥재단]

'이상한, 색다른'이라는 뜻의 단어이나 영어권 국가에서는 동성애를 의미하는 말로 쓰였다. 오늘날에는 성소수자(게이, 레즈비언, 양성애자 등)를 통칭하는 표현이다.

>> **퀴어문화축제(KQCF ; Korea Queer Culture Festival)**

서울에서 매년 6월에서 9월 사이에 열리는 성소수자 축제를 말한다. 2000년 9월 8일 연세대학교에서 '친구사이' 등 20여 개의 성소수자단체와 이송희일 영화감독 등 성소수자 유명인사들이 모여 시작했다. 퍼레이드, 영화제, 전시회 등 다양한 이벤트로 구성되는데, 이에 반대하는 일부 보수단체의 행동으로 매년 열리는 축제 때마다 충돌이 우려되기도 한다.

39
통상임금

[EBS, 서울주택도시공사]

근로자에게 근로에 대하여 정기적이고 일률적으로 소정 근로 또는 총 근로에 대하여 지급하기로 정한 시간급 · 일급 · 주급 · 월급 금액 또는 도급 금액을 말한다(근로기준법 시행령 제6조). 통상임금은 소정근로의 대가여야 하고 정기적으로 지급되어야 하며 일정한 조건 또는 기준에 달한 모든 근로자에게 지급되어야 한다. 또한 소정근로의 가치 평가와 관련된 조건이어야 한다. 따라서 연월차 수당이나 연장근로수당 등과 같이 근로 실적에 따라 지급 여부와 지급액이 상이한 임금은 포함되지 않는다. 또한 통상임금은 연장근로와 야간근로, 휴일근로에 대한 가산금과 유급 휴가 시에 지급될 임금을 산출하는 기준이 된다.

40
최저임금제

[평택도시공사, 서울시설공단, 한국자산관리공사]

국가가 임금액의 최저한도를 결정하고 사용자가 그에 따라 임금을 지급하도록 법적으로 강제하는 제도이다. 최저임금 수준을 보장하여 근로자의 생활안정과 노동력의 질적 향상을 꾀함으로써 국민경제의 건전한 발전을 이뤄내는 것을 목적으로 한다. 고용노동부장관이 매년 3월 31일까지 최저임금위원회에 다음해 최저임금 심의를 요청하면 최저임금위원회는 고용노동부장관으로부터 최저임금에 관한 심의 요청을 받은 날로부터 90일 이내에 이를 심의하여 최저임금안을 고용노동부장관에게 제출한다. 최저임금 고시 후 매년 8월 5일까지 최저임금액을 결정하고, 이는 다음연도 1월 1일부터 효력이 발생한다. 현재 2022년 최저임금은 9,160원으로 결정됐다.

41
프로보노
(Pro Bono)

[포항시설관리공단]

경제적 여유가 없는 사회적 약자들을 위해 무보수로 변론이나 법률 자문을 해주는 활동으로, 라틴어 'Pro Bono Publico(공익을 위하여)'를 줄여 표현한 말이다. 미국의 변호사들이 무료 법률 서비스를 제공하던 것에서 시작되어 현재는 다양한 분야의 전문가들이 자신이 갖고 있는 재능을 기부하는 등의 활동으로 그 의미가 확대되었다.

42
차상위계층

[서울시설공단]

기초생활수급대상자에 해당하지는 않지만 소득인정액이 중위소득(모든 가구를 소득 순서대로 배열했을 때 중간에 위치한 가구의 소득)의 100분의 50 이하인 사람들로, 잠재적 빈곤층을 말한다.

43
헌법 개정 절차

[한국남부발전, EBS, 청주 MBC]

- **제안**
  - 국회 재적의원 과반수 또는 대통령의 발의로 헌법개정안을 제안한다.
- **공고**
  - 제안된 개정안은 대통령이 20일 이상의 기간 동안 이를 공고해야 한다(의무규정).
- **국회 의결**
  - 국회는 헌법개정안이 공고된 날로부터 60일 이내에 의결해야 한다.
  - 국회의 의결은 재적의원 3분의 2 이상의 찬성을 얻어야 한다.
- **국민투표**
  - 국회를 통과한 개정안은 30일 이내에 국민투표에 붙여야 한다.
  - 국회의원 선거권자 과반수의 투표와 투표자 과반수의 찬성을 얻어야만 헌법 개정이 확정된다.
- **공포**
  - 헌법 개정이 확정되면 대통령은 즉시 이를 공포해야 한다.
- **시행**

>> **법률 제정 절차**

법률안의 제출(국회의원과 정부가 제출) → 법률안의 심의와 의결(국회의장이 상임위원회에 회부) → 상임위원회의 심사 → 법제사법위원회의 체계 · 자구심사 → 본회의 상정(심의 · 의결) → 정부이송 → 대통령의 거부권 행사 여부 결정 → 공포

- 제안 : 국회의원 10인 이상 또는 정부가 제안
- 의결 : 제출된 법률안은 상임위원회의 심사를 거쳐 본회의에 회부되고 질의 · 토론을 거쳐 재적의원 과반수의 출석과 출석의원 과반수의 찬성으로 의결
- 공포 : 의결된 법률안은 정부로 이송되어 15일 이내에 대통령이 공포, 법률에 특별한 규정이 없는 한 공포된 날로부터 20일을 경과함으로써 효력 발생

44
신의성실의 원칙

[한국산업기술평가관리원, 광주보훈병원]

권리의 행사와 의무의 이행은 신의에 좇아 성실히 하여야 한다는 원칙으로, 신의칙은 사법 및 공법에 적용되는 일반 원칙으로서 권리의 행사와 의무의 이행에 관한 적정성의 판단기준이자 법률행위의 해석원리이다. 법의 흠결이 있는 경우에 이를 보충하기 위한 수단으로 작용하여야 하는 것으로 강행규범에 반해서는 안 된다. 신의나 성실의 구체적인 내용은 시간이나 장소에 따라 변화되는 것이므로 결국 그 사회의 일반적인 관념에 따라 결정되는 것이다. 이러한 신의칙으로부터 권리남용금지의 원칙, 실효의 원칙, 사정변경의 원칙 등이 파생된다.

45
플리바게닝
(Plea Bargaining)

[울산MBC, 방송통신심의위원회]

피의자가 혐의를 인정하거나 수사에 적극적으로 협조할 경우 검찰이 가벼운 범죄로 기소하거나 소추를 면해주는 제도·기법으로, '유죄협상제도'라고도 한다. 검찰 등 수사기관이 여러 건의 죄를 저지른 피의자를 수사할 때 일단 하나의 혐의로 구속한 뒤 조직범죄의 몸통을 밝힐 수 있도록 피의자와 협상한다. 수사의 편의와 효율성 도모라는 취지이지만 형량을 흥정하는 것은 원칙에 위배된다는 비판도 있다.

46
헌법재판소
(憲法裁判所)

[경기도시공사]

헌법에 관한 분쟁이나 법률의 위헌 여부, 탄핵, 정당의 해산 등에 관한 것을 사법적 절차에 따라 해결하는 특별재판소이다. 1987년 이전에는 대법원과 헌법위원회가 헌법재판소의 기능을 담당하였으나 제6공화국 때 개정된 헌법에 의해 1988년 헌법재판소가 출범했다. 헌법재판소장은 대통령이 국회의 동의를 얻어 임명하며 재판관은 총 9명으로 대통령과 국회, 대법원장이 각각 3명씩 선출하여 대통령이 임명한다. 헌법재판소 재판관의 임기는 6년이며 연임이 가능하다. 정년은 헌법재판소장은 만 70세, 재판관은 만 65세이다. 헌법재판소 재판관은 정당에 가입하거나 정치에 관여할 수 없고, 탄핵 또는 금고 이상의 형의 선고에 의하지 아니하고는 파면되지 않는다.

[헌법재판소의 권한]

탄핵 심판	국회로부터 탄핵 소추를 받은 자가 있을 경우, 헌법재판소 재판관 6인 이상의 찬성으로 탄핵이 결정된다. 탄핵 결정의 효력은 공직으로부터의 파면에 그친다. 그러나 이로 인해 민·형사상의 책임이 면제되지는 않는다.
위헌법 률심판	법률이 헌법에 반하는지의 여부를 판단하는 것이다. 위헌법률심판을 제청하기 위해서 그 법률이 관련된 재판이 있어야 하고, 위헌법률 제청이 결정되면 헌법재판소의 결정이 있을 때까지 재판은 중단된다. 헌법재판소 재판관 6인 이상의 찬성으로 위헌이 결정되며, 그 법률은 효력을 상실한다.
정당해 산심판	정당의 목적이나 활동이 민주적 기본질서에 위배되어 정부가 그 정당의 해산을 제소한 경우 헌법재판소는 재판관 6인 이상의 찬성으로 그 정당의 해산을 결정할 수 있다.
권한쟁 의심판	국가기관 상호 간 또는 국가기관과 지방자치단체 간 및 지방자치단체 상호 간에 그 헌법적 권한과 의무의 범위와 내용에 관하여 다툼이 생긴 경우 이를 심판한다.
헌법소 원심판	위법한 공권력 발동으로 헌법에 보장된 자유와 권리를 침해당한 국민이 권리를 구제받기 위해 헌법소원을 제기하는 경우 이에 대한 심판을 한다.

47
친고죄
(親告罪)

[한국소비자원]

범죄에 대해서 공소를 제기하기 위해서는 피해자의 고소를 필요로 하는 범죄를 말한다. 피해자의 고소가 없으면 수사기관은 가해자에 대해 수사를 개시할 수 없고 기소할 수도 없다. 피해자의 고소 없이도 수사나 기소는 할 수 있는 반의사불벌죄와 구별된다. 형사소송법 제230조 제1항은 친고죄의 경우 피해 사실을 알게 된 날로부터 6개월이 경과하면 고소하지 못한다고 규정하여 고소기간에 제한을 두고 있다. 친고죄에는 사자(死者)에 대한 명예훼손죄(형법 제308조), 모욕죄(형법 제311조), 비밀침해죄(형법 제316조), 업무상비밀누설죄(형법 제317조) 등이 있다.

48
김영란법
(부정청탁 및 금품 등
수수의 금지에 관한
법률)

[EBS, 한국언론진흥재단]

우리나라는 지속적으로 발생하는 공직자의 부패 · 비리사건으로 인해 공직에 대한 신뢰 및 공직자의 청렴성이 위기 상황에 직면했으나, 이를 효과적으로 규제하기 위한 제도가 부족했다. 이에 김영란 전 국민권익위원장이 발의한 공직자 등의 공정한 직무수행을 저해하는 부정청탁 관행을 근절하고, 금품 등의 수수행위를 직무관련성 또는 대가성이 없는 경우에도 제재하도록 하는 법률이다. 위헌 논란으로 헌법소원까지 제기되었지만 2016년 7월 28일 헌법재판소의 합헌 결정에 따라 2016년 9월 28일부터 시행되었고, 이후 공직사회뿐 아니라 기업 및 사회 전반에 걸친 긍정적인 변화와 반부패 효과에 대한 국민의 지지가 확산되었다. 그러나 농축수산물 등 일부 업종에서 경제적으로 부정적 영향이 나타남에 따라 선물 · 경조사비 가액 범위를 조정한 개정 법률을 공포했다.

[음식물 · 경조사비 · 선물 등의 가액 범위(동법 시행령 제17조 관련)]

음식물	3만원
경조사비	5만원(단, 축의금 · 조의금을 대신하는 화환 · 조화는 10만원)
선물	5만원(농수산물 품질관리법에 따른 농수산물, 농수산 가공품 중 농수산물을 원료 또는 재료의 50% 넘게 사용해 가공한 제품은 10만원)

>>이해충돌방지법

공직자가 직무관련정보로 사적이득을 취하지 못하도록 한 법률로서, 2021년 4월 29일 국회 본회의를 통과했다. 직무상 권한으로 취득한 미공개 정보로 재산상 이득을 취한 공직자는 7년 이하의 징역이나 7,000만원 이하의 벌금형에 처해진다. 공직자와 그 배우자, 직계존비속까지 법률적용대상이다.

49
공소시효
(公訴時效)

[대구시설공단]

검사가 일정 기간 어떤 범죄에 대해 공소를 제기하지 않고 방치하는 경우에 국가의 소추권 및 형벌권을 소멸시키는 제도이다. 공소시효는 공소 제기로 진행이 정지되고 공소 기각 또는 관할 위반의 재판이 확정된 때로부터 다시 진행한다. 범인이 형사처분을 면할 목적으로 국외에 있는 경우 그 기간 동안 공소시효는 정지된다. 13세 미만 및 신체·정신적 장애가 있는 사람을 대상으로 한 강간죄, 강제추행죄, 준강간 및 준강제추행죄, 강간 등 상해·치상죄, 강간 등 살인·치사죄 등의 범죄를 저지른 경우에는 공소시효가 적용되지 않는다. 2015년 7월 24일에는 살인죄의 공소시효를 폐지하는 내용이 담긴 형사소송법 개정안(태완이법)이 통과되면서 사람을 살해한 범죄로 사형에 해당하는 범죄에 대해서는 공소시효를 적용하지 않게 되었다.

50
반의사불벌죄
(反意思不罰罪)

[대구시설공단, 부천시공 공기관통합채용]

피해자가 명시한 의사에 반하여 처벌할 수 없는 죄를 말한다. 범죄는 성립하지만 일정한 범죄에 대해서만은 피해자의 의사를 가장 우선시함에 따라 피해자가 처벌을 원하지 않는다는 명백한 의사표시를 하는 경우 소추할 수 없다. 따라서 이러한 경우 재판을 하지 않으며, 처벌 역시 받지 않게 된다. 재판 진행 중에 의사표시를 할 수도 있는데 이러한 경우에는 공소기각 판결로 재판은 종료된다. 반의사불벌죄로는 명예훼손죄(형법 제307조), 출판물 등에 의한 명예훼손죄(형법 제309조), 폭행죄(형법 제260조 제1항), 존속폭행죄(형법 제260조 제2항), 과실치상죄(형법 제266조) 등이 있다.

51
기소독점주의
(起訴獨占主義)

[제주MBC]

공소권(공소를 제기하고 수사할 권한)을 검사에게만 부여하는 제도로, '공소는 검사가 제기하여 수행한다(형사소송법 제246조)'라고 규정하여 기소독점주의와 기소편의주의를 채택하고 있다. 기소편의주의는 형사소송법상 공소의 여부에 관하여 검사의 재량을 허락하고 불기소(기소유예와 무혐의 처분)를 인정하는 제도이다.

>> **기소유예**

범죄 사실은 인정되지만 피의자의 연령이나 범행 후의 정황 등을 참작하여 공소를 제기하지 않는 검사의 처분

52
범죄의 성립요건

[한국수력원자력, 영화진흥위원회]

- 구성요건 해당성 : 어떠한 행위가 형법에서 범죄로 규정하고 있는 구성요건에 해당하여야 한다.
- 위법성 : 전체 법질서로부터 부정적인 행위라는 판단이 가능해야 한다.
- 책임성 : 법이 요구하는 공동생활상의 규범에 합치하는 의사결정을 할 수 있는 능력이 있어야 한다.

53
국가공무원법 상의 징계

[한국도로공사]

- 파면 : 공무원을 공무원 관계에서 배제하는 것으로 직권면직과 유사하나, 징계책임에 대한 제재로서 행해진다는 점에서 단순한 직권면직과 구별된다. 또한 공무원연금법상 급여가 제한된다.
- 해임 : 공무원 관계를 해제하는 점에서 파면과 같으나, 퇴직급여액의 감액이 없는 점에서 파면의 경우보다 가볍다. 해임을 당한 자는 3년간 공무원에 임용될 수 없다.
- 정직 : 1개월 이상 3개월 이하의 기간으로 하고, 정직 처분을 받은 자는 그 기간 중 공무원의 신분은 보유하나 직무에 종사하지 못하며, 보수의 전액을 감한다.
- 감봉 : 1개월 이상 3개월 이하의 기간 동안 보수의 1/3을 감하는 처분이다.
- 견책 : 전과에 대해 훈계하고 회개하게 하는 것에 그치는 가장 가벼운 처분이다.

54
형벌
(刑罰)

[한국에너지공단, 방송통신심의위원회]

형벌이란 범죄를 저지른 범죄자에게 과하는 법익의 박탈을 의미한다. 박탈되는 법익의 종류에 따라 생명형·신체형·자유형·명예형·재산형 등으로 구별되는데, 형법은 생명형인 사형, 자유형인 징역·금고·구류, 재산형인 벌금·과료·몰수, 명예형인 자격상실·자격정지의 9가지를 인정하고 있다.

- 사형 : 수형자의 생명을 박탈하는 것을 내용으로 하는 생명형이며 가장 중한 형벌이다.
- 징역 : 수형자를 형무소 내에 구치하여 정역(강제노동)에 복무하게 하는 형벌로 수형자의 신체적 자유를 박탈하는 것을 내용으로 한다는 의미에서 자유형이라고 한다.
- 금고 : 수형자를 형무소에 구치하고 자유를 박탈하는 점에서 징역과 같으나, 정역에 복무하지 않는 점에서 징역과 다르다. 그러나 신청에 의하여 금고수형자에게도 작업을 과할 수 있다.
- 구류 : 금고와 같으나 그 기간이 1일 이상 30일 미만이라는 점이 다르다. 형법에서는 아주 예외적인 경우에만 적용되며, 주로 경범죄에 부과하고 있다.
- 벌금 : 일정액의 금전을 박탈하는 형벌로, 과료 및 몰수와 더불어 재산형이라고 한다.
- 과료 : 벌금과 같으나 그 금액이 2천원 이상 5만원 미만으로 판결확정일로부터 30일 이내에 납입하여야 하며, 납입하지 아니한 자는 1일 이상 30일 미만의 기간 동안 노역장에 유치하여 작업에 복무하게 하여야 한다.
- 몰수 : 원칙적으로 타형에 부가하여 과하는 형벌로서 범죄행위와 관계 있는 재산을 박탈하여 국고에 귀속시키는 처분이다.
- 자격상실 : 수형자에게 일정한 형의 선고가 있으면 그 형의 효력으로 공적 업무 수행, 선거권 등의 자격이 상실되는 형벌이다.
- 자격정지 : 수형자의 일정한 자격을 일정한 기간 정지시키는 경우로 현행 형법상 범죄의 성질에 따라 선택형 또는 병과형으로 하고 있다.

Sec 03
사행·또벌

안심Touch

55
구속적부심
(拘束適否審)

[KBS]

수사기관의 피의자에 대한 구속의 적부를 법원이 심사하여, 그 구속이 위법·부당하다고 판단되는 경우 구속된 피의자를 석방하는 제도를 말한다. **피구속자 또는 관계인의 청구가 있으면, 구속의 이유(주거부정, 증거인멸의 염려, 도피 등)를 다시 재판해 구속의 이유가 부당하거나 적법한 것이 아닌 경우 피구속자를 석방하게 한다. 피의자의 구속 이유가 부정된다는 점에서 보석제도와 다르다.**

56
법적 나이

[대구시설공단, 영화진흥위원회]

- 만 10세 : 소년법에 따라 보호처분 가능
- 만 13세 : 성적 자기결정권 보유
- 만 14세 : 형사처벌 가능
- 만 15세 : 학생이 아닐 경우 취직 가능
- 만 18세 : 부모 동의 하에 약혼·결혼 가능, 대통령 제외 선출직 피선거권, 취직 가능
- 만 19세 1월 1일 : 청소년 보호법 대상 해제
- 만 19세 : 민법 상 성인, 투표권
- 만 40세 : 대통령 피선거권

Reviewing

01 여성중심적인 의식에 바탕을 두고 성차별과 여성해방을 목표로 하는 경향을 (　　)(이)라고 한다.

02 자살과 관련한 언론보도를 자제함으로써 자살을 예방하는 효과를 (　　)효과라고 한다.

03 낙후된 구도심 지역이 활성화되어 중산층 이상의 계층이 유입됨으로써 기존의 저소득층 원주민을 대체하는 현상을 (　　)(이)라고 한다.

04 (　　)은/는 누구에게도 방해받지 않고 홀로 휴식을 즐길 수 있는 자신만의 공간을 의미한다.

05 상대방에 대한 호감을 결정하는 데 있어서 시각은 55%, 청각은 38%의 영향을 미치는 반면, 말하는 내용은 7%만 작용한다는 것을 (　　)의 법칙이라 한다.

06 사고 현장에서는 주위에 사람이 많을수록 책임감이 약해져 '내가 아니어도 누군가 돕겠지'라는 생각을 하는 경향을 (　　) 신드롬이라고 한다.

07 노동조합 가입의 형태 중 하나로 고용이 확정된 이후 반드시 노동조합에 가입해야 한다고 명시한 제도를 (　　)(이)라고 한다.

08 집단에 참여하는 개인이 늘어날수록 성과에 대한 1명의 공헌도가 오히려 떨어지는 현상을 (　　)효과라 한다.

09 어떠한 조직 내의 각 부서들이 다른 부서와 벽을 쌓고, 자신이 속한 부서의 이익만을 추구하는 부서이기주의와 같은 현상을 (　　)효과라 한다.

10 사람들이 보편적으로 가지고 있는 성격이나 심리적 특징을 자신만의 특성으로 여기는 심리적 경향을 (　　)효과라 한다.

Answer

01 페미니즘　02 파파게노　03 젠트리피케이션　04 케렌시아　05 메라비언　06 제노비스　07 유니언숍　08 링겔만
09 사일로　10 바넘

11 경제적 여유가 없는 사회적 약자들을 위해 무보수로 변론이나 법률 자문을 해주는 활동을 (　　)(이)라고 한다.

12 피의자가 혐의를 인정하거나 수사에 적극적으로 협조한 피의자를 검찰이 가벼운 범죄로 기소하거나 소추를 면해주는 것을 (　　)(이)라고 한다.

13 검사가 일정 기간 어떤 범죄에 대해 공소를 제기하지 않고 방치하는 경우에 국가의 소추권 및 형벌권이 소멸되는 것을 (　　)이/가 소멸됐다고 한다.

14 (　　)은/는 범죄에 대해서 공소를 제기하기 위해서는 피해자의 고소를 필요로 하는 범죄를 말한다.

15 범죄는 성립하지만 피해자가 처벌을 원하지 않는다는 명백한 의사표시를 하는 경우 소추할 수 없는 범죄를 (　　)(이)라고 한다.

16 범죄 사실은 인정되지만 피의자의 연령이나 범행 후의 정황 등을 참작하여 공소를 제기하지 않는 검사의 처분을 (　　)(이)라고 한다.

17 형사재판에서 사법적으로 범죄 사실을 성립시키기 위해서는 '구성요건 해당성, 위법성, (　　)' 등이 있어야 한다.

18 공무원에 대한 징계 중 전과에 대해 훈계하고 회개하게 하는 것에 그치는 가장 가벼운 처분을 (　　)(이)라고 한다.

19 수사기관의 피의자에 대한 구속의 적부를 법원이 심사하여, 그 구속이 위법·부당하다고 판단되는 경우 구속된 피의자를 석방하는 제도를 (　　)(이)라고 한다.

20 타인의 재물을 보관하는 자가 그 재물을 횡령하거나 반환을 거부함으로써 성립하는 죄를 (　　)(이)라고 한다.

Answer

11 프로보노　12 플리바게닝　13 공소시효　14 친고죄　15 반의사불벌죄　16 기소유예　17 책임성　18 견책
19 구속적부심　20 횡령죄

01 대한민국 행정구역 중 인구 100만이 넘어가는 도시가 아닌 곳은?

〈경기도공공기관열린채용〉

① 수원시 ② 안양시
③ 고양시 ④ 창원시

 수원시, 용인시, 창원시, 고양시는 단독으로 인구 100만을 넘는 기초자치단체로, 광역시에 버금가는 성격의 새로운 자치단체 개념 '특례시'에 해당한다. 특례시는 각종 재정적 · 행정적 권한을 폭넓게 보장받는다.

02 '아늑함'을 뜻하는 덴마크어로 가족 또는 친구와 함께하는 소소한 행복을 추구하는 생활 방식을 의미하는 단어는?

〈한국소비자원〉

① Hygge ② YOLO
③ Lagom ④ Kinfolk

 휘게(Hygge)는 '아늑함'을 뜻하는 덴마크어로, 가족이나 친구와 함께하는 소박한 일상에서 행복을 찾는 라이프스타일이다.
② YOLO : 'You Only Live Once'의 의미로 현재의 삶을 즐기기 위한 소비를 아끼지 않는 것
③ Lagom : '적당한'을 의미하는 스웨덴어로, 균형적인 삶을 추구하는 북유럽의 라이프스타일
④ Kinfolk : 가까운 사람들과 함께하는 여유롭고 소박한 삶을 즐기는 문화

03 일에 몰두하여 온 힘을 쏟다가 갑자기 극도의 신체 · 정신적 피로를 느끼며 무력해지는 현상은?

〈노원구서비스공단〉

① 리플리증후군 ② 번아웃증후군
③ 스탕달증후군 ④ 파랑새증후군

Answer ·········· 1 ② 2 ① 3 ②

해설 번아웃증후군은 'Burn out(불타서 없어지다)'에 증후군을 합성한 말로, 힘이 다 소진됐다고 하여 소진증후군이라고도 한다.
① 리플리증후군 : 거짓된 말과 행동을 일삼으며 거짓을 진실로 착각하는 증상
③ 스탕달증후군 : 뛰어난 예술 작품을 감상한 후 나타나는 호흡곤란, 환각 등의 증상
④ 파랑새증후군 : 현실에 만족하지 못하고 이상만을 추구하는 병적 증상

04 도시 토박이가 농촌으로 이주하는 현상으로, 특히 청년층이 출신지와 무관한 지방도시에 정착하는 것을 가리키는 말은? 〈경기도시공사〉

① I턴(I-turn) 현상　　　　　　② P턴(P-turn) 현상
③ U턴(U-turn) 현상　　　　　　④ J턴(J-turn) 현상

해설 고향이 도시인 사람들이 농촌으로 이주하는 I턴 현상은 이들의 동선이 I자 모양 같다고 해서 붙여진 이름이다.
③ U턴(U-turn) 현상 : 대도시에 취직한 지방도시 출신자가 고향으로 되돌아가는 노동력 이동 현상
④ J턴(J-turn) 현상 : 대도시에 취업한 근로자가 도시생활에 지쳐 중 · 소 지방도시에 취직하는 현상

05 다음 제시된 사회 현상을 무엇이라 하는가? 〈산업단지공단〉

> 다수의 누리꾼들이 인터넷, SNS 등에서 특정 개인이나 연예인, 공인(公人)들을 일방적인 여론몰이로 공공의 적(敵)으로 매도하는 현상

① 매카시즘　　　　　　② 인포데믹스
③ 네카시즘　　　　　　④ 젠트리피케이션

해설 네카시즘을 설명한 것이다.
① 매카시즘 : 1950년대에 미국에서 반공산주의 성향이 강한 집단이 반대성향을 지닌 정치적 집단이나 반대자들을 공산주의자로 매도한 현상
② 인포데믹스 : 정보(Information)와 전염병(Epidemics)의 합성어로서 부정확한 정보 등이 인터넷이나 휴대폰 등을 통해 전염병처럼 빠르게 전파되어 부정적인 영향을 미치는 것
④ 젠트리피케이션 : 도시환경의 변화로 낙후됐던 구도심이 중산층 이상인 사람들의 주거지로 몰리면서 지가와 임대료가 오르게 되어 원주민이 다른 지역으로 쫓겨나는 현상

06 다음 중 남 · 북한의 공통된 공휴일은? 〈서울시설공단〉

① 3월 1일

② 5월 5일

③ 8월 15일

④ 10월 3일

해설🔍 북한은 김일성 · 김정일 생일(4.15 / 2.16), 정권 창건일(9.9), 노동당 창건일(10.10) 등 주요 국경일, 기념일과 민속명절을 공휴일로 정하고 있다. 설날과 추석을 제외하고 남한과 공통된 휴일은 8월 15일(광복절 / 조국해방기념일)뿐이다.

07 다음의 예시 사례는 어떤 현상에 대한 해결방법인가? 〈한국소비자원〉

- 해방촌 신흥시장 – 소유주 · 상인 자율협약 체결, 향후 6년간 임대료 동결
- 성수동 – 구청, 리모델링 인센티브로 임대료 인상 억제 추진
- 서촌 – 프랜차이즈 개업 금지

① 스프롤 현상

② 젠트리피케이션

③ 스테이케이션

④ 투어리스티피케이션

해설🔍 젠트리피케이션이란 도심의 낙후된 지역이 여러 가지 환경 변화로 특색을 가진 인기 지역이 되면서 지가나 임대료가 상승하고 중 · 상류층이 유입되어, 기존에 살던 주민들이 다른 곳으로 밀려나게 되는 현상을 말한다. 서울에서는 망리단길, 만리동길, 성수동 서울숲길 등이 대표적인 곳이다. 지역공동체 붕괴나 영세상인의 몰락을 가져온다는 문제가 제기되면서 젠트리피케이션에 대한 대책 마련도 시급한 상황이다.

08 다음과 같은 증상을 무엇이라 하는가? 〈aT〉

거짓된 말과 행동을 상습적으로 반복하는 반사회적 인격장애를 말한다. 이러한 증상을 가진 사람은 자신이 한 거짓말을 진실이라 여긴다.

① 아스퍼거증후군

② 리플리증후군

③ 스톡홀름증후군

④ 므두셀라증후군

해설🔍 미국의 작가 패트리샤 하이스미스의 소설 〈재능있는 리플리 씨(The Talented Mr. Ripley)〉에서 유래한 것으로, 대담한 거짓말과 행동으로 남의 인생을 살아가는 소설의 주인공 리플리와 같은 증상이라 하여 리플리증후군이라 한다.

09 미셸 푸코가 1975년에 지은 철학서로, 감옥의 탄생과정을 심층적으로 고찰하고 감옥과 처벌의 내 · 외적인 변화를 통해 근대 이후의 형사제도와 권력관계를 규명한 책의 제목은 무엇인가? 〈농어촌공사〉

① 말과 사물
② 안전, 영토, 인구
③ 생명관리정치의 탄생
④ 감시와 처벌

해설🔍 미셸 푸코의 저서 〈감시와 처벌〉을 말한다.
① 〈말과 사물〉 : 고전주의적 지식체계의 쇠퇴를 보여주고, 인간 역시 언젠가는 사라지거나 형상이 바뀔 것이라는 주장을 드러낸 미셸 푸코의 대표작
② 〈안전, 영토, 인구〉 : '자유주의–신자유주의'를 적나라하게 분석 비판한 강의로 생명관리권력 · 생명관리정치, 자기의 테크놀로지 등 현대사회를 분석하는 핵심 키워드를 제공하는 〈생명관리정치의 탄생〉과 함께 '자유주의– 신자유주의 비판' 3부작을 이루는 책
③ 〈생명관리정치의 탄생〉 : 18세기 중반부터 시작된 통치 합리성의 위기를 분석한 책

10 이처럼 높은 사회적 지위를 가진 사람들이 도덕적 의무를 지지 않고 오히려 그 권력을 이용하여 부정부패를 저지르며 사회적 약자를 상대로 부도덕한 행동을 하는 것을 무엇이라 하는가? 〈부산교통공사〉

① 리세스 오블리주
② 트레픽 브레이크
③ 노블레스 오블리주
④ 노블레스 말라드

해설🔍 노블레스 말라드(Noblesse Malade)는 노블레스 오블리주와 반대되는 개념이다. 병들고 부패한 귀족이라는 뜻으로 사회 지도층이 도덕적 의무와 책임을 지지 않고 부정부패나 사회적 문제를 일으키는 것을 말한다.

11 노동쟁의 방식 중 하나로, 직장을 이탈하지 않는 대신에 불완전노동으로 사용자를 괴롭히는 방식은 무엇인가? 〈한국언론진흥재단〉

① 사보타주
② 스트라이크
③ 보이콧
④ 피케팅

해설🔍 근로를 게을리 해 고용주에게 피해를 주는 행위를 사보타주(태업)라 한다.

12 다음 중 노동 3권에 해당하지 않는 것은? 〈서울교통공사〉

① 단결권 ② 노동쟁의권
③ 단체교섭권 ④ 단체행동권

 노동 3권에는 단결권, 단체교섭권, 단체행동권이 있다.
① 단결권 : 자주적으로 노동조합을 설립할 수 있는 권리
③ 단체교섭권 : 근로자가 근로조건을 유지하거나 개선하기 위해 집단으로 사용자와 교섭할 수 있는 권리
④ 단체행동권 : 근로자가 자신의 근로조건을 유리하게 하기 위해서 집단행동을 할 수 있는 권리

13 핵가족화에 따라 노인들이 고독과 소외로 우울증에 빠지게 되는 것을 무엇이라 하는가? 〈군산지방해양수산청〉

① LID증후군 ② 쿠바드증후군
③ 펫로스증후군 ④ 빈둥지증후군

 핵가족화에 기인한 노인들의 고독증세를 LID증후군(Loss Isolation Depression Syndrome)이라 한다.
② 쿠바드증후군 : 아내가 임신했을 경우 남편도 육체적 · 심리적 증상을 아내와 똑같이 겪는 현상
③ 펫로스증후군 : 가족처럼 사랑하는 반려동물이 죽은 뒤에 경험하는 상실감과 우울 증상
④ 빈둥지증후군 : 자녀가 독립하여 집을 떠난 뒤에 부모나 양육자가 경험하는 외로움과 상실감

14 매슬로우의 욕구단계 중 3단계는 무엇인가? 〈한국보훈복지의료공단〉

① 안전의 욕구
② 소속의 욕구
③ 존경의 욕구
④ 자아실현의 욕구

해설 매슬로우의 욕구단계는 생리, 안전, 소속, 존경, 자아실현의 욕구 순이다.

15 UN에서 분류하는 고령사회란 총 인구 중 65세 이상의 인구 비율이 얼마 이상인 사회인가? 〈포항시설관리공단〉

① 5% ② 7%

③ 10% ④ 14%

 고령사회란 총 인구 중 65세 이상의 인구가 14% 이상인 사회를 말한다.
고령화사회 : 7% 이상, 고령사회 : 14% 이상, 후기고령사회 · 초고령사회 : 20% 이상

16 상대방에 대한 첫인상을 결정하는 데 있어 시각적인 요소가 가장 큰 영향을 미친다는 커뮤니케이션 이론은 무엇인가? 〈경기관광공사〉

① 메라비언의 법칙 ② 던바의 법칙

③ 줄리의 법칙 ④ 하인리히 법칙

 메라비언의 법칙은 상대방에 대한 첫인상이나 호감을 결정하는 데 있어서 시각적 요소가 55%,
청각은 38%의 영향을 미치는 반면, 말하는 내용은 겨우 7%만 작용한다는 이론이다.
② 던바의 법칙 : 진실한 사회적 관계를 맺을 수 있는 최대치는 150명이라는 주장
③ 줄리의 법칙 : 간절히 원하는 일은 언젠가는 이루어진다는 주장
④ 하인리히 법칙 : 대형사고가 발생하기 전에는 그와 관련된 소소한 사건과 징후들이 반드시
  나타난다는 이론

17 다음과 같은 현상을 무엇이라 하는가? 〈청주MBC, EBS〉

> 어떠한 조직 내의 각 부서들이 다른 부서와 벽을 쌓고, 자신이 속한 부서의 이익만을
> 추구하는 부서이기주의와 같은 현상을 말한다.

① 링겔만효과 ② 사일로효과

③ 메디치효과 ④ 헤일로효과

 다른 부서에 벽을 쌓는 경향이 마치 곡식을 저장해두는 원통형의 구조물 '사일로' 같다고 하여
사일로효과라 한다.
① 링겔만효과 : 집단 속에 참여하는 개인의 수가 늘어날수록 전체 성과에 대한 각 개인의 공헌
  도가 떨어지는 현상
③ 메디치효과 : 서로 관련이 없는 다른 분야를 접목해 독창적인 아이디어를 내거나 높은 생산
  성을 창출할 수 있다는 이론

④ 헤일로효과 : 인사고과를 평가할 때 어떤 사람에 대한 호의적 또는 비호의적 인상이나 특정 요소로부터 받은 인상이 다른 모든 요소를 평가하는 데 중요한 영향을 미치는 것

18 다음에서 설명하는 것은 무엇인가?

〈광주보훈병원〉

> 사회성이 떨어지고 의사소통 능력이 낮으며 반복적인 행동 등을 보이는 여러 뇌 기능 장애를 겪고 있으나 기억, 암산, 퍼즐이나 음악적인 부분 등 특정한 부분에서 우수한 능력을 가지는 것이다.

① VDT증후군
② 번아웃증후군
③ 서번트증후군
④ 쿠바드증후군

 서번트증후군은 사회성이나 소통능력이 떨어지는 등의 지적 장애를 겪고 있는 사람이 특정 분야에서는 천재성을 나타내는 것을 말한다.
① VDT증후군 : 브라운관이 부착된 컴퓨터 단말기를 많이 사용함에 따라 장시간 컴퓨터 작업을 하면 눈이 피로해지거나 침침해지고 시력이 떨어지며 구토, 불안감 등의 증상이 동반되는 것
② 번아웃증후군 : 일에 몰두하던 사람이 극도의 신체·정서적 피로로 무기력증이나 자기혐오·직무거부 등에 빠지게 되는 것
④ 쿠바드증후군 : 아내가 임신 중일 때 남편에게 식욕 상실, 메스꺼움, 구역질 등의 증상이 나타나는 것

19 자살과 관련한 언론보도를 자제함으로써 자살을 예방하는 효과를 무엇이라 하는가?

〈한국문화예술위원회〉

① 베르테르효과
② 피그말리온효과
③ 시가렛효과
④ 파파게노효과

 모차르트의 오페라 〈마술피리〉에 등장하는 인물 '파파게노'의 이야기에서 유래한 파파게노 효과는 자살과 관련한 대중매체의 보도가 오히려 자살을 부추길 수 있다는 점을 고려한다.

20 시끄러운 곳에서도 나와 관계있는 정보에 대해서는 잘 들리게 되는 현상은?

〈EBS〉

① 코브라효과   ② 허니문효과

③ 풍선효과   ④ 칵테일파티효과

 시끄러운 칵테일파티에서도 상대방의 이야기는 주의를 기울여 잘 듣게 된다고 하여 '칵테일파티효과'라 한다.
① 코브라효과 : 어떤 문제를 해결하기 위해 추진한 정책이 오히려 상황을 악화시키는 결과를 가져오는 현상
② 허니문효과 : 새 정부에 대한 기대감으로 인해 나타나는 사회 안정
③ 풍선효과 : 어떤 문제를 해결하면 그로 말미암은 또 다른 문제가 생기는 현상

21 중소기업에서 중견기업으로 성장하면 받게 되는 규제가 커 성장을 기피하는 현상을 무엇이라 하는가?

〈한국가스기술공사〉

① 파랑새증후군   ② 리플리증후군

③ 피터팬증후군   ④ 리셋증후군

 언제나 어린아이로 남아있고자 하는 피터팬증후군을 중소기업의 경우에 사용하기도 한다.
① 파랑새증후군 : 현실을 받아들이지 못하고 이상만을 추구하는 증세
② 리플리증후군 : 현실을 부정하며 자신이 만든 허상을 진실이라 믿고 상습적으로 거짓된 말과 행동을 반복하는 증세
④ 리셋증후군 : 컴퓨터 리셋버튼을 누르면 다시 켜지듯 현실세계도 새롭게 다시 시작될 수 있다고 믿는 증세로 인터넷 중독의 한 유형

22 다음 제시된 현상을 무엇이라 하는가?

〈울산MBC〉

> 사람이 많을수록 어려움에 처한 사람을 돕지 않는 현상으로, 1964년 뉴욕의 한 여인이 살해당하는 동안 아무도 구하거나 신고하지 않은 사건에서 유래했다.

① 드메 신드롬   ② 바나나 신드롬

③ 제노비스 신드롬   ④ 롤리팝 신드롬

 제노비스 신드롬은 목격자가 많을수록 '내가 아닌 다른 사람이 나서겠지'라는 생각에 책임감을 덜 느껴, 도움이 필요한 사람을 방관하게 되는 현상을 말한다.

23 평소 익숙했던 것들이 갑자기 생소하게 느껴지는 현상은? 〈경기도시공사〉

① 데자뷔 ② 자메뷔
③ 루시드드림 ④ 게슈탈트

 자메뷔는 이미 경험했거나 잘 알고 있는 상황을 처음 겪는 것처럼 느끼는 기억의 착각으로, 미시감이라고도 한다.

24 사소한 것 하나를 방치하면 그것을 중심으로 범죄나 비리가 확산된다는 이론은 무엇인가? 〈인천교통공사〉

① 일탈행동 이론 ② 넛지 이론
③ 비행하위문화 이론 ④ 깨진 유리창 이론

 깨진 유리창 이론은, 깨진 유리창을 방치하면 그 다음부터는 '해도 된다'라는 생각에 훨씬 더 큰 피해를 조장하는 결과를 가져온다는 주장으로, 일상생활에서 경범죄가 발생했을 때 제때 처벌하지 않으면 결국 강력범죄로 발전할 수 있다는 것을 경고한다.

25 능력 있는 여성들의 고위직 승진을 가로막는 회사 내 보이지 않는 장벽을 의미하는 용어는 무엇인가? 〈농어촌공사〉

① 그리드락 ② 데드락
③ 로그롤링 ④ 유리천장

 유리천장은 충분한 능력을 갖춘 여성이 직장 내 보이지 않는 성차별이나 인종차별 등의 이유로 고위직을 맡지 못하는 상황을 비유적으로 이르는 말이다.

26 '어디에든 아무것도 짓지 말라'는 의미로 쓰레기 소각장, 원자력 발전소, 댐 등 자신이 사는 지역권 내에 환경오염 유발 시설 설치를 반대하는 것은? 〈한국장학재단〉

① 바나나(BANANA) 현상 ② 임피(IMFY) 현상
③ 핌피(PIMFY) 현상 ④ 님투(NIMTOO) 현상

'Build Absolutely Nothing Anywhere Near Anybody'의 머리글자를 따서 만든 말로, 지역이기주의와 공공정신의 약화를 의미한다. 님비(NIMBY) 현상과 유사한 개념이다.

27 능력보다 인상이나 고정관념 등이 평가에 큰 영향을 미치는 것을 무엇이라 하는가? 〈한전KPS〉

① 헤일로효과 ② 사일로효과
③ 메디치효과 ④ 메기효과

 외적인 특징에서 연상되는 고정관념을 바탕으로 그 특정 대상을 실력에 따라 평가했다고 착각하는 현상을 헤일로효과 또는 후광효과라 한다. 호감이 가는 외모를 가지고 있으면 그 사람의 지능, 성격, 인격 등도 좋다고 평가하는 것이다.

28 기초생활수급대상자에 해당하지는 않지만 소득인정액이 중위소득의 100분의 50 이하인 잠재적 빈곤층을 무엇이라 하는가? 〈서울시설공단〉

① 중산층 ② 소호푸어
③ 차상위계층 ④ 절대적빈곤층

 중위소득의 100분의 50 이하인 잠재적 빈곤층을 차상위계층이라 한다.

29 최근 한국사회는 고령사회로 접어들었다. 노령화 정도를 측정하는 노령화지수는 노년층 인구를 유소년층 인구로 나눈 값인데, 이때 노년층과 유소년층의 기준연령은? 〈농촌진흥청〉

① 65세, 18세 ② 65세, 14세
③ 60세, 12세 ④ 63세, 12세

노령화지수는 14세 이하 인구 대비 65세 이상 인구의 비율이다.

30 다음과 같은 사람들을 무엇이라 하는가? 〈경기도시공사〉

> 휴대폰이 가까이 없으면 불안하고 초조하며, 권태나 외로움을 느끼기도 한다. 매일 하루 세 시간 이상은 휴대전화를 사용한다.

① 케미포비아 ② 제노포비아
③ 노모포비아 ④ 모모세대

 노모포비아는 'No, Mobile(휴대폰), Phobia(공포)'를 결합시킨 단어로, 휴대폰이 가까이에 있지 않으면 불안감을 느끼는 증상이나 그러한 증상을 가진 사람들을 말한다.

31 다른 사람들이 기대하는 것이 있으면 그에 부응하는 쪽으로 변하게 되는 현상을 가리키는 말은? 〈한국문화예술위원회〉

① 플라시보효과 ② 피그말리온효과
③ 헤일로효과 ④ 베르테르효과

 긍정적인 기대나 관심이 미치는 좋은 영향을 피그말리온효과라고 한다.
① 플라시보효과 : 전혀 무관한 것인데도 약이라고 믿게 하고 먹였을 때 그 약의 효능이 나타나는 것
④ 베르테르효과 : 괴테의 소설 〈젊은 베르테르의 슬픔〉에서 유래한 것으로, 사회적으로 영향력 있는 유명인 등의 자살이 사회에 불러오는 '동조자살' 현상

32 다양한 분야의 전문가들이 자신이 갖고 있는 재능을 기부하는 등의 활동을 무엇이라 하는가? 〈포항시설관리공단〉

① 위스타트 ② 프로보노
③ 배리어프리 ④ 매칭그랜드

 프로보노는 미국의 변호사들이 무료 법률 서비스를 제공하던 것에서 시작되어 현재는 다양한 분야의 전문가들이 자신이 갖고 있는 재능을 기부하는 등의 활동으로 그 의미가 확대되었다.
① 위스타트 : 저소득층 아이들이 가난의 대물림에서 벗어나도록 복지와 교육의 기회를 제공하는 활동
③ 배리어프리 : 장애인들의 활동에 어려움을 주는 물리적 · 제도적 장벽을 제거하는 활동
④ 매칭그랜드 : 개인이나 단체가 공익을 위해 일정한 금액의 후원금을 출연하는 제도

33 다음 사례와 관련 있는 현상은? 〈경기도시공사〉

> 남미 국가에서 불법 마약 생산과 거래로 인한 범죄가 심해지자, 미국 정부가 이를 강력하게 단속하기 시작했다. 그 후 단속이 약한 지역에서 마약 거래가 활발해지기 시작했다.

① 나비효과 　　　　　　　② 풍선효과
③ 헤일로효과 　　　　　　④ 빌바오효과

 어떤 문제를 해결하기 위해 정책을 실시하여 그 문제가 해결되고 나면 다른 곳에서 그로 말미암아 또 다른 문제가 발생하는 현상을 풍선효과라 한다.

34 베버리지 보고서에 따른 사회의 5대악에 해당하지 않는 것은? 〈경기문화재단〉

① 무지 　　　　　　　　　② 결핍
③ 질병 　　　　　　　　　④ 욕심

 베버리지 보고서는 국민의 최저생활의 보장을 목적으로 5대악(결핍, 질병, 무지, 불결, 나태)의 퇴치를 주장했다.

35 범인이 유죄를 인정하는 대신에 협상을 통하여 형량을 줄여주거나 조정해주는 제도를 무엇이라 하는가? 〈울산MBC〉

① 선고유예 　　　　　　　② 가처분
③ 면소판결 　　　　　　　④ 플리바게닝

 유죄협상제도를 플리바게닝이라 한다.
① 선고유예 : 경미한 범죄를 저지른 범인에 대해 일정 기간 형의 선고를 유예하고 그 유예 기간 동안 사고 없이 지내면 형의 선고를 면하게 해주는 제도
② 가처분 : 권리의 실현이 소송의 지연이나 채무자의 재산 은닉 등으로 어려워질 때, 그 권리를 보장하기 위해 분쟁이 타결되거나 강제집행이 가능해질 때까지 잠정적으로 행하여지는 처분
③ 면소판결 : 해당 사건에 대한 공소가 적당하지 못하여, 해당 법원의 소송절차를 종결시키는 판결

36 다음의 헌법 개정 절차에 대한 설명 중 틀린 것은? 〈MBC〉

① 헌법 개정은 국회 재적의원 과반수 또는 대통령의 발의로 제안된다.
② 대통령은 제안된 헌법개정안을 20일 이상 공고하여야 한다.
③ 국회는 헌법개정안이 공고된 날로부터 30일 이내에 의결하여야 하며, 국회의 의결은 재적의원 3분의 2 이상의 찬성을 얻어야 한다.
④ 헌법개정안은 국회가 의결한 후 30일 이내에 국민투표에 붙여 국회의원 선거권자 과반수의 투표와 투표자 과반수의 찬성을 얻어야 한다.

 ④ 국회는 헌법개정안이 공고된 날로부터 60일 이내에 의결하여야 하며, 국회의 의결은 재적의원 3분의 2 이상의 찬성을 얻어야 한다(헌법 제130조 제1항).

37 형법상 국가의 기능에 관한 죄가 아닌 것은? 〈한국중부발전〉

① 직무유기 ② 위증과 증거인멸의 죄
③ 외교상기밀누설죄 ④ 공무상비밀누설죄

 국가의 기능에 관한 죄는 공무원의 직무에 관한 죄, 도주와 범인은닉의 죄, 위증과 증거인멸의 죄, 무고죄가 있다. 그중 직무유기, 직권남용, 피의사실공표죄, 공무상비밀누설죄, 뇌물죄는 공무원의 직무에 관한 죄에 해당한다. 외교상기밀누설죄는 국가의 존립과 권위에 관한 죄에 해당한다.

38 다음에 제시된 헌법재판소의 관장사항과 가장 거리가 먼 것은? 〈한국수력원자력〉

> 기본권을 침해받은 국민이 직접 헌법재판소에 구제를 제기하는 기본권 구제수단

① 대한민국 국민이면 누구나 청구할 수 있고, 법인도 청구 가능하다.
② 미성년자도 청구할 수 있으나 부모 등 법정대리인이 소송행위를 대신하여야 한다.
③ 사건이 발생한 날로부터 2년 이내, 기본권 침해 사유를 안 날로부터 1년 이내에 청구해야 한다.
④ 권리구제형 헌법소원과 위헌심사형 헌법소원으로 나뉜다.

Answer 33 ② 34 ④ 35 ④ 36 ③ 37 ③ 38 ③

③ 헌법소원에 대한 설명이다. 헌법 제111조 제1항 제5호는 헌법재판소 관장사항으로 '법률이 정하는 헌법소원'을 규정하고 있다. 헌법소원의 청구기간은 그 사유가 있는 날로부터 1년 이내, 기본권 침해 사유가 있음을 안 날로부터 90일 이내이다.

39 '윤창호법'에 대한 설명으로 옳지 않은 것은? 〈경기도장애인체육회〉

① 혈중 알콜 농도 0.08% 이상 시 '면허 취소' 처분이 내려진다.

② 음주운전으로 사람을 사망에 이르게 하면 최저 3년 이상의 징역형에 처하도록 한다.

③ 음주운전 시 동승한 인원 또한 처벌하도록 바뀌었다.

④ 음주운전에 대해 기존 3회 이상 적발 시 처벌에서 2회 이상 적발 시 처벌로 바뀌었다.

음주운전 동승자에 대한 처벌은 윤창호 씨 사건 이전에 개정되었다. 윤창호법에 따라 도로교통법은 기존 3회 이상 음주운전 적발 시 처벌에서 2회 이상 음주운전 적발 시 처벌로 바뀌며, 처벌 강도 또한 2년 이상 5년 이하 징역 또는 1,000만원 이상 2,000만원 이하 벌금으로 강화되었다. 음주운전 판정 기준은 면허 정지는 혈중 알콜 농도 0.03%로 면허 취소는 0.08%로 바뀌었다. 특별범죄 가중처벌법도 개정되어 음주운전으로 사람을 사망에 이르게 하면 최고 무기징역, 최저 3년 이상의 징역형에 처하도록 개정되었다.

40 헌법 개정 절차로 올바른 것은? 〈한국동서발전〉

① 공고 → 제안 → 국회의결 → 국민투표 → 공포

② 제안 → 공고 → 국회의결 → 국민투표 → 공포

③ 제안 → 국회의결 → 공고 → 국민투표 → 공포

④ 제안 → 공고 → 국무회의 → 국회의결 → 국민투표 → 공포

헌법 개정 절차는 제안 → 공고 → 국회의결 → 국민투표 → 공포 순이다.

41 국민들이 배심원으로 형사재판에 참여할 수 있는 국민참여재판에 관한 내용으로 옳지 않은 것은?　〈한국중부발전〉

① 만 20세 이상의 국민 가운데 무작위로 배심원을 선정한다.
② 만 70세 이상인 국민일 경우 배심원의 면제 사유가 된다.
③ 군인인 경우 직업 등의 사유로 인해 배심원에서 제외된다.
④ 판사는 배심원의 결정과 다른 판결을 내릴 수 없다.

 ④ 판사는 배심원들이 내린 결정에 반드시 따라야 되는 것이 아니라, 그것을 참고하여 결정을 내린다.

42 다음 중 헌법재판소가 관장하는 영역으로 볼 수 없는 것은?　〈의정부시설관리공단〉

① 위헌 법률 심사 제청권
② 정당 해산 심판
③ 일정 공무원 탄핵 심판
④ 위헌 법률안 심사

 위헌 법률 심사 제청권은 대법원(사법부)의 권한이다. 헌법재판소에서는 위헌 법률안 심사, 정당 해산 심판, 대통령 등 일정 공무원 탄핵 심판 등을 관장한다.

43 범죄피해자의 고소나 고발이 있어야만 공소를 제기할 수 있는 범죄를 무엇이라 하는가?　〈한국소비자원〉

① 친고죄　　　　　　　② 무고죄
③ 협박죄　　　　　　　④ 폭행죄

 범죄에 대한 공소를 제기하기 위해서는 피해자의 고소가 필요한 범죄를 친고죄라고 한다. 피해자의 고소가 없으면 수사기관은 가해자에 대해 수사를 개시할 수 없고 기소할 수도 없다. 친고죄에는 비밀침해죄, 업무상 비밀누설죄, 친족 간 권리행사방해죄, 사자명예훼손죄, 모욕죄 등이 있다.

44 다음 중 탄핵소추의 대상에 해당하지 않는 사람은? 〈한국수력원자력〉

① 감사원장

② 중앙선거관리위원회 위원

③ 국무총리

④ 국회의원

 국회의원은 탄핵소추의 대상이 될 수 없다.

탄핵소추(헌법재판소법 제48조)

다음 각 호의 어느 하나에 해당하는 공무원이 그 직무집행에서 헌법이나 법률을 위반한 경우에는 국회는 헌법 및 「국회법」에 따라 탄핵의 소추를 의결할 수 있다.

1. 대통령, 국무총리, 국무위원 및 행정각부(行政各部)의 장
2. 헌법재판소 재판관, 법관 및 중앙선거관리위원회 위원
3. 감사원장 및 감사위원
4. 그 밖에 법률에서 정한 공무원

45 다음 중 탄핵소추에 대한 설명으로 옳지 않은 것은? 〈MBC〉

① 대통령이 그 직무집행에 있어서 헌법이나 법률을 위배한 때에 국회는 탄핵의 소추를 의결할 수 있다.

② 탄핵소추의 의결을 받은 자는 탄핵심판이 있을 때까지 그 권한행사가 정지된다.

③ 대통령에 대한 탄핵소추는 국회재적의원 과반수의 발의와 국회재적의원 3분의 2 이상의 찬성이 있어야 한다.

④ 탄핵결정은 공직으로부터 파면함에 그치고, 이에 의해 민사상이나 형사상의 책임은 면제된다.

 ④ 탄핵결정은 공직으로부터 파면함에 그친다. 그러나 이에 의하여 민사상이나 형사상의 책임이 면제되지는 아니한다(헌법 제65조 제4항).

① 헌법 제65조 제1항 참조

② 헌법 제65조 제3항

③ 헌법 제65조 제2항 참조

46 'In dubio pro leo(인 두비오 프로 레오)'는 무슨 뜻인가? 〈국민체육진흥공단〉

① 의심스러울 때는 피고인에게 유리하게 판결해야 한다.
② 위법하게 수집된 증거는 증거능력을 배제해야 한다.
③ 범죄 용의자를 연행할 때 그 이유와 권리가 있음을 미리 알려주어야 한다.
④ 재판에서 최종적으로 유죄 판정된 자만이 범죄인이다.

 'In dubio pro leo(인 두비오 프로 레오)'는 증명이 불충분할 경우에 불이익을 받는 것은 결코 피고가 될 수 없으며, 검사가 피고의 죄를 입증하지 못하는 한 모든 피고는 무죄이고, 피고 측에서 자신의 유죄 아님을 증명할 의무는 없다는 것이다.
② 독수독과 이론
③ 미란다 원칙
④ 형사 피고인의 무죄추정

47 다음 중 반의사불벌죄가 아닌 것은? 〈대구시설공단〉

① 존속폭행죄 ② 협박죄
③ 명예훼손죄 ④ 모욕죄

 반의사불벌죄는 처벌을 원하는 피해자의 의사표시 없이도 공소할 수 있다는 점에서 고소·고발이 있어야만 공소를 제기할 수 있는 친고죄(親告罪)와 구별된다. 폭행죄, 협박죄, 명예훼손죄, 과실치상죄 등이 있다. 모욕죄는 친고죄이다.

48 텔레비전의 주류 광고가 제한되는 시간대는? 〈언론진흥재단〉

① 07~22시 ② 08~21시
③ 09~22시 ④ 10~20시

 주세법에 의한 주류는 「국민건강증진법」 시행령 '별표1'에 따라 텔레비전(종합유선방송 포함)의 경우 7시부터 22시까지의 광고방송을 할 수 없다.

49 '고문이나 불법 도청 등 위법한 방법으로 수집한 자료는 증거로 쓸 수 없다'는 뜻의 법률 용어는?　〈안동MBC〉

① 독수독과

② 배상명령

③ 작량감경

④ 기소

 독수독과는 '독이 있는 나무는 그 열매에도 독이 있다'는 뜻으로, 고문이나 불법 도청 등 위법한 방법으로 수집한 자료는 증거로 쓸 수 없다는 의미의 법률용어이다.

50 다음 중 성질이 다른 것은?　〈한국에너지공단〉

① 과태료　　　　　　　　　② 금고

③ 징역　　　　　　　　　　④ 과료

 형벌이란 범죄를 저지른 범죄자에게 과하는 법익의 박탈을 의미한다. 박탈되는 법익의 종류에 따라 생명형 · 신체형 · 자유형 · 명예형 · 재산형 등으로 구별되는데, 형법은 생명형인 사형, 자유형인 징역 · 금고 · 구류, 재산형인 벌금 · 과료 · 몰수, 명예형인 자격상실 · 자격정지의 9가지를 인정하고 있다. 과태료는 법령 위반에 대해 과해지는 행정법상의 제재로 행정벌에 해당한다.

Section 04 문화 · 미디어

01
뉴칼라
(New Collar)

[영화진흥위원회, 경기연구원, 한국전력, 한국폴리텍, 광주보훈병원]

블루칼라도 화이트칼라도 아닌 새로운 노동 계급으로 학력에 상관없이 IT 시대에 걸맞은 교육을 받은 인재를 가리킨다. 모든 분야에서 AI와 빅데이터 기술이 도입되는 미래사회에 점차 이들의 역할이 커질 것으로 기대되고 있다. IBM의 CEO 데이비드 레퍼는 데이터가 모든 것을 지배하는 시대에 블루칼라와 화이트칼라의 역할은 점점 새로운 교육을 뉴칼라들에게 넘어갈 것이라고 주장했다.

>> 칼라와 관련된 다양한 노동 계층 명칭

명칭	설명
화이트칼라	육체노동과는 거리가 먼 사무직 분야 종사자들을 가리킨다. 땀에 젖지 않은 흰 와이셔츠의 칼라를 가리킨다.
블루칼라	직접생산직에 근무하여 주로 파란색 작업복을 입고 육체노동을 하는 근로자들을 가리킨다.
그레이칼라	IT기술이 발전함에 따라 사무직의 환경에서 컴퓨터를 이용해 직접생산을 하는 노동자들을 가리킨다.
골드칼라	로버트 켈리 교수가 쓴 〈골드칼라 노동자〉에서 유래한 말이다. 능력위주의 창의적인 일을 하는 인재를 가리킨다.
퍼플칼라	종사 분야보단 노동의 형태에 착안한 용어로, 홍색과 청색이 섞인 보라색처럼 일과 휴식의 구분이 뚜렷하지 않게 탄력적인 근무를 하는 근로자들이다.
그 외	그린칼라 : 친환경근로자 / 핑크칼라 : 여성근로자 / 오픈칼라 : 재택근무

Sec 04
문화 · 미디어

02
리부트
(Reboot)

[부산광역시공공기관통합
채용]

리부트(Reboot)는 재시동이라는 의미로 영화 등 콘텐츠의 기존 시리즈를 연속해서 이어가는 대신, 새로운 이야기로 다시 시작하는 것이다. 보통 이야기의 전체적인 배경이나 주요 등장인물들만 그대로 이어가고 세부적인 구성은 새롭게 만든다. 리부트의 대표적 사례는 〈배트맨 시리즈〉로 기존 작품이 4편까지 제작되었다가, 2005년에 크리스토퍼 놀란 감독이 시리즈를 리부트한 〈배트맨 비긴즈〉를 선보인 바 있다.

03
가짜뉴스
(Fake News)

[한국언론진흥재단]

실제 사실을 보도하는 것처럼 보이지만 거짓 정보를 뉴스 형태로 만든 것으로, 대중의 시선을 끌기 위한 황색언론으로 분류된다. 일정 부분은 사실을 기반으로 하지만 특정 목적을 달성하기 위해 핵심을 왜곡하거나 조작한다. 이러한 형태의 가짜뉴스는 통신 매체의 급격한 발달로 파급력을 키우면서 전 세계적인 문제가 되고 있다. 2016년 미국 대통령 선거에서 가짜뉴스로 형성된 여론이 급격히 확산된 사례가 대표적이다.

> **>> 탈진실(Post-truth)**
> 사실의 진위와 상관없는 대중의 감정이나 신념이 여론을 형성하는 것을 말한다. 대중에게 호소력이 있느냐가 진실보다 중요하게 여겨져 나타나는 현상이다. 옥스퍼드사전은 이를 전 세계적으로 나타나는 시대적 특성이라고 진단하며 2016년에 '올해의 단어'로 '탈진실'을 선정하기도 했다.

04
다크투어리즘
(Dark Tourism)

[한국관광공사, 부산정보
산업진흥원]

비극적인 사건이 벌어졌던 역사적 장소나 큰 재해가 발생했던 현장을 돌아보며 당시의 사건을 떠올리면서 교훈을 얻는 여행을 말한다. 우리나라에는 일제강점기 독립운동가들이 수감되었던 대전형무소, 한국전쟁 전후로 수만명의 양민이 학살당한 제주 4·3 사건을 되돌아보게 하는 제주 4·3 평화공원 등이 이미 다크투어리즘의 명소로 자리 잡았고, 고문수사로 악명 높은 옛 중앙정보부가 있었던 남산에도 다크투어 코스가 조성되었다. 세계적으로는 체르노빌 원자력 발전소, 아우슈비츠 수용소 등이 다크투어리즘의 명소로 꼽힌다.

05 침묵의 나선 효과

[EBS]

자신의 입장이 다수의 의견과 같은 입장이라면 적극적으로 동조하지만 소수의 의견에 속한다면 침묵하는 현상을 말한다. 여론의 형성이 한 쪽으로 치우치는 모습이 나선 모양 같다고 하여 붙여진 이름인데, 독일의 커뮤니케이션 학자 엘리자베스 노일레 노이만이 주장했다. 노일레 노이만은 여론을 사람들이 가진 의견이 아니라, 사람들이 '공개적으로 표명할 수 있는' 태도와 의견으로 정의하면서 소수에 속한다고 생각하는 사람들은 그들의 견해를 감추게 하는 압력이 있고 그로 인해 침묵의 나선이 형성된다고 했다.

06 부커상
(Booker Prize)

[한국문화예술위원회]

노벨문학상, 프랑스의 공쿠르 문학상과 함께 세계 3대 문학상 중의 하나로 꼽힌다. 1969년 영국의 부커사가 제정한 문학상으로 해마다 영국연방국가에서 출판된 영어소설들을 대상으로 시상한다. 2005년에는 영어로 출간하거나 영어로 번역이 가능한 소설의 작가를 대상으로 상을 수여하는 인터내셔널 부문이 신설되어 격년으로 진행되다 2016년부터 영어번역소설을 출간한 작가와 번역가에 대해 매년 시상하는 것으로 변경되었다. 2016년 인터내셔널 부문에 우리나라의 소설 〈채식주의자〉가 선정돼 이 소설의 작가인 한강과 영국인 번역가 데버라 스미스가 수상했다.

> **>> 세계 3대 문학상**
>
> • 노벨문학상
> • 프랑스의 공쿠르문학상
> • 영국의 부커상

07
멀티 페르소나
(Multi Persona)

[부천시공공기관통합채용]

상황에 따라 다양한 형태의 자아를 갖는 것을 말한다. 페르소나는 고대 그리스의 연극에서 배우들이 쓰던 가면을 의미하고, 멀티 페르소나는 '여러 개의 가면'으로 직역할 수 있다. 현대인들이 직장이나 학교, 가정이나 동호회, 친구들과 만나는 자리 등에서 각기 다른 성격을 보인다는 것을 뜻한다. 일과 후 여유와 취미를 즐기는 '워라밸'이 일상화되고, SNS에 감정과 일상, 흥미를 공유하는 사람들이 늘어나면서 때마다 자신의 정체성을 바꾸어 드러내는 경우가 많아지고 있다.

08
할랄푸드
(Halal Food)

[부산경제진흥원]

식물성 음식, 해산물, 육류 등을 이슬람 율법에 따라 가공하여 이슬람교도에게 허용된 식품을 말한다. 이슬람식으로 도살된 고기, 이를 원료로 한 식품 등이 포함된다. 술이나 마약류처럼 정신을 흐리게 하는 것은 물론 돼지 · 개 · 고양이 등의 동물, 자연사했거나 잔인하게 도살된 짐승의 고기는 금지된 품목이다. 할랄푸드는 식재료의 가공 · 포장 · 운반 · 보관 등 전 과정에서 위생이 철저할 뿐 아니라 몸과 정신에 해로운 성분은 일체 허용하지 않아 웰빙 식재료로 떠오르고 있다.

>> 코셔(Kosher)

'정직한, 합법적인'을 뜻하는 단어로, 유대교의 율법 카샤룻에 따라 허용된 식재료와 그것으로 조리한 음식을 말한다. 카샤룻은 먹어도 되는 음식을 코셔, 먹을 수 없거나 사용할 수 없는 식기를 트라이프라고 한다. 채소와 과일은 모두 코셔에 해당하고, 육류와 유제품은 함께 먹을 수 없으며 어류는 지느러미와 비늘이 있어야 먹을 수 있는 등 매우 엄격한 기준으로 유명하다.

09
미쉐린가이드
(Michelin Guide)

[한국공항공사]

프랑스의 타이어 회사 미쉐린이 발간하는 세계 최고 권위의 여행정보안내서로, 타이어 구매 고객에게 서비스로 배포한 자동차 여행 안내책자에서 출발했다. 숙박시설과 식당에 관한 정보를 제공해주는 '레드'와 박물관, 자연경관 등 관광정보를 제공해주는 부록 형태의 '그린'이 있다. '레드'의 평가원은 일반 고객으로 가장해 동일한 식당을 연간 5~6회 방문하여 평가를 하는데, 별점을 부여하는 방식(최고 별 3개)으로 등급을 나눈다(별 1개 : 요리가 훌륭한 식당, 별 2개 : 요리를 먹기 위해 멀리 찾아갈 만한 식당, 별 3개 : 그 요리를 위해 그곳으로 여행을 떠날만한 식당). '그린' 역시 별점을 부여하는 방식으로 평가한 후 소개한다.

>> 빕 구르망(Bib Gourmant)

미쉐린가이드 평가원들의 기준으로 합리적인 가격에 훌륭한 음식을 제공하는 레스토랑

10
공공미술

[경기콘텐츠진흥원]

영국의 존 윌렛은 1967년 〈도시 속의 미술(Art in a City)〉에서 소수 전문가들의 예술적 향유가 일반 대중의 예술 감각을 대변하는 것처럼 만들어 소수의 행위를 정당화시킨다고 비판하며 처음으로 이 용어를 사용했다고 한다. 그는 일반인들의 정서에 개입하는 미술개념으로서의 공공미술을 고안하였는데, 일반 대중이 쉽게 볼 수 있는 장소에 설치·전시되는 작품을 의미한다.

11
오마주
(Hommage)

[한국연구재단, 한국폴리텍]

오마주란 '존경, 경의'라는 뜻을 지닌 프랑스어로, 존경하는 예술가와 비슷하게 또는 원작 그대로 일부를 표현하는 것을 의미한다. 예술·문학작품에서는 존경하는 작가의 원작과 비슷한 작품을 창작하거나 원작을 그대로 재현해내는 것을 말하고, 영화에서는 존경하는 영화인 또는 영화의 장면을 재현해냄으로써 작가나 작품에 존경을 표하는 것을 나타낸다.

12
비엔날레
(Biennale)

[SBS, 예술의전당]

이탈리아어로 '2년마다'라는 뜻으로 미술 분야에서 2년마다 열리는 전시 행사를 일컫는다. 세계 각지에서 여러 종류의 비엔날레가 열리고 있지만, 그중에서도 가장 역사가 길며 그 권위를 인정받고 있는 것은 베니스 비엔날레이다. 1895년에 창설된 베니스 비엔날레는 2년마다 6월에서 9월까지 27개국의 독립 전시관과 가설 전시관을 설치하여 세계 각국의 최신 미술 경향을 소개하는 역할을 담당하고 있다. 우리나라는 1995년 제45회 전시부터 독립된 국가관을 개관하여 참가하고 있다.

13
앤솔로지 문학
(Anthology Literature)

[한국언론진흥재단]

문집을 뜻하는 'Anthology'는 '꽃을 따서 모은 것'을 의미하는 그리스어 'Anthologia'에서 유래한 것으로, 앤솔로지 문학은 편집자가 기존에 발표된 문학작품들을 모아 다시 수록한 작품집을 의미한다. 신춘문예, 문학상을 수상한 작품들을 모은 것, 테마를 정해 모은 것 등 종류가 다양하다.

14
도슨트
(Docent)

[인천교통공사]

'가르치다'를 의미하는 라틴어 'Docere'에서 유래한 말로 전문지식을 갖춘 안내인을 지칭한다. 박물관이나 미술관에서는 특정 전시나 작품에 대해 전문지식을 갖춘 안내인인 도슨트가 관람객에게 작품 등을 설명하는 이벤트를 진행한다.

>> **큐레이터(Curator)**
미술관 또는 박물관에서 작품을 수집 · 관리하고 전시회를 기획하는 등 미술관이나 박물관의 모든 일을 처리하는 관리자

15
크로스오버
(Crossover)

[한국문화예술위원회]

고전음악에 20세기 초·중반의 재즈와 록 등 다양한 음악이 융합된 새로운 장르의 음악을 말한다. 재즈 트럼펫 연주자 마일스 데이비스가 처음 재즈에 록비트를 섞어낸 앨범을 시작으로 80년대에는 동·서양의 음악이, 팝음악에 클래식이 결합되는 등 다양한 장르 간의 융합이 나타났다. 우리나라에서는 국악과 록, 힙합을 크로스오버했다고 평가되는 서태지와 아이들의 '하여가'와 같은 음악으로 대중들에게 알려지기 시작했다. 그 후에는 우리나라 고유의 악기인 가야금으로 팝송을 연주한 'Let It Be'가 나와 인기를 끌었다. 현재는 음악뿐만 아니라 대중문화 전반에 걸쳐 '서로 넘나드는' 크로스오버 현상이 두드러지고 있다.

16
MZ세대

[농업기술실용화재단]

1980년대~2000년대 초 출생해 디지털과 아날로그를 함께 경험한 밀레니얼 세대(Millennials)와 1990년 중반 이후 디지털 환경에서 태어난 Z세대(GenerationZ)를 통칭하는 말이다. 이들은 일에 대한 희생보다 스포츠, 취미 활동, 여행 등에서 삶의 의미를 찾으며 여가와 문화생활에 관심이 많다. 경제활동인구에서 차지하는 비율이 점차 높아지고 있으며, 향후 15년간 기존 세대를 뛰어넘는 구매력을 가질 것으로 평가된다. 디지털 미디어에 익숙하며 스포츠, 게임 등 동영상 콘텐츠를 선호한다.

Sec 04. 문화·미디어

17
셰익스피어의
4대 비극

[한국연구재단, 전남신용
보증재단]

셰익스피어가 쓴 대표적인 4대 비극을 말한다. 가장 먼저 발표된 〈햄릿〉은 복수 비극이다. 두 번째 작품 〈오셀로〉는 인간적 신뢰가 의심으로 무너지는 것을 그린 비극이다. 세 번째 작품 〈리어왕〉은 혈육 간 유대의 파괴가 우주적 질서의 붕괴로 확대되는 과정을 그린 비극이다. 마지막 작품인 〈맥베스〉에서는 충신의 왕위 찬탈과 그것이 초래하는 비극적 결말을 볼 수 있다.

18
세계 4대
뮤지컬

[한국장학재단, 예술의전당]

캣츠	영국의 대문호 T. S. 엘리어트의 시 '지혜로운 고양이가 되기 위한 지침서'를 뮤지컬로 만들었다. 시적 상상력을 바탕으로 고양이로 분장한 배우들이 인간 구원이라는 주제를 표현한 작품이다. 30여 개국에서 공연되어 관람객 5천만명에 공연 수입 22억달러를 올리는 등 경이로운 기록을 세웠다.
레미제라블	빅토르 위고의 소설을 뮤지컬화한 작품으로, 나폴레옹 제국 시대 이후 동맹국이 프랑스 왕으로 추대한 샤를 10세의 시대가 멸망하기까지의 이야기이다. 1987년 뉴욕 공연 후, 그해 토니상에서 작품상, 남우조연상, 여우조연상, 연출상, 극본상, 작사·작곡상을 비롯한 8개 부문에서 수상했다.
미스 사이공	클로드 미셸 숀베르크가 작곡하고 니콜라스 아리트너가 연출한 것으로, 베트남전쟁을 배경으로 하여 미군 병사와 베트남 여인의 슬픈 사랑을 애절하게 표현한 작품이다. 1989년 런던에서 초연되었는데, 당시 미국의 베트남전쟁 참가를 미화했다는 비난을 받기도 했다.
오페라의 유령	프랑스의 작가 가스통 르루의 원작 소설을 찰스 하트가 뮤지컬 극본으로 만들어 무대에 올린 작품이다. 한때 오페라 작곡가로 명성을 날렸으나 잊힌 천재가 되어버린 '오페라의 유령'이 호숫가에서 은둔 생활을 하던 중 미모의 오페라 가수 크리스틴에게 반하지만 결국 사랑은 실패로 끝난다는 내용을 담고 있다. 1988년 토니상에서 작품상을 비롯해 남우주연상, 여우주연상, 연출상, 장치상, 조명상 등을 수상했다.

19
엠바고
(Embargo)

[전남중소기업종합지원센터, 여수MBC, 서대문구 도시관리공단]

원래는 국제법상 사용되는 법률용어로, 잠정적인 출항 정지 또는 언론보도 유보를 가리키는 말이다. 과거 국가 간 분쟁 또는 어떠한 문제가 발생한 상태에서 자국의 항구에 입항하여 정박 중인 외국 선박의 출항을 허가하지 않고 문제해결 시까지 잠정적으로 출항을 정지시켜 억류하여 놓는 것을 가리키는 말이었으며, 언론에서 이를 차용하면서 보도를 한시적으로 유보하는 것을 의미하는 용어로도 쓰이게 되었다.

20
스낵컬처
(Snack Culture)

[KBS]

시간과 장소에 구애받지 않고 즐길 수 있는 스낵처럼 출퇴근 시간이나 점심시간 등 5~15분의 짧은 시간에 즐길 수 있는 문화 · 예술 콘텐츠의 신개념 소비문화를 말한다. 웹툰, 웹 소설과 웹 드라마가 대표적인 스낵컬처로 인기를 끌고 있다. 짧은 만큼 진지하거나 의미 있는 내용보다는 재미를 추구하는 스낵처럼 가벼운 콘텐츠가 주를 이룬다. 최근 네이버, 카카오 등 IT업체의 스낵컬처 분야에서의 경쟁이 치열해지고 있다.

21
미디어렙
(Media Representative)

[경기콘텐츠진흥원]

Media(매체)와 Representative(대표)의 합성어로, 방송사의 위탁을 받아 광고주에게 광고를 판매해주고 판매대행 수수료를 받는 회사이다. 이런 대행체제는 방송사가 광고를 얻기 위해 광고주에게 압력을 가하거나 자본가인 광고주가 광고를 빌미로 방송사에 영향을 끼치는 것을 일부 막아주는 장점이 있다.

22
판소리

[세종시설관리공단, 청주 MBC]

한 명의 소리꾼이 창(소리)·말(아니리)·몸짓(너름새)을 섞어가면서 긴 이야기를 노래하는 것이다.

• **판소리의 유파**

동편제	전라도 동북 지역의 소리, 단조로운 리듬, 짧고 분명한 장단, 씩씩하고 담백한 창법
서편제	전라도 서남 지역의 소리, 부드럽고 애절한 창법, 수식과 기교가 많아 감상적인 면 강조
중고제	경기도와 충청도 지역의 소리, 동편제와 서편제의 절충형, 상하성이 분명함

• **판소리의 3대 요소**

창	판소리에서 광대가 부르는 노래이자 소리로, 음악적인 요소
아니리	창자가 한 대목에서 다음 대목으로 넘어가기 전에 장단 없이 자유로운 리듬으로 말하듯이 사설을 엮어가는 것, 문학적인 요소
발림	판소리 사설의 내용에 따라 몸짓을 하는 것으로, 춤사위나 형용 동작을 가리키는 연극적 요소, 비슷한 말인 '너름새'는 몸짓으로 하는 모든 동작을 의미

• **판소리 5마당**
춘향가, 심청가, 흥보가, 적벽가, 수궁가

23
팝아트
(Pop Art)

[한국수력원자력]

1950년대 영국에서 시작된 팝아트는 추상표현주의의 주관적 엄숙성에 반대하며 TV, 광고, 매스미디어 등 주위의 소재들을 예술의 영역 안으로 받아들인 미술 사조를 말한다. 대중문화 속에 등장하는 이미지를 미술로 수용함으로써 순수예술과 대중예술의 경계를 깨뜨렸다는 평이 있는 반면, 이를 소비문화에 굴복한 것으로 보는 시선도 있다. 앤디 워홀, 리히텐슈타인 등이 대표적인 작가이다.

만화의 한 컷, 신문 보도사진의 한 장면 등 매스미디어의 매체를 실크스크린으로 캔버스에 전사 확대하는 기법으로 현대의 대량소비 문화를 찬미하는 동시에 비판한 인물이다.

24
매스미디어
효과 이론

[한국언론진흥재단]

매스 미디어가 대중에 끼치는 효과의 관한 이론으로, '강효과 · 중효과 · 소효과' 이론으로 구분한다.

• 강효과 이론 : 매스 커뮤니케이션의 효과가 매우 크다.	
탄환 이론	• 매스미디어는 고립된 대중들에게 즉각적 · 획일적으로 강력한 영향을 미침 • 피하주사식이론, 기계적 자극 · 반응 이론 등으로 불림
미디어 의존 이론	• 매스미디어 – 수용자 – 사회는 3원적 의존관계로 이루어짐 • 매스미디어에 대한 수용자의 의존도가 점점 높아지는 현대사회에서 매스미디어가 수용자나 사회에 미치는 효과는 매우 큼
모델링 이론	• 반두라의 사회적 학습 이론을 바탕으로 함 • 수용자들은 매스미디어의 행동양식을 모델로 삼아서 행동하므로, 매스미디어의 영향력은 매우 강력함
침묵의 나선 이론	• 인간은 자신의 의견이 사회적으로 지배적인 여론과 일치하면 이를 적극적으로 표현하지만 그렇지 않으면 침묵하는 경향이 있음 • 매스미디어는 지배적인 여론 형성에 큰 영향력을 행사함
문화계발 효과 이론	• 조지 거브너가 주장한 이론 • 매스미디어가 수용자에게 현실세계에 대한 정보를 제공함으로써 대중들의 관념을 형성시키며 강력한 영향력 행사

Sec 04
문화 · 미디어

- **중효과 이론** : 매스 커뮤니케이션의 효과는 크지도 작지도 않다.

이용과 충족 이론	• 인간은 각자의 필요를 충족시키기 위해 매스미디어를 이용하므로 메시지를 받아들일 준비가 된 사람에게만 영향을 끼침 • '사람들이 매스미디어로 무엇을 하느냐'라는 관점에서 연구
의제설정 이론	• 매스미디어는 특정 주제를 강조함으로써 사회의 이슈를 만들고 대중들의 의제 설정에 기여한다. • 미디어가 중요하게 다루는 것이 대중에게도 중요한 주제가 됨

- **소효과 이론** : 매스 커뮤니케이션의 효과는 그리 크지 않다.

선별효과 이론	• 매스미디어의 효과는 수용자의 능동적 선별에 따라 한정적 • 수용자는 자신의 가치관과 일치하는 메시지는 받아들이지만 그렇지 않으면 별다른 반응을 보이지 않음
2단계유통 이론	• 매스미디어의 영향력은 의견지도자를 거쳐 수용자들에게 전달 • 매스미디어보다 대인 접촉이 더 큰 영향력을 발휘함

25
광고의 종류

[한국보훈복지의료공단,
한국언론진흥재단, MBC]

푸티지 (Footage Advertisement)	• 드라마나 예능 프로그램의 영상을 광고로 활용하는 기법 • 프로그램에 대한 호감이 브랜드와 제품에까지 연결된다.
네이티브 (Native Advertising)	• 특정 플랫폼이나 웹사이트에 자연스럽게 맞추어 기획·제작된 기사 형태의 광고
PPL (Products in Placement Advertising)	• 영화·드라마 등에 특정 제품을 노출시키는 간접광고 • 엔터테인먼트 콘텐츠 속에 기업의 제품을 소품이나 배경으로 등장시켜 소비자들에게 의식·무의식적으로 제품을 광고하는 것이다.
서브리미널 광고 (Subliminal Message)	메시지를 교묘하게 전달해, 수용자는 광고의 존재를 의식하지 못하지만 잠재의식은 그에 감화되는 광고이다. 주로 성적인 메시지를 담는 경우가 많아 외국에서는 법적으로 규제되기도 한다.

티저 (Teaser Advertising)	• 처음에는 상품명을 감추거나 일부만 보여주고 궁금증을 유발하며 서서히 그 베일을 벗기는 방법 • 티저는 '놀려대는 사람'이라는 뜻으로, 소비자의 구매의욕을 유발하기 위해 처음에는 상품광고의 주요 부분을 감추고 점차 공개하는 것이다.
인포머셜 (Informercial)	• 상품의 정보를 상세하게 제공하여 구매 욕구를 유발하는 것 • Information(정보)과 Commercial(광고)의 합성어로, 상품에 관한 정보를 가능한 한 많이 제공함으로써 소비자의 이해를 돕고 관심을 불러일으키는 방법이다.
애드버토리얼 (Advertorial)	• 신문 · 잡지에 기사 형태로 실리는 논설식 광고 • 기사 속에 관련 기업의 주장이나 식견 등을 소개하면서 회사명과 상품명을 표현하는 기사광고이다.
POP (Point Of Purchase Advertisement)	• 소비자가 상품을 구매하는 시점에 전개되는 광고 • 포스터나 옥외간판 등 소비자가 상품을 구입하는 장소 주변에서의 광고를 말하고, 이는 직접적으로 구매를 촉진한다.
앰비언트 (Ambient Advertising)	• 주변의 환경이나 사물들을 활용하는 광고 기법 • 익숙한 것들을 낯설게 하는 발상의 전환이 요구된다.
키치 (Kitsch Advertisement)	• 언뜻 보아서는 무슨 내용인지 알 수 없는 광고 • 감각적이고 가벼운 것을 좋아하는 신세대의 취향을 만족시킨다.
버추얼 (Virtual Advertising)	• 가상의 이미지를 방송 프로그램에 끼워 넣는 '가상광고' • 컴퓨터 그래픽을 이용해 방송 중인 프로그램의 광고의 이미지를 삽입시키는 것으로, 우리나라는 2010년 1월부터 지상파 TV에서 가상광고가 가능해졌다.
비넷 (Vignet Advertisement)	한 가지 주제에 맞춰 다양한 장면을 짧게 연속적으로 보여줌으로써 강렬한 이미지를 주는 광고 기법

트레일러 (Trailer Advertising)	• 메인 광고 뒷부분에 다른 제품을 알리는 맛보기 광고 • 한 광고로 여러 제품을 다룰 수 있어 광고비가 절감되지만 주목도가 분산되므로 고가품에는 활용되지 않는다.
더블업 (Double effect of Advertisement)	• 특정 제품을 함께 홍보하는 광고 기법 • '광고 속의 광고'라고도 하며 소비자들에게 무의식 중에 광고효과를 유발한다.
배너 (Banner Advertisement)	• 인터넷 사이트에 노출되는 막대 모양의 광고 • 배너 광고를 클릭하면 관련 사이트로 자동 연결되며 방문자 수, 클릭 수 등을 기준으로 광고료가 책정된다.
무드 (Mood Advertisement)	• 분위기에 의한 정서적 효과를 노린 광고 • 여성을 대상으로 한 광고에 많이 사용되며 만족감, 즐거움 등의 전체적인 분위기를 표현하여 그 분위기를 광고하는 상품에 연결시키는 기법이다.
레트로 (Retrospective Advertising)	과거에 대한 향수를 느끼게 하는 추억 유발 광고

26 저널리즘의 유형

[SBS, 한국언론진흥재단, 동대문구시설관리공단]

가차저널리즘 (Gotcha Journalism)	사안의 맥락과 관계없이 유명인사의 사소한 실수나 해프닝을 흥미 위주로 집중보도하는 저널리즘
경마저널리즘 (Horse Race Journalism)	• 경마를 구경하듯 후보자의 여론조사 결과 및 득표상황만을 집중보도하는 형태 • 선거에 필요한 본질적인 내용보다는 흥미 위주의 보도
그래프저널리즘 (Graph Journalism)	• 사진 위주로 편집된 간행물 • 사회문제 및 패션·문화 등의 소재를 다룸
뉴저널리즘 (New Journalism)	• 1960년대 이후 기존 저널리즘의 관념을 거부하며 등장 • 속보성·단편성을 거부하고 소설의 기법을 이용해 심층적인 보도 스타일을 보임
블랙저널리즘 (Black Journalism)	숨겨진 사실을 드러내는 취재활동으로, 약점을 이용해 보도하겠다고 위협하거나 특정 이익을 위해 보도하기도 함

비디오저널리즘 (Video Journalism)	• 1명의 저널리스트가 소형 장비를 이용해 취재 · 촬영 · 편집의 전 과정을 담당하는 유형 • 기동성이 높고 각종 문제를 심도 있게 다룰 수 있어 VJ를 통한 외주 제작의 비율이 증가하는 추세
센세이셔널리즘 (Sensationalism)	스캔들, 범죄 기사 등 대중들의 호기심을 자극하는 내용 위주로 보도하는 형태
스트리트저널리즘 (Street Journalism)	• 시민들이 거리의 기자가 되어 언론에 참여하는 형태로, 시민 저널리즘이라고도 함 • 통신 장비의 발달로 1인 미디어의 영향이 더욱 확대
옐로저널리즘 (Yellow Journalism)	• 독자들의 호기심을 자극하고 끌어들이기 위해 선정적 · 비도덕적인 보도를 하는 형태 • 황색언론이라고도 하며 범죄 · 스캔들 · 가십 등 원시적 본능을 자극하는 흥미 위주의 소재를 다룸
제록스저널리즘 (Xerox Journalism)	극비 문서를 몰래 복사하여 발표하는 저널리즘으로, 비합법적인 폭로 기사 위주의 보도 형태
체크북저널리즘 (Checkbook Journalism)	• 유명인사들의 스캔들 기사 등과 관련해 언론사가 거액의 돈을 주고 취재원으로부터 제보를 받거나 인터뷰를 하는 것 • 취재 경쟁이 과열되면서 발생한 저널리즘으로, 수표저널리즘이라고도 함
크로니저널리즘 (Crony Journalism)	영향력 있는 인사에 대한 나쁜 뉴스를 무시하는 언론인들의 윤리 부재 및 관행
파라슈트 저널리즘 (Parachute Journalism)	• 현지 사정을 잘 모르는 기자가 선입견에 따라 기사를 제공 • 낙하산 저널리즘이라고도 하며 뉴스거리가 있는 어느 곳이라도 가서 즉각적으로 기사를 작성하는 것
팩저널리즘 (Pack Journalism)	• 취재 방법 및 시각이 획일적인 저널리즘으로, 신문의 신뢰도 하락을 불러옴 • 정부 권력에 의한 은밀한 제안 및 강압에 의해 양산됨
퍼블릭저널리즘 (Public Journalism)	• 언론인들이 시민들로 하여금 공동체 문제에 참여하도록 유도하여 민주주의의 활성화에 영향을 끼치는 것 • 취재원의 다양화 및 여론의 민주화를 가져옴

문화 · 미디어

Sec 04

안심Touch

포토저널리즘 (Photo Journalism)	사진을 중심으로 시사 문제를 보도하는 저널리즘으로, 픽토리얼 저널리즘이라고도 함
하이에나 저널리즘 (Hyena Journalism)	권력 없고 힘없는 사람에 대해서 집중적인 매도와 공격을 퍼붓는 저널리즘
하이프저널리즘 (Hipe Journalism)	오락만 있고 정보는 전혀 없는 저널리즘
데이터저널리즘 (Data Journalism)	CAR(Computer Asisted Reporting, 컴퓨터 활용 취재보도)을 통해 엄청난 양의 데이터를 수집한 후 통계적으로 분석해 보도하는 저널리즘

27 미장센
(Mise-en-scene)

[경북관광공사]

영화에서 연출가가 모든 시각적 요소를 배치하여 단일한 화면에 메시지를 만들어내는 작업으로, 몽타주와 상대적인 개념으로 쓰인다. 특정 장면 한 컷에 영화적 요소와 이미지가 주제를 드러내도록 한다. 관객의 능동적 참여를 요구하며, 주로 예술영화에서 강조되는 연출기법이다.

>> 몽타주(Montage)

프랑스어의 '조립하다(Monter)'에서 유래된 말로 여러 가지 쇼트들의 연결로 새로운 의미를 창조하는 영화편집을 의미한다. 일반적으로 영화에서 각각 촬영된 필름을 결합하여 하나의 완성된 작품을 만들어내는 편집을 총칭한다.

28 누벨바그
(Nouvelle Vague)

[영화진흥위원회, 전주 MBC]

'새로운 물결(New Wave)'이라는 뜻의 프랑스어로, 1958년경부터 프랑스 영화계에서 젊은 영화인들이 주축이 되어 펼친 1950년대 프랑스의 영화산업 혁신운동이다. 쇠퇴해가는 기존의 프랑스 영화 산업에 대한 반향이었다고 할 수 있다. 이후 프랑스 영화는 소그룹의 제작, 사실적인 구성, 즉흥적인 연출 등을 통해 개인적 · 창조적인 방식으로 제작되었다.

29
게이트키핑
(Gate Keeping)

[한국언론진흥재단]

편집장 혹은 뉴스 결정권자에 의해서 뉴스가 취사·선택되는 것을 의미한다. 뉴스 미디어 조직은 다양한 뉴스들 중에서 일정한 것의 노출 여부를 결정하는데 이 과정이 바로 게이트키핑이며, 이러한 작업을 하는 사람을 게이트키퍼(Gate Keeper)라고 한다. 뉴스의 선택유무는 게이트키퍼의 가치관, 계급배경, 성장 및 교육배경과 미디어 조직의 가치 및 규범 등이 영향을 미치며, 외부적인 요인도 크게 작용한다.

30
카피레프트
(Copyleft)

[KBS]

1984년 리처드 스톨먼이 주장한 것으로 저작권(Copyright)에 반대되는 개념이며, 정보의 공유를 위한 조치이다. 카피레프트를 주장하는 사람들은 지식과 정보는 소수에게 독점되어서는 안 되며 모든 사람에게 열려 있어야 한다고 주장한다.

> **>> 카피라이트(Copyright)**
>
> 음악, 영화, 예술품이나 기술과 같은 지적활동의 결과로 만들어진 창작물을 원작자의 동의 없이 함부로 인용하거나 복제할 수 없도록 하는 것이다. 예를 들어 소설을 창작했을 때 저자는 소설을 책으로 인쇄하고 배포하고, 영화로 만드는 등의 모든 행위에 대한 권리를 보호받을 수 있다.

31
칸타타

[한국언론진흥재단, 전주 MBC]

아리아, 중창, 합창 등으로 이루어진 대규모 성악곡을 말한다. 가사의 내용에 따라 세속칸타타와 종교칸타타로 구별되며 극적인 요소는 없다. 17세기부터 18세기 중엽에 이르는 바로크시대에 가장 성행한 형식이다.

> **>> 레퀴엠(Requiem)**
>
> 가톨릭교회에서 죽은 자의 평안을 기리기 위해 부르는 합창곡으로 오케스트라나 파이프 오르간이 연주되는 큰 곡이다. 모차르트와 브람스의 '레퀴엠'이 유명하다.

Sec 04
문화·미디어

32
음악의
빠르기

[전남신용보증재단, 한국
언론진흥재단]

라르고(Largo) : 아주 느리고 폭넓게 → **아다지오(Adagio)**
: 아주 느리고 침착하게 → **안단테(Andante)** : 느리게 →
모데라토(Moderato) : 보통 빠르게 → **알레그레토**
(Allegretto) : 조금 빠르게 → **알레그로(Allegro)** : 빠르게
→ **비바체(Vivace)** : 빠르고 경쾌하게 → **프레스토(Presto)**
: 빠르고 성급하게

33
교향곡
(Symphony)

[세종시설관리공단, 한국
소비자원]

동시에 울리는 음을 뜻하는 그리스어 심포니아(Symphonia)
를 어원으로 하는 18~19세기 고전파 음악의 대표적 장르이
다. 보통 소나타 형식의 제1악장, 리트 형식의 제2악장, 미뉴
에트나 스케르초 형식의 제3악장, 론도나 소타나 형식의 제4
악장으로 구성되어 있다. '교향곡의 아버지'라 불리는 하이든
은 성립 초기의 교향곡이라는 장르를 한층 더 완성시키며
106곡의 교향곡을 남겼다. 이후 모차르트, 베토벤, 슈베르트
등의 작곡가들은 교향곡을 더욱 발전시켜 많은 곡들을 작곡
했다. 그중에 베토벤의 〈운명〉, 슈베르트의 〈미완성〉, 차이
코프스키의 〈비창〉은 세계 3대 교향곡이라 불린다.

>> **고전파 음악**

18세기 중엽~19세기 초 바로크시대와 낭만파시대 사이에 성행한 음
악으로 하이든, 모차르트, 베토벤 등이 음악의 발전에 큰 기여를 했다.

34
르네상스
3대 화가와
주요작품

[대구시설공단]

레오나르도 다 빈치	• 〈모나리자〉 • 〈최후의 만찬〉 • 〈동굴의 성모〉
미켈란젤로 부오나로티	• 〈피에타〉 • 〈최후의 심판〉 • 〈계단의 성모〉
라파엘로 산치오	• 〈아테네 학당〉 • 〈성모〉 • 〈갈라테아의 초상〉

35 근대미술사조

[청주MBC, 예술의전당]

신고전주의	• 18~19세기에 걸쳐 서구 전역에 나타난 예술양식 • 합리주의적 미학에 바탕을 둔 정확한 묘사 • 대표화가 : J. L. 다비드, 장 오귀스트 도미니크 앵그르
낭만주의	• 18~19세기 중반, 자유로운 내면세계를 표출한 양식 • 개성을 중시하고 주관적 · 감정적 태도가 두드러짐 • 대표화가 : 외젠 들라크루아
사실주의	• 19세기 중엽, 프랑스 예술의 주류를 이룸 • 객관적 대상을 정확하게 묘사하려는 태도 • 대표화가 : 장 프라수아 밀레, 귀스타브 쿠르베 등
인상주의	• 19세기 후반 프랑스에서 일어난 중요한 회화운동 • 시간의 흐름에 따른 자연의 변화를 세밀하게 표현 • 대표화가 : 클로드 모네, 에두아르 마네, 카미유 피사로, 오귀스트 르누아르

36 현대미술사조

[청주MBC, 부산교통공사]

야수파	• 20세기 초반 모더니즘 예술에서 나타난 미술사조 • 강렬한 표현과 대담한 원색 사용, 형태의 단순화 • 대표화가 : 앙리 마티스, 앙드레 드랭, 모리스 블라맹크, 조르주 루오
입체파	• 20세기 초 야수파의 뒤를 이어 프랑스에서 일어남 • 물체의 모양을 분석하고 구조를 연결하여 기하학적으로 재구성 • 대표화가 : 파블로 피카소, 조르주 브라크
표현주의	• 20세기 초 반(反)인상주의로 독일에서 일어난 운동 • 극단적 형태 변화와 단순화로 내면세계 표현 • 대표화가 : 에드바르트 뭉크, 마르크 샤갈, 파울 클레, 오스카 코코슈카
미래파	• 20세기 초 이탈리아에서 일어난 전위예술운동 • 전통을 부정하고 현대생활의 약동감과 속도감 표현 • 대표화가 : 움베르토 보치오니, 지노 세베리니, 루이지 루솔로
초현실주의	• 1919년부터 제2차 세계대전 발발 직후까지 프랑스에서 일어난 예술운동 • 무의식 영역에 큰 관심을 가졌고, 초월적인 현실에 도달하고자 함 • 콜라주 · 프로타주 등의 표현기법 사용 • 대표화가 : 살바도르 달리, 호안 미로, 르네 마그리트

>> 샤갈

러시아 출신의 프랑스 화가로 독창적이고 환상적인 작품을 많이 남겼다. 피카소와 함께 20세기 최고의 화가로 불린다.

37
칙릿
(Chick Lit)

[창원시시설관리공단]

'젊은 여성'을 뜻하는 미국 속어 '칙(Chick)'과 '문학(Liter-ature)'의 줄임말 '릿(Lit)'을 합성한 단어이다. 일반적으로 20~30대 여성들의 일과 사랑에 대한 이야기를 담고 있는 소설을 가리킨다. 영국을 비롯한 유럽 지역과 미국에서 등장하기 시작한 후에 수많은 발행부수를 기록하며 선풍적인 인기를 끌었고, 이를 시나리오로 각색한 영화와 드라마도 다수 제작되었다.

38
핫 미디어와
쿨 미디어

[한국언론진흥재단, 부천
문화재단]

마셜 맥루한이 정보의 양과 선명의 정도를 기준으로 미디어를 나눈 이론이다.

핫 미디어	정보의 양이 많고 논리적이지만 감정의 전달이 어렵고 수용자의 참여 정도가 약하다. 신문, 잡지, 라디오, 영화, 사진 등이 대표적이다.
쿨 미디어	정보의 정세도가 낮고 부족하지만 수용자의 높은 참여를 요구한다. TV, 전화, 만화 등이 대표적이다.

39
중간광고
(Commercial Break)

[여수MBC]

1개의 동일한 방송프로그램이 시작한 후부터 종료되기 전까지 사이에 그 방송프로그램을 중단하고 편성하는 광고를 말한다(방송법 제73조 제2항 제2호). 방송법 시행령 제59조 2항에 따라 종합유선방송 · 위성방송 사업자는 전체 광고시간규제 내에서 편성할 수 있다. 지상파방송사업자의 텔레비전방송채널과 라디오방송채널의 경우 중간광고는 할 수 없지만 운동경기, 문화 · 예술행사 등 그 중간에 휴식 또는 준비시간이 있는 방송프로그램을 송신하는 경우에는 휴식 또는 준비시간에 한정하여 중간광고를 할 수 있으며, 이 경우 중간광고의 횟수 및 매회 광고시간에 제한을 두지 아니한다. 중간광고를 하는 경우 방송사업자는 중간광고가 시작되기 직전에 시청자가 이를 명확하게 알 수 있도록 자막 · 음성 등으로 고지해야 한다.

>> 종합편성채널

케이블TV와 위성방송, IPTV 등을 통하여 뉴스 · 드라마 · 교양 · 오락 · 스포츠 등 모든 장르를 편성하여 방송할 수 있는 채널을 말한다. 케이블TV나 위성TV를 통해서만 송출하기 때문에 채널에 가입한 가구만 시청할 수 있다는 점이 지상파와 다르다. 이러한 종합편성채널은 24시간 방송을 할 수 있고, 중간광고도 허용된다. 2009년 국회에서 통과된 방송법 · 신문법 · 인터넷멀티미디어방송사업법(IPTV법) 등 미디어 관련법 개정에 따라 방송통신위원회는 '종합편성 및 보도전문 방송채널사용사업 승인 대상법인'을 통해 종합편성채널사용사업자(PP)로 중앙일보(JTBC), 조선일보(TV조선), 동아일보(채널A), 매일경제TV(MBN)를 승인했다.

40
루핑효과
(Looping Effect)

[한국언론진흥재단, 방송통신심의위원회]

평소에는 인지하지 못하던 것을 언론 등 미디어의 보도가 인식 · 확산시키는 현상을 말하는 것으로, 언론의 책임의식과 신중한 보도태도를 강조한다. 캐나다의 이안 해킹 교수가 〈만들어진 사람들(Making Up People)〉이라는 논문에서 언론이 현실을 보도하는 데 그치는 것이 아니라 보도한 현실이 또 다른 현실을 만들어낸다고 하며 사용했다.

>> 프레이밍효과

다양한 상황에 대한 개인의 가치판단이 그러한 상황을 접하는 방식과 상황을 전달하는 이의 표현 방식에 의해 크게 달라진다는 미디어 이론이다. 동일한 사건이라도 미디어의 보도 양태에 따라 사건에 대한 대중의 이미지가 크게 바뀌는 현상을 가리킨다.

41
발롱데세
(Ballon d'essai)

[한국언론진흥재단]

기상상태를 관측하기 위하여 사용하는 시험 기구에서 비롯된 말로, 상대방의 의견이나 여론의 방향을 알아보기 위해 시험적으로 특정 의견 또는 정보를 언론에 흘림으로써 여론의 동향을 탐색해 보는 것을 말한다.

42
레인코트 프로그램
(Raincoat Program)

[한국언론진흥재단]

스포츠나 공연 등의 중계방송이 예정되어 있는데, 날씨나 갑작스러운 사고 등으로 인해 중계를 할 수 없거나 예정 시간보다 단축되었을 때에 대비하여 미리 준비해놓는 프로그램을 말한다.

>> **파일럿 프로그램**

정식으로 편성되기 전 시청자와 광고주의 반응을 살펴보기 위해 제작 · 방송하는 프로그램

43
퓰리처상
(Pulitzer Prize)

[한국언론진흥재단]

1911년 사망한 미국의 신문왕 조셉 퓰리처의 유산을 기금으로 하여 1917년 창설된 퓰리처상은 미국에서 가장 권위 있는 언론 · 문학 · 음악상이다. 뉴스 · 보도사진 14개 부문과 문학 · 음악 7개 부문에서 수상자를 선정하며 매년 4월 수상자를 발표한다.

44
스쿠프
(Scoop)

[부산교통공사]

일반적으로 특종기사를 다른 신문사나 방송국에 앞서 독점 보도하는 것을 말하며 비트(Beat)라고도 한다. 대기업이나 정치권력 등 뉴스 제공자가 숨기고 있는 사실을 정확하게 폭로하는 것과 발표하려는 사항을 빠르게 입수해 보도하는 것, 이미 공지된 사실이지만 새로운 문제점을 찾아내 새로운 의미를 밝혀주는 것 등이 있다.

45
오프더레코드
(Off-the-record)

[한국언론진흥재단]

보도하지 않는 것을 전제로, 기록에 남기지 않는 비공식 발언을 말한다. 소규모 집회나 인터뷰에서 뉴스 제공자가 오프더레코드를 요구하는 경우, 기자는 그것을 공표하지 않겠다고 약속하고 발언자의 이야기를 정보로서 참고만 할 뿐 기사화해서는 안된다. 취재기자는 오프더레코드를 지키는 것이 기본자세이지만 반드시 지켜야 할 의무는 없다.

46
선댄스 영화제

[한국문화예술위원회]

미국의 감독 겸 배우 로버트 레드포드가 할리우드의 상업주의에 반발하고 독립영화 제작에 활기를 불어넣기 위해 설립한 영화제이다. 선댄스협회가 설립된 뒤, 1985년 미국 영화제를 흡수하며 만들어졌다.

> **>> 아카데미상(Academy Award, OSCAR)**
>
> 1929년에 시작된 것으로 오스카상으로도 불린다. 전년도에 발표된 미국 영화 및 LA에서 1주일 이상 상영된 외국 영화를 대상으로 우수한 작품과 그 밖의 업적에 대하여 해마다 봄철에 시상한다. 수상작은 아카데미 회원이 뽑는데, 할리우드에는 배우조합, 감독협회, 촬영감독협회 같은 부문별 직능 단체가 있고, 특별한 실적이 있는 사람이 아카데미 회원으로 추천된다. 즉, 미국에서 영화 제작에 직접 관여하는 사람들만 수상작을 뽑을 수 있는 영화인 위주의 상이라는 특징을 갖고 있다.

47
내셔널 굿즈
(National Goods)

[영화진흥위원회]

국가적인 행사나 문화재 등을 홍보하고자 일상용품에 해당 디자인을 넣어 제작한 상품을 가리키는 말이다. 우리나라가 2018 평창 동계올림픽을 개최하며 제작한 평창 롱패딩, 수호랑 인형, 평창 스니커즈 등 올림픽과 관련된 내셔널 굿즈들이 매진을 기록하며 화제가 됐다. 이뿐만 아니라 국립중앙박물관에서 판매되고 있는 우리나라 고유의 문양이나 회화로 디자인한 문구류, 잡화 등 다양한 내셔널 굿즈도 꾸준히 좋은 평가를 받고 있다.

48
콘클라베
(Conclave)

[한국전력거래소]

가톨릭의 교황을 선출하는 선거시스템이다. 교황 서거 또는 사임 후 추기경들에 의해 진행된다. 교황선거자인 추기경들이 외부로부터 격리되어 시스티나 성당에 모여 비밀투표를 반복하는 것으로, 투표자의 3분의 2 이상의 표가 나올 때까지 계속한다. 교황 선거에 참가할 수 있는 추기경은 80세 미만으로 한정된다.

49
주요 오페라와
작곡가

[청주MBC]

모차르트	〈피가로의 결혼〉, 〈돈 조반니〉, 〈여자는 다 그래〉, 〈마적〉
로시니	〈세빌리아의 이발사〉, 〈빌헬름 텔〉, 〈신데렐라〉
푸치니	〈투란도트〉, 〈나비부인〉, 〈토스카〉, 〈라보엠〉
베르디	〈아이다〉, 〈리골레토〉, 〈라 트라비아타〉, 〈오델로〉
비제	〈카르멘〉
바그너	〈탄호이저〉, 〈니벨룽겐의 반지〉, 〈파르지팔〉, 〈방황하는 네덜란드인〉

50
훈민정음
해례본

[경북관광공사, 부산정보
산업진흥원]

조선시대 성삼문, 박팽년 등 세종과 함께 한글을 만들었던 집현전 학자들이 한글의 자음과 모음을 만든 원리와 용법을 상세하게 설명한 글이다. 한글을 만든 이유와 사용법이 기록된 훈민정음 예의는 전해져 왔지만 한글 창제의 원리가 기록된 훈민정음 해례는 알려지지 않았다. 그러다 1940년 간송 전형필의 노력 끝에 예의와 해례가 모두 실려 있는 훈민정음 정본이 발견되었는데, 이를 훈민정음 해례본이라고 부른다.

>> 간송 전형필(1906~1962)

일제의 식민통치로 말살되어 가는 우리의 민족정기를 살리기 위해서는 민족의 문화와 전통을 지켜야 한다고 생각하여 문화재 수집 및 보호에 사활을 걸었다. 조상으로부터 물려받은 막대한 재산으로 지식인들을 후원했고, 1938년 성북동에 우리나라 최초의 사립박물관을 설립했다.

51
세계 4대
통신사

[한국언론진흥재단]

AP (Associated Press)	1848년 설립된 세계 최대의 통신사로, 비영리법인이다. 뉴스취재망과 서비스망을 가지고 문자·사진·그래픽·오디오·비디오 뉴스 등을 제공한다.
UPI (United Press International)	1907년 뉴욕에서 창설된 통신사로, 제1·2차 세계대전을 겪으며 국제통신사로 성장했다. 하지만 여러 차례 소유주가 바뀌면서 쇠퇴하기 시작했고 2000년 통일교 교주 문선명이 세운 뉴스월드커뮤니케이션스에 인수되었다.
AFP (Agence France Presse)	1835년 설립되어 근대적 통신사의 기원이라 불리는 아바스 통신사가 그 전신으로, 프랑스는 물론 라틴아메리카·서아시아 등 세계에서 활동하고 있다.
로이터(Reuters)	1851년 설립되어 영국의 뉴스 및 정보를 제공하는 국제통신사이다. 정확하고 신속한 보도가 강점이며 금융정보 제공의 비중이 크다.

52
아르누보
(Art Nouveau)

[한국공항공사]

'새로운 예술'이라는 의미를 가진 단어로 19세기 말 ~ 20세기 초에 걸쳐 서유럽을 비롯하여 미국까지 널리 유행했던 장식미술을 말한다. 그 명칭은 1895년 파리의 '메종 드 아르누보(Maison de l'Art Nouveau, House of New Art)'라는 화랑 이름에서 유래했다. 유럽의 전통 예술 양식에 반박하는 당시 미술계의 풍조를 반영하여 과거의 것에서 탈피한 새로운 양식을 창출하고자 하는 운동으로 나타났는데, 우아한 곡선과 소재로 꽃을 사용한다는 특징이 있다.

>> 아르데코(Art Deco)

1925년 파리에서 개최된 'Les Art Decoratifs(현대 장식 미술·산업 미술 국제전)'에서 유래해 붙여진 이름으로, 1920 ~ 1930년대 파리를 중심으로 유행한 장식미술의 한 형태를 말한다. 기본적인 형태가 반복되거나 동심원·지그재그 무늬 등 기하학적인 형태와 강렬한 색조를 표현한다는 특징이 있다.

53
알레브리헤
(Alebrije)

[KBS]

멕시코 등 중남미 국가에서 축제 때 사용하던 피냐타와 카니발 마스크를 만들던 페드로 리나레스에 의해 창시된 멕시코의 민속 조각예술을 말한다. 리나레스는 해괴한 동물들이 '알레브리헤'라고 외치며 다니는 꿈을 꾸었는데, 이후 그가 꿈속의 모습을 떠올리며 비현실적인 형상에 다채로운 색을 입힌 조각상을 만들게 된 것이 알레브리헤의 유래이다. 그의 작품을 유명한 화가 디에고 리베라와 프리다 칼로가 극찬하면서 알려졌고, 2007년부터 멕시코에서는 알레브리헤 퍼레이드도 개최하기 시작했다. 오늘날에는 알레브리헤가 잡귀를 물리치고 가정의 평안을 가져온다는 의미를 담고 있다. 2017년 개봉한 영화 〈코코〉에서는 죽은 자들의 세계에 살고 있는 동물들이 '알레브리헤'라는 존재로 등장했는데, 극중 주인공을 지켜주며 바른 길로 인도하는 역할로 그 상징성을 드러냈다.

54
세계 4대 메이저 테니스 대회

[KBS]

국제테니스연맹(ITF)이 관장하는 국제 테니스 대회로, 이 4개 대회에서 그 해에 모두 우승할 경우 그랜드슬램(Grand Slam)을 달성했다고 한다.

대회	내용
윔블던 (Wimbledon)	가장 오랜 역사를 지닌 테니스 대회이며 정식명칭은 'All England Tennis Championship'이다. 1877년 제1회 대회가 개최되었고, 1968년 프로선수와 외국선수들에게 본격적으로 오픈되었다.
US 오픈 (US Open)	1881년 US National Championships라는 이름으로 시작하여 1965년 US 오픈으로 개칭했다. 상금을 성별 구분 없이 같은 액수로 정한 최초의 대회이자, 메이저 대회 중 총상금이 가장 많은 대회이다.
프랑스 오픈 (French Open)	1891년 출범해서 1968년부터는 프로선수들에게 오픈되었다. 매년 파리 근교의 롤랑가로 테니스 클럽에서 개최된다.
호주 오픈 (Australian Open)	1905년에 개최되어 1969년부터 프로선수들에게 오픈되었다. 4대 메이저 대회 중 가장 역사가 짧고 상금이 낮아 톱시드 선수들의 참가가 저조한 편이다.

>> 골든그랜드슬램과 커리어그랜드슬램	
골든그랜드슬램	커리어그랜드슬램
커리어그랜드슬램 달성 + 올림픽 금메달 획득	4대 메이저 대회에서 한 해 이상에 걸쳐 우승

55
골프
메이저대회

[경상대학병원]

- PGA(Professional Golf Association) : 남자프로골프협회
- LPGA(Ladies Professional Golf Association) : 여자프로골프협회

구분	대회명
PGA	• 브리티시 오픈(British Open, 1860) • US오픈(US Open, 1895) • PGA 챔피언십(PGA Championship, 1916) • 마스터스(Masters, 1930)
LPGA	• US 여자오픈(US Women's Open, 1946) • KPMG 우먼스 PGA 챔피언십(1955) • ANA 인스퍼레이션(1972) • 리코 브리티시 여자오픈(Ricoh Womens British Open, 1976) • 에비앙 챔피언십(Evian Championship, 1994)

56
스켈레톤
(Skeleton)

[한국수력원자력]

엎드린 자세로 썰매를 타고 빙판 트랙을 활주하는 스포츠 종목이다. 북아메리카 원주민들이 겨울에 짐을 운반하기 위해 이용하던 썰매에서 유래했는데, 이를 스위스에서 스포츠 경기로 발전시킨 것이다. 1928년 스위스에서 열린 동계올림픽에서 정식종목으로 채택된 후 중단과 복귀를 반복했다. 2002년부터 정식종목으로 복귀한 뒤 유지되고 있다. 그리고 이때부터 여자 종목도 추가되었다.

문화 · 미디어

Sec 04

57

펜싱

(Fencing)

[한국소비자원]

플뢰레 (Fleuret)	프랑스어의 꽃을 뜻하는 'fleur'에서 나온 말로 칼날의 끝이 꽃처럼 생겨서 붙은 이름이다. 플뢰레는 심판의 시작 선언 후 먼저 공격적인 자세를 취한 선수에게 공격권이 주어진다. 공격을 당한 선수는 반드시 방어해야만 공격권을 얻을 수 있으며 유효 타깃은 얼굴, 팔, 다리를 제외한 몸통이다.
에페 (Épée)	그리스어의 창, 검 등을 의미하는 'speer'에서 유래됐다. 에페는 먼저 찌르는 선수가 득점을 하게 된다. 마스크와 장갑을 포함한 상체 모두가 유효 타깃이며 하체를 허리 부분부터 완벽하게 가릴 수 있는 에이프런 모양의 전기적 감지기 옷이 준비되어 있다.
사브르 (Sabre)	검이란 뜻으로 베기와 찌르기를 겸용할 수 있는 검을 사용한다. 베기와 찌르기가 동시에 가능하다. 유효 타깃은 허리뼈보다 위이며 머리와 양팔도 포함된다.

58

퍼펙트게임

(Perpect Game)

[부산교통공사]

한 명의 투수가 선발로 출전하여 상대팀에게 득점 · 안타 · 포볼 · 데드볼을 주지 않고, 단 한 명의 주자도 출루하는 것을 허용하지 않은 게임을 말한다. 노히트노런과 함께 투수에게 부여되는 영광의 기록이지만 달성하기는 매우 어렵다. 메이저리그에서는 1880년 웨체스터 리치먼드가 최초로 기록했고, 우리나라에서는 2011년 9월 17일 당시 롯데의 이용훈이 최초이다.

> **>> 연장 10회 노히트노런**
>
> 9회까지 노히트노런을 기록하다가 0:0 상황이 계속되어 10회로 경기가 넘어가 안타를 맞았을 경우 노히트노런은 인정되지 않는다. 노히트노런과 퍼펙트게임은 투수의 완투승으로 경기가 종료되는 시점에 성립된다.

59
세계 5대 축구 리그

[경상대병원]

프리미어 리그 (Premier League)	• 1992년에 시작된 잉글랜드 프로축구 1부 리그 • 20개 팀으로 이루어져 있으며, 홈앤어웨이 방식으로 각 38경기씩 치러 우승팀 선정(시즌은 8월부터 5월까지 진행) • 정규시즌 결과 1~4위 팀은 UEFA 챔피언스리그 본선에 직행, 5위 팀은 UEFA 유로파리그 출전 • 창립 이후 29시즌 동안 모두 프리미어리그에 남아있는 팀 : 아스널, 첼시, 토트넘 홋스퍼, 맨체스터 유나이티드(최다 우승- 13회), 리버풀, 에버턴
세리에 A (Serie A)	• 1898년 시작된 이탈리아 프로축구 1부 리그 • 20개 팀으로 이루어져 있으며, 홈앤어웨이 방식으로 각 38경기씩 치러 우승팀 선정(시즌은 8월부터 6월까지 진행) • 정규시즌 결과 1~4위 팀은 UEFA 챔피언스리그 진출, 5위 팀은 UEFA 유로파리그 출전 • 역대 최다 우승은 유벤투스(36회)
라리가 (LaLiga)	• 1929년에 시작된 스페인 프로축구 1부 리그 • 20개 팀으로 이루어져 있으며 홈앤어웨이 방식으로 각 38경기씩 치러 우승팀 선정(시즌은 8월부터 5월까지 진행) • 정규시즌 결과 1~4위 팀은 UEFA 챔피언스리그 진출, 5위 팀은 UEFA 유로파리그 출전 • 역대 최다 우승은 레알 마드리드(34회)
분데스리가 (BUNDES LIGA)	• 1963년에 시작된 독일 프로축구 1부 리그 • 18개 팀으로 이루어져 있으며 홈앤어웨이 방식으로 각 34경기씩 치러 우승팀 선정(시즌은 8월부터 5월까지 진행) • 정규시즌 결과 1~4위 팀은 UEFA 챔피언스리그 진출. 최하위 2팀은 '2. 분데스리가로' 강등, 2. 분데스리가의 상위 두 팀은 승격 • 역대 최다 우승은 바이에른 뮌헨(31회)
리그1 (LIGUE1)	• 1932년에 시작된 프랑스 프로축구 1부 리그 • 20개 팀으로 이루어져 있으며 홈앤어웨이 방식으로 각 38경기씩 치러 우승팀 선정(시즌은 8월부터 5월까지 진행) • 정규시즌 결과 1~2위 팀은 UEFA 챔피언스리그 진출. 3위 팀은 조별리그 진입을 위한 플레이오프전 진출, 4위 팀은 UEFA 유로파리그 출전 • 역대 최다 우승은 생테티엔(10회)

'전통의 승부'라는 뜻으로, 스페인 라리가의 최대 라이벌인 레알 마드리드와 FC 바르셀로나의 더비 경기를 말한다. 세계적으로 가장 시청률이 높은 경기로 알려져 있다.

60
와일드카드
(Wild Card)

[서울시설공단, 대구시설공단]

원래 카드게임에서 '아무 카드나 대용으로 쓸 수 있는 카드, 동시에 다양한 용도로 쓰이는 카드'를 말한다. 여기서 의미가 확장되어 야구, 축구, 테니스 등 스포츠 종목에서 출전 자격을 얻지 못했지만 특별히 출전이 허용되는 선수나 팀을 일컫는 말로도 사용되고 있다.

61
바이애슬론
(Biathlon)

[부산교통공사]

1960년 동계올림픽 정식종목으로 채택된 것으로 스키 크로스컨트리와 소총 사격이 조합된 종목을 말한다. 눈이 많이 오는 북유럽에서는 중요한 군사 훈련의 한 분야이기도 한 바이애슬론은 속도만을 겨루는 경기가 아니라 표적 사격의 결과가 경기 성적에 영향을 크게 끼친다.

62
해트트릭
(Hat Trick)

[부산교통공사]

축구나 아이스하키 등의 경기에서 한 명의 선수가 한 경기에서 3득점을 달성하거나 한 팀이 3년 또는 3번의 대회 연속으로 대회 타이틀을 석권했을 때를 말한다. 20세기 초 영국에서 행해지던 크리켓 게임에서 3명의 타자를 연속 아웃시킨 투수에게 새 모자를 주어 칭송하던 것에서 유래했다.

63
가린샤클럽
(Garincha Club)

[KBS, MBC]

1962년 칠레 월드컵에서 브라질의 스트라이커 가린샤가 칠레와의 4강전에서 2골을 넣은 뒤 상대 수비수를 걷어차 퇴장당하면서부터 가린샤클럽이라는 용어가 생겼다.

Reviewing

01 일과 휴식의 구분이 뚜렷하지 않게 탄력적인 근무를 하는 근로자들을 (   )(이)라고 한다.

02 1~2곳의 여행지만을 정해 깊이 있게 여행하는 것을 (   )(이)라고 한다.

03 젊었을 때 극단적으로 절약한 후 노후자금을 빨리 모아 30대, 늦어도 40대에는 퇴직 하고자 하는 사람들을 (   )(이)라고 한다.

04 (   )은/는 노벨문학상, 프랑스의 공쿠르 문학상과 함께 세계 3대 문학상 중의 하 나로 꼽힌다.

05 (   )은/는 현대인들이 상황에 따라 다양한 형태의 자아를 갖는 것을 의미한다.

06 '존경, 경의'라는 뜻을 지닌 프랑스어로, 존경하는 예술가와 비슷하게 또는 원작 그대 로 일부를 표현하는 것을 (   )(이)라고 한다.

07 (   ) 문학은 편집자가 기존에 발표된 문학작품들을 모아 다시 수록한 작품집을 의 미한다.

08 노벨 물리학 · 화학 · 생리의학 · 경제학 · 문학상의 시상식은 노벨의 사망일인 매년 12월 10일에 스톡홀름에서, 평화상 시상식은 같은 날 노르웨이 (   )에서 열린다.

09 출퇴근 시간이나 점심시간 등 5~15분의 짧은 시간에 즐길 수 있는 문화 · 예술 콘텐 츠의 신개념 소비문화를 (   )(이)라고 한다.

10 특정 플랫폼이나 웹사이트에 맞추어 기획 · 제작된 기사 형태의 광고를 (   )광고 라고 한다.

Answer

01 퍼플칼라 02 모노데스티네이션 03 파이어족 04 부커상 05 멀티 페르소나 06 오마주 07 앤솔로지 08 오슬로
09 스낵컬처 10 네이티브

11 극비 문서를 몰래 복사하여 발표하는 저널리즘으로, 비합법적인 폭로 기사 위주의 보도 형태를 (　　)저널리즘이라고 한다.

12 (　　)은/는 프랑스어의 '조립하다'에서 유래된 말로 여러 가지 쇼트들의 연결로 새로운 의미를 창조하는 영화편집을 의미한다.

13 1958년경부터 프랑스 영화계에서 젊은 영화인들이 주축이 되어 펼친 1950년대 프랑스의 영화산업 혁신운동을 (　　)(이)라고 한다.

14 17세기부터 18세기 중엽 바로크시대에 가장 성행한 형식으로 아리아, 중창, 합창 등으로 이루어진 대규모 성악곡을 (　　)(이)라고 한다.

15 (　　)은/는 일반적으로 20~30대 여성들의 일과 사랑에 대한 이야기를 담고 있는 소설을 가리킨다.

16 가톨릭의 교황을 선출하는 선거시스템으로 교황 서거 또는 사임 후 추기경들에 의해 진행되는 회의를 (　　)(이)라고 한다.

17 상대방의 의견이나 여론의 방향을 알아보기 위해 시험적으로 특정 의견 또는 정보를 언론에 흘림으로써 여론의 동향을 탐색하는 수단을 (　　)(이)라고 한다.

18 〈탄호이저〉, 〈니벨룽겐의 반지〉, 〈파르지팔〉, 〈방황하는 네덜란드인〉 등의 오페라를 작곡간 작곡가는 (　　)이다.

19 (　　)은/는 멕시코 등 중남미 국가에서 축제 때 사용하던 피냐타와 카니발 마스크를 만들던 페드로 리나레스에 의해 창시된 멕시코의 민속 조각예술을 말한다.

20 (　　)은/는 1960년 동계올림픽 정식종목으로 채택된 것으로 스키 크로스컨트리와 소총 사격이 조합된 종목을 말한다.

Answer

11 제록스 **12** 몽타주 **13** 누벨바그 **14** 칸타타 **15** 칙릿 **16** 콘클라베 **17** 발롱데세 **18** 바그너 **19** 알레브리헤
20 바이애슬론

Actual Practice

01 전쟁이나 큰 재난 등 비극적인 참상이 일어났던 지역을 찾아가 슬픔을 공유하고 희생자를 기리는 관광 유형을 무엇이라 하는가? 〈한국관광공사〉

① 그린투어리즘(Green Tourism)

② 다크투어리즘(Dark Tourism)

③ 블루투어리즘(Blue Tourism)

④ 지오투어리즘(Geo Tourism)

 다크투어리즘은 폴란드 아우슈비츠, 미국 뉴욕 그라운드제로, 일본 히로시마처럼 잔혹한 참상이 발생한 역사적 장소나 현장을 둘러보는 여행을 가리킨다. '블랙투어리즘(Black Tourism)' 또는 '그리프투어리즘(Grief Tourism)'으로도 불린다.
① 그린투어리즘 : 자연, 문화 등 농촌 지역의 특성을 이용해 도시민과 농촌주민의 교류형태로 이루어지는 관광
③ 블루투어리즘 : 해양 생태를 이용하는 관광
④ 지오투어리즘 : 천연의 지질 자원을 활용하여 관광객을 유치하는 관광

02 비합법적인 폭로 기사 위주의 보도 형태를 무엇이라 하는가? 〈한국소비자원〉

① 블랙저널리즘 ② 옐로저널리즘

③ 제록스저널리즘 ④ 퍼블릭저널리즘

 극비 문서를 몰래 복사하여 발표하는 형태를 보이는 저널리즘을 제록스저널리즘이라 한다.

03 드라마나 예능 프로그램의 실제 장면을 광고에 삽입하는 광고 기법은 무엇인가? 〈MBC〉

① 애드버토리얼 ② 앰비언트

③ 푸티지 ④ 네이티브

해설 드라마나 예능의 영상을 광고로 활용하는 기법을 푸티지 광고(Footage Advertisement)라고 한다.
① 애드버토리얼(Advertorial) : 편집 기사처럼 만들어진 논설식 광고
② 앰비언트(Ambient Advertising) : 주위에 있는 자연이나 사물 등을 활용하는 광고
④ 네이티브(Native Advertising) : 특정 플랫폼에 자연스러운 형태로 만들어져 노출되는 광고

04 야구 중계방송과 같이 실외에서 이루어지는 경기나 행사의 중계방송은 날씨 등을 이유로 방송이 중단되는 경우를 대비해서 미리 대체 프로그램을 준비하는데 이를 가리키는 것은? 〈한국언론진흥재단〉

① 자주 프로그램
② 파일럿 프로그램
③ 레인코트 프로그램
④ 인포테인먼트 프로그램

해설 우천이나 여러 이유로 중계방송이 중단되는 것에 대비한 대체 프로그램을 레인코트 프로그램이라 하며, 줄여서 레인코트라고도 한다.

05 1991년부터 27년간 위작 스캔들의 주인공인 〈미인도〉 논란은 최근 검찰이 진품으로 결론을 내리면서 프랑스 뤼미에르 테크놀로지의 감정 결과와 상반돼 더욱 첨예하게 대립하고 있다. 그렇다면, 〈미인도〉의 작가는? 〈대구시설공단〉

① 박수근
② 류경채
③ 김환기
④ 천경자

해설 천경자 화백(1924~2015)은 한국화의 채색화 분야에서 1960~1980년대에 활발하게 활동한 작가이다. 그녀는 1991년 〈미인도〉가 자신의 작품이 아니라고 주장했지만 국립현대미술관과 한국화랑협회가 〈미인도〉가 진품이라는 감정을 내리자 활동 중단을 선언하기도 했다.

06 홍콩 미술 경매에서 약 131억원에 낙찰된 〈우주5-IV-71#200〉 등 국내 근현대 미술품 경매 낙찰가 상위 10건에 가장 많은 작품을 올린 작가는 누구인가?

〈대전도시철도공사〉

① 천경자   ② 김환기

③ 이중섭   ④ 박수근

 단색화가 김환기(1913~1974)의 〈고요5-IV-73#310〉, 〈무제27-VII-72#228〉, 〈모닝스타〉 등의 작품이 국내 미술 경매 시장에서 가장 높은 낙찰가를 기록하며, 낙찰가 상위 10건 중 무려 8점이라는 기록을 세웠다. 2019년에는 홍콩 미술 경매에서 〈우주, Universe5-IV-71#200〉이 약 131억 8,750만원(8,800만 홍콩달러)에 낙찰되기도 했다.

07 작곡가와 작품의 연결이 바르지 않은 것은?   〈한국소비자원〉

① 베를리오즈 - 〈환상교향곡〉

② 베토벤 - 〈비창소나타〉

③ 모차르트 - 〈아이네 클라이네 나흐트 무지크〉

④ 브람스 - 〈한여름 밤의 꿈〉

 〈한여름 밤의 꿈(A Midsummer Night's Dream)〉은 멘델스존이 셰익스피어의 희곡에서 영감을 얻어 작곡한 관현악곡이다.

08 시골의 평화로운 정경과 자연으로부터 얻는 행복, 흥겨움 등의 감정을 표현한 베토벤의 교향곡은?   〈세종시설관리공단〉

① 교향곡 제3번   ② 교향곡 제5번

③ 교향곡 제6번   ④ 교향곡 제9번

 베토벤이 1806~1808년에 작곡하여 1808년에 초연한 교향곡 제6번 〈전원〉은 시골의 평화로운 정경과 자연에서 받은 감명을 표현한 곡으로, 자신이 직접 제목을 붙였다. 5악장으로 이루어져 있으며, 각 악장마다 표제어가 있다.
① 교향곡 제3번 : 〈영웅〉
② 교향곡 제5번 : 〈운명〉
④ 교향곡 제9번 : 〈합창〉

09 독일의 엘리자베스 노엘레-노이만(Noelle-Neumann)이 1974년 발표한 이론으로, 인간은 자신의 견해가 우세하고 지배적인 여론과 일치하면 적극적으로 표현하고, 그렇지 않으면 소극적으로 된다는 것은? 〈EBS〉

① 제한효과 이론　　　　　　　　② 선별효과 이론
③ 욕구단계 이론　　　　　　　　④ 침묵의 나선 이론

 침묵의 나선 이론은 자신의 견해가 우세 여론과 일치하면 적극 표출하고, 그렇지 않으면 침묵하는 현상을 말한다. 다수 의견은 나선의 바깥쪽으로 돌면서 세가 커지고, 그렇지 않은 의견은 안쪽의 작은 나선으로 돌며 쪼그라들기 때문이다.

10 다음 그림의 작가는? 〈평택도시공사〉

① 구스타프 클림트　　　　　　　② 오귀스트 르누아르
③ 클로드 모네　　　　　　　　　④ 에두아르 마네

 위의 그림은 구스타프 클림트가 그린 〈키스(1907~1908)〉이다. 이 그림은 오늘날까지 가장 많이 복제된 작품 중 하나이다.

11 다음 중 소설가 황순원의 작품이 아닌 것은? 〈한국소비자원〉

① 광장　　　　　　　　　　　　② 학
③ 소나기　　　　　　　　　　　④ 별

 〈광장〉은 소설가 최인훈의 작품이다.

12 다음의 설명에 해당하는 건축가는? 〈aT〉

> 서울의 종로3가와 퇴계로3가 사이에 위치한 한국 최초의 주상복합건물인 세운상가를 설계했고, 국내 최초의 건축 잡지 '공간'지의 창간인이다. 미국의 타임지는 '한국의 가장 경탄할 만한 훌륭한 건축가'라고 평한 바 있다.

① 박길룡　　　　　　　　　② 김중업
③ 김수근　　　　　　　　　④ 하딩

 보기는 건축가 김수근에 대한 설명이다.
① 박길룡 – 한국 최초의 근대적 건축가로 조선총독부 청사를 짓는 데 참여했다.
② 김중업 – 한국 현대건축가로는 처음으로 유럽에 진출하여 활동했다. 설계작품으로는 서강대학교 본관, 주한 프랑스대사관 등이 있다.
④ 하딩 – 덕수궁 석조전을 설계한 영국인 건축가이다.

13 한국 영화의 할리우드 리메이크작 제목으로 바르게 연결되지 않은 것은? 〈EBS〉

① 올드보이 – 〈Departed〉
② 엽기적인 그녀 – 〈My ceci girl〉
③ 장화홍련 – 〈안나와 알렉스〉
④ 시월애 – 〈Lake house〉

 올드보이의 할리우드 리메이크작은 원작과 동일한 제목의 〈Old boy〉이다. 〈Departed〉는 세계적으로 흥행에 성공한 홍콩 액션영화인 〈무간도〉의 할리우드 리메이크작 제목이다.

14 플뢰레 · 에페 · 사브르의 3종목이 있고, 공식용어가 모두 프랑스어인 스포츠는 무엇인가? 〈한국소비자원〉

① 펜싱　　　　　　　　　　② 골프
③ 요트　　　　　　　　　　④ 레슬링

 펜싱은 두 경기자가 검을 가지고 찌르기, 베기 등으로 득점하여 승패를 겨루는 스포츠이다. 사용하는 검에 따라 플뢰레 · 에페 · 사브르의 3종류로 나뉘고, 각각 다른 규칙에 따라 시합을 하는데, 공식용어는 모두 프랑스어이다.

15 다음 중 2016년 부커상 인터내셔널 부문의 수상작은 무엇인가? 〈한국문화예술위원회〉

① 소년이 온다
② 채식주의자
③ 한밤의 아이들
④ 파이 이야기

 작가 한강의 〈채식주의자〉가 2016년 부커상(당시 맨부커상) 인터내셔널 부문을 수상했다. 작가 한강의 수상소식으로 그녀의 다른 작품들까지 화제가 되었는데, 〈소년이 온다〉 역시 그녀의 작품이다. 〈한밤의 아이들〉은 맨부커상 3회 수상이라는 기록을 가진 작품이고 〈파이 이야기〉는 2002년 맨부커상 수상작이다.

16 2022년 월드컵 개최국과 2022년을 포함하여 우리나라의 월드컵 본선 진출 횟수가 바르게 연결된 것은? 〈한국연구재단〉

① 남아공, 9회
② 카타르, 11회
③ 일본, 9회
④ 스위스, 10회

 2022년 월드컵(제22회)은 카타르에서 개최된다.

〈우리나라의 월드컵 본선 진출 기록〉
• 1954년(제5회, 스위스)
• 1986년(제13회, 멕시코)
• 1990년(제14회, 이탈리아)
• 1994년(제15회, 미국)
• 1998년(제16회, 프랑스)
• 2002년(제17회, 한국·일본)
• 2006년(제18회, 독일)
• 2010년(제19회, 남아공)
• 2014년(제20회, 브라질)
• 2018년(제21회, 러시아)
• 2022년(제22회, 카타르)

17 다음 설명에 해당하는 영화 기법은 무엇인가? 〈경북관광공사〉

'무대에 올린다'란 뜻의 프랑스어로, 연극과 영화 등에서 연출가가 무대 위의 모든 시각적 요소들을 배열하는 작업이다.

① 몽타주　　　　　　　　　② 롱테이크
③ 시퀀스　　　　　　　　　④ 미장센

 영화에서 연출가가 모든 시각적 요소를 배치하여 단일한 장면에 메세지를 만들어내는 작업을 미장센이라 한다.
① 몽타주 : 메시지를 만들어 내는 다양한 영상의 편집된 전환 장면
② 롱테이크 : 숏의 전환 없이 오랫동안 촬영하는 것
③ 시퀀스 : 상호연관적인 일정량의 장면으로 구성되어 작품의 클라이맥스로 이어지는 영화의 부정확한 구조 단위

18 다음 중 유교의 사서(四書)가 아닌 것은? 〈EBS〉

① 논어　　　　　　　　　　② 춘추
③ 중용　　　　　　　　　　④ 맹자

 '사서삼경, 사서오경'이라 부르는 것은 유교의 기본 경전을 말한다. 〈대학〉, 〈논어〉, 〈맹자〉, 〈중용〉을 사서라 하고 〈시경〉, 〈서경〉, 〈주역〉을 삼경이라 하는데, 삼경에 〈예기〉, 〈춘추〉를 더하여 오경이라 한다. 유학을 집대성한 주희는 〈예기〉 속의 한 편인 〈대학〉과 〈중용〉을 분리하여 〈논어〉, 〈맹자〉와 함께 사서라 했다. 주희는 〈대학〉이 근본적인 큰 틀을 제시해주고 〈논어〉가 견실한 기반이 되며, 〈맹자〉가 보다 세세한 부분들에 이르기까지 지도해주고 〈중용〉이 미묘하고 깊은 철학성을 나타낸다고 보았다.

19 다음 중 크로스오버에 대한 설명으로 옳지 않은 것은? 〈한국문화예술위원회〉

① 여러 장르가 교차한다는 의미로 여러 가지 스타일의 음악을 혼합한 음악 연주 형식이다.
② 재즈 음악가인 트럼펫 연주자 마일스 데이비스가 처음으로 시도했다.
③ 1990년대 나온 서태지의 '하여가'는 국악과 랩을 조화시켰다.
④ 크로스오버라는 개념은 음악 영역에서만 사용되고 있다.

Sec 04
문학 · 미디어

크로스오버라는 개념은 주로 음악 영역에서 사용되고 있기는 하지만 대중문화를 비롯한 전 분야에 걸쳐 나타나고 있다.

20 다음과 관련 있는 것은?

〈세종시설관리공단〉

> 추임새, 아니리, 발림, 창, 고수

① 농악   ② 판소리

③ 시나위   ④ 남사당놀이

 판소리는 광대의 소리와 그 대사를 총칭하는 민속악의 하나로 조선 중기 이후 평민문화가 발흥하기 시작한 조선 숙종 무렵에 발생하여 남도지방 특유의 곡조를 토대로 발달했다. 광대 한 명이 고수 한 명의 장단에 맞추어 일정한 내용을 육성과 몸짓을 곁들여 창극조로 2~3시간에 걸쳐 부르는 민속예술형태의 한 갈래이다. 남도의 향토적인 선율을 토대로 진양조 · 중모리 · 중중모리 · 자진모리 · 휘모리 · 엇모리 · 엇중모리 등 일곱 가지 장단에 따라 장단을 변화시키고, 아니리와 발림 등으로 극적인 효과를 높인다.

21 다음 중 가톨릭의 위령 미사 때 드리는 음악으로 우리말 뜻으로는 '진혼곡'에 해당하는 것은?

〈한국언론진흥재단〉

① 레퀴엠

② 오라토리오

③ 가스펠

④ 인테르메초

가톨릭교회에서 죽은 자의 평안을 기리기 위해 부르는 합창곡을 레퀴엠(Requiem)이라 한다.
② 오라토리오(Oratorio) : 17~18세기에 가장 성행했던 대규모의 종교적 악극
③ 가스펠(Gospel Song) : 19세기 이후 미국과 영국에서 일어난 대중성이 강한 교회 음악
④ 인테르메초(Intermezzo) : 막과 막 사이에 연주되는 기악곡

22 다음 중 상업영화에 대항하여 독립영화를 다루는 권위 있는 영화제는?

〈한국문화예술위원회〉

① 칸 영화제
② 베를린 영화제
③ 부산 국제 영화제
④ 선댄스 영화제

 선댄스 영화제는 1970년대 중반 미국의 영화배우 겸 감독인 로버트 레드포드가 상업영화에 대항하여 창설했다.

23 다음 중 패럴림픽에 대한 설명으로 옳지 않은 것은?

〈대전도시철도공사〉

① 장애인들의 국제 스포츠 경기대회이다.
② 올림픽 폐막 후 1개월 이내에 올림픽 개최국에서 열린다.
③ 주로 발달 장애인들이 참여한다.
④ '옆의, 나란히'를 뜻하는 'Para'와 'Olympics'의 합성어이다.

 패럴림픽(Paralympics)은 올림픽이 폐막된 후 2주일 내에 올림픽 개최국에서 10일간 개최되는 신체 장애인 올림픽이다.

24 다음 중 음악의 빠르기에 대한 설명이 틀린 것은?

〈전남신용보증재단〉

① 프레스토(Presto) : 빠르고 성급하게
② 모데라토(Moderato) : 보통 빠르기로
③ 안단테(Andante) : 빠르게
④ 아다지오(Adagio) : 아주 느리고 침착하게

 안단테(Andante)는 '느리게'를 의미한다.

Sec 04
문화 · 미디어

25 다음 중 광고 · 시청률과 관련 없는 용어는 무엇인가? 〈EBS〉

① HUT
② CRM
③ CPM
④ PPM

 CRM(Customer Relationship Management)은 고객 관리 전략을 뜻하는 경영 · 마케팅 용어로, 기업이 고객과 관련된 자료를 바탕으로 고객 중심 자원을 극대화하고 고객의 특성에 맞게 마케팅 활동을 펼치는 전략이다.
① Home Use Test : 광고 조사 방법의 하나로, 조사대상자의 가정을 직접 방문해 제품을 유치하고 사용하게 한 후 면접을 통해 설문을 하는 조사 방법
③ Cost Per Mile : 광고비용(인쇄매체, 방송매체, 인터넷 광고 페이지) 측정 모델의 한 종류로, 1,000회 광고를 노출시키는 데 사용된 광고비용
④ Portable People Meter : 시청률 분석을 위해 암호화된 코드로 시청률을 추적하는 휴대용 측정기

26 선거 보도 형태의 하나로 후보자의 여론조사 결과 및 득표 상황만을 집중적으로 보도하는 저널리즘은 무엇인가? 〈MBC〉

① 가차저널리즘
② 경마저널리즘
③ 센세이셔널리즘
④ 제록스저널리즘

 후보자의 공약 등에 대한 분석보다 당락 여부 위주로 보도하는 방식을 경마저널리즘이라고 한다.
① 가차저널리즘 : 유명인의 사소한 해프닝을 집중 보도하는 것
③ 센세이셔널리즘 : 스캔들 기사 등을 보도하며 호기심을 자극하는 것
④ 제록스저널리즘 : 극비 문서를 몰래 복사하여 발표하는 것

27 이미 출간된 소설이 영화나 드라마로 만들어지면서 다시 베스트셀러에 오르는 것을 무엇이라 하는가? 〈한국문화예술위원회〉

① 스크린스페셜
② 스크린트렌드
③ 스크린오버
④ 스크린셀러

 스크린셀러는 영화를 뜻하는 스크린(Screen)과 베스트셀러(Best Seller)를 합친 단어로, 영화의 흥행으로 주목을 받게 된 소설을 의미한다.

28 세계 골프 4대 메이저 대회 중에서 가장 역사가 오래된 대회는? 〈경상대학병원〉

① PGA 챔피언십　　　　　　　② 브리티시 오픈

③ 마스터스　　　　　　　　　④ US 오픈

 1860년에 시작된 브리티시 오픈은 가장 오랜 역사를 자랑한다.

29 컬링은 중세 스코틀랜드에서 얼어붙은 호수나 강에 무거운 돌을 미끄러뜨리며
즐기던 놀이에서 유래한 스포츠이다. 다음 중 컬링에 대한 설명으로 가장 옳지
않은 것은? 〈대전도시철도공사〉

① 볼링이나 셔플보드와 방식이 유사하다.

② 4인으로 구성된 두 팀이 얼음 위에서 경기한다.

③ 마지막에 '스톤'을 '하우스'에서 얼마나 멀리 위치시켰는가로 득점을 한다.

④ 경기에는 '브룸'이라 불리는 솔을 이용한다.

 컬링(Curling)은 한 팀당 4인으로 구성된 두 팀이 얼음 경기장에서 스톤을 표적(하우스, House)
에 가깝게 미끄러뜨리는 스포츠이다. 각 팀이 번갈아가면서 스톤을 미끄러뜨리며, '브룸
(Broom)'이라는 솔을 이용해 스톤의 진로를 조절한다. 스톤이 최대한 하우스에 가깝게 위치했
을 때 득점을 할 수 있다. 볼링이나 셔플보드와 비슷한 방식이다.

30 월드컵 본선에서 골을 넣은 뒤 파울로 퇴장당한 선수들을 일컫는 용어는?

〈MBC, KBS〉

① 가린샤클럽　　　　　　　　② 센추리클럽

③ 170클럽　　　　　　　　　④ 벤치몹클럽

 1962년 제7회 칠레 월드컵에서 브라질의 스트라이커 가린샤가 골을 넣은 뒤 퇴장을 당한 데서
유래했다.

Sec 04 문화 · 미디어

31 다음과 같은 기술이 쓰이는 스포츠는 무엇인가? 〈세종시설관리공단〉

- 트리플악셀
- 이나바우어
- 스파이럴
- 레이백 스핀

① 피겨스케이팅   ② 쇼트트랙 스피드스케이팅

③ 봅슬레이   ④ 스켈레톤

 위 박스 안에 제시된 기술들은 빙판 위를 활주하며 여러 가지 곡선을 따라 주행하는 피겨스케이팅의 기술들이다.

32 축구, 야구, 농구, 핸드볼 경기에서 한 팀을 이루는 선수들을 모두 더한 값은?

〈대구시설공단〉

① 30명   ② 31명

③ 32명   ④ 33명

 축구는 11명, 야구는 9명, 농구는 5명, 핸드볼은 7명이 한 팀을 이룬다. 모두 더하면 32명이 된다.

33 다른 신문사나 방송사보다 특종기사를 먼저 보도하는 것은? 〈부산교통공사〉

① 엠바고   ② 르포르타주

③ 스쿠프   ④ 발롱데세

 다른 언론사보다 특종을 먼저 보도하는 것을 스쿠프라고 한다.
① 엠바고 : 일정 시간까지 뉴스의 보도를 미루는 것
② 르포르타주 : 사회 현상이나 실제 사건을 사실대로 서술하는 기록문학
④ 발롱데세 : 여론의 방향을 탐색하기 위해 정보나 의견을 흘려보내는 것

34 다음에서 설명하는 잡지는? 〈한국공항공사〉

> - 타이어를 사면 주는 여행책자로 시작되었다.
> - 세계 최고 권위를 인정받는 레스토랑 평가 잡지이다.
> - 여행을 테마로 한 '그린'과 식당을 테마로 한 '레드'가 따로 있다.

① 론리플래닛　　　　　　　　　② 미쉐린가이드
③ 뚜르드몽드　　　　　　　　　④ 트립어드바이저

 프랑스의 타이어 회사 미쉐린(Michelin)에서 매년 발간하는 여행안내서이다. 1,300여 쪽에 이르는 방대한 분량으로 책머리에 간단하게 실려 있는 여행 정보와 레스토랑 선택에 대한 몇 가지 조언을 빼면 그 방대한 분량은 전부가 식당과 호텔 정보에 할애되어 있다. 숙박시설과 식당에 관한 정보를 제공해주는 '레드'와 박물관, 자연경관 등 관광정보를 제공해주는 부록 형태의 '그린'이 있다.

35 다음에서 설명하는 것은 무엇인가? 〈한국언론진흥재단〉

> 사람들을 끌기 위해 자극적이고 선정적인 기사를 과도하게 취재하여 보도하는 행태

① 블랙저널리즘　　　　　　　　② 옐로저널리즘
③ 레드저널리즘　　　　　　　　④ 포토저널리즘

 1890년대 미국에서 랜돌프 허스트와 조지프 퓰리처는 각각 자신의 신문에 실었던 만화 '노란 꼬마'를 서로의 신문을 공격하는 PR로 사용했는데, 이를 두고 '뉴욕프레스'의 편집국장이었던 어빈 워드먼이 끔찍한 사건과 스캔들을 이용하는 두 신문의 방식을 '황색언론'이라 부른 것에서 옐로저널리즘이 탄생했다.

36 다음 중 세계 4대 뮤지컬에 해당하지 않는 것은? 〈한국장학재단〉

① 오페라의 유령　　　　　　　　② 레미제라블
③ 미스 사이공　　　　　　　　　④ 아이다

 〈아이다〉는 세계 4대 뮤지컬에 포함되지 않는다. 세계 4대 뮤지컬은 〈캣츠〉, 〈레미제라블〉, 〈미스 사이공〉, 〈오페라의 유령〉이다.

37 오페라 작품과 작곡가의 연결이 바르지 않은 것은? 〈청주MBC〉

① 〈마탄의 사수〉 - 푸치니
② 〈라 트라비아타〉 - 베르디
③ 〈카르멘〉 - 비제
④ 〈마농 레스코〉 - 푸치니

 오페라 〈마탄의 사수〉는 독일의 작곡가 베버의 작품이다.

[주요 오페라 작곡가와 작품]
- 푸치니 : 나비부인, 라보엠, 토스카, 투란도트
- 베르디 : 리골레토, 라 트라비아타(춘희), 아이다, 오셀로
- 모차르트 : 피가로의 결혼, 돈 조반니, 마적
- 바그너 : 탄호이저, 니벨룽겐의 반지, 트리스탄과 이졸데

38 다음 중 세계 4대 통신사가 아닌 것은? 〈한국언론진흥재단〉

① AP
② UPI
③ 로이터
④ 블룸버그

 블룸버그는 금융시장의 뉴스와 데이터, 분석정보를 서비스하는 미국의 미디어 그룹이다.

[세계 4대 통신사]
- AP(Associated Press of America) : 신문사 방송국 회원사에 의해 공동으로 관리되는 비영리 조합 조직의 미국 연합통신사이며, 전 세계적인 통신망을 가지고 있다.
- UPI(United Press International) : 1958년에 UP가 경영난에 빠진 INS(International News Service)를 병합하여 발족시킨 국제합동통신사이다(영리조직). 국내는 물론 전 세계에 통신을 공급하고 있다.
- 로이터(Reuter) : 독일인 로이터가 1851년 영국에 귀화하여 런던에 설립한 통신사이다. 현재는 전 세계에 통신망을 가지고 국제신문계의 일대 세력을 이루고 있으며 경제통신, 외교기사가 특히 유명하다.
- AFP(Agence France Presse) : 서유럽적 입장에서 논평과 보도를 하는 프랑스의 국영 통신사로 본부는 파리에 있으며, 제2차 세계대전 중 활동하던 아바스(Havas) 통신사의 후신이다.

39 국가별 민속춤의 연결이 바르지 않은 것은? 〈대구시설공단, 청주MBC〉

① 폴카 – 스웨덴

② 플라멩코 – 스페인

③ 마주르카 – 폴란드

④ 비옐게 – 몽골

해설🔍 폴카는 체코 보헤미아 지방의 민속춤이다. 스웨덴의 민속춤으로는 구스타프스 스콜이 있다.

40 다음 중 유네스코에 등재된 세계기록유산이 아닌 것은? 〈EBS〉

① 위안부 기록물

② 승정원 일기

③ 5 · 18 광주 민주화 운동 기록물

④ 동의보감

해설🔍 한국 · 중국 등 8개국 14개 민간단체가 합동 조사해 제출한 '위안부 기록물'은 유엔교육과학문화기구인 유네스코 세계기록유산에 등록되지 못하고 보류됐다.

41 프로야구 정규시즌이 끝난 겨울철에 각 구단이 팀 전력을 강화하기 위해 새로운 선수를 영입하고 연봉협상에 나서며, 동계훈련 등을 하며 활발하게 움직이는 시기를 가리키는 용어는? 〈부산교통공사〉

① 휴먼리그

② 인터리그

③ 스토브리그

④ 윈터캠프

해설🔍 스토브리그(Stove League)는 프로야구에서 시즌오프(Season–off)를 일컫는 말이다. 이 시기에는 각 구단이 팀 전력 강화를 위해 신인 선수 획득이나 선수 연봉 협상을 둘러싸고 활발하게 움직인다. 난로(Stove) 주위에 모여서 선수들의 소식을 이야기하는 모습이 마치 실제 경기를 보는 것 같다 하여 스토브리그라는 명칭이 생겨났다.

42 테니스 경기에서 13게임 이상 듀스일 경우 7포인트를 먼저 획득한 자가 승리하는 경기방식은 무엇인가? 〈부산교통공사〉

① 테니스노카운트
② 타이브레이크
③ 테니스브레이크
④ 테니스홀드

 테니스에서 듀스가 지속되는 것을 막기 위한 제도인 타이브레이크를 말한다.
① 테니스노카운트(Tennis Nocount) : 득점이나 실점과 무관하게 다시 플레이하는 것
③ 테니스브레이크(Tennis Break) : 상대방의 서비스 게임을 깨는 것
④ 테니스홀드(Tennis Hold) : 서버가 자신의 서비스 게임에서 이기는 것

43 작가와 작품의 연결로 옳지 않은 것은? 〈세종시설관리공단〉

① 박경리 – 〈토지〉
② 황석영 – 〈혼불〉
③ 조정래 – 〈태백산맥〉
④ 김주영 – 〈객주〉

 대하소설 〈혼불〉은 작가 최명희의 작품이다.

44 연극 사조와 대표 인물의 연결이 바르지 않은 것은? 〈EBS〉

① 사실주의 – 헨리 입센
② 표현주의 – 안톤 체호프
③ 신고전주의 – 몰리에르
④ 서사주의 – 베르톨트 브레히트

 인간 내면의 신비와 원초적 체험을 표출하고, 이상과 어긋나 있는 현실의 문제를 해결하기 위한 감정적 · 체험적 제시를 특징으로 하는 표현주의 대표 인물은 유진 오닐이다. 안톤 체호프는 19세기말 러시아 사실주의를 대표하는 인물이다.

45 방송사의 위탁을 받아 광고주에게 광고를 팔고 판매 대행 수수료를 받는 '방송 광고판매 대행회사'를 무엇이라 하는가? 〈KBS〉

① 뉴스 에이전시

② 미디어렙

③ 미디어플래너

④ 발롱데세

 미디어렙(Media Representative)은 'Media(매체)'와 'Representative(대표)'의 합성어로, 방송사의 위탁을 받아 광고주에게 광고를 판매해주는 회사를 말한다. 이런 대행체제는 방송사가 광고를 얻기 위해 광고주한테 압력을 가하거나, 자본가인 광고주가 광고를 빌미로 방송사에 영향을 끼치는 것을 일부 막아주는 장점이 있다.

46 광고하려는 제품의 핵심이 되는 소리를 활용하는 광고 기법을 무엇이라 하는가? 〈부산교통공사〉

① 더블업 ② 키치

③ 애드버토리얼 ④ 시즐

 'Sizzle'은 '지글지글하는 소리를 내다'라는 뜻인데, 어떤 제품의 광고 효과를 위해 그 제품의 핵심 포인트가 될 만한 소리를 활용하는 광고 기법이다. 음료수 광고에는 병 따는 소리를, 치킨 광고에는 튀기는 소리를 활용한다.
① 더블업 : 대행사나 자사 제품을 소품으로 활용하는 방법의 광고. 제품 광고에 덤으로 자사의 다른 제품까지 광고하는 효과를 내는 광고 기법
② 키치 : 기호와 이미지를 활용해 우스꽝스럽게 표현하는 광고 기법

47 〈모나리자〉를 그린 화가는? 〈대구시설공단〉

① 산드로 보티첼리

② 라파엘로 산치오

③ 미켈란젤로 부오나로티

④ 레오나르도 다 빈치

해설 🔍 르네상스 시대 이탈리아를 대표하는 천재적인 미술가이자 기술자인 레오나르도 다 빈치는 조각 · 건축 · 수학 · 과학 · 음악 · 철학에 이르기까지 다양한 방면에서 활약했다. 작품으로는 〈그리스도의 세례〉, 〈수태고지〉, 〈동굴의 성모〉, 〈흰 족제비를 안고 있는 여인〉, 〈음악가의 초상〉, 〈리타의 성모〉, 〈최후의 만찬〉, 〈모나리자〉, 〈암굴의 성모〉, 〈성 안나와 성 모자〉, 〈세례자 요한〉 등이 있다.

48 다음 중 차이코프스키의 발레 작품이 아닌 것은? 〈영상물등급위원회〉

① 호두까기 인형(The Nutcracker)
② 백조의 호수(The Swan Lake)
③ 지젤(Giselle)
④ 잠자는 숲 속의 미녀(The Sleeping Beauty)

해설 🔍 지젤은 프랑스 시인이자 평론가인 테오필 고티에가 쓴 대본과 발레 작곡가 아돌프 아당의 작곡으로 탄생한 19세기 낭만주의를 대표하는 발레 작품이다.

49 다음은 어느 나라의 음식 문화와 관련된 제시어들이다. 이 나라는 어디인가? 〈경기관광공사〉

• 1일 5식	• 하몽
• 해산물 요리	• 기름지고 짠 맛

① 이탈리아
② 네덜란드
③ 스페인
④ 멕시코

해설 🔍 스페인은 기후적인 특성에 따른 생활패턴으로 인해 하루 5번 식사를 하는 관습이 있다. 삼면이 바다인 반도에 위치해 있어 해산물이 많이 생산돼 이를 식재료로 한 요리들이 많다. 또한 신대륙과의 교류가 활발했던 까닭에 다양한 식재료와 식문화가 생겼고, 다소 짜고 기름진 음식이 많다. 하몽은 스페인의 전통음식인 돼지고기 햄을 말한다.

50 5 · 18 광주 민주화 운동을 다룬 장편소설로, 이탈리아의 말라파르테문학상을
수상한 작품은? 〈인천서구문화재단〉

① 소년이 온다

② 상냥한 폭력의 시대

③ 많은 별들이 한곳으로 흘러갔다

④ 7년의 밤

 이탈리아에서 가장 권위 있는 문학상으로 평가받는 말라파르테문학상은, 세계문학에 활력을 준 외국 작가에게 시상하는데, 2017년 제20회 수상자로 〈소년이 온다〉의 작가 한강을 선정했다. 장편소설 〈소년이 온다〉는 5 · 18 광주 민주화 운동을 배경으로, 당시 광주에서 벌어진 참혹한 일들과 그 후의 이야기를 담은 작품이다.

01
4차 산업혁명
(4IR ; Fourth
Industrial
Revolution)

[한국소비자원, 금융감독원,
중소기업기술정보진흥원,
서울산업진흥원]

정보통신기술(ICT)의 융합으로 이뤄지는 차세대 산업혁명을 말한다. 1차 산업혁명은 기계화, 2차 산업혁명은 대량생산, 3차 산업혁명은 정보화 및 자동화라는 특징을 지녔다. 현재의 4차 산업혁명은 기존의 산업에 정보통신기술(ICT)을 융합시켜 능동성을 갖춘다는 점이 특징이다. 인공지능과 공장 설비의 결합처럼 '지능적 가상 물리시스템'이 핵심 키워드라 할 수 있는데, 우리나라에서는 '제조업 혁신 3.0 전략'이 같은 선상의 개념이고, 미국에서는 'AMI(Advanced Manufacturing Initiative)', 독일과 중국에서는 '인더스트리(Industry)4.0'이라는 명칭으로 추진하고 있다.

02
블록체인
(Block Chain)

[경기콘텐츠진흥원, 금융감독원, 한국언론진흥재단, 수원시공공기관통합채용]

온라인 거래 시 거래 기록을 영구 저장, 장부를 통한 증명으로 돈이 한 번 이상 지불되는 것을 막는 기술이다. 거래가 기록되는 장부가 '블록(Block)'이 되고, 이 블록들은 계속 만들어져 시간의 흐름에 따라 연결된 '사슬(Chain)'을 이루게 된다. 이렇게 생성된 블록은 네트워크 안의 모든 참여자에게 전송되는데 모든 참여자가 이 거래를 승인해야 기존의 블록체인에 연결될 수 있다. 한번 연결된 블록의 거래기록은 변경할 수 없고 영구적으로 저장된다. 이러한 과정의 반복으로 형성된 구조는 거래장부의 위 · 변조를 불가능하게 만든다. 중개 보안기관을 거치지 않고 직접 안전한 거래를 할 수 있다는 장점을 가지는 반면 거래의 취소가 어렵다는 한계가 있다.

03
가상화폐
(Virtual Currency)

[포항시설관리공단, 여수 MBC]

물리적인 실체 없이, 온라인으로만 거래되는 화폐를 말한다. 등장 초기에는 디지털 화폐라고 불렸지만 암호화 기술이 사용되며 암호화폐로도 불리고 있다. 액면가로 가치를 매기는 일반적인 화폐와 달리 처음 개발한 사람이 정한 규칙에 따라 가치가 매겨진다.

[주요 가상화폐]

비트코인	2008년 나카모토 사토시가 창안한 온라인 가상화폐. 완전히 익명으로 거래되며 온라인으로 비트코인 계좌를 개설할 수 있다. 유럽이나 미국, 중국 등에서는 현금처럼 쓰이고 있고 우리나라에서는 투기 광풍이 일었다.
이더리움	2015년 7월 비탈릭 부테린이 개발한 거래 규모 세계 2위의 가상화폐. 블록체인을 기반으로 거래되며 블록 크기가 1MB로 고정된 비트코인과 달리 블록 크기가 제한돼 있지 않고, 블록이 생성되는 주기(12초) 역시 비트코인(10분)보다 훨씬 짧다. 이 때문에 한 블록 안에 더 많은 정보를 담을 수 있고, 거래 승인도 신속하게 이뤄진다. 또한 거래 기록뿐 아니라 반복 구문과 조건 등 실행코드를 포함할 수 있어 계약서, 이메일, 전자투표 등 다양한 애플리케이션을 운영할 수 있는 확장성을 제공한다.
도지코인	인터넷 밈으로 유명한 시바견 얼굴을 코인에 그려 넣은 가상화폐. 2013년 12월 처음 시중에 유통됐다. 도지코인은 당시 뜨거워지는 비트코인의 인기를 풍자하기 위해 IBM 소프트웨어 개발자 빌리 마커스와 어도비 마케팅 전문가 잭슨 팔머가 장난삼아 만들었다. 매수량이 정해진 비트코인과 달리 코인을 무제한으로 발행할 수 있다.

04
불의 고리
(Ring of Fire)

[KBS, 인천서구문화재단, 대구도시공사, 광주광역시 도시공사, 경기관광공사, 화성시공공기관통합채용]

세계의 주요 지진대와 화산대 활동이 중첩되는 환태평양 조산대를 표현한 말이다. 남극의 팔머반도에서부터 남아메리카 안데스산맥, 북아메리카 산지와 알래스카, 쿠릴 열도, 일본 열도, 동인도 제도, 동남아시아 국가, 뉴질랜드와 태평양의 여러 섬으로 이어지는 지대로 이 지역의 활화산이 원 모양으로 분포돼 있어 이러한 이름이 붙었다. 이 지역에서는 빈번하게 발생되는 지진으로 매년 큰 피해를 입는다.

05
5G
(5th Generation Mobile Communications)

[경기콘텐츠진흥원, 여수 MBC]

5G는 모바일 국제 표준으로서 28GHz의 초고대역 주파수를 사용하는 이동통신기술이다. 국제전기통신연합(ITU)은 5G의 공식 기술 명칭을 'IMT(International Mobile Telecommunication)-2020'으로 정하며 최대 20Gbps의 데이터 전송 속도와 어디에서든 최소 100Mbps 이상의 체감 전송 속도를 제공하는 것을 5세대 이동통신이라고 정의했다. 이 속도는 기존의 이동통신 속도보다 70배가 빠르고, 일반 LTE와 비교했을 때는 280배 빠른 수준이다. 5G의 중요한 특징 중 하나는 낮은 지연 시간이다. 데이터의 요청과 응답시간의 차이를 줄여 자율주행 등 실시간 응답이 필요한 기술들의 성능 향상을 불러올 것으로 예상됐다. 5G는 기존보다 10배 이상 빠른 응답 속도를 자랑한다.

06
프로바이오틱스
(Probiotics)

[부천시문화재단]

우리 장에 유익한 세균으로 흔히 요거트 등에 들어 있는 세균을 말한다. 프로바이오틱스에는 대표적으로 유산균(Lactobacillus), 비피더스균(Bifidobacterium), 엔테로콕쿠스균(Enterococcus) 등이 있다.

07
OLED
(Organic Light Emit-
ting Diodes)

[경기콘텐츠진흥원]

형광성 유기화합물질을 이용하여 전류를 흐르게 하면 자체적으로 빛을 내는 발광 현상을 이용하는 디스플레이를 말한다. LCD보다 선명하고 보는 방향과 무관하게 잘 보이는 장점을 가진다. 화질의 반응 속도 역시 LCD에 비해 1,000배 이상 빠르지만 제조 공정이 비교적 단순하여 가격도 합리적이다. 휴대폰, 디지털카메라와 같은 소형기기의 디스플레이에 사용된다.

>> QLED(Quantum dot Light Emitting Diodes)

QLED에서 'Q'는 '퀀텀닷'을 의미한다. 퀀텀닷은 양자점이라고도 한다. 크기가 10~15nm(나노미터)인 초미세 반도체 결정체를 말한다. 작은 크기의 퀀텀닷은 밝기를 더욱 세밀하게 표현하는 장점을 가지는데, QLED는 퀀텀닷 입자 하나하나가 스스로 빛과 색을 내도록 함으로써 큰 폭의 화질개선 효과를 보여주는 기술이다.

08
렌더링
(Rendering)

[부천문화재단]

컴퓨터 그래픽에서 화면에 그려진 이미지의 물체를 만들고 물체 각 면에 색상을 넣거나 그림자 효과 등을 넣어 입체감을 줌으로써 사실적인 3차원 화상을 만드는 과정이나 기법을 말한다. 물체의 모서리만을 그려주는 와이어프레임과 반사나 굴절 효과를 내는 레이트레이싱이 대표적이다. 2차원 데이터에서는 실사 이미지나 영상 등을 겹쳐 새로운 영상을 만들어내기도 하고, 3차원 데이터의 경우에는 실제 물체로부터 형상을 얻기도 하고, 인위적으로 제작된 것을 사용하기도 한다. 영상의 품질을 위하여 2차원과 3차원 데이터를 혼합해서 사용하는 경우가 대부분이다.

과학 · IT

Sec 05

09
OTT
(Over The Top)

[KBS, 경기콘텐츠진흥원,
여수MBC, EBS]

'Top(셋톱박스)을 통해 제공됨'을 의미하는 것으로, 범용인 터넷을 통해 미디어 콘텐츠를 이용할 수 있는 서비스를 말한다. 시청자의 다양한 욕구, 온라인 동영상 이용의 증가는 OTT 서비스가 등장하는 계기가 되었으며 초고속 인터넷의 발달과 스마트 기기의 보급은 OTT 서비스의 발전을 가속화시켰다. 현재 전 세계적으로 넷플릭스 등에서 OTT 서비스가 널리 제공되고 있으며, 그중에서도 미국은 가장 큰 OTT 시장을 갖고 있다.

>> 넷플릭스(Netflix)

미국에서 DVD 대여 사업으로 출발한 세계 최대의 유료 동영상 스트리밍 서비스 업체. 한 달에 일정 금액을 지불하면 영화, TV 프로그램 등의 영상 콘텐츠를 무제한으로 볼 수 있는데, 전 세계적으로 많은 이용자를 보유하고 있다. 또한 넷플릭스는 콘텐츠의 재전송에 그치지 않고 완성도 높은 자체 제작 콘텐츠를 개발하여 높은 성장률을 보이고 있다.

10
스티븐 호킹
(Stephen Hawking)

[파주시교육청]

루게릭병으로 인해 거동조차 하지 못함에도 불구하고 우주 및 블랙홀에 관한 연구에 큰 업적을 남기고 사망한 영국의 물리학자이다. 어린 시절부터 과학자의 꿈을 갖고 옥스퍼드대학교에 입학했으나 21살에 전신이 서서히 마비되는 루게릭병이 나타났다. 생명 유지 자체가 어려운 상황에서도 학업을 이어가며 케임브리지대학교에서 박사학위를 받았다. 1979년 케임브리지대학교 수학 석좌교수를 맡았고, 우주론과 양자 중력에 관한 연구 활동도 계속해나가며 '뉴턴을 잇는 세계적인 물리학자'로 불렸다. 그가 1988년에 출간한 〈시간의 역사〉는 물리학이라는 어려운 주제를 다뤘음에도 런던 선데이타임즈 베스트셀러 목록에 237주 동안 올라 있었을 정도로 높은 판매고를 기록했다.

11
딥러닝
(Deep Learning)

[중소기업기술정보진흥원]

컴퓨터가 다양한 데이터를 통해 사람처럼 스스로 학습할 수 있도록 인공신경망(ANN ; Artificial Neural Network)을 기반으로 구축한 머신러닝(기계학습기술)의 일종이다. 이 기술을 적용하면 컴퓨터가 스스로 학습과정을 만들어 학습할 수 있다. 사진 · 동영상 · 음성정보 등을 분류하는 데 활용되고 있다.

12
희토류
(稀土類)

[서울주택도시공사, 국립 생태원]

희소성이 있고 자연계에 광물형태로는 비교적 드물게 존재하는 금속원소로, 첨단산업의 비타민으로 불리는 비철금속광물이다. 그 종류는 물리 · 화학적 성질이 비슷한 원소 17종으로, 스칸튬 · 이트륨 · 란타넘 · 세륨 · 프라세오디뮴 · 네오디뮴 · 프로메튬 · 사마륨 · 유로퓸 · 가돌리늄 · 터븀 · 디스프로슘 · 홀뮴 · 어븀 · 툴륨 · 이터븀 · 루테튬이다.

>> 코발트

푸른색을 띠고 광택이 나는 금속으로 과거에는 도자기에 푸른색 빛을 내게 하기 위한 도료로 사용되었으며, 오늘날에는 전기차에 사용될 2차 전지의 원료로 각광받고 있다.

13
RFID
(Radio Frequency IDentification)

[경상대학병원, 한국폴리텍]

IC칩을 내장해 무선으로 정보를 교환할 수 있는 전자통신기술이다. 초근거리에서 수십미터까지 범위 내에 들어올 경우 자동으로 정보를 교환하여 거래, 인식, 허가 등의 기능을 수행한다. 대표적으로 교통카드 태그와 고속도로 하이패스 시스템이 있다. 판독기기에만 전력이 공급되고 인식 개체에는 동력이 공급되지 않는 방식을 수동형이라 하며, 모두에 동력이 들어오는 방식을 반수동형이라 한다.

>> NFC(Near Field Communication)

13.56MHz의 주파수로 통신하는 근거리무선통신 ISO 네트워크 표준이다. 20cm 범위 이내에서 전자통신이 이뤄지며 각종 결제 · 인식 시스템에 사용된다.

14
인공지능
(Artificial
Intelligence)

[KBS]

인간의 두뇌에 의해 이루어지는 인식 · 사고 · 추론 · 학습 등을 컴퓨터가 구현할 수 있도록 하는 프로그램으로 4차 산업 혁명의 핵심요소이다. 1956년에 처음 '인공지능'이란 용어가 등장했지만 연구는 쉽지 않았다. 그러다 1990년 이후 인터넷의 발전과 함께 방대한 데이터 수집이 이뤄지자 기계학습이 가능해지면서 오늘날의 인공지능을 낳게 되었다. 번역기 프로그램과 같은 단순한 프로그램부터 복잡한 사고와 기술이 요구되는 바둑, 스마트폰 음성 인식에 이르기까지 이미 인간의 일상에 자리 잡으며 편리함을 가져다주고 있지만 현재 인간의 다양한 업무를 인공지능이 대체하게 될 때 인간은 일자리를 잃게 될 거라는 우려의 목소리도 나오고 있다.

>> **주요 제조사별 인공지능 AP(애플리케이션 프로세서)**

제조사	인공지능 비서	인공지능칩
삼성전자	빅스비	엑시노스
구글	어시스턴트	텐서프로세싱유닛(TPU)
아마존	알렉사	–
애플	시리	A11 바이오닉
화웨이	샤오이	기린
퀄컴	–	스냅드래곤

15
로보어드바이저
(Robo–advisor)

[금융감독원]

로보어드바이저는 로봇(Robot)과 조언자(Advisor)의 합성어로, 컴퓨터 알고리즘을 기반으로 투자자 개인의 성향을 분석해 맞춤형 자산관리나 투자포트폴리오를 작성하는 자산운용 기법을 말한다. 주관적인 판단이 섞인 인간과 달리 객관적으로 판단하므로 신뢰도가 높은 것이 장점이며, 직접 만날 필요가 없으므로 시간과 장소에 구애됨이 없이 컴퓨터나 스마트폰을 통해 서비스를 받을 수 있다는 점에서 편리하다.

16
CES
(the international
Consumer
Electronics Show)

[인천서구문화재단]

미국 라스베이거스에서 미국가전협회가 주관하여 매년 1월에 열리는 세계 최대 규모의 전자제품박람회로 1967년에 시작되었다. 2000년대 초반까지는 TV, 냉장고 등의 일반적인 가전제품 위주로 전시가 진행되었으나 정보통신기술이 급격하게 발달하면서 인공지능, 자율주행차 등 첨단 IT 기술을 적용한 가전이나 기타 제품들을 선보이는 행사가 되었다.

>> MWC(Mobile World Congress)

모바일 월드 콩그레스(Mobile World Congress)는 전 세계 이동통신사와 휴대전화 제조사 및 장비업체의 연합기구인 GSMA(Global System for Mobile communication Association)가 주최하는 세계 최대 규모의 이동통신 산업 전시회로, 매년 스페인의 바르셀로나에서 개최된다. 세계 각국의 기업들이 관람객들과 직접 마주하고 자사의 제품을 홍보할 수 있는 자리로 각광받고 있다.

17
랜섬웨어
(Ransomware)

[한국원자력환경공단]

'몸값'을 의미하는 'Ransom'과 '소프트웨어(Software)'의 혼성어로, 컴퓨터 사용자의 파일을 인질로 금전을 요구하는 악성코드를 의미한다. 코드 제작자는 사용자의 동의 없이 컴퓨터 시스템을 잠그거나 사용자의 문서 등 중요 파일을 암호화함으로써 파일을 사용할 수 없게 만든 뒤 이를 해제하는 대가로 금전을 요구한다.

>> 페트야(PETYA)

윈도우의 SMB(Server Message Block) 취약점에 대한 패치를 적용하지 않은 시스템을 공격·감염시키는 랜섬웨어를 말한다. 2017년 6월 우크라이나에서 국영은행, 정부, 키예프의 지하철 서버 등을 공격했다. 이후 덴마크의 해운사, 영국과 프랑스의 기업 등을 공격하여 시스템 중단이나 장애를 발생시켰을 뿐만 아니라 우리나라에도 유입된 것으로 알려졌다. 2016년 5월에 전 세계를 휩쓴 워너크라이 랜섬웨어와 마찬가지로 윈도우 운영체제의 SMB(데이터 송수신에 쓰이는 프로토콜) 취약점을 파고들어 컴퓨터를 감염시킨 뒤 비트코인을 요구한다. 페트야는 대부분의 랜섬웨어와 달리 윈도우의 마스터부트레코드를 암호화해서 시스템 자체를 파괴시킨다는 특징이 있다.

18
스마트그리드
(Smart Grid)

[전기안전공사]

'Smart'와 'Grid(전력망)'의 합성어로, 기존의 전력망에 정보기술을 접목해 전력 공급자와 소비자가 양방향으로 실시간 정보를 교환함으로써 효율적으로 전력을 생산·소비할 수 있는 지능형 전력망을 의미한다. 기존의 전력망은 예상 수요보다 많은 양의 전력을 생산해 공급자 중심으로 설비를 운영했다면, 스마트그리드는 소비 정보 데이터를 통해 에너지 낭비를 막고 소비자의 참여로 설비가 운영되게 한다. 또한 차등 요금제를 적용해 소비자에게 시간별로 바뀌는 사용량과 요금 정보를 알려준다.

19
핀테크
(FinTech)

[한국장학재단]

Finance(금융)와 Technology(기술)의 혼성어로, IT를 이용한 금융 서비스를 의미한다. 세계화가 진행됨에 따라 국경을 벗어난 상거래가 급증하고 온라인과 모바일을 통한 금융거래가 보편화되고 있는데, 이러한 추세는 핀테크를 촉진시켰다. 주로 모바일·SNS·빅데이터 등의 IT기술을 활용한 지급 결제, 금융데이터 분석, 금융 소프트웨어, 플랫폼 등의 금융서비스라고 할 수 있다. 가장 많이 활용하는 분야는 지급 결제로, 삼성페이나 카카오페이와 같은 모바일 간편 결제 서비스가 대표적이다.

>> 캄테크(Calmtech)

조용하다는 의미의 캄(Calm)과 기술(Technology)을 조합해 만든 단어로, 사람들이 인지하지 못한 상태에서 센서와 컴퓨터, 네트워크 장비 등을 활용해 각종 편리한 서비스를 제공하는 기술을 의미한다. 무자각성, 확장성, 융합서비스라는 가치를 추구하며 인간을 배려하는 기술이라고 설명할 수 있다.

20
클라우드
컴퓨팅
(Cloud Computing)

[여수MBC]

소프트웨어나 데이터를 컴퓨터 저장장치에 담지 않고 웹 공간에 두어 마음대로 다운받아 쓸 수 있는 인터넷 환경을 말한다. 인터넷상의 서버에 저장한 데이터를 언제 어디서나 인터넷에 접속해 다운받을 수 있어서 시·공간의 제약 없이 원하는 일을 할 수 있다. 구름(Cloud)처럼 무형인 인터넷상의 서버를 클라우드라고 하는데, 이를 통해 데이터의 저장·처리 및 콘텐츠 사용 등 각종 서비스를 제공한다. 클라우드 컴퓨팅을 활용하면 하드디스크 장애, 바이러스 감염 등으로 자료가 손상·손실될 수 있는 위험 없이 안전하게 자료를 보관할 수 있고 저장 공간의 제약도 극복할 수 있다.

>> **N스크린**

하나의 콘텐츠를 다양한 정보통신 기기에서 이용할 수 있는 네트워크 서비스를 말한다. 정보통신의 발달로 스마트폰·PC·태블릿 등 다양한 디지털 기기들이 나오고 있는데, 하나의 콘텐츠를 여러 개의 디지털 기기들을 넘나들며 시간·장소에 구애받지 않고 이용할 수 있다. 'N'은 수학에서 아직 결정되지 않은 미지수를 뜻하는 것으로 하나의 콘텐츠를 이용할 수 있는 스크린의 숫자를 한정짓지 않는다는 의미에서 'N스크린'으로 부른다.

21
빅데이터
(Big-data)

[인천국제공항공사, 충북 개발공사, 여수MBC]

기존 데이터베이스 관리도구의 데이터 수집·저장·관리·분석의 역량을 넘어서는 대량의 정형 또는 비정형 데이터 베이스 및 이러한 데이터로부터 가치를 추출하고 결과를 분석하는 기술을 의미한다. 대규모 데이터의 생성·수집·분석을 특징으로 하는 빅데이터는 과거에는 불가능했던 기술을 실현시키기도 하며 전영역에 걸쳐서 사회와 인류에 가치 있는 정보를 제공하기도 한다.

22
사물인터넷
(IoT ; Internet of
Things)

[인천국제공항공사]

사물에 센서를 부착해 실시간 데이터를 인터넷으로 주고받는 기술이나 환경을 의미하는 것으로, 인터넷에 연결된 기기들이 센서 등을 통해 수집한 정보를 가지고 스스로 일을 처리하는 것을 말한다. 1999년 케빈 애시튼 미국 MIT 교수가 처음 사용했다. 가전기기부터 자동차, 물류, 유통, 헬스케어 등 다양한 분야에서 활용 폭이 크다. 어디서나 스마트폰만 있으면 집 안의 전자기기, 가스 등을 제어할 수 있으며 물류 분야에서는 상품 등 자산의 위치추적이나 현황 파악, 원격지 운영관리에 사용이 가능하다.

>> 만물인터넷(Internet Of Everything)

사물인터넷에서 더 나아가 사물뿐만 아니라 사람 등 세상 모든 것들이 인터넷에 연결되어 상호작용을 함으로써 새로운 가치를 창출하는 사회를 말한다.

23
키오스크
(Kiosk)

[한국서부발전]

누구나 편리하게 이용할 수 있도록 공공장소에 설치한 터치 스크린 방식의 정보전달시스템을 말한다. 키오스크를 통해 각종 행정절차나 상품정보, 시설물의 이용방법, 인근 지역 관광정보 등을 제공받을 수 있는데, 누구나 쉽게 찾을 수 있는 장소에 설치되어 특별한 절차 없이 단말기를 이용할 수 있어 편리하다.

24
세빗
(CeBIT ; Centrum
der Büro – und
Informationstechnik)

[부산교통공사]

1986년에 시작되어 매년 3월 독일의 하노버에서 개최되는 세계 최대 규모의 정보통신기술 박람회이다. 미국의 컴덱스(COMDEX)와 함께 세계 양대 정보통신기술 박람회로 꼽힌다. PC, 멀티미디어 온라인 서비스, 통신장비, 보안시스템, 디지털 장비 등의 전시 분야로 구성된다.

25
낸드플래시
(NAND Flash)

[한국마사회]

전원이 공급되지 않아도 기존에 저장한 데이터가 지워지지 않는 플래시메모리의 일종으로, 반도체 내부의 회로 형태가 'Not AND = 직렬'로 연결돼 있는 구조이다. 접근 속도는 느리나 좁은 면적에 집적 가능한 셀이 많고 대용량화가 가능하다. 또한 제조 단가가 저렴하고 읽기·쓰기·삭제가 가능하여 디지털 카메라, 스마트폰, USB드라이브 등에 사용된다.

26
증강현실
(Augmented Reality)

[대전도시철도공사, 부산교통공사, 중소기업기술정보진흥원, 울산MBC]

실제 환경에 가상 정보를 합성하여 존재하는 사물처럼 보이도록 하는 그래픽 기법이다. 기존의 가상현실은 가상의 공간과 사물만을 대상으로 했다면 증강현실은 현실세계에 가상의 사물을 합성하여 현실세계만으로는 얻기 어려운 부가 정보들을 구현하는 것이다. 이러한 증강현실과 캐릭터를 접목한 스마트폰 앱 게임 '포켓몬고'는 큰 인기를 누렸다.

> **>> 포켓몬고(Pokémon GO)**
> 나이앤틱(Niantic)사가 개발·출시한 스마트폰용 포켓몬시리즈 스핀오프 모바일 애플리케이션(앱) 게임으로 인기 만화영화였던 '포켓몬스터'의 캐릭터와 위치 기반 증강현실(AR)을 접목한 게임이다. 게임하는 사람은 포켓몬을 획득하기 위해 현실의 위치로 이동하여 가상현실과 합쳐진 환경에서 게임을 한다.

27
바이오시밀러
(Biosimilar)

[보훈복지의료공단, 경상대학병원, 울산MBC, 경기도공무직통합채용]

특허가 만료된 바이오의약품의 복제약을 말한다. 오리지널 바이오의약품과 비슷한 효능을 갖도록 만들지만 바이오의약품의 특징상 동물세포나 효모, 대장균 등을 이용해 만든 고분자의 단백질 제품이기 때문에 기존의 특허받은 바이오의약품과 완벽히 동일한 약품은 아니다. 즉, 효능은 비슷하게 내지만 성분과 원료는 오리지널 바이오의약품과 다른 '진짜 같은 복제약'인 것이다. 당뇨, 류머티스 관절염과 같은 만성·난치성질환의 치료제 분야에서 활용되고 있다.

28
T커머스
(T Commerce)

[부산교통공사]

텔레비전(TV)과 커머스(Commerce)를 결합해 만든 단어로, 텔레비전을 통한 상품 구매를 의미한다. 상품 광고방송을 내보내는 홈쇼핑채널과 달리 소비자가 능동적으로 상품을 검색하고 구매할 수 있는 양방향 쇼핑 방식이다. 소비자는 방송을 시청하다가 상품의 구매를 원하면 리모컨으로 주문 및 결제를 할 수 있다.

29
스피어피싱
(Spear Phising)

[전주MBC, 금융감독원,
영화진흥위원회]

특정 개인 또는 그룹에 맞추어 피싱 공격을 하는 것을 '작살 낚시'에 빗대 표현한 용어이다. 피싱 공격자는 특정 공격대상을 정해 그들이 보유한 정보를 얻는 것을 목적으로 행동한다. 마치 회사의 인사팀이나 기술팀에서 직원들에게 이름 및 패스워드 업데이트를 요구하는 것처럼 피싱 행위가 이루어지고, 해커는 여기서 얻은 데이터를 통해 네트워크에 잠입한다. 사용자로 하여금 스파이웨어가 수행되는 링크에 클릭하도록 유도하는 방식도 있다.

>> 파밍(Pharming)

악성코드에 감염된 사용자의 PC를 조작하여 정상 홈페이지인 것처럼 보이는 가짜 사이트(금융기관, 공공기관 등)로 유도한 후에 개인의 금융정보 등을 탈취하는 수법이다. 탈취한 개인의 금융정보를 이용하여 범행계좌로 이체를 하는데, 이러한 수법에 의해 13억원이 무단 이체된 사건이 있었다.

30
비타민
(Vitamin)

[용인도시공사, 서울시설
공단]

물질대사와 생리작용을 돕는 유기물질이다. 아주 적은 양으로 신체의 기능을 조절하지만 대부분의 비타민은 체내에서 전혀 합성되지 못하거나 합성되는 양이 극소량이기 때문에 식품을 통해 섭취해야 한다. 충분한 공급이 이루어지지 않으면 각종 결핍증이 나타나게 된다. 비타민은 발견된 순서에 따라 A, B, C 등의 이름이 붙여졌는데 크게 지용성 비타민과 수용성 비타민으로 나누어 구분한다. 지용성 비타민에는 비타민 A, D, E, F, K가 있고 수용성 비타민에는 B_1, B_2, B_6, B_{12}, C, L, P 등이 있다.

[주요 비타민의 기능과 결핍증]

	구분	기능	결핍증	대표 식품
지용성 비타민	비타민A (레티놀, 베타 카로틴)	치아 · 뼈 등 생성, 시력에 관여	야맹증, 안구건조증	동물의 간, 치즈, 당근, 계란 노른자
	비타민D (칼시페롤)	칼슘 체내 흡수	발육 지연, 구루병	버섯, 생선의 간류, 계란 노른자
	비타민E (토코페롤)	항산화, 적혈구 용혈 방지	적혈구 용혈	콩, 견과류, 옥수수 기름
	비타민K (메나퀴논)	혈액응고	혈액응고 시 간 지연	동물의 간, 녹황색채소, 콩류
수용성 비타민	비타민B_1 (티아민)	에너지 대사	각기병, 피로, 식욕부진, 변비	전곡, 콩류, 종실류, 돼지고기
	비타민B_2 (리보플라민)	단백질 대사의 조효소, 지방산 합성	건조, 안구 충혈, 구내염	유제품, 육류, 생선, 콩, 버섯
	비타민 B_3 (나이아신)	에너지 대사에 관여, 소화, 피부에 관여	피부염, 구내염, 치매	참치, 땅콩, 육류
	엽산	아미노산 · 핵산 합성에 관여, 적혈구 분화	설사, 성장 장애, 신경이상	콩류, 현미, 보리, 과일, 녹색채소
	비타민B_6 (피리독신)	단백질 대사 조효소, 헤모글로빈 합성	빈혈, 피로, 우울, 신경과민, 불면증	생선, 육류, 계란, 콩, 채소, 바나나, 견과류
	비타민B_{12} (코발아민)	DNA 합성, 적혈구 형성에 관여	빈혈, 신경장애	육류, 어패류, 유제품
	비타민C (아스코르빈산)	항산화, 호르몬 합성	발육 및 성장 장애, 괴혈병	과일, 채소

31
MCN
(Multi Channel
Networks)

[KBS]

콘텐츠 제작자와 제휴하여 콘텐츠의 제작 · 유통 · 판매 · 마케팅을 지원하고, 저작권 및 콘텐츠 제작자들을 관리하는 사업으로, 다중채널네트워크라 한다. 유튜브의 이용이 보편화된 미국에서 시작됐고, 미디어의 발달로 시청행태가 다양해지면서 MCN 사업의 영향력도 커지고 있다. 특히 정보통신기술과 SNS의 발달로 인한 1인 미디어의 등장 · 확대는 MCN 사업의 발달을 촉진했다. 이는 디즈니나 드림웍스 등 메이저 미디어 기업들까지 다중채널네트워크 사업에 진출하게 했고, 우리나라에서는 CJ E&M, 아프리카 TV 등의 다중채널네트워크 사업자들이 크게 성장하여 미디어 산업을 주도하고 있다.

32
GMO
(Genetically
Modified Organism)

[한국기술교육대학교]

제초제와 병충해에 대한 내성과 저항력을 갖게 하거나 영양적인 가치와 보존성을 높이기 위해 해당 작물에 다른 동식물이나 미생물과 같은 외래 유전자를 주입하는 등 식물 유전자를 변형하여 생산한 유전자재조합농산물을 일컫는다. 1994년 무르지 않는 토마토를 시작으로 유전자 재조합이 시작되었고, 몬샌토사에 의해 본격적으로 상품화되었다. 환경보호론자들은 안전성이 검증되지 않은 식품을 생산 및 유통하는 것은 인간을 실험대상으로 전락시키는 것이라 우려하며 '프랑켄푸드'라는 이름을 붙여 비판한다. 현재 세계 2위의 GMO 수입국인 우리나라에서는 GMO의 안전성에 따른 표시 문제가 논란이 되고 있다.

DNA 및 유전자변형 단백질의 잔류와 상관없이 GMO 원료를 표시하는 제도이다. 우리나라의 경우 가공 후 제품에 유전자변형 DNA 또는 외래 단백질이 남아 있지 않거나 식품의 주요 원재료 함량 중 5위 안에 포함되지 않을 경우 이를 표시하지 않아도 되는 면제 규정이 있다. 시민단체는 GMO의 안전성이 입증되지 않은 만큼 '알 권리'를 보장받아야 한다며 완전표시제 도입을 촉구하고 있다.

33
인슐린
(Insulin)

[한국폴리텍]

혈액 속의 포도당을 일정하게 유지하는 기능을 하는 호르몬으로, 췌장에서 합성·분비된다. 음식을 소화하고 흡수할 때도 순간적으로 혈당이 높아지는데 그 혈당의 양을 조절하는 것이 인슐린의 역할이다. 그러나 인슐린의 합성과 분비가 잘 이루어지지 않으면 제 기능을 못하게 되고 결국 포도당을 함유한 소변을 배설하는 당뇨병에 걸릴 수 있다.

34
그리드패리티
(Grid Parity)

[한국중부발전, 전남신용
보증재단]

태양광 발전원가가 낮아져서 소비자가 기존의 화력발전(가스, 석탄 등)에 의해 전력을 공급받는 것과 태양 에너지 시스템을 설치하여 자체 전력을 조달하는 것이 가격 경쟁력 면에서 동등해지는 것을 의미한다. 여기에서 말하는 가격이란 전력이 생산되는 데 소요되는 비용 그 자체보다는 최종 소비자가 구매하는 전력의 최종 가격을 의미한다.

Sec 05
과학·IT

35
세렌디피티
(Serendipity)

[한국폴리텍]

플레밍이 배양실험을 하는 도중 실수로 푸른곰팡이를 혼입한 것이 페니실린을 개발하게 된 계기가 된 것처럼, 우연한 사건으로 인해 과학적 진보를 이루는 것을 말한다. 어원은 18세기 문학자 호레이스 월폴이 만든 단어로 '우연스럽지만 지혜로운 발견'이라는 뜻을 담고 있다.

36
디지털포렌식
(Digital Forensics)

[KBS, 한전KPS]

사건상의 디지털 기록과 정보를 활용하는 법의학(Forensic)을 말한다. 1970년대 말 미국을 중심으로 컴퓨터 관련 법률이 제정되며 널리 알려졌다. 인터넷 등 정보기술의 발달로 디지털 기기의 사용이 보편화되면서 컴퓨터, 스마트폰 등에 남겨진 기록들을 범죄 수사에서 활용하는 것이다.

37
망중립성
(Network Neutrality)

[MBC]

모든 네트워크 사업자는 모든 참가자를 동등하게 취급해야 하며, 어떠한 차별도 있어서는 안 된다는 원칙이다. 인터넷 망을 통해 오고가는 인터넷 트래픽에 대해 데이터의 유형·사업자·수익성 등을 불문하고 이를 생성하거나 소비하는 주체를 차별 없이 동일하게 처리해야 한다는 것이다.

38
알파고
(AlphaGo)

[서울시설공단, 장애인고용공단]

프로기사와 맞바둑을 두어 최초로 승리한 인공지능 바둑 프로그램이다. 2016년 3월 한국기원은 알파고가 정상 프로기사 실력인 입신(入神)의 경지에 올랐다며 명예 프로 9단을 수여하여 언제든지 한국기원에서 개최하는 대회에 참가할 수 있도록 했다. 알파고를 개발한 딥마인드사는 알파고의 알고리즘을 더욱 개발·활용하여 기후 변화의 예측, 질병·건강관리시스템, 스마트폰 개인비서, 무인주행자동차 등 미래의 핵심서비스 용도에 적용시킬 계획이다.

>> 알파고 제로(Alphago Zero)

인간의 지식으로부터 전혀 도움을 받지 않았다는 점에서 '0(Zero)'을 딴 인공지능 바둑 프로그램 알파고 버전의 명칭이다. 인간 고수들이 둔 기보 16만건을 제공받은 이전 알파고 버전과 달리 인간 기보의 자료 없이 오직 강화학습의 방법론에만 의존한다.

39
장보고
과학기지

[대전도시철도공사, 광주광역시공공기관통합채용]

1988년 세종과학기지 건설 이후 24년 만에 지어진 우리나라의 두 번째 남극 과학기지이다. 연면적 4,458㎡에 연구동과 생활동 등 16개 동의 건물로 구성되는 장보고과학기지는 겨울철에는 15명, 여름철에는 최대 60명까지 수용할 수 있다. 기지 건설은 사전 제작된 자재를 현장에서 조립하는 모듈방식을 채택하였다.

40
다산과학기지

[대구시설공단]

2002년 4월 북극 스발바르군도에 설립된 우리나라의 과학기지이다. 조선시대의 실학자 정약용의 호를 따서 만들어진 다산기지는 6명 정도의 연구원들이 일정 기간 동안 체류하면서 북극의 기후변화와 빙하, 생물종, 해류, 자원 등에 대한 연구를 한다. 우리나라 최초의 북극 해양과학기지로 이 기지 건립에 따라 우리나라는 세계에서 8번째로 남극과 북극에 모두 기지를 보유한 국가가 되었다.

41
라니냐
(La Nina)

[주택도시보증공사]

평년보다 해수면 온도가 0.5℃ 이상 낮은 상태가 5개월 이상 지속되는 이상해류 현상을 말한다. 여자아이를 지칭하는 스페인어에서 유래했으며 엘니뇨와는 반대되는 현상이다. 엘니뇨가 발생한 곳과 동일한 지역에서 발생하며 극심한 가뭄과 강추위, 장마 등 각기 다른 현상들이 나타난다.

>> **엘니뇨(El Nino)**

전 지구적으로 벌어지는 대양-대기간의 기후현상으로, 평년보다 0.5℃ 이상 해수면 온도가 높은 상태가 5개월 이상 지속되는 이상해류 현상이다. 이 현상이 크리스마스 즈음에 발생하기 때문에 작은 예수 혹은 남자아이라는 의미의 이름이 붙었다. 엘니뇨가 발생하면 해수가 따뜻해져 증발량이 많아지고, 이로 인해서 태평양 동부 쪽의 강수량이 증가한다. 엘니뇨가 강할 경우 지역에 따라 대규모의 홍수가 발생하기도 하고 다량의 비가 내리기도 하며, 극심한 건조현상을 겪기도 한다.

42
구제역

[한국남동발전, 한국노인
인력개발원]

소나 돼지 등 가축에게 발병하는 바이러스성 질병이다. 우리말로는 '입굽병'이라고도 한다. 소, 돼지, 양, 염소, 사슴 등 우제류 동물에게 나타나는데, 우제류 동물은 발굽이 두 개라는 특징이 있다. 치사율이 높지는 않지만 가축에게 고열과 무기력증을 유발한다.

43
히알루론산
(Hyaluronic Acid)

[평택도시공사]

아미노산과 우론산으로 이루어지는 다당류의 일종으로, 초자체막(Hyaloid)의 우론산이라는 뜻에서 이러한 이름이 붙었다. 1934년 메이어가 소의 유리체에서 분리 · 발견했는데, 주로 포유동물의 결합조직에 분포되어 있다. 히알루론산은 체내에서 물과 결합하여 겔을 만드는 성질이 있어 관절의 윤활작용, 피부의 유연성 및 보습에 도움을 준다.

44
세계의
주요 기후

[경기관광공사]

구분	종류	특징
열대기후 (A)	열대 우림	연중 고온다우
	사바나	연중 고온, 건기와 우기 뚜렷하게 구분
	몬순	반년의 주기로 변하는 계절풍에 의한 기후, 여름은 우기, 겨울은 건기
건조기후 (B)	초원(스텝)	연중 건조
	사막	비가 거의 오지 않아 강수량이 증발량을 밑도는 기후
온대기후 (C)	온대 습윤	연중 온난다우
	온대 동계건조	온난, 여름은 다우
	지중해성	온난, 겨울은 다우
한대기후 (D)	한대 습윤	한랭, 연중다우
	한대 동계건조	한랭, 여름은 다우
극기후 (E)	툰드라	연중 한랭 건
	빙설	최난월 평균기온 0℃ 이하, 연중 빙설에 덮이는 기후

45
무어의 법칙
(Moore's Law)

[포항시설관리공단]

'반도체 직접회로의 성능이 24개월마다 2배로 증가한다'는 법칙이다. 인텔의 창립자 고든 무어가 1965년에 제시한 용어로 그의 발언 이후에도 실제로 비슷한 추세를 보여와 일종의 사회학 법칙처럼 여겨졌다. 같은 용적 대비 반도체의 성능이 18개월에서 24개월마다 2배씩 향상되며, 이에 따라 컴퓨팅 성능은 2배로 향상되고 컴퓨팅 가격은 두 배로 떨어진다.

Reviewing

01 2015년 7월 비탈릭 부테린이 개발한 거래 규모 세계 2위의 가상화폐를 (　　)(이)라고 한다.

02 (　　)은/는 우리 장에 유익한 세균으로 흔히 요거트 등에 들어 있는 세균을 말한다.

03 그래픽 화면에 그려진 이미지의 물체 각 면에 색상을 넣거나 그림자 효과 등을 넣어 입체감을 줌으로써 사실적인 3차원 화상을 만드는 것을 (　　)(이)라고 한다.

04 인간의 정보처리과정을 모방하여 컴퓨터에 적용시킨 것으로 인공신경망을 기반으로 구축한 머신러닝(기계학습기술)을 (　　)(이)라고 한다.

05 푸른색을 띠고 단단하며 광택이 나는 금속으로, 2차 전지의 원료로 각광받는 원소를 (　　)(이)라고 한다.

06 (　　)은/는 미국 라스베이거스에서 미국가전협회가 주관하여 매년 1월에 열리는 세계 최대 규모의 전자제품박람회이다.

07 컴퓨터 사용자의 파일을 인질로 금전을 요구하는 악성코드를 통틀어 (　　)(이)라고 한다.

08 누구나 편리하게 이용할 수 있도록 공공장소에 설치한 터치 스크린 방식의 정보전달 시스템을 (　　)(이)라고 한다.

09 효능은 비슷하게 내지만 성분과 원료는 오리지널 바이오의약품과 다른 특허가 만료된 바이오의약품의 '진짜 같은 복제약'을 (　　)(이)라고 한다.

10 콘텐츠 제작자와 제휴하여 콘텐츠의 제작·유통·판매·마케팅을 지원하고, 저작권 및 콘텐츠 제작자들을 관리하는 사업을 (　　)(이)라고 한다.

Answer

01 이더리움　02 프로바이오틱스　03 렌더링　04 딥러닝　05 코발트　06 CES　07 랜섬웨어　08 키오스크
09 바이오시밀러　10 MCN

11 혈액 속의 포도당을 일정하게 유지하는 기능을 하는 것으로 췌장에서 합성·분비되는 호르몬을 (　)(이)라고 한다.

12 실수로 푸른곰팡이를 혼입한 것이 페니실린을 개발하게 된 계기가 된 것처럼, 우연한 사건으로 인해 과학적 진보를 이루는 것을 (　)(이)라고 한다.

13 모든 네트워크 사업자는 모든 콘텐츠를 동등하게 취급해야 하며, 어떠한 차별도 있어서는 안 된다는 원칙을 (　)(이)라고 한다.

14 (　)과학기지는 1988년 세종과학기지 건설 이후 24년 만에 지어진 우리나라의 두 번째 남극 과학기지를 말한다.

15 (　)은/는 평년보다 해수면 온도가 0.5℃ 이상 낮은 상태가 5개월 이상 지속되는 이상해류 현상으로 '여자아이'를 지칭하는 스페인어에서 유래했다.

16 열대기후로 연중 고온을 유지하며 건기와 우기가 뚜렷하게 구분되는 것을 (　) 기후라 한다.

17 극지기후로 강수량이 적고 일 년 내내 한랭한 특성을 보이는 것을 (　) 기후라 한다.

18 (　)은/는 소나 돼지 등 가축에게 발병하는 바이러스성 질병이다. 우리말로는 '입굽병'이라고도 한다.

19 (　)은/는 체내에서 물과 결합하여 겔을 만드는 성질이 있어 관절의 윤활작용, 피부의 유연성 및 보습에 도움을 주는 합성물질이다.

20 (　)의 법칙은 반도체 직접회로의 성능이 24개월마다 2배로 증가한다는 것이다.

01 다음은 무엇과 관련된 것인가? 〈광주광역시도시공사〉

> • 원자번호 27번 • 푸른색 염료
> • 전기자동차 • 자석합금

① 니켈 ② 코발트
③ 악티늄 ④ 알루미늄

 주기율표 9족에 속하는 원자번호 27번의 원소인 코발트는 푸른색을 띠는 금속으로 도자기나 유리의 푸른색을 내는 데 사용되어 왔다. 전기자동차에 쓰이는 2차 전지의 원료로도 쓰이고, 자석합금 등에 사용된다.

02 조건이나 기간, 기능의 제한 없이 누구나 무료로 사용할 수 있도록 공개한 소프트웨어를 무엇이라 하는가? 〈부산교통공사〉

① 애드웨어
② 상용 소프트웨어
③ 프리웨어
④ 펌웨어

 무료로 복제하고 계속 사용할 수 있는 공개 소프트웨어를 프리웨어라 한다. 누구나 조건없이 사용하지만 영리를 목적으로 배포할 수는 없다.
① 애드웨어 : 프리웨어나 셰어웨어 등에서 광고를 보는 것을 전제로 사용이 허가되는 프로그램이다.
② 상용 소프트웨어 : 상업적 목적으로 판매하는 컴퓨터 소프트웨어를 말한다.
④ 펌웨어 : 롬에 저장된 하드웨어를 제어하는 프로그램으로 소프트웨어와 하드웨어의 특성을 모두 가지고 있다.

03 다음 중 OLED에 대한 설명으로 옳지 않은 것은? 〈aT〉

① 스스로 빛을 내는 현상을 이용했다.

② 휴대전화, PDA 등 전자제품의 액정 소재로 사용된다.

③ 화질 반응속도가 빠르고 높은 화질을 자랑한다.

④ 에너지 소비량이 크고 가격이 높다.

 ④ OLED(Organic Light-Emitting Diode)는 자체발광형 유기물질로, LCD를 대체할 꿈의 디스플레이로 각광받는다. 단순한 제조공정으로 인해 가격 경쟁 면에서도 유리하다.

04 다음에서 설명하는 것은 무엇인가? 〈광주도시철도공사〉

- 구리보다 100배 이상 전기가 잘 통한다.
- 강철보다 200배 이상 단단하다.
- 늘리거나 구부려도 전기적 성질을 잃지 않는다.

① 시그마　　　② 그래핀　　　③ 베크렐　　　④ 리튬

 ② 그래핀 : 탄소의 동소체 중 하나로 전기가 잘 통하고, 전자이동성이 빠르다. 강도는 강철보다 강하며, 다이아몬드보다 열전도성이 높다. 또한, 빛을 대부분 통과시키기 때문에 투명하며 신축성도 매우 뛰어나다. 이러한 이유로 꿈의 소재로 각광받는다.

① 시그마 : 지정된 수의 항렬을 모두 곱하라는 의미의 수학 기호로 사용된다. 그리스 문자에서 따왔으며 그리스어로는 200을 뜻한다.

③ 베크렐 : 방사능 오염도를 측정하는 수치이다.

④ 리튬 : 전지 원료로 사용하며 외부 전원을 이용해 충전하여 안정성이 높고 에너지 효율성이 높은 상용 전지를 만들 수 있다.

05 구글 딥마인드에서 개발한 컴퓨터 인공지능 바둑 프로그램은? 〈서울시설공단〉

① 딥젠고　　　② 알파고　　　③ 텐서플로　　　④ 빅스비

 ② 알파고는 구글 딥마인드에서 개발한 컴퓨터 인공지능 바둑 프로그램으로 프로기사와 맞바둑을 두어 최초로 승리한 바둑 프로그램이다. 딥마인드사는 알파고의 알고리즘을 더욱 개발·활용하여 기후변화의 예측, 질병·건강관리시스템, 스마트폰 개인비서, 무인주행자동차 등 미래의 핵심서비스 용도에도 적용시킬 계획이다.

06 스마트폰이나 PC의 정보를 분석해서 수사하는 기법은 무엇인가? 〈한전KPS〉

① 데이터마이닝　　　　　　　　　② 디지털포렌식
③ 디지털디바이드　　　　　　　　④ 디지털워터마크

 PC나 노트북, 스마트폰 등 각종 저장매체 또는 인터넷상에 남아있는 각종 디지털 정보를 분석해 범죄 단서를 찾는 수사기법을 디지털포렌식이라 한다.

07 다음은 무엇에 대해 설명하고 있는가? 〈KBS〉

> 악성코드에 감염된 다수의 좀비PC를 이용하여 대량의 트래픽을 특정 시스템에 전송함으로써 장애를 일으키는 사이버 공격이다.

① 해킹　　　　　　　　　　　　　② 스푸핑
③ 디도스　　　　　　　　　　　　④ 크래킹

 특정 사이트를 마비시키기 위해 여러 대의 컴퓨터가 일제히 공격을 가하는 해킹수법을 디도스 (DDoS)라 한다. 이는 특정 컴퓨터의 자료를 삭제하거나 훔치려는 것이 아니라 컴퓨팅 자원을 끌어쓰려는 것이다.

08 다음 중 증강현실에 대한 설명으로 옳지 않은 것은? 〈대전도시철도공사〉

① 현실세계에 3차원 가상물체를 겹쳐 보여준다.
② 스마트폰의 활성화와 함께 주목받기 시작했다.
③ 실제 환경은 볼 수 없다.
④ 위치 기반 서비스, 모바일 게임 등으로 활용범위가 확장되고 있다.

 가상현실은 가상환경에 사용자를 몰입하게 하여 실제 환경을 볼 수 없지만, 증강현실은 실제 환경을 볼 수 있게 하여 현실감을 제공한다.

09 악성코드에 감염된 PC를 조작해 이용자를 사이트로 유도하여 개인정보를 빼가는 수법은 무엇인가? 〈전주MBC〉

① 스미싱

② 스피어피싱

③ 파밍

④ 메모리해킹

 허위로 만든 사이트로 이용자를 유도한 파밍에 의해 금융정보가 노출되어 13억원이 무단 이체된 사건이 있었다.
① 스미싱 : 무료쿠폰 등을 내용으로 하는 문자메시지 링크를 클릭하면 악성코드가 설치돼 피해자가 모르는 사이에 소액결제 피해 발생 또는 개인·금융정보 탈취하는 수법
② 스피어피싱 : 특정 대상의 정보를 캐내기 위해 기획된 사이버 공격
④ 메모리해킹 : 컴퓨터 메모리에 있는 수취인의 계좌번호나 송금액을 변조하는 등으로 돈을 빼돌리는 해킹

10 세빗(CeBIT)이 개최되는 곳은? 〈부산교통공사〉

① 미국 라스베이거스　　　　　② 스페인 바르셀로나

③ 독일 하노버　　　　　　　　④ 호주 시드니

 세계 최대 규모의 정보통신기술 박람회 세빗(CeBIT)은 매년 독일의 하노버에서 개최된다.

11 인공지능 프로그램이 다양한 데이터를 통해 스스로 학습할 수 있도록 인공신경망을 기반으로 한 자동 학습 기술은 무엇인가? 〈중소기업기술정보진흥원〉

① 딥러닝　　　　　　　　　　② 빅크런치

③ 딥마인드　　　　　　　　　④ 빅데이터

 '딥러닝' 기술을 적용하여 인공지능 프로그램이 스스로 인지하고 학습할 수 있다. 이세돌 9단과의 바둑 대결에서 승리한 구글의 알파고 역시 딥러닝에 기반한 프로그램이다.

12 내부 회로의 셀이 직렬로 배치된 데이터 저장형 플래시메모리는 무엇인가? 〈한국마사회〉

① 램 ② 노어플래시
③ 낸드플래시 ④ 롬

 전원이 꺼지더라도 저장된 데이터를 보존하는 롬(ROM)의 장점과 손쉽게 데이터를 쓰고 지울 수 있는 램(RAM)의 장점을 동시에 지니는 비휘발성 메모리를 플래시메모리라고 하는데, 플래 시메모리는 내부 회로의 형태에 따라 낸드플래시와 노어플래시로 구분한다. 셀이 직렬로 배치된 플래시메모리를 낸드플래시라 하고, 셀이 병렬로 배치된 코드 저장형 플래시메모리를 노어 플래시라고 한다.

13 장보고과학기지에 대한 설명으로 옳지 않은 것은? 〈대전도시철도공사〉

① 남극 최북단 킹조지섬에 위치한다.
② 대한민국의 2번째 과학기지이다.
③ 남극의 미생물, 천연물질을 기반으로 한 의약품 연구 등 다양한 응용 분야 연구가 이뤄진다.
④ 한국해양연구원 부설기관인 극지연구소에서 운영한다.

 ① 세종과학기지에 대한 설명이다.

14 고대의 대표적인 과학자, 아르키메데스의 업적이 아닌 것은? 〈대구시설공단〉

① 지레의 원리를 설명했다.
② 정역학과 유체정역학을 연구했다.
③ 포물선으로 둘러싸인 도형의 넓이를 계산했다.
④ 자와 컴퍼스만으로 정17각형 작도가 가능함을 증명했다.

 ④ 가우스는 독일의 수학자이자 과학자로 정수론, 통계학, 해석학, 미분기하학, 측지학, 전자기 학, 천문학, 광학 등의 다양한 분야에 크게 기여하였다. 특히 그는 정다각형을 자와 컴퍼스만 으로 작도가 가능하다는 것을 증명해 보였다.

15 넷플릭스를 통해 많은 사람들이 인터넷으로 TV드라마나 영화를 본다. 이렇듯 인터넷으로 TV 프로그램 등 동영상을 시청할 수 있는 서비스를 무엇이라 하는가?

〈여수MBC〉

① NFC   ② OTT

③ MCN   ④ VOD

 OTT(Over The Top)는 'Top(셋톱박스)를 통해 제공됨'을 의미하는 것으로, 범용인터넷을 통해 미디어 콘텐츠를 이용할 수 있는 서비스를 말한다. 시청자의 다양한 욕구, 온라인 동영상 이용의 증가는 OTT 서비스가 등장하는 계기가 되었으며 초고속 인터넷의 발달과 스마트 기기의 보급은 OTT 서비스의 발전을 가속화시켰다.

16 인터넷상의 서버를 통하여 데이터 저장, 네트워크, 콘텐츠 사용 등 IT 관련 서비스를 한번에 사용할 수 있는 가상의 공간을 무엇이라 하는가? 〈대구시설공단〉

① 유비쿼터스(Ubiquitous)

② 스트리밍(Streaming)

③ IoT(Internet of Things)

④ 클라우드(Cloud)

 각종 소프트웨어나 데이터를 인터넷으로 연결된 중앙컴퓨터에 저장하여 인터넷에 접속하기만 하면 언제 어디서든 저장해 놓은 데이터를 이용할 수 있는 가상의 공간을 'Cloud(구름)'라고 한다.
① 사용자가 자유롭게 어떤 기기로든 통신망에 접속할 수 있는 환경
② 인터넷에서 각종 데이터를 실시간 전송·재생할 수 있게 하는 기법
③ 사물인터넷으로 사물에 센서를 붙여 실시간으로 데이터를 인터넷과 연결하여 정보를 공유하는 기술

17 특허가 만료된 바이오의약품과 비슷한 효능을 내게 만든 복제의약품을 무엇이라 하는가?

〈보훈복지의료공단, 경상대학병원〉

① 개량신약   ② 바이오시밀러

③ 바이오베터   ④ 램시마

 오리지널 바이오의약품을 모방하여 만든 약품을 바이오시밀러라고 한다.

18 평소 사람들이 인지하지 못하는 상태에서 편리한 서비스를 제공하는 기술을 무엇이라 하는가? 〈EBS〉

① 핀테크 ② 캄테크
③ 연테크 ④ IoT

 조용하다를 뜻하는 '캄(Calm)'과 '기술(Technology)'의 혼성어로, 각종 센서와 네트워크를 통해 편리한 서비스를 제공하는 기술을 의미한다. 무자각성, 확장성, 융합서비스를 표방한다. 건강상태를 체크하는 스마트워치가 대표적이다.

19 다음 중 정지궤도상에서 공전하는(했던) 인공위성은 무엇인가?

〈한국잡월드, 한국농어촌공사〉

① 무궁화 3호 ② 우리별 1호
③ 천리안 2A ④ 스푸트니크 1호

 ③ 천리안 2A : 우리기술만으로 발사에 성공한 첫 정지궤도위성이다. 정지궤도위성이란 상공 35,786km의 위성을 가리키는 말로, 이 구간에서 받는 지구의 중력은 위성이 지구의 자전과 같은 속도로 공전할 때의 원심력과 비슷하다. 지구와 자전속도가 같아 항상 정지해 있는 것처럼 보인다. 현재 한국은 총 5개를 보유하고 있다.
우리나라 최초의 인공위성은 우리별 1호이고, 세계 최초의 인공위성은 스푸트니크 1호이다. 무궁화 3호는 KT의 위성이었으나 홍콩의 위성방송사 ABS에 매각되었다. KT에서 관련 당국의 허가를 받지 않아 불법매각이라는 의혹이 일었다.

20 다음 중 영상 편집 소프트웨어가 아닌 것은? 〈EBS〉

① Adobe Premiere Pro
② Vegas Pro
③ Multiquence
④ Shazam

 영상 편집 소프트웨어를 통해 동영상을 가져오거나 내보내고, 동영상 클립의 일부를 잘라내거나 붙일 수 있으며 특수 효과 등으로 영상에 변화를 줄 수 있다. 또한 인코딩 과정을 거쳐 DVD, 웹 영상, 휴대전화 영상 등으로 변환할 수도 있다. Adobe Premiere Pro, Vegas Pro, Multiquence 등 영상을 편집하는 다양한 소프트웨어들이 있으나 Shazam은 영상 편집 소프트웨어가 아니다.

21 가상화폐로 거래할 때 발생할 수 있는 이중 지불이나 해킹을 막는 기술을 무엇이라 하는가? 〈한국언론진흥재단〉

① 프로젝트 제로   ② 차입매수

③ 블록체인   ④ 랜섬웨어

 블록체인이란 온라인 거래 시 거래당사자 사이(P2P)에서 오가는 비트코인과 같은 전자화폐를 사용할 때 돈이 한 번 이상 지불되는 것을 막는 기술이다.
① 프로젝트 제로 : 구글에서 만든 안티바이러스 프로그램
② 차입매수 : 자금이 부족한 매수기업이 매수 대상의 자산과 수익을 담보로 자금을 끌어와 합병하는 것
④ 랜섬웨어 : 파일을 암호화하여 사용하지 못하게 하여 이를 해결하는 대가로 금전을 요구하는 악성 프로그램

22 미국가전협회가 주관하여 미국 라스베이거스에서 매년 1월에 열리는 세계 최대 규모의 전자제품박람회는? 〈인천서구문화재단〉

① IFA   ② CES

③ MWC   ④ CeBIT

 미국 라스베이거스에서 열리는 CES는 IFA, MWC와 더불어 세계 3대 IT전시회로 꼽힌다.
① IFA : 매년 독일 베를린에서 열리는 유럽 최대 디지털 오디오비디오(AV) 멀티미디어 전시회이다.
④ CeBIT : 1970년 '하노버 산업박람회'의 한 전시 분야로 개최된 이후 급증하는 출품업체 및 참관객 수를 충족하기 위해 1986년 독립적인 박람회로 발전했다. 매년 3월 독일 하노버에서 개최되는 B2B(Business to Business) 중심의 세계적 규모의 정보통신기술 전시회이다.

23 다음에 나타난 게임에 적용된 기술은 무엇인가? 〈aT, 부산교통공사〉

> 유저들이 직접 현실세계를 돌아다니며 포켓몬을 잡는 모바일 게임 열풍에 평소 사람들이 찾지 않던 장소들이 붐비는 모습을 보였다.

① MR   ② BR

③ AV   ④ AR

24 '이 물질'의 합성과 분비가 제대로 이루어지지 않는 경우 포도당을 함유한 소변을 배설하는 당뇨병에 걸릴 수 있다. 대표적인 당뇨병 환자의 처방약인 '이 물질'은 무엇인가? 〈한국폴리텍〉

① 아미노산 　　　　　　　　② 글루카곤

③ 인슐린 　　　　　　　　④ 타우린

해설 이자(췌장)의 β세포에서 합성·분비되어 혈액 속의 포도당의 양을 일정하게 유지시키는 역할을 하는 인슐린은 당뇨병 환자의 처방약으로 널리 사용된다.

25 모래나 점토 크기의 세립질 입자로 구성되고 층상구조를 가진 퇴적암에 매장된 천연가스는? 〈세종시설관리공단〉

① 셰일가스 　　　　　　　　② LNG

③ LPG 　　　　　　　　④ CNG

해설 우리말로는 '혈암'이라고 하는 퇴적암층인 셰일층에서 추출하는 가스를 셰일가스라 한다. 메탄과 에탄 그리고 콘덴세이트로 구성되어 있다. 기존의 천연가스보다 깊은 곳에 존재하여 수평시추를 통해서 채굴할 수 있다.

26 다음의 증상들은 어떤 물질의 중독으로 인해 나타나는가? 〈경기관광공사〉

• 만성신부전증 　　　 • 빈혈 　　　 • 신장기능 및 생식기능 장애

① 철 　　　　　　　　② 아연

③ 카드뮴 　　　　　　　　④ 납

환경오염물질 중 대표적인 중금속인 납은 미세 분진에 흡착되어 사람의 호흡기로 직접 노출되고, 오염된 물을 마시거나 음식을 먹으면서 소화기를 통해 흡수되기도 한다. 납은 대부분이 뼈 속에 축적되었다가 아주 서서히 혈액으로 녹아 나오는데, 이를 방치하면 조혈기관의 기능 장애로 빈혈, 신장기능 및 생식기능 장애 등의 심각한 중독 증상이 발생할 수 있다.

27 아미노산과 우론산으로 이루어지는 다당류의 일종으로, 피부의 수분을 보충하는 기능을 하는 화장품의 원료는 무엇인가? 〈평택도시공사〉

① 히알루론산 ② 토코페롤
③ 케라틴 ④ 콜라겐

 히알루론산은 체내에서 물과 결합하여 겔을 만드는 성질이 있어 관절의 윤활작용, 피부의 유연성 및 보습 기능을 하기 때문에 화장품의 원료로 활용된다.

28 다음 원소와 그에 대한 설명으로 옳지 않은 것은? 〈부천시통합채용〉

① 탄소 : 고고학 · 지질학에서 물질의 연대를 측정하기 위해 측정한다.
② 수소 : 광합성 과정에서 배출된다.
③ 헬륨 : 심해 잠수부의 산소통에 채워 넣는다.
④ 불소 : 다이아몬드를 자르는 데 사용한다.

 광합성 과정에서 나무는 빛과 물과 이산화탄소를 이용해 포도당을 만들고 수소와 포도당을 결합시켜 저장한다. 이 과정에서 산소가 발생한다.

29 남극의 킹조지섬에 건설한 우리나라 최초의 남극 과학기지는 무엇인가? 〈국민연금공단〉

① 장보고과학기지 ② 세종과학기지
③ 다산과학기지 ④ 미르니과학기지

히는 1988년 2월 우리나라는 남극 킹조지섬에 세종과학기지를 건설했다. 우리나라 최초의 남극 과학기지로, 이곳에서는 극지환경과 기후변화 연구가 이루어지고 있다.

Answer 24 ③ 25 ① 26 ④ 27 ① 28 ② 29 ②

30 다음 중 비타민 부족으로 인한 결핍증이 잘못 연결된 것은? 〈평택도시공사〉

① 비타민A − 구내염

② 비타민B$_1$ − 각기병

③ 비타민C − 괴혈병

④ 비타민D − 구루병

 치아·뼈 등 생성과 시력에 관여하는 비타민A는 동물의 간, 치즈, 당근, 계란 노른자에 함유되어 있다. 이러한 비타민A가 결핍되는 경우 주로 눈이나 상피조직과 관련된 여러 가지 장애(야맹증, 안구건조증)를 일으킬 수 있다.

01
세계 4대 문명

[MBC]

기원전 3000년을 전후하여 세계에서 가장 먼저 문명을 이루고 발전시킨 지역

구분	특징	지역	공통점
메소포타미아 문명	쐐기문자·60진법 사용, 함무라비 법전 편찬, 태음력 제정	티그리스강, 유프라테스강	• 기후 온화 • 관개 용이 • 토지 비옥
이집트 문명	폐쇄적 지형, 상형문자·10진법 사용, 피라미드·스핑크스 제작	나일강	
황하 문명	동아시아에서 가장 오래된 문명, 갑골문자·달력 사용	황하	
인더스 문명	청동기·그림문자 사용, 발달된 도시문명, 엄격한 신분제도	인더스강	

02
종교개혁

[포항시설관리공단, 영상물등급위원회]

16세기 교회의 세속화와 타락에 반발하며 나타난 그리스도교 쇄신운동이다. 로마 가톨릭 교회가 지나치게 세속화되면서 금전적인 목적으로 면죄부를 판매하는 등 부패하자 1517년 독일의 M. 루터가 이를 비판하는 95개조의 반박문을 발표한 것이 종교개혁의 발단이다. 이후 스위스의 츠빙글리, 프랑스의 칼뱅 등에 의해 전 유럽에 퍼졌고 그 결과 가톨릭으로부터 이탈한 프로테스탄트라는 신교가 등장했다.

03
르네상스
(Renaissance)

[포항시설관리공단, 교직
원공제회]

'부활, 재생'이라는 뜻을 가지는 단어로, 그리스·로마의 고전 문화를 부흥시키고 새로운 근대 문화를 창조하자는 취지에서 전개된 문화적 경향이다. 봉건사회의 붕괴와 중세 교회의 몰락을 배경으로 14~16세기 이탈리아에서 시작되었고, 알프스 산맥을 넘어 전 유럽으로 퍼져나갔다. 르네상스 운동은 그리스·로마 고전 문화의 부활과 종교에서 탈피한 인간 중심적인 근대 문화(휴머니즘)를 추구했다. 자연에 대한 관심도 커지며 근대 과학이 발전했으며, 이는 유럽 근대 문명 발전의 원동력이 되었다.

구분		특징
이탈리아	배경	지중해 무역의 중심지, 도시와 상업의 발전(시민층의 성장), 로마의 문화유산 간직, 비잔틴 학자들의 이주
	정치	종교와 정치의 분리(마키아벨리의 〈군주론〉)
	문학	페트라르카(서정시인, 최초의 인문주의자), 보카치오(데카메론)
	미술	레오나르도 다 빈치(모나리자), 미켈란젤로(다비드상, 천지창조), 라파엘로(성모상) 등은 인간과 자연의 아름다움을 표현
	건축	성베드로 성당(미켈란젤로 설계), 르네상스 양식
	쇠퇴	신항로 개척 이후 지중해 무역 쇠퇴에 따라 이탈리아의 무역 도시 쇠락, 정치적인 분열
알프스 이북	특징	16세기 이후 종교·사회 비판
	작품	• 에라스무스(네덜란드) : 〈우신예찬〉에서 교회의 부패 풍자 • 토마스 모어(영국) : 〈유토피아〉에서 이상적 평등 사회 제시 • 셰익스피어(영국) : 〈햄릿〉, 〈베니스의 상인〉 등 영국의 국민문학 발전 • 세르반테스(에스파냐) : 〈돈키호테〉에서 중세의 기사도 풍자

04 명예혁명

[포항시설관리공단]

1688년 영국에서 일어난 시민혁명으로, '피를 흘리지 않았기에 명예로웠다'하여 이러한 이름이 붙었다.

구분	특징
배경	찰스 2세와 제임스 2세의 전제정치 강화와 친가톨릭주의에 반대한 의회가 심사법(국교도만 공직 진출)과 인신보호법(인권 보장) 제정
과정	의회는 제임스 2세를 폐위시키고 권리장전(1689)을 승인받음
결과	세계 최초로 입헌군주제 성립(의회 중심), 식민지 개척과 산업 발전의 기반 확립
의의	다른 혁명에 비해 피를 적게 흘린 무혈 시민혁명으로, 의회정치 발달의 토대 마련

05 인클로저
(Enclosure)

[영화진흥위원회]

15세기 말부터 19세기까지 영국을 중심으로 한 유럽에서 나타난 토지 사유화 현상을 말한다. 가장 뚜렷하게 나타난 두 시기로 나눠 1·2차 인클로저로 구분한다. 1차 인클로저는 15세기부터 16세기까지의 시기로, 모직물 가격이 급등하자 양을 키우기 위한 목초지를 만들기 위해 사람들은 개방 경지, 공유지, 황무지에 담이나 울타리 등의 경계를 만들어 사유지화 했다. 이로 인해 생산량은 급증했지만 토지 소유자층인 젠트리와 공유지를 잃은 일반 농민층 사이의 양극화가 심해졌다. 그 후 18세기 말부터 19세기 초에 나타난 2차 인클로저는 인구 증가에 따른 농수산물 수요의 급증을 해결하기 위해 농경지를 늘리고자 정부의 주도로 이루어졌다. 이러한 인클로저 운동으로 지주·자본가·노동자의 세 계급이 출현·확립되었다.

>> 젠트리(Gentry)

'좋은 가문에서 태어난 사람들'이란 뜻으로, 귀족 아래에 위치한 계급을 의미하는 단어이다. 중세 후기 영국에서 나타난 지주층을 표현하는데, 이들은 16세기 청교도 혁명 이후 경제력을 바탕으로 사회적 지위까지 상승하여 가장 유력한 계층이 되었다.

06
차티스트
운동
(Chartist Movement)

[청주MBC]

1838~1848년 영국에서 노동자들이 중심이 되어 추진한 선거법 개정 운동이다. 1836년 런던에서 노동자협회가 결성되었고, 1839년 노동자들은 보통·비밀선거, 공평한 선거구, 의원의 재산 자격 폐지, 의원 세비 지급 등 6개조의 인민헌장을 내걸고 정치 운동을 전개했다. 각지에서 집회를 열고, 국민청원 서명 운동을 진행한 결과 1839년 런던, 버밍엄에서 각각 통일대회가 개최됐다. 6월에는 서명 청원서를 하원에 제출했으나 이는 거부됐고, 주도자들이 체포되며 조직도 와해되었다. 그 후 오코너가 전국헌장협회를 설립하고 서명청원서를 제출했으나 이 역시 거부되었고, 1848년 재차 시도했지만 실패했다.

07
베르사유
조약
(Treaty of Versailles)

[MBC]

제1차 세계대전이 끝난 1919년 프랑스의 베르사유 궁전에서 독일과 연합국이 맺은 강화조약이다. 본문 440조의 방대한 조문은 독일의 해외 식민지 포기 및 유럽 내 영토 삭감, 전쟁도발에 대한 책임 부과, 프랑스에 알자스·로렌지방 반환 등을 규정하고 있다. 이 조약으로 인해 독일은 막대한 경제적 손실을 안았을 뿐만 아니라 연합국에 의해 군사적·경제적 제재를 받게 되었다. 결과적으로 독일인들은 연합국에 적개심을 품게 되었고, 나치즘이 등장하여 독일이 전체주의 국가로 전환하는 계기가 되었다.

>> **제1차 세계대전**

1914년 사라예보 사건을 계기로 하여 동맹국(독일·오스트리아)과 연합국(프랑스·영국·러시아·이탈리아·일본) 사이에서 벌어진 전쟁으로 대규모 세계대전으로 발전했다. 4년 4개월간 지속된 전쟁은 독일의 항복과 연합국의 승리로 끝났으며, 연합국과 독일은 1919년 베르사유 조약을 맺었다.

08
삼민주의
(三民主義)

[대구시설공단]

1905년 쑨원이 제창한 중국혁명의 기본 이념으로, 민족의 독립을 주장하는 민족(民族)주의와 군주의 지배를 타파하고 민권을 신장시키자는 민권(民權)주의, 국민 생활의 안정을 주장하는 민생(民生)주의를 말한다.

09
리비도
(Libido)

[한국농어촌공사, 한국폴리텍, 부천시통합채용]

융과 프로이트의 심리 연구에서 등장한 성충동이자 인간 활동의 에너지 정신을 가리킨다. 인류의 천재들은 이 리비도를 자신의 분야로 발현시켰다고 한다.

▶▶ 이드·에고·슈퍼에고

프로이트는 인간의 심리가 무분별한 욕망을 갖는 '이드'와 이것을 통제하는 '에고', 양심과 자아이상에 의해 형성되는 '슈퍼에고'로 구성된다고 주장했다.

▶▶ 오이디푸스 콤플렉스

프로이트가 제시한 유아 발달 단계에서 아들이 어머니에게 갖는 성적 집착이다.

▶▶ 엘렉트라 콤플렉스

프로이트가 제시한 유아 발달 단계에서 딸이 아버지에게 갖는 성적 집착이다.

10
문화대혁명

[한국언론진흥재단]

급진적 경제개발정책인 대약진 운동이 실패하고 덩샤오핑 중심의 실용주의파가 부상하자 위기를 느낀 마오쩌둥(모택동)이 부르주아 세력과 자본주의 타도를 내걸고 대학생·고교생 준군사조직인 홍위병을 조직하여 일으킨 사회주의 운동으로, 1966부터 1976년에 걸쳐 진행됐다. 이 과정에서 정치적·경제적 혼란이 지속되며 사회는 경직되었다. 이 사건으로 인해 중국은 '10년을 잃었다'고 표현하기도 한다. 1976년 9월 마오쩌둥이 사망하고 그를 추종하던 4인방 세력까지 축출됨으로써 종결되었다.

11
선사시대

[산업인력공단, 밀양시설
관리공단, 한국서부발전]

구분	특징
구석기	• 약 70만년 전 • 수렵 · 어로 생활 • 뗀석기(주먹도끼 · 긁개)와 뼈도구 사용 • 불의 발견과 이용
신석기	• 기원전 8000년경 • 농경생활(밭농사) 시작 • 간석기와 토기(이른민무늬 · 빗살무늬토기) 사용 • 촌락 공동체를 형성하여 정착하면서 생산 경제활동 시작
청동기	• 기원전 2000년경 • 농경의 발달로 벼농사 시작 • 청동기(비파형동검 · 거친무늬거울)와 토기(미송리식 · 민무늬토기) 사용 • 부족사회 형성(고인돌)

12
연맹국가

[산업인력공단, 보훈복지
의료공단, 경기도시공사,
전력거래소]

구분	부여	고구려	동예	옥저	삼한
위치	만주 송화강 유역	압록강의 지류인 동가강 유역의 졸본 지역	함경도와 강원도 북부	함흥 평야 지대	한강 이남의 마한, 진한, 변한
경제	반농반목, 주옥, 모피	정복 활동의 약탈 경제	단궁(활), 과하마, 반어피, 명주, 삼베	해산물 풍부 (소금), 비옥한 토지	벼농사(철제 농기구, 저수지), 철 생산 · 수출
정치	5부족 연맹체, 사출도 (마가, 우가, 저가, 구가)	5부족 연맹체(왕과 대가들), 제가 회의	군장(삼로)이 통치	읍군과 삼로가 통치	군장 사회, 제정 분리 (천군과 군장)
풍속	4조목, 1책 12법, 우제 점복, 순장, 영고(12월)	서옥제, 동맹 (10월)	족외혼, 책화, 무천(10월)	민며느리제, 가족 공동 무덤	두레, 귀틀 집, 수릿날 (5월), 계절 제(10월)
의의	고구려와 백제의 건국세력이 계승	발해, 고려로 정신문화 계승	고구려의 수탈과 압박 때문에 통합된 정치 세력을 형성하지 못함		마한은 백제, 진한은 신라, 변한은 가야로 계승

13 진대법

[대구도시공사, 주택도시
보증공사, 호국기념관]

고구려의 구휼제도로, 진대법의 진(賑)은 흉년에 곡식을 주
는 것을 말하고, 대(貸)는 봄에 곡식을 주는 것을 말한다.
흉년이나 보릿고개에 백성들에게 양곡을 빌려주고 가을 추
수 때에 회수하는 것이다. 고국천왕 16년에 처음 실시했다.

14 발해

[산업인력공단, 한국남동
발전, 지역난방공사, 남양
주도시공사, 부산교통공
사, 한국남부발전]

대조영이 고구려 유민과 말갈족을 연합하여 동모산(현재
한반도 북부와 중국 만주 일대)에 세운 국가로, 고구려의
계승국임을 밝히며 지배층인 고구려 유민이 말갈족을 지배
했다. 당나라의 제도를 받아들여 3성 6부 체제의 정치 조
직을 확립했으나 발해의 실정에 맞게 독자적인 형태로 운
영했다. 인안, 대흥 등의 연호를 사용했으며, 선왕 때에는
'해동성국'이라는 칭호를 얻을 정도로 강성했으나 내분과
거란의 침략이라는 요인들에 의해 멸망했다.

[통일신라와 발해의 비교]

구분	통일신라	발해
중앙관제	집사부를 중심으로 한 14부	3성 6부, 정당성
지방제도	9주 – 군, 현	5경 15부 62주 – 현
수상	시중	대내상
특수 지역	5소경, 향, 소, 부곡	5경
군사제도	9서당(중앙), 10정(지방)	10위(중앙), 지방군(농병일치 독립부대)

Sec 06
역사 · 철학

15
골품제도

[광주광역시 도시공사, 대구도시공사, 주택도시보증공사]

성골, 진골, 6~1두품의 계급으로 구분되는 신라의 신분제도를 말한다. 시간이 지나면서 진덕여왕을 마지막으로 성골 신분은 사라지게 되었고, 3~1두품은 일반 평민으로 합쳐지게 되었다. 지배층 내에서도 엄격해 신분에 따라 진급할 수 있는 관직과 생활 형태가 구분되어 있었을 뿐만 아니라 관등에 따른 옷의 색깔까지 정해져 있었다. 신라 말기에는 골품제에 불만을 가진 6두품들이 지방 호족과 군벌에게 협조하여 신라가 몰락하는 원인이 되기도 했다.

16
고려 광종의 업적

[광주광역시 도시공사, 한국산업인력공단, 보훈복지의료공단, 대구도시공사, 한국언론진흥재단, 오산문화재단]

고려의 제4대 임금이다. 광종(재위 949~975)은 '광덕, 준풍'이라는 자주적 연호를 사용하여 대외적으로 자주권을 선언하였고, 노비안검법을 실시해 불법적으로 노비가 된 자들을 평민으로 해방하여 공신과 호족 세력을 약화시켰으며 국가 조세 수입원의 확대를 이루었다. 또한 과거제도를 실시하여 유학을 익힌 실력파 신진 세력을 등용함으로써 신·구세력의 교체를 도모했다.

>> **노비안검법**

고려 초기 광종이 실시한 정책으로 호족들에 의해 억울하게 노비가 된 양민을 원래의 신분으로 회복시키는 제도이다. 이는 호족의 세력을 약화하고 왕권을 강화시키기 위한 목적에서 비롯된 것으로, 호족 세력은 이에 강력하게 반발했다.

17
기인제도 · 사심관제도

[보훈복지의료공단, 대구시설공단, 한국동서발전]

- 기인제도 : 지방 호족의 자제를 일종의 볼모로 수도에서 지내도록 하다가 지방행정의 고문 역할을 맡게 하는 제도(신라의 상수리제도는 고려시대 기인제도의 전신)
- 사심관제도 : 중앙의 고관이 된 자로 하여금 자기 고향의 사심관이 되게 하는 제도로, 사심관은 지방에서 발생한 일에 대한 연대책임을 지게 됨

통일신라시대에 삼국을 통일한 신라가 지방 세력을 견제하고 왕권을 강화하기 위해 실시한 제도이다. 지방 향리(호족) 본인이나 자제들 중의 하나는 일정 기간 중앙에 머물면서 지방 사정에 대한 고문 역을 했다.

18
묘청의
서경천도 운동

[경기도시공사, 대구도시공사, 한국남부발전]

풍수지리의 대가였던 묘청과 그를 따르는 세력이, 당시 고려의 수도인 개경은 지세가 다했다는 이유를 들어 서경으로의 수도 이전을 추진한 운동이다. 12세기 고려는 이자겸의 난 등 안팎으로 위기의 상황에 처한 상태였는데, 묘청 세력은 유교적 사대주의 세력에 대항하여 서경으로의 천도를 추진했다. 하지만 묘청을 중심으로 한 서경파와 김부식을 중심으로 한 개경파 사이의 정치적 다툼이 치열한 데다 폭우로 인해 인종이 길을 잃기까지 하자 수도 이전은 좌절됐다. 이에 묘청 세력은 난을 일으켰고, 정부군의 공격으로 진압되었다. 신채호는 이 사건을 '조선 천년 역사에서 최고의 사건'이라 하며 민족적 자주성의 측면에서 높이 평가했다.

19
조선의 주요
정치 기구

[한국언론진흥재단, 부산교통공사]

기구	역할	기구	역할
의정부	국정 총괄, 재상 합의 기구	6조	실무 행정 집행
사헌부	언론, 관리 감찰	의금부	국가 중죄인 치죄
사간원	국왕에 대한 간쟁	승정원	왕명의 출납(국왕의 비서 기관)
홍문관	국왕의 자문 기관	한성부	서울의 행정과 치안 담당
춘추관	역사서의 편찬과 보급	성균관	최고 교육 기관

20
경국대전

[남양주도시공사]

조선 초의 법전인 〈경제육전〉의 원전과 속전 및 그 뒤의 법령을 종합해 만든 것으로, 세조가 편찬을 시작하여 성종 대에 완성되었다. 먼저 재정·경제의 기본이 되는 '호전'을 완성한 뒤 '형전'을 완성했으며, 이전·호전·예전·병전·형전·공전 등 6전으로 구성되었다.

[조선시대 법전]

조선경국전 (태조)	조선 건국 초기 정도전이 만든 것으로 이후 법전의 효시
경제육전 (태조)	최초의 통일 법전
경국대전 (세조)	조선의 기본 통치규범, 성종 때 반포
속대전 (영조)	경국대전의 속전, 조선 후기 신설된 관행들을 법제화
대전통편 (정조)	경국대전 + 속대전, 고유 형법체계 확립, 사회체제 재정비
대전회통 (고종)	조선 최후의 통일 법전

21
비변사

[한국동서발전, 중소기업 유통센터]

조선시대 후기 국정 전반을 관장한 실질적인 최고 관청을 말한다. 처음에는 삼포왜란을 계기로 하여 병조 내부의 임시기구로 설치되었다가 명종 10년 을묘왜변을 수습하는 과정에서 상설기관으로 정식 발족되었다. 초기에는 국방에 관한 문제만 논의했으나 점차 정치·경제 문제 등 전반적인 문제를 다루었다. 이처럼 비변사의 권한이 강화되면서 의정부의 기능은 약화되었다. 비변사는 1865년 흥선대원군에 의해 의정부와 통합되었다.

22
4대 사화

[한국동서발전, 남양주도 시공사, 전력거래소, KBS, 한국남부발전]

세조 이후, 공신들을 중심으로 정치적 실권을 장악하고 중 앙집권체제를 강조한 훈구파가 득세하자 이에 맞서 성리학 에 투철한 사족들이 영남과 호서 지방을 중심으로 지방에 서 세력 기반을 쌓으며 왕도정치를 강조했다. 이러한 사림 세력이 성장하여 훈구파를 비판하면서 대립과 갈등을 빚기 시작했다. 양대 세력의 갈등이 네 차례의 사화로 이어진 결 과 사림 세력은 큰 피해를 입었다.

[4대 사화]

구분	발생 시기	원인
무오사화	1498년 (연산군)	연산군의 실정, 세조의 왕위 찬탈을 비판 한 김종직의 조의제문
갑자사화	1504년 (연산군)	연산군의 모친인 폐비 윤씨의 복위 문제
기묘사화	1519년 (중종)	조광조의 급진적 개혁 정치에 대한 훈구 파의 반발, 위훈삭제
을사사화	1545년 (명종)	왕위 계승문제를 둘러싼 외척의 갈등

23
조선통신사

[주택도시보증공사, 광주
광역시공공기관통합채용]

일본에 파견되던 조선 문화사절단의 명칭이다. 고려시대에
도 왜에 종종 사절단을 보내는 일이 있었으며, 임진왜란 발
발 직전인 1590년에도 황윤길과 김성일 등이 파견되었다.
임진왜란 이전에는 회례사(回禮使), 보빙사(報聘使), 경차
관(敬差官)이라 하기도 했으며, 이후 통신사(通信使)로 굳
어졌다. 1811년(순조 11년)까지 총 12차례의 조선통신사가
파견되었다. 부산에서 대마도, 오사카에 이르는 길을 통해
오갔으며 일본과 각종 문물을 교류하고 일본으로부터 고구
마, 고추, 토마토, 구리, 접부채, 양산, 벼루, 마농지 등이
조선에 전래되기도 했다.

24
금난전권

[KBS]

조선 후기 시전상인과 육의전이 가졌던 특권으로, 난전을
금지할 수 있는 고유 권한이었다. 난전이란 전안에 등록되
지 않은 자가 판매하거나 판매를 허가받지 않은 상품이 성
안에서 판매되는 것으로, 시전상인의 상권을 침해한다는
이유로 금난전권이란 규제를 도입했다. 그러나 이는 상업
발전에 방해 요소가 되기도 했다.

>> 육의전

조선시대에 중심가에 자리 잡고 비단·무명·명주·모시·종이·어
물 등 6종류의 상품의 독점과 전매권을 행사하던 상점

25
의병

[인천교통공사, 한국수력
원자력, 의정부시설관리
공단]

외적의 침입에 의해 나라가 위태로울 때 국가의 동원 명령
없이 스스로 외적에 대항하여 나라를 지키기 위해 나서는
민간인 병사들을 말한다. 계급이나 신분을 가리지 않았으며
일제침략기에 가장 활발하게 활동했다. 경술국치 이후부터
는 와해되거나 중국·러시아 또는 구미(歐美) 지역으로 망
명해 독립군 또는 광복군으로서 독립투쟁을 전개했다.

구분	발생 시기	원인
을미의병	1895년	을미사변과 단발령
을사의병	1905년	을사늑약 체결
정미의병	1907년	정미7조약 및 군대해산

26
실학

[한국언론진흥재단]

민생안정과 부국강병을 목표로 실증적 논리에 따라 사회 개혁론을 제시한 학문이다. 성리학적 한계를 극복하고 현실 문제의 해결책을 강구하여 사회 변화에 대응하기 위한 실천적·근대 지향적 학문이자 철학이었다.

[중농학파와 중상학파]

구분	중농학파(경세치용)	중상학파(이용후생)
성격	서울 남인 출신, 농민을 위한 제도 개혁과 자영농 육성 주장	서울 노론 출신, 상공업 진흥과 기술 혁신 주장(북학파)
학자	• 유형원 : 균전론 주장, 문벌과 노비제의 모순 비판, 〈반계수록〉 등 집필 • 이익 : 한전론 주장, '여섯 가지 좀(폐단)' 지적, 〈성호사설〉 등 집필 • 정약용 : 실학 집대성, 과학 기술의 발전 주장, 백성의 의사를 반영한 정치제도 제시, 여전론 주장, 〈목민심서〉·〈경세유표〉 등 집필	• 유수원 : 개혁과 상공업 진흥 주장, 〈우서〉 등 집필 • 홍대용 : 기술 혁신과 문벌 철폐 주장, 〈임하경륜〉 등 집필 • 박지원 : 화폐유통 주장, 양반의 무능력 비판, 〈열하일기〉 등 집필 • 박제가 : 청나라와의 통상, 소비를 통한 생산 자극 주장, 〈북학의〉 등 집필

27
임오군란
(1882)

[서울교통공사, 한국폴리
텍, 중소기업유통센터]

고종 19년 6월 신식군대와의 차별 대우로 인한 구식군대의 불만이 커져 폭동으로 발전한 사건이다. 신식군대인 별기군은 급료 등의 대우에 있어 구식군대인 무위영·장어영의 군인들보다 좋았고, 구식군대의 군인들은 봉급미조차 밀린 상태였기 때문에 불만이 많았다. 그러다 급료로 받은 쌀에 모래가 반 넘게 섞여 있자 이에 격분하여 선혜청 당상 민겸호의 집으로 몰려가 집을 파괴하고 폭동을 일으키게 되었다. 일본은 이 사건에 대한 책임을 물어 주모자 처벌과 손해 배상을 내용으로 하는 제물포조약을 맺게 했다.

28
갑신정변
(1884)

[한국동서발전, 한국남부
발전, 대구시설공단]

개화당이 개화정부를 수립하기 위해 일본의 지원을 받아일으킨 정변이다. 임오군란 이후 청의 간섭이 강화되자 개화당의 김옥균·박영효 등은 민씨 일파 축출과 대원군의 석방요구 및 청에 대한 조공 폐지 등 혁신강령 14개조를 요구하며 일본의 힘을 빌려 우정국에서 정변을 일으켰다. 그러나 청나라의 간섭으로 신(新)정부는 3일 만에 무너지고 한국과 일본은 한성조약을 체결했다.

>> **한성조약(1884)**

갑신정변 후 일본 공사관 습격에 대한 재건비와 일본인 피해자에 대한 배상금을 요구한 조약

29
동학농민운동
(1894)

[경기도시공사, 포항시설
관리공단, 대구시설공단,
한국중부발전, 보훈복지
의료공단, aT]

전봉준이 중심이 되어 일으킨 반봉건·반외세 농민운동을 말한다. 고부 군수 조병갑의 불법착취, 농민 수탈의 강화와 농촌 경제의 파탄, 일본의 침략, 동학교도에 대한 탄압 등을 이유로 확산된 아래로부터의 반봉건적·반침략적 민족운동이다. 동학 농민군은 전주성을 점령하는 한편 집강소를 설치하여 12개조의 폐정개혁안을 발표하였으나 우금치 전투에서 관군과 일본의 연합군에 패배했다. 이는 아래로부터의 반봉건적, 반침략적 민족 운동이었다.

30
갑오개혁
(1894)

[남양주도시공사, 대구도
시공사, 산업인력공단, 대
구시설공단, 한국남부발
전, 보훈복지의료공단]

일본의 강압으로 정치·경제·사회·문화 전반에 걸쳐 실시한 근대적 개혁으로, 근대화의 출발점이 되었으나 보수적 봉건 잔재로 인해 기형적 근대화가 이뤄졌다. **청의 종주권 부인과 개국기원 사용, 과거제 폐지 및 노비해방, 신교육령 실시 등을 내용으로 한다.**

31
아관파천
(1896)

[대구시설공단, 대구도시
공사, 광주광역시도시공
사, 한국중부발전, 화성도
시공사]

을미사변으로 명성황후가 시해된 후 일본군의 공격에 위협을 느낀 고종이 왕세자와 함께 러시아 공사관으로 거처를 옮긴 것을 말한다. 이후 돌아온 고종은 국호를 대한제국, 연호를 광무라 하고 왕을 황제라 칭하며 자주 국가임을 선포했다.

> **>> 을미사변(1895)**
>
> 미우라 일본 공사가 주동하여 친러시아 세력을 제거하기 위해 일본인 자객을 궁궐에 침투시켜 명성황후를 시해한 사건이다. 이후 일본은 친일내각을 세우고 을미개혁을 시행하였는데, 그 내용은 다음과 같다.
> - 태양력과 종두법 실시
> - 연호(건양)의 사용
> - 소학교 설치 및 우편제도 실시
> - 군제 개편(친위대, 진위대)

32
국채보상운동
(1907)

[한국언론진흥재단, 의정
부시설관리공단]

일본으로부터 빌린 차관 1,300만원을 갚기 위한 민족경제 자립 운동이다. 일본은 조선정부를 경제적으로 예속시키기 위해 차관을 제공했는데, 이를 갚기 위해 서상돈 등이 국채보상기성회를 조직했다. 대한매일신보·제국신문·황성신문 등 언론기관도 앞장서서 전 국민의 참여와 함께 국채를 갚자는 운동을 전개했다.

> **>> 물산장려운동(1922)**
>
> 조만식을 중심으로 일어난 민족경제 자립 실천 운동으로, 일제의 경제적 수탈에 맞서 국산품 애용과 근검절약·자급자족·민족기업의 육성 등을 추진했다. 일제의 탄압으로 큰 성과를 거두지 못했다.

33
한성순보

[한국언론진흥재단]

1883년 통리아문 박문국에서 월 3회 발행하는 관영신문의 성격을 지닌 우리나라 최초의 근대 신문이다. 1884년 김옥균 등이 일으킨 갑신정변이 실패로 돌아간 뒤, 박문국 사옥과 활자·인쇄시설 등이 모두 불에 타버려 1년 만에 종간되었으며 이후 1886년 1월 '한성주보'로 그 제호를 바꾸어 주간신문으로 다시 발간되었다.

34
일제의 시대별 조선통치 방식

[산업인력공단, 인천국제공항공사, 남양주도시공사, 한국장학재단]

구분	내용
무단통치 (1910년대)	조선총독부 설치(1910), 헌병경찰의 즉결 처분권, 언론·출판·집회·결사의 자유 박탈, 105인 사건 등을 일으켜 독립운동 탄압, 토지조사사업
문화통치 (1920년대)	3·1 운동 이후 보통경찰제 실시, 식민 통치를 은폐하기 위한 기만적 정책, 우민화 교육, 친일파 세력 양성을 통한 민족 분열, 산미증식계획 실시(1920~1934)
민족말살통치 (1930년대 이후)	내선일체, 황국신민화, 창씨개명, 우리말 사용과 국사 교육 금지, 강제징용·징병, 일본군 위안부, 1937년 중일전쟁 이후 병참기지화 정책으로 물자와 인력 수탈

>> 경술국치(庚戌國恥, 1910)

1910년 8월 29일, 대한제국의 통치권을 일본에 양여한다는 내용의 한일병합조약을 일제에 의해 강제로 체결하게 된 날을 의미한다. 경술년(1910년) 우리나라 역사상 최초로 국권을 상실한 치욕적인 날이라 하여 경술국치라고 부른다.

35
의열단
(義烈團)

[전주MBC]

1919년 11월 만주 지린성에서 조직된 항일무력독립운동 단체이다. 3·1 운동 이후 조국독립을 위해서는 일제의 무력에 대항할 수 있는 강력한 단체가 필요함을 깨닫고, 과격한 투쟁과 희생정신을 강조한 의열단을 조직했다. 김원봉을 단장으로 신흥무관학교 출신으로 구성된 의열단은 조선총

독 이하 고관·군부수뇌·매국노·친일파·적탐(밀정) 등
을 암살대상으로 삼고, 조선총독부·동양척식주식회사·
매일신보사·각 경찰서 등을 폭파파괴 대상으로 정한 후
암살 및 폭파 활동을 했다.

36
조선혁명선언

[부산교통공사, 경기문화
재단, 경기도시공사, 영화
진흥위원회]

단재 신채호가 의열단의 요청으로 1923년 의열단의 독립운
동 이념과 방식 및 전략을 정립한 선언서를 말한다. 5개 부
문으로 구성된 선언문은 일본을 조선의 국호와 정권과 생
존을 박탈해간 강도로 규정하고 이를 타도하기 위한 혁명
이 정당한 수단임을 천명하였다. 또한 다섯 가지 파괴와 다
섯 가지 건설의 목표를 제시하였는데, '다섯 가지 파괴'의
대상은 이족통치·특권계급·경제약탈제도·사회적 불평
등 및 노예적 문화사상이라 했다, '다섯 가지 건설'의 목표
는 고유적 조선·자유적 조선민중·민중적 조선·민중적
사회 및 민중적 문화라고 언급했다.

37
해방 전후
국제회담

[한국소비자원, 한국동서
발전, 한국도로공사]

회담	내용	대표국
카이로선언 (1943)	한국의 독립보장 선언	미·영·중
테헤란회담 (1943)	연합국 상륙작전	미·영·소
얄타회담 (1945)	38도선의 설정	미·영·소
포츠담선언 (1945)	카이로선언 재확인	미·영· 중·소
모스크바 3상회의 (1945)	한반도 5년간 신탁통치 합의	미·영·소
미·소 공동위원회 (1946)	신탁통치협약 작성을 위한 위원회, 한국 통일문제 토의	미·소

38
우리나라의
민주화 운동

[한국소비자원, 주택도시
보증공사, 대구시설공단,
한국중부발전, 경기도시
공사, 부산교통공사]

4 · 19 혁명 (1960)	• 이승만 중심의 자유당 정권이 부정선거를 자행하 자 이에 항의하는 시위에서 비롯된 혁명 • 3 · 15 투표 당일 부정선거 규탄 시위로 시작, 4월 19일 학생들의 주도하에 대규모 시위가 이어짐 • 이승만은 대통령직 사임, 자유당 정권은 붕괴
5 · 18 광주 민주화 운동 (1980)	• 신군부 세력이 12 · 12 사태를 일으켜 비상계엄령 을 선포하자 대규모 민주항쟁 발생 • 5월 18일 전라남도 광주에서 많은 시민들이 희생됨 • 이후 1993년 역사 바로 세우기로 광주 희생자에 대한 보상 및 책임자에 대한 처벌이 이어짐
6 · 10 민주항쟁 (1987)	• 대한민국 전국에서 일어난 반독재 · 민주화 시위 • 박종철 고문치사 사건, 이한열 최루탄 사망 사건 으로 시위 확대

>> **역사적 사건의 순서**

4 · 19 혁명(1960) → 10 · 26 사건(1979) → 12 · 12 사태(1979) →
5 · 18 광주 민주화 운동(1980) → 6 · 10 민주항쟁(1987) → 6 · 29
선언(1987)

39
경제개발
5개년 계획

[주택금융공사, 중소기업
기술정보진흥원]

1962년부터 5년 단위로 총 7차에 걸쳐 계획 · 실행한 대한
민국의 경제발전 계획이다.

시기	내용
1차(1962)	2차산업 육성, 에너지원과 기간산업의 확충, 국가 안 정화, 1964년 수출 1억불 달성(수출의 날)
2차(1967)	베트남 파병, 서독 파견으로 외화 유치, 고도산업 육 성과 과학기술 진흥, 1970년 경부고속도로 개통, 수 출 7억달러 달성
3차(1972)	중공업 집중투자 시작, 1973년 1차 오일쇼크 이후 중 동 건설 진출
4차(1977)	1977년 수출 100억달러 달성, 전자제품 성장, 1979년 2차 오일쇼크로 타격, 인플레이션 심화
5차(1982)	물가 안정, 반도체 투자, 사회적 과제 추가
6차(1987)	시장경제질서 확립, 국민복지 증진
7차(1992)	중소기업 경쟁력 강화, 경제개방

40
프로파간다
(Propaganda)

[한국언론진흥재단]

'선전'이라는 뜻으로, 특정한 사상 또는 목표한 의도에 따라 대중의 사고에 영향을 주고 특정한 태도를 유발하게 하는 의사전달활동을 말한다. 사상적인 활동이 대부분이다. 16세기 로마에서 신앙의 보급(데 프로파간다 피데)을 위한 교단이 설립되었는데, 이 라틴어 단어가 의미가 확장되어 오늘날의 프로파간다가 되었다.

41
사서오경
(四書五經)

[한국농어촌공사, 한국환경공단]

성리학 교육의 핵심적인 교리를 담은 경전이다. 사서로는 〈논어〉, 〈맹자〉, 〈대학〉, 〈중용〉을 말하고, 삼경은 〈시경〉, 〈서경〉, 〈역경〉을 말한다. 삼경에 〈춘추〉와 〈예기〉를 더해 오경이라 부른다. 사서오경은 고대 중국의 자연현상과 사회생활의 기록이며, 제왕의 정치, 고대의 가요, 가정생활, 공자가 태어난 노(魯)나라 역사 등의 기록을 담고 있다.

42
베이컨의 우상

[포항시설관리공단, 부산항보안공사]

종족의 우상	모든 것을 인간의 잣대로 해석하는 것
동굴의 우상	좁은 동굴에서 밖을 보는 듯한 주관적인 사고(개인의 편견)
시장의 우상	사람들의 교류에서 생기는 우상으로, 입소문 등이 있음
극장의 우상	기존의 권위에 대한 맹목적인 신뢰에서 오는 편견

43
아포리즘
(Aphorism)

[KBS]

진리를 담은 명언으로 그리스어로 '정의'를 뜻하는 단어에서 유래했다. 속담과 달리 격언을 말한 사람이나 고전 작품 등 출처를 밝힐 수 있다. 가장 오래되고 유명한 아포리즘은 히포크라테스의 아포리즘인 '예술은 길고 인생은 짧다'라는 말이다.

44
쇼비니즘
(Chauvinism)

[경상대학병원]

열광적 · 광신적 · 맹목적 · 배타적 애국주의를 말한다. 국가를 위해서 죽을 수 있고 자신의 국가가 최고라고 믿는 광적인 애국심으로, 감정적이고 호전적인 면을 가지고 있다. 조국의 이익과 영광을 위해서는 수단과 방법을 가리지 않고 국제 정의도 고려하지 않는 비합리적인 배타주의를 표방한다. 징고이즘과 유사한 의미로 사용된다.

>> 징고이즘(Jingoism)

1877년 러시아 투르크의 전쟁에서 영국의 대러시아 강경책을 노래한 속가 속에 등장하는 'By Jingo(어림도 없다)'에서 유래했다. 공격적인 외교정책을 만들어내는 극단적이고 맹목적이며 배타적인 애국주의 혹은 민족주의를 말한다.

45
수니파와
시아파
(al-Sunnih and al-Shi'a)

[EBS, 한국관광공사]

이슬람교의 2대 분파이다. 수니파는 전체 이슬람교도의 약 90%를 차지하는데, 마호메트 사망 후 칼리프(이슬람 공동체의 통치자)를 마호메트의 정당한 후계자로 인정한다. 반면 시아파는 마호메트의 사위인 4대 칼리프(알리)를 유일한 후계자로 인정한다. 이러한 후계자 문제로부터 시작된 갈등은 661년 칼리프 알리의 암살, 그리고 이어진 680년 카르발라전투를 계기로 격화되었다. 이후 알리를 따르던 이들은 그의 아들 하산에게 충성을 바쳤고 수니파와 시아파는 오늘날까지도 불화가 끊이지 않는다. 사우디아라비아, 터키, 이집트, 아랍에미리트, 카타르 등이 수니파 국가에 속하며 이란, 이라크, 레바논의 헤즈볼라 등이 시아파에 속한다.

>> 와하비즘

와하비즘은 엄격한 율법을 강조하는 이슬람 근본주의를 의미하는 것으로, 사우디아라비아의 건국이념이기도 하다. 여성의 종속화, 이교도들에 대한 무관용적인 살상 등 폭력적이고 배타적이다. 이슬람국가(IS)와 알카에다, 탈레반, 보코하람, 알샤바브 등 국제적인 이슬람 테러조직들이 모두 와하비즘을 모태로 하고 있다.

46
사회계약설
(社會契約說)

[한국소비자원, 한국폴리텍]

국가의 성립을 국민의 합의에서 비롯된 것으로 보고 국민의 권리를 중요시하는 이론으로 홉스, 로크, 루소 등이 주장했다. 사회계약은 통치자와 피통치자의 계약에 의해 이루어지기 때문에 통치자와 피통치자의 상호권리와 의무를 인정하고 있다.

≫ 홉스

자연 상태는 만인에 대한 만인의 투쟁이라고 보았기 때문에 모든 권리를 군주에게 위임함으로써 국가가 평화롭게 유지될 수 있다는 생각으로 군주 주권론을 주장하였다.

≫ 로크

대표자들에게 권리를 일부 양도한 후 국민은 국가에 대한 저항권을 지닐 수 있도록 하였다.

≫ 루소

자연 상태를 행복한 상태로 보았으나 사적 소유에 의해 권리가 박탈당할 우려가 있어 이를 보호하기 위해 사회계약설을 주장하였다. 직접민주정치와 유사하다.

47
경험론
(Empiricism)

[포항시설관리공단]

플라톤의 이데아와 같은 초월적인 존재, 칸트의 오성·직관같은 선천적인 능력보다도 감각이나 내성(內省)을 통한 구체적인 사실을 중시하는 철학이다. 베이컨·로크·버클리·흄 등 17~18세기 영국의 경험론이 대표적이다. 즉, 경험에 의하지 않은 것은 지식이 될 수 없으며, 귀납적 방법(개개의 사실로부터 일반적 결론을 이끌어내는 것)을 통한 것만이 원리가 되고 이것이 타당성을 가질 때 진리가 된다.

48
니체
(Nietzsche)

[여수MBC, 인천교통공사]

독일의 실존주의 철학자로, 생철학(Philosophy of life)의 대표자이자 파시즘의 선구자로 평가되기도 한다. 기존의 이성적 철학, 기독교 윤리 등 부르주아적 이데올로기를 부정하고 니힐리즘을 주장했다. 저서로 〈도덕의 계보〉, 〈차라투스트라는 이렇게 말했다〉, 〈선악의 피안〉, 〈비극의 탄생〉 등이 있다.

>> 생철학(生哲學)

'생'을 세계의 모든 사물에 우선되는 것으로 간주하고, 이를 파악하고 이해하는 것은 합리적인 이성으로는 불가능하며 직관이나 심적 체험에 의지해야 한다는 입장이다. 과거의 철학이 이성 중심으로 흐른 것과 달리, 생철학은 본능적인 욕구나 감정 등을 존중하는 태도를 취한다.

49
개신교
(改新敎)
= 프로테스탄트
(Protestant)

[청주MBC]

마르틴 루터를 시작으로 츠빙글리, 칼뱅 등이 부패한 가톨릭에 대항한 뒤 세운 기독교 교파이다. '프로테스탄트'라는 말은 1529년 열린 독일 스파이어 회의 판결에서 로마가톨릭 세력에 저항(Protestatio)한 데서 유래했다. 주요 교파로는 장로교, 침례교, 감리교, 성결교, 순복음교회 등이 있다.

>> 청교도(Puritan)

신대륙으로 건너가 미국의 기초를 닦은 16~17세기 영국의 칼뱅주의 신교도를 말한다. 가톨릭적인 성격이 강한 영국의 국교회에 반대하여 순결한 신앙과 철저한 신교주의를 취하며, 검소와 근면을 생활 신조로 삼아 맡은 바 일을 신이 정한 천직으로 생각했다. 17세기 영국에서 종교박해를 피해 메이플라워호를 타고 신대륙으로 건너가기도 했으며, 1642년 청교도 혁명의 주도적인 역할을 담당했다.

50
불교
(Buddhism)

[대전도시철도공사]

기원전 5세기경 인도 석가모니(고타마 싯다르타)에 의해 발생한 종교이다. 전통적인 인도의 카스트 계급사회에서 브라만 계급의 횡포에 반대하고 만민의 평등과 자비의 실천을 목적으로 진리를 깨달아 부처가 될 것을 가르친다. 소승불교, 대승불교, 라마교로 분류되고, 중국 · 일본 · 한국 · 티베트 등에 분포하며 특히 동양의 문화에 절대적인 영향을 미쳤다.

<blockquote>

>> 사성제(四聖諦)

불교 교리의 핵심인 네 가지 성스러운 진리
- 고성제(苦聖諦) : 불완전하고 고통과 더러움으로 가득 찬 현실을 바르게 보는 것(생로병사)
- 집성제(集聖諦) : 고(苦)의 원인이나 이유(번뇌와 욕구)
- 멸성제(滅聖諦) : 열반의 세계(해탈)
- 도성제(道聖諦) : 열반에 도달하기 위한 수행방법(팔정도)

</blockquote>

51 힌두교
(Hinduism)

[한국언론진흥재단]

인도의 전통 종교이다. 창시자 · 교리 · 의식의 통일성은 없지만 자연숭배의 다신교로, 영혼 불멸과 윤회사상을 기본으로 한다. 인도 인구의 약 80% 이상이 힌두교도이며, 사회 · 관습 · 전통 등 모든 것을 포괄하는 인도문화의 총체이다. 오늘날의 힌두교에서 인도 전역에 걸쳐서 숭배되고 있는 신은 비슈누와 시바인데, 죽은 후에 시체를 갠지스강 유역의 성지 베나레스에서 화장하는 것을 최대의 기쁨으로 생각하며 시바신이 타고 다닌다는 소를 신성하게 여겨 소고기를 먹지 않는다.

52 천도교
(天道敎)

[부산교통공사, 경상대병원]

1860년 최제우가 세운 한국의 종교 중 하나이다. 천도교의 주신인 '한울님'은 서양 기독교의 절대신적 · 인격적인 면모와 토속 애니미즘적인 면모를 동시에 보인다. 조선 말 인도주의적 · 반외세적 사상을 바탕으로 교세를 크게 펼쳤으며, 동학농민운동과 3 · 1운동 등 조선 말 민족사에서 여러 차례 모습을 드러내기도 했다. 오늘날 한국에 10만명 가량의 교인이 있으며, 교구가 유지되고 있다.

Sec 06 역사 · 철학

Reviewing

01 인류의 고대 문명 중 '쐐기문자·60진법 사용, 함무라비 법전 편찬, 태음력 제정' 등의 업적을 남긴 문명을 (   )문명이라고 한다.

02 (   )은/는 '부활, 재생'이라는 뜻으로 그리스·로마의 고전 문화를 부흥시키고 새로운 근대 문화를 창조하자는 취지에서 전개된 문화적 경향이다.

03 영국의 명예혁명 과정에서 의회는 제임스 2세를 폐위시키고 (   )을/를 승인받았다.

04 (   ) 운동은 1838~1848년 영국에서 노동자들이 중심이 되어 추진한 선거법 개정 운동이다.

05 삼민주의는 1905년 (   )이/가 제창한 중국혁명의 기본 이념으로, 민족(民族)주의, 민권(民權)주의, 민생(民生)주의를 말한다.

06 (   )은/는 융과 프로이트의 심리 연구에서 등장한 성충동이자 인간 활동의 에너지 정신을 가리킨다.

07 고구려 고국천왕 때 처음 실시한 (   )은/는 고구려의 구휼제도로, 흉년이나 보릿고개에 백성들에게 양곡을 빌려주고 가을 추수 때에 회수하는 것이다.

08 발해 선왕 때에 발해는 (   )(이)라는 칭호를 얻을 정도로 강성했으나 내분과 거란의 침략이라는 요인들에 의해 멸망했다.

09 고려의 제4대 임금 광종은 (   )(이)라는 자주적 연호를 사용하여 대외적으로 자주권을 선언하였다.

10 서경천도운동은 당시 풍수지리의 대가였던 (   )와/과 그를 따르는 세력이, 개경은 지세가 다했다는 이유를 들어 서경으로의 수도 이전을 추진한 운동이다.

Answer

01 메소포타미아 02 르네상스 03 권리장전 04 차티스트 05 쑨원 06 리비도 07 진대법 08 해동성국 09 광덕·준풍
10 묘청

11 (   )은/는 조선시대에 중심가에 자리 잡고 비단 · 무명 · 명주 · 모시 · 종이 · 어물 등 6종류의 상품의 독점과 전매권을 행사하던 상점이다.

12 구식군인들이 임오군란을 일으키는 과정에서 조선에 주둔한 일본이 피해를 입자, 일본은 이에 대한 책임과 손해배상을 물어 조선과 (   )조약을 맺었다.

13 김원봉은 3 · 1 운동 이후 조국독립을 위해서는 일제의 무력에 대항할 수 있는 강력한 단체가 필요함을 깨닫고, 과격한 투쟁과 희생정신을 강조한 (   )을/를 조직했다.

14 (   )은/는 라틴어로 '선전'이라는 뜻으로, 특정한 사상 또는 목표한 의도에 따라 대중의 사고에 영향을 주고 특정한 태도를 유발하게 하는 것을 말한다.

15 아포리즘 중 가장 오래되고 유명한 것은 (   )의 '예술은 길고 인생은 짧다'이다.

16 (   )은/는 엄격한 율법을 강조하는 이슬람 근본주의를 의미한다.

17 (   )은/는 국가의 성립을 국민의 합의에서 비롯된 것으로 보는 것으로 홉스, 로크, 루소 등이 주장했다.

18 오성, 직관 같은 선천적인 능력보다도 감각이나 내성(內省)을 통한 구체적인 사실을 중시하는 철학적 관점을 (   )(이)라 한다.

19 마르틴 루터를 시작으로 츠빙글리, 칼뱅 등이 부패한 가톨릭에 대항하여 일으킨 교파인 개신교는 영어로 (   )(이)라 한다.

20 불교는 기원전 5세기경 인도 (   )에 의해 발생한 종교이다.

Answer

11 육의전 12 제물포 13 의열단 14 프로파간다 15 히포크라테스 16 와하비즘 17 사회계약설 18 경험론
19 프로테스탄트 20 석가모니

01 동학에 대한 설명으로 틀린 것은? 〈경기도시공사, 대구시설공단, 포항시설관리공단〉

① 동학운동은 조선의 집권세력에 동조해 천주교 세력에 대항한 신앙운동이다.
② 최제우가 민간 신앙과 유교, 불교, 도교를 융합하여 창시하였다.
③ 모든 사람이 평등하다는 '인내천' 사상을 강조하였다.
④ 동학의 기본경전은 〈용담유사〉와 〈동경대전〉이다.

 ① 동학운동은 친정권직 신앙운동이 아니라, 어지러운 정치와 어두운 사회를 바로잡고 어려운 민중의 생활을 구제하려는 사회운동이라 할 수 있다.

02 다음 제시된 풍습들이 행해지던 고대 부족사회는? 〈경기도시공사, 보훈복지의료공단〉

- 민며느리제
- 가족공동무덤

① 삼한 ② 동예
③ 부여 ④ 옥저

 옥저는 오늘날의 함흥평야 지대에 존재했던 부족사회이다. 옥저에서는 어린 딸을 훗날 혼인하게 될 신랑의 집에 보내서 살게 한 뒤에 장성하면 집으로 돌려보내는 민며느리제가 이루어졌고, 사람이 죽으면 가매장했다가 뼈만 거두어 목곽에 안치했다. 그 후 이렇게 모은 가족들의 뼈를 한 목곽에 안치하는 풍습이 있었다.

03 다음 중 정조와 관련이 가장 적은 것은? 〈산업인력공단〉

① 수원 화성 ② 규장각
③ 혜경궁 홍씨 ④ 집현전

 수원 화성은 정조가 계획하여 건설한 조선시대의 성곽이다. 규장각은 정조의 명에 의해 지어진 왕실도서관이다. 정조는 이곳을 학술 및 정책 연구기관으로 변화시켰고, 자신의 개혁정책을 뒷받침하는 핵심 정치기관으로 발전시켰다. 혜경궁 홍씨는 정조의 어머니인 헌경왕후를 말한다.

04 다음 중 작가와 작품의 연결이 바르지 않은 것은? 〈보훈복지의료공단〉

① 신윤복 – 고사관수도
② 정선 – 인왕제색도
③ 안견 – 몽유도원도
④ 김홍도 – 마상청앵도

해설 🔍 고사관수도(高士觀水圖)는 물을 바라보는 선비의 모습을 그린 수묵화로, 조선 초기의 대표적인 문인 화가인 강희안의 작품이다.

05 다음 중 조선의 삼사에 해당하지 않는 것은? 〈대전도시철도공사〉

① 사간원   ② 승정원
③ 사헌부   ④ 홍문관

해설 🔍 승정원은 조선시대 왕명의 출납을 담당하고 국왕을 보좌했던 비서기관이다.

06 다음 중 신미양요 이후에 일어난 일은? 〈한국남동발전〉

① 병인박해   ② 척화비 건립
③ 서원 철폐   ④ 법전 편찬

해설 🔍 신미양요는 1871년에 미국군함이 강화도에 쳐들어오면서 발생한 조선과 미국 간의 전쟁이다. 신미양요 이후 흥선대원군은 척화비를 세우고 쇄국정책을 강화했다.

07 거북선이 처음으로 실전에 참가한 해전은 무엇인가? 〈산업인력공단〉

① 사천포해전   ② 옥포해전
③ 명량해전   ④ 노량해전

해설 🔍 사천포해전은 1592년 이순신 등의 조선 수군이 경상남도 사천 앞바다에서 왜군과 벌인 전투로, 이때 이순신 함대에는 새로 창안된 전함 거북선이 처음으로 투입되었다.

Answer   1 ① 2 ④ 3 ④ 4 ① 5 ② 6 ② 7 ①

08 다음 자료에 나타난 민족운동에 대한 설명으로 옳은 것은? 〈한국언론진흥재단〉

> 대한 2천 만 민중에 서상돈만 사람인가.
> 단천군 이곳 우리들도 한국 백성 아닐런가.
> 외인 부채 해마다 이식 불어나니 그 많은 액수 어이 감당하리.
> 국채 다 갚는 날 오면 기쁘고 즐겁지 않을쏜가.
> 힘씁시다. 힘씁시다. 우리 단천의 여러분이여.

① 독립협회 설립의 배경이 되었다.
② 황실과 관료들의 주도 하에 추진되었다.
③ 대구를 시작으로 전국적으로 퍼져나갔다.
④ 황국중앙총상회를 중심으로 전개되었다.

 일제는 한국 경제를 파탄에 빠뜨려 일본에 예속시키기 위해 차관을 도입하게 했는데. 국민들은 국채를 상환하여 국권을 회복하고자 국채보상운동(1907)을 시작했다. 대구에서 처음 시작되어 전국으로 확산되었으나 매국단체인 일진회의 방해로 좌절되었다.

09 아래에서 설명된 농지개혁법에 의해 추진된 정책에 대한 설명으로 틀린 것을 〈보기〉에서 고른 것은? 〈대전도시철도공사〉

> 1949년 6월 21일에 공포된 농지개혁법은 농지를 농민에게 적절히 분배함으로써. 농민 생활을 향상시키고 국민 경제를 발전시키는 것을 목적으로 제정되었다.

보기

> ㄱ. 소작쟁의가 증가하게 되었다.
> ㄴ. 자작농이 늘어나는 계기가 되었다.
> ㄷ. 유상매입. 유상분배가 원칙이었다.
> ㄹ. 농가 1호당 5정보를 초과하는 농지를 대상으로 했다.

① ㄱ, ㄴ   ② ㄱ, ㄷ
③ ㄴ, ㄷ   ④ ㄱ, ㄹ

 제헌국회에서 제정된 농지개혁법은 소유자가 직접 경작하지 않는 농토에 한하여 정부가 소유자로부터 유상취득하여 농민에게 분배하고. 농산물로써 정부에 상환하는 유상물수·유상분배의 개혁이었다. 농가 1호당 3정보를 초과하는 농지를 대상으로 했는데. 이 법으로 인해 자작농이 가능했다.

10 다음 조항이 포함된 조약에 대한 설명으로 옳지 않은 것은? 〈경기도시공사〉

> 제1관 조선국은 자주국이며, 일본국과 평등한 권리를 가진다.
> 제4관 조선국은 부산 이외 두 곳의 항구를 개항하고 일본인이 왕래 통상함을 허가한다.
> 제10관 일본국 인민이 조선국이 지정한 각 항구에서 죄를 범할 경우 일본국 관원이 재판한다.

① 일본에게 최혜국 대우를 인정했다.
② 외국과 맺은 최초의 근대적 조약이다.
③ 원산과 인천을 개항하는 계기가 되었다.
④ 치외법권을 인정한 불평등한 조약이다.

 최초의 근대적 조약인 강화도 조약(1876)의 조항으로, ①의 최혜국 대우는 포함되지 않았다.

11 다음 빈칸에 들어갈 인물은 누구인가? 〈한국농어촌공사〉

> 〈왕오천축국전〉은 신라 성덕왕(또는 경덕왕) 때 승려 (   )이/가 인도의 5천축국을 순례하고 그 행적을 적은 여행기이다.

① 지눌   ② 의천
③ 혜초   ④ 혜심

 8세기 초에 기록된 〈왕오천축국전〉은 세계 4대 여행기로도 손꼽히며 또한 그중에서도 가장 오래된 것이기도 하다. 혜초는 723년부터 727년까지 4년간 인도와 중앙아시아, 아랍을 여행했다.

12 다음 제시된 사건들과 관련된 사람은? 〈대구시설관리공단〉

> • 현량과 실시를 주장
> • 여씨향약 간행 및 반포
> • 위훈삭제로 훈구파의 반발 초래
> • 기묘사화

① 김종직   ② 조광조
③ 정도전   ④ 신숙주

해설 🔍 조광조는 조선 중종 때 사림파의 지지를 바탕으로 하여 천거를 통해 과거 급제자를 뽑는 현량 과의 실시를 주장했고, 〈여씨향약〉을 간행하여 전국에 반포하게 하는 등 적극적인 개혁정치를 추진했으나 위훈삭제 등으로 남곤, 홍경주 등 훈구파의 반발을 불러왔다. 훈구파는 '주초위왕' 사건으로 조광조를 모함하여 사림들이 대거 숙청되는 기묘사화가 발생했다.

13 다음 빈칸에 들어갈 알맞은 것은?

> 〈국가교육기관의 변천〉
> 태학(고구려) → 국학(통일신라) → 국자감(고려) → (   )(조선)

① 경당   ② 향교
③ 학당   ④ 성균관

해설 🔍 고구려 태학, 통일신라 국학, 고려 국자감 모두 중앙교육기관이다.

조선시대 교육기관
• 초등교육기관 : 서당(사립)
• 중등교육기관 : 4부 학당(중앙), 향교(지방, 1군 1향교)
• 고등교육기관 : 성균관(국립대학, 고급관리 양성)

14 통일신라시대 중앙정부가 일종의 볼모를 이용해 지방 세력을 통제하던 제도는 무엇인가?
〈한국동서발전〉

① 사심관제도
② 기인제도
③ 경저리제도
④ 상수리제도

해설 🔍 상수리제도는 통일신라시대 각 주의 지방 세력의 자제들 중 한 명을 중앙에 볼모로 와 있게 함으로써 지방 세력을 견제하고 왕권을 강화하고자 한 것이다. 이는 고려의 기인제도, 조선의 경저리제도와 같은 취지에서 시행되었다.

15 다음 중 고려 광종 때 실시한 노비안검법에 대한 설명으로 옳은 것은?

〈한국언론진흥재단〉

① 양인이었다가 노비가 된 사람을 다시 조사하여 양인이 될 수 있도록 조처한 법
② 해방된 노비를 다시 노비로 되돌리기 위하여 제정하고 실시한 법
③ 지방의 주·현을 단위로 해마다 바치는 공물과 부역의 액수를 정한 법
④ 전국의 노비에게 과거 응시 자격을 부여한 법

 노비안검법은 고려 광종 7년(956년)에 실시된 법제로서, 원래 노비가 아니었는데 전쟁에서 포로로 잡혔거나 빚을 갚지 못하여 강제로 노비가 된 자를 이전의 상태로 돌아가게 하는 법이다. 이것은 당시 호족(귀족)의 세력 기반을 억제하면서 왕권을 강화하고 국가 수입 기반을 확대하기 위한 정책이었다.

16 다음과 같은 업적을 남긴 신라의 왕은?

〈영화진흥위원회, 한국동서발전, 한국남부발전〉

- 관료전 지급, 녹읍 폐지
- 진골 귀족 세력의 반란 진압
- 9주 5소경 체제의 지방 행정 조직 완비

① 무열왕 ② 문무왕
③ 신문왕 ④ 법흥왕

 삼국통일 후 전제 왕권을 확립한 신문왕의 업적이다.

17 다음 중 발해에 관한 설명으로 옳지 않은 것은?

〈산업인력공단, 한국지역난방공사, 남양주도시공사, 경기도시공사, 청주MBC〉

① 대조영이 고구려 유민과 말갈족을 연합하여 건국했다.
② 당나라의 제도를 받아들여 독자적인 3성 6부 체제를 갖췄다.
③ 독자적인 연호를 사용하고 '해동성국'이라는 칭호를 얻었다.
④ 여진족의 세력 확대로 인해 멸망했다.

 ④ 발해는 거란족의 세력 확대와 내분 때문에 국력이 약해져 926년 거란족(요나라)에 의해 멸망했다.

18 고려 태조 왕건이 실시한 정책으로 옳지 않은 것은? 〈전력거래소〉

① 사심관제도와 기인제도 등의 호족견제정책을 실시했다.

② 연등회와 팔관회를 중요하게 다룰 것을 강조했다.

③ 과거제도를 실시하여 신진 세력을 등용했다.

④ '훈요 10조'를 통해 후대의 왕들에게 유언을 남겼다.

해설 ③ 광종(재위 949~975)은 과거제도를 시행하여 신진 세력을 등용하고 신·구세력의 교체를 꾀
하는 한편 노비안검법 실시, 호족과 귀족 세력 견제 등 개혁적인 정치를 단행하여 강력한 왕
권을 확립했다.

19 공민왕의 개혁 정치에 대한 설명으로 옳지 않은 것은?
〈부산교통공사, 한국동서발전, 경기도시공사, 장애인고용공단, MBC〉

① 친원파와 기씨 일족을 숙청했다.

② 원·명 교체의 상황에서 개혁을 추진했다.

③ 신진사대부를 견제하기 위해 정방을 설치했다.

④ 관제를 복구하고 몽골식 생활 풍습을 금지했다.

해설 ③ 정방은 고려 무신집권기 최우가 설치한 인사 담당 기관인데, 공민왕은 정방을 폐지했다.

20 조선시대 기본법전인 〈경국대전〉에 관한 설명으로 옳지 않은 것은?
〈남양주도시공사, MBC〉

① 세조가 편찬을 시작하여 성종 대에 완성되었다.

② 조선 초법전인 〈경제육전〉의 원전과 속전 및 그 뒤의 법령을 종합해 만들었다.

③ '형전'을 완성한 뒤, 재정·경제의 기본이 되는 '호전'을 완성했다.

④ 이전·호전·예전·병전·형전·공전의 6전으로 이루어졌다.

해설 ③ 1460년(세조 6) 7월에 먼저 재정·경제의 기본이 되는 호전을 완성했고, 이듬해 7월에는 형
전을 완성해 공포·시행했다.

21 다음 중 무오사화의 발단이 된 사건은 무엇인가? 〈한국동서발전〉

① 폐비 윤씨의 사사

② 신진 사림 조광조의 개혁정책에 대한 반발

③ 김종직의 조의제문

④ 소윤과 대윤의 권력 다툼

 ③ 김종직이 쓴 조의제문은 항우에게 살해된 초나라 희왕을 위로하는 글인데, 후일 단종을 희왕에 비유했다는 빌미가 되어 무오사화를 초래했다.

① 갑자사화 – 연산군 어머니인 폐비 윤씨의 사사로 인해 일어난 사화이다.

② 기묘사화 – 이상적인 유교 정치를 실현하려 했던 조광조를 반대한 훈구 세력에 의해 일어난 사화이다.

④ 을사사화 – 세자책봉 문제로 인한 문정왕후 외척들 간의 권력다툼이다.

22 조선 후기에 발생한 사건들을 시대 순으로 바르게 나열한 것은?

〈대구시설공단, 한국남부발전〉

① 임오군란 → 갑신정변 → 동학농민운동 → 아관파천

② 임오군란 → 아관파천 → 동학농민운동 → 갑신정변

③ 갑신정변 → 임오군란 → 아관파천 → 동학농민운동

④ 갑신정변 → 아관파천 → 임오군란 → 동학농민운동

 임오군란(1882) : 별기군 창설에 대한 구식 군인의 반발, 청의 내정간섭 초래

갑신정변(1884) : 급진적 개혁 추진, 청의 내정간섭 강화

동학농민운동(1894) : 반봉건 · 반침략적 민족운동, 우금치 전투에서 패배

아관파천(1896) : 명성황후가 시해된 뒤 고종과 왕세자가 러시아 공관으로 대피

Sec 06
역사 · 철학

23 다음의 설명에 해당하는 조선 후기의 실학자는 누구인가?

〈한국마사회, 산업인력공단, 전주시설관리공단, 밀양시설관리공단〉

> • 농민을 위한 제도 개혁을 주장한 중농학파
> • 〈목민심서〉, 〈경세유표〉 편찬
> • 과학 기술의 발전을 주장, 실학 집대성

① 유형원   ② 이익

③ 정약용   ④ 박지원

 정약용에 관한 설명이다.
- 목민심서 : 정약용이 관리들의 폭정을 비판하며 수령이 지켜야 할 지침을 밝힌 책
- 경세유표 : 정약용이 행정기구의 개편과 토지제도 · 조세제도 등 제도의 개혁 원리를 제시한 책

24 시일야방성대곡이 쓰인 계기가 된 사건은 무엇인가?   〈대전도시철도공사〉

① 한일합방   ② 을사조약

③ 강화도조약   ④ 을미사변

 시일야방성대곡은 을사조약의 부당함을 알리고 을사오적을 규탄하기 위해 장지연이 쓴 논설로, 황성신문에 게재되었다. 이 논설로 황성신문은 일제에 의해 발행이 정지되기도 했다.

25 '을씨년스럽다'라는 표현의 유래가 된 사건은?   〈해양환경관리공단〉

① 강화도조약   ② 을사조약

③ 아관파천   ④ 을미사변

 우리나라의 외교권을 일제에 의해 강제로 빼앗긴 을사조약이 체결된 1905년(을사년)에서 유래한 말이다. 쓸쓸하고 스산한 날씨나 풍경을 을사년에 비유하는 표현이다.

26 다음 시정 방침 발표의 계기가 된 사건은 무엇인가? 〈산업인력공단〉

> 정부는 관제를 개혁하여 총독 임용의 범위를 확장하고 경찰제도를 개정하며, 또는 일반 관리나 교원 등의 복제를 폐지함으로써 시대의 흐름에 순응한다.

① 청산리 대첩　　　　　　　② 3 · 1 운동
③ 윤봉길 의거　　　　　　　④ 6 · 18 만세운동

 일제는 3 · 1 운동을 계기로 무단통치정책에서 문화통치정책으로 전환했다.

27 제2차 세계대전과 관련된 다음의 사건들 중 가장 먼저 일어난 것은? 〈한국도로공사〉

① 얄타회담　　　　　　　　② 나가사키 원폭 투하
③ UN 창설　　　　　　　　④ 카이로회담

 카이로회담은 제2차 세계대전 때 이집트의 카이로에서 개최된 것으로 1943년 11월에 제1차 카이로회담이, 그 해 12월에 제2차 카이로회담이 열렸다.
① 얄타회담 : 1945년 2월 4~11일
② 나가사키 원폭 투하 : 1945년 8월 9일
③ UN 창설 : 1945년 10월 24일

28 다음의 사화를 일어난 순서에 따라 바르게 나열한 것은?

〈한국동서발전, 남양주도시공사, 전력거래소〉

> • 무오사화　　　　　　　　• 갑자사화
> • 기묘사화　　　　　　　　• 을사사화

① 무오사화 - 갑자사화 - 기묘사화 - 을사사화
② 을사사화 - 기묘사화 - 갑자사화 - 무오사화
③ 기묘사화 - 갑자사화 - 무오사화 - 을사사화
④ 갑자사화 - 무오사화 - 기묘사화 - 을사사화

Sec 06 역사 · 한국사

• 무오사화(1498년) : 김종직의 조의제문을 문제 삼아 훈구세력이 사림파를 숙청
• 갑자사화(1504년) : 연산군이 자신의 생모인 폐비 윤씨 사건에 대한 보복으로 훈구파 및 사림파를 숙청
• 기묘사화(1519년) : 조광조의 개혁에 반발한 훈구세력의 계략으로 조광조 일파가 숙청됨
• 을사사화(1545년) : 중종의 왕위계승을 둘러싼 대윤파와 소윤파의 대립

29 다음 중 고려시대 교육기관에 대한 설명으로 옳지 <u>않은</u> 것은? 〈대전도시철도공사〉

① 대표적인 교육기관으로 국자감, 향교, 학당, 사학이 있었다.
② 중등교육기관인 향교는 지방 관리와 서민 자제의 교육을 담당하였다.
③ 국자감에 장학재단 양현고를 두어 관학의 경제기반을 강화하였다.
④ 예종 때 최고국립교육기관인 국자감이 설치되었다.

④ 국자감은 개경에 설치된 최고국립교육기관으로서 성종 때 체제를 갖추어 설치되었다. 예종은 국자감 내에 양현고를 설치하여 관학의 경제기반을 마련하였다.

30 음서제에 대한 설명으로 옳지 <u>않은</u> 것은? 〈한국산업인력공단〉

① 가문에 기준을 두고 조상의 공로와 지위에 따라 그 자손을 관리로 임용하는 제도이다.
② 음서제로 관직에 오른 자가 과거제로 관직에 오른 자보다 우대받았다.
③ 조선시대에는 음서제를 통한 관직 진출이 크게 축소되었다.
④ 고려의 세습적 문벌귀족 가문을 형성하는 데 중요한 역할을 했다.

② 음서제로 관직에 오른 자는 어느 정도 관직 임명에 제한을 받았기 때문에 고위 관직에 진출하기 위해서는 과거시험을 통과해야만 했다.

31 우리나라의 역사에서 실시된 것들 중 왕권 강화와 가장 <u>무관한</u> 것은? 〈언론진흥재단〉

① 노비안검법   ② 6조직계제
③ 기인제도   ④ 비변사

비변사는 조선 명종 때에 외세의 침입이 잦아지자 중앙 문관과 무관이 군사 업무에 대해 협의하기 위해 설치된 기구이다. 하지만 후기에는 외척 세력의 권력 기반이 됐다.

32 다음 중 임진왜란 이후 조선의 정세로 옳지 않은 것은? 〈장애인고용공단〉

> 임진왜란으로 수많은 인명이 살상되었으며, 기근과 질병으로 인한 백성들의 유망으로 인구가 크게 줄어들었다. 또한 전국의 많은 논밭이 황무지로 변해 식량 문제가 심각했으며, 농민의 살림은 물론 나라의 재정까지 어려워졌다.

① 납속책을 확대했다.
② 공명첩을 발급했다.
③ 호적을 재정비했다.
④ 과전법을 제정했다.

 임진왜란(1592~1598) 이후 악화된 재정을 확보하기 위해 정부는 납속책·공명첩과 같은 신분 매매를 확대했고, 호적 정비 및 양전 사업을 실시했다. '과전법'은 고려 말에서 조선 초까지 운영되었던 토지제도이다.

33 다음 제도들이 실시된 공통된 목적은? 〈한국산업인력공단〉

> • 진대법
> • 의창
> • 흑창

① 왕권의 강화
② 신분을 초월한 인재 등용
③ 지방교육기관 확충
④ 농민 생활의 안정

 진대법, 의창, 흑창 모두 백성들이 흉년 등으로 곡식이 떨어져 어려움에 처했을 때, 곡식을 빌려주어 백성들을 구제하던 제도이다. 이들 모두 가난한 백성들을 구제하여 농민 생활을 안정을 도모했다.

34 대동법에 관한 설명으로 틀린 것은? 〈한국서부발전〉

① 세금을 쌀로 통일한 납세제도이다.

② 광해군이 최초로 시행한 것으로, 경기도에 한해서만 실시되다가 이후 전국적으로 확대되었다.

③ 농민에게 과중하게 부과되던 세금이 어느 정도 경감되었다.

④ 전국적으로 확산되면서 쌀뿐만 아니라 옷감·동전으로도 납부할 수 있었다.

해설 광해군이 최초로 시행한 대동법은, 경기도에 한해서 실시되다가 인조 등극 후 강원도·충청도·전라도 지역까지 확대되었다. 이후 17세기 후반에 이르러서야 전국적으로 실시되었다.

35 신민회에 대한 설명으로 옳지 않은 것은? 〈서울신용보증재단〉

① 한국광복군을 창설하여 항일무장투쟁을 전개했다.

② 안창호, 이승훈, 양기탁이 중심이 되어 조직되었다.

③ 일본과의 전쟁에 대비하여 군사학교를 만들어 청년들을 훈련시켰다.

④ 민족실력양성운동을 추진하고, 대성학교와 오산학교를 세웠다.

해설 ① 한국광복군을 창설한 단체는 대한민국임시정부이다.

36 ㄱ~ㄹ을 일어난 순서대로 옳게 나열한 것은? 〈한국서부발전〉

> ㄱ. 6월 민주항쟁
> ㄴ. 4·19 혁명
> ㄷ. 부마 민주항쟁
> ㄹ. 5·18 민주화 운동

① ㄱ - ㄴ - ㄷ - ㄹ

② ㄱ - ㄷ - ㄹ - ㄴ

③ ㄴ - ㄷ - ㄹ - ㄱ

④ ㄴ - ㄹ - ㄷ - ㄱ

ㄴ - ㄷ - ㄹ - ㄱ 순서로 발생했다.

ㄴ. 4·19 혁명 – 1960년 4월, 이승만 정권의 부정선거를 규탄하며 일어난 시민혁명이다.

ㄷ. 부마 민주항쟁 – 1979년 10월 16일~20일, 박정희 유신체제에 대항하여 부산과 마산에서 일어난 항쟁이다.

ㄹ. 5·18 광주 민주화 운동 – 1980년 5월 18일~27일, 당시 최규하 대통령 아래 전두환 군부세력 퇴진과 계엄령 철폐를 요구하며 전라도 광주시민을 중심으로 일어난 민주화 운동이다.

ㄱ. 6월 민주항쟁 – 1987년 6월, 전두환 군부독재에 맞서 일어난 민주화 운동이다.

---

37 통일을 위한 정부의 노력으로 빈칸에 들어갈 내용은? 〈한국중부발전〉

> 전두환 정부 : 남북 이산 가족 최초 상봉 → 노태우 정부 : 남북기본합의서 채택
> → 김영삼 정부 : (   )

① 남북조절위원회 구성

② 민족 공동체 통일 방안 제안

③ 7·4 남북공동성명 발표

④ 남북정상회담 최초 개최

 1994년 8월 15일 김영삼 정부는 통일로 가는 한민족공동체 건설을 위한 3단계 통일방안으로서 자주·평화·민주의 3원칙과 화해·협력, 남북연합, 통일국가 완성이라는 민족 공동체 통일 방안을 제안했다.

---

38 전두환 정권과 관련된 것은? 〈산업인력공단〉

① 제4공화국

② 베트남 파병

③ 4·13 호헌 조치

④ 금융실명제

 ③ 1987년 4월 13일, 전두환 정권은 '헌법 개정 논의를 금지한다'라는 특별담화를 발표했다.

①·②는 박정희 정권과 관련된 것이다.

④ 1993년 8월, 김영삼 정권은 '금융실명거래 및 비밀 보장에 관한 긴급재정경제명령'을 발표하면서 금융실명제를 실시했다.

---

39 다음의 사건들을 시간 순서대로 나열한 것은?　〈서울신용보증재단〉

> ㄱ. 10월 유신
> ㄴ. 7 · 4 남북공동성명
> ㄷ. 10 · 26 사태
> ㄹ. 5 · 16 군사정변

① ㄱ － ㄴ － ㄷ － ㄹ

② ㄹ － ㄴ － ㄱ － ㄷ

③ ㄱ － ㄷ － ㄹ － ㄴ

④ ㄹ － ㄴ － ㄷ － ㄱ

 ㄹ － ㄴ － ㄱ － ㄷ 순서로 발생했다.
ㄹ. 5 · 16 군사정변 – 1961년 5월 16일. 박정희를 중심으로 한 군사들이 정변을 일으켜 정권을 장악한다.
ㄴ. 7 · 4 남북공동성명 – 1972년 7월 4일, 남쪽과 북쪽의 정부관계자들이 비밀회담을 가진 후 통일을 위한 공동성명을 발표했다.
ㄱ. 10월 유신 – 1972년 10월, 박정희 장기 집권을 위해 유신을 선포하고 헌법을 개정했다.
ㄷ. 10 · 26 사태 – 1979년 10월 26일, 당시 중앙정보부장 김재규가 박정희 대통령을 살해한 사건이다.

40 1830년대 영국에서 시작된 노동자들의 선거법 확대 운동을 무엇이라 하는가?　〈청주MBC〉

① 차티스트 운동　　　　　　② 변법자강 운동
③ 러다이트 운동　　　　　　④ 인클로저 운동

 1838년부터 영국에서 노동자들을 중심으로 진행된 선거권 확대 운동은 차티스트 운동이다.
② 변법자강 운동 : 청일전쟁 패배 후 중국이 정치·교육·법률 등에서 청나라 제도들을 근본적으로 개혁하고자 시작한 운동
③ 러다이트 운동 : 1811~1817년 영국의 중 · 북부의 직물공업지대에서 일어났던 기계파괴 운동
④ 인클로저 운동 : 16~18세기 유럽에서 목초지를 만들기 위해 농토를 합병하여 경작지나 공유지에 울타리를 쳐서 사유지화한 현상

41 메소포타미아 문명에 관한 설명 중 틀린 것은? 〈MBC〉

① 티그리스강과 유프라테스강을 중심으로 하는 바빌로니아 · 아시리아 문명을 말한다.

② 개방적인 지형으로 인해 이민족의 침입이 잦아 왕조는 흥망을 거듭했다.

③ 60진법과 태양력을 사용했다.

④ 문화의 수준이 매우 높았으며 설형문자를 발명했다.

 ③ 60진법과 태음력을 사용했다. 이집트 문명에서 태양력과 10진법을 사용했다.

4대 문명의 비교

구분	특징	지역
메소포타미아 문명	쐐기문자 · 60진법 사용, 함무라비 법전 편찬, 태음력 사용	티그리스강, 유프라테스강
이집트 문명	폐쇄적 지형, 상형문자 · 10진법 사용, 피라미드 · 스핑크스 제작, 태양력 사용	나일강
황하 문명	동아시아에서 가장 오래된 문명, 갑골문자 · 달력 사용	황하강
인더스 문명	청동기 · 그림문자 사용, 발달된 도시문명, 엄격한 신분제도	인더스강

42 교훈을 주는 말 또는 사물의 핵심과 이치를 표현한 간결한 문장을 무엇이라 하는가? 〈KBS〉

① 아포리즘 ② 매너리즘
③ 리리시즘 ④ 엑조티시즘

 아포리즘이라고 한다.
② 매너리즘 : 항상 틀에 박힌 일정한 방식이나 태도를 취함으로써 신선미와 독창성을 잃는 일
③ 리리시즘 : 시나 산문, 음악 따위에 나타난 서정적인 정취
④ 엑조티시즘 : 이국적 취미 또는 이국적 정취

Sec 06
역사 · 철학

43 다음 중 종교개혁과 관련이 없는 인물은 누구인가? 〈영상물등급위원회〉

① 울리히 츠빙글리 ② 장 칼뱅

③ 윌리엄 오컴 ④ 존 위클리프

 윌리엄 오컴(William Ockham)은 영국 프란체스코 수도회의 오컴 지역 출신 수사이다. 개인의 신앙에 대해 보다 자유주의적인 사고방식을 지닌 스콜라 철학자로 루터에게 많은 영감을 주었지만 종교개혁과 직접적인 연관은 없다.

44 영국 고전경험론의 창시자로서, 참된 지식에 접근하는 길을 가로막고 있는 편견이자 선입견으로서 네 가지의 우상을 언급한 사람은? 〈포항시설관리공단〉

① 하이데거 ② 칸트

③ 베이컨 ④ 니체

 프랜시스 베이컨(Francis Bacon)은 관찰이나 실험에 바탕을 두지 않은 일반적인 명제를 '우상'이라 했다. 우상은 참된 지식에 접근하는 길을 가로막고 있는 편견이자 선입견으로서, 그는 종족 · 동굴 · 시장 · 극장의 우상이라는 네 가지를 들었다.

45 제1차 세계대전이 끝난 1919년에 독일과 연합국이 체결한 조약은 무엇인가?

〈MBC〉

① 리스본 조약 ② 더블린 조약

③ 베스트팔렌 조약 ④ 베르사유 조약

 제1차 세계대전이 끝난 1919년 프랑스 베르사유 궁전에서 파리평화회의 결과 연합군과 독일은 베르사유 조약을 체결했다.

① 리스본 조약 : 유럽연합의 헌법을 대체하는 유럽연합 개정조약

② 더블린 조약 : 유럽으로 유입되는 난민의 망명 등록을 규정한 조약

③ 베스트팔렌 조약 : 독일의 30년 전쟁 후 체결된 유럽의 평화조약

Answer 43 ③ 44 ③ 45 ④

PART 3 암기상식 마스터

Section 01 필수 한자성어 & 속담

Section 02 한글 맞춤법 & 표준어

Section 03 빈틈없는 상식

3일 완성 ——————
공기업 최신기출 일반상식

공기업 상식시험에서는 국어와 한자 문제가 자주 출제됩니다. 맞춤법이나 표준어 문

제는 기본이고, 한자성어나 단어의 의미나 표현을 묻는 문제들이 종종 등장하는데요.

이러한 문제에 대비하기 위해서는 일상에서 자주 쓰는 기본적인 한자성어나 속담을

틈틈이 학습하고, 이슈가 된 단어 등은 그때그때 찾아봐야 합니다. 또한 틀리기 쉬운

맞춤법은 출제가능성이 높으니 마지막까지 한 번 더 확인하세요.

Section 01 필수 한자성어 & 속담

01 한자성어

● **가가호호**(家家戶戶)
각 집과 각 호(戶)마다. 집집마다

● **가담항설**(街談巷說)
길거리에 떠도는 소문. 세상의 풍문(風聞)

● **가렴주구**(苛斂誅求)
세금을 가혹하게 거둬들여 국민을 괴롭힘

● **가인박명**(佳人薄命)
아름다운 여자는 기박(奇薄)한 운명(運命)을 타고남

● **가정맹어호**(苛政猛於虎)
가혹한 정치는 호랑이보다 더 무섭다는 뜻으로, 가혹하게 세금을 뜯어가는 정치는 호랑이에게 잡혀 먹히는 고통보다 더 무섭다는 말

● **각골난망**(刻骨難忘)
뼛속에 새겨 두고 잊지 않는다는 뜻으로, 남에게 입은 은혜가 마음 깊이 새겨져 잊히지 아니함을 말함

● **각주구검**(刻舟求劍)
초(楚)나라 사람이 배를 타고 가다가 강물에 칼을 빠뜨리자 배에 칼이 떨어진 곳을 새기고 나루에 이르러 칼을 찾았다는 고사로서, 어리석고 융통성이 없음을 비유함

● **간담상조**(肝膽相照)
마음과 마음을 서로 비춰볼 정도로 서로 마음을 터놓고 사귀는 것을 말함[간담(肝膽)은 간과 쓸개로 마음을 의미]

● **감불생심**(敢不生心)
감히 생각도 못함 = 감불생의(敢不生意)

● **감언이설**(甘言利說)
남의 비위에 맞도록 꾸민 달콤한 말

● **갑남을녀**(甲男乙女)
갑(甲)이란 남자와 을(乙)이란 여자의 뜻으로, 평범한 사람을 말함

● **갑론을박**(甲論乙駁)
서로 논박(論駁)함

● **강구연월**(康衢煙月)
번화한 거리의 안개 낀 흐릿한 달이란 뜻으로, 태평한 시대의 평화로운 풍경을 말함 = 태평연월(太平烟月), 함포고복(含哺鼓腹), 고복격양(鼓腹擊壤)

● **개과천선**(改過遷善)
허물을 고치고 착하게 됨

- **개세지재**(蓋世之才) 세상을 뒤덮을 만한 재주, 또는 그러한 재주를 가진 사람
- **객반위주**(客反爲主) 손이 도리어 주인이 됨 = 주객전도(主客顚倒)
- **거두절미**(去頭截尾) 머리와 꼬리를 자르듯, 원인과 결과를 빼고 요점만 말함
- **거안사위**(居安思危) 편안히 살 때 위태로움을 생각함
- **건곤일척**(乾坤一擲) 운명과 흥망을 걸고 단판으로 승부나 성패를 겨룸. 또는 오직 한 번에 흥망성쇠가 걸려 있는 일
- **격물치지**(格物致知) 사물의 이치(理致)를 연구하여 자기의 지식을 확고하게 함
- **격세지감**(隔世之感) 세대(世代)를 거른 듯이 세상이 몹시 달라진 느낌
- **격화소양**(隔靴搔痒) 신을 신고 발바닥을 긁는다는 뜻으로, 일이 성에 차지 않는 것. 또는 일이 철저하지 못한 것을 가리킴
- **견강부회**(牽强附會) 이치에 닿지 않는 것을 억지로 끌어다 붙여 자기에게 유리하게 함
- **견마지로**(犬馬之勞) '견마'는 '자기'의 겸칭(謙稱)이며, 자기의 수고를 겸손하게 이르는 말
- **견문발검**(見蚊拔劍) 모기를 보고 칼을 뺀다는 뜻으로, 조그만 일에 크게 성내어 덤빔
- **결자해지**(結者解之) 맺은 사람이 풀어야 한다는 뜻으로, 저지른 일은 스스로 해결해야 함
- **결초보은**(結草報恩) 죽어서라도 은혜를 갚는다는 뜻으로, 춘추전국시대에 진(晉)나라 위무자(魏武子)가 아들 위과(魏顆)에게 자기의 첩을 순장(殉葬)하라고 유언하였는데 위과는 이를 어기고 서모(庶母)를 개가시켰더니, 그 뒤에 위과가 진(秦)나라의 두회(杜回)와 싸울 때 서모 아버지의 혼령이 나타나 풀을 매어 놓아 두회가 걸려 넘어져 위과의 포로가 되었다는 고사에서 유래함
- **겸양지덕**(謙讓之德) 겸손(謙遜)하고 사양(辭讓)하는 미덕
- **경거망동**(輕擧妄動) 경솔하고 망령된 행동
- **경국지색**(傾國之色) 위정자의 마음을 사로잡아 한 나라의 형세를 기울게 할 만큼 뛰어나게 아름다운 미인
- **경천동지**(驚天動地) 하늘을 놀라게 하고 땅을 뒤흔든다는 뜻으로, 세상을 몹시 놀라게 함을 의미

계명구도(鷄鳴狗盜)	작은 재주가 뜻밖에 큰 구실을 한다는 뜻이며, 사대부가 취하지 아니하는 천한 기예(技藝)를 가진 사람을 비유하기도 함. 전국시대 제(齊)나라의 맹상군(孟嘗君)이 개 흉내를 내는 식객의 도움으로 여우 가죽옷을 훔쳐서 위기를 모면하고, 닭 우는 소리를 흉내내는 식객의 도움으로 관문(關門)을 무사히 통과한 고사에서 유래
고군분투(孤軍奮鬪)	외로운 군력(軍力)으로 분발하여 싸운다는 뜻으로, 홀로 여럿을 상대로 하여 싸우는 것을 말함
고립무원(孤立無援)	고립되어 구원받을 데가 없음 = 孤立無依(고립무의)
고식지계(姑息之計)	고식(姑息)은 아내와 자기 자식을 뜻하며, 당장의 편안함 만을 꾀하는 임시적인 방편을 말함
고육지책(苦肉之策)	적을 속이는 수단의 일종으로, 제 몸을 괴롭히는 것을 돌보지 않고 쓰는 계책
곡학아세(曲學阿世)	학문을 왜곡하여 세속(世俗)에 아부(阿附)함
골육상쟁(骨肉相爭)	뼈와 살이 서로 싸운다는 뜻으로, 동족이나 친족끼리 싸우는 것을 비유함 = 골육상잔(骨肉相殘), 골육상전(骨肉相戰)
과유불급(過猶不及)	정도가 지나친 것은 오히려 모자란 것만 못하다는 뜻으로, 중용(中庸)을 강조한 말
과전이하(瓜田李下)	과전불납리 이하부정관(瓜田不納履李下不整冠, 오이 밭에서는 신을 고쳐 신지 않고, 자두나무 밑에서는 갓을 고쳐 쓰지 않는다)의 준말로서, 의심받을 일은 하지 말라는 뜻
관포지교(管鮑之交)	춘추시대 제(齊)나라의 관중(管仲)이 포숙(鮑叔)이 매우 사이좋게 교제하였다는 고사에서 유래한 말로서, 매우 다정하고 허물없는 교제를 말함
괄목상대(刮目相對)	눈을 비비고 서로 대한다는 뜻으로, 남의 학식이나 재주가 급성장한 것을 보고 그에 대한 인식을 새롭게 함을 비유함
교각살우(矯角殺牛)	소의 뿔을 바로잡으려다 소를 죽인다는 뜻으로, 사소한 일을 바로잡으려다가 오히려 큰일을 그르침을 말함
교언영색(巧言令色)	남의 환심을 사려고 아첨하는 교묘한 말과 보기 좋게 꾸미는 얼굴빛
구관명관(舊官名官)	먼저 있었던 관리가 더 훌륭하다는 말
구밀복검(口蜜腹劍)	입으로는 달콤한 말을 하지만 마음속으로는 칼을 품는다는 뜻으로, 겉으로는 친절한 듯하나 해칠 생각을 품는 것

구사일생(九死一生)	여러 번의 죽을 고비를 넘겨 겨우 살아남
구상유취(口尙乳臭)	입에서 아직 젖내가 난다는 뜻으로, 언행이 매우 유치함
구우일모(九牛一毛)	아홉 마리 소의 털 가운데서 한 가닥의 털. 즉 아주 큰 사물의 극히 작은 부분을 뜻함
구절양장(九折羊腸)	아홉 번 꺾인 양의 창자란 뜻으로, 꼬불꼬불하고 험한 산길
군계일학(群鷄一鶴)	많은 닭 가운데의 한 마리의 학이라는 뜻으로, 평범한 사람들 가운데 뛰어난 한 인물을 말함
군맹무상(群盲撫象)	여러 소경이 코끼리를 어루만진다는 뜻으로 모든 사물을 자기 주관대로 그릇되게 판단하거나 그 일부밖에 파악하지 못하여 일을 망친다는 말
군신유의(君臣有義)	오륜(五倫)의 하나로, 임금과 신하에게는 의(義)가 있어야 한다는 말
군위신강(君爲臣綱)	삼강(三綱)의 하나로, 임금은 신하의 모범(벼리)이 되어야 한다는 말
궁여지책(窮餘之策)	매우 궁한 나머지 짜낸 계책
권모술수(權謀術數)	목적 달성을 위해서 인정(人情)이나 도덕을 가리지 않고 권세와 모략, 중상 등 갖은 방법과 수단을 쓰는 술책
권불십년(權不十年)	아무리 높은 권세도 십 년을 가지 못한다는 말
권토중래(捲土重來)	흙먼지를 날리며 다시 온다는 뜻으로, 한 번 패한 세력을 회복해 전력을 다하여 다시 쳐들어옴을 말함
근묵자흑(近墨者黑)	먹을 가까이하는 사람은 검게 된다는 뜻으로, 나쁜 사람을 가까이하면 그 버릇에 물들기 쉬움 = 근주자적(近朱者赤)
금과옥조(金科玉條)	금옥(金玉)과 같이 몹시 귀중한 법칙이나 규정, 교훈
금란지계(金蘭之契)	다정한 친구 사이의 정의(情誼)를 뜻하며, 금란(金蘭)은 주역(周易)의 '二人同心其利斷金同心之言其臭如蘭(두 사람이 마음이 같으면 그 예리함이 쇠를 끊고, 마음이 같은 말은 그 향기가 난초와 같다)'에서 유래한 말
금상첨화(錦上添花)	비단 위에다 꽃을 얹는다는 뜻으로, 좋은 일이 겹침 ↔ 설상가상(雪上加霜)
금석맹약(金石盟約)	쇠나 돌 같은 굳은 약속 = 금석지약(金石之約)

금의환향(錦衣還鄕)	비단옷을 입고 고향으로 돌아온다는 뜻으로, 출세를 하여 고향에 돌아옴
기호지세(騎虎之勢)	범을 타고 달리듯이 중도에 그만둘 수 없는 형세
낙화유수(落花流水)	떨어지는 꽃과 물 흐르는 봄의 경치, 또는 영락(零落)한 상황을 말함 (남녀 사이에 서로 그리는 정이 있다는 비유로도 쓰임)
난공불락(難攻不落)	공격하기가 어려워 함락되지 않음
난형난제(難兄難弟)	누가 형이고 아우인지 분간하기 어렵다는 뜻으로, 사물 사이의 우열을 가리기 어려움
남가일몽(南柯一夢)	한 사람이 홰나무 밑에서 낮잠을 자다가 꿈에 대괴안국(大槐安國) 왕의 사위가 되어 남가군(南柯郡)을 20년 동안 다스리면서 부귀영화를 누리다가 꿈을 깨었다는 내용을 담고 있는 당(唐)나라의 소설 〈남가기(南柯記)〉에서 유래한 말로서, 인생의 부귀영화가 모두 헛된 것임을 비유하여 이르는 말
남부여대(男負女戴)	남자는 등에 지고 여자는 머리에 인다는 뜻으로, 가난한 사람들이 떠돌아다니면서 사는 것을 말함
낭중지추(囊中之錐)	주머니 속에 든 송곳은 끝이 뾰족하여 밖으로 나온다는 뜻으로, 뛰어난 재주를 가진 사람은 숨기려 해도 저절로 드러난다는 뜻
내우외환(內憂外患)	나라 안팎의 근심과 걱정
내유외강(內柔外剛)	겉으로는 강하게 보이나 속은 부드러움
노기충천(怒氣衝天)	성난 기색이 하늘을 찌를 정도라는 뜻으로, 잔뜩 화가나 있음을 말함
노심초사(勞心焦思)	마음으로 애를 쓰며 속을 태움
녹의홍상(綠衣紅裳)	연두저고리에 다홍치마, 즉 젊은 여자가 곱게 치장한 복색(服色)
논공행상(論功行賞)	공의 있고 없음, 작고 큼을 논해 그에 걸맞은 상을 줌
누란지세(累卵之勢)	달걀을 포개어 놓은 것과 같은 몹시 위태로운 형세를 말함
다기망양(多岐亡羊)	학문의 길이 여러 갈래여서 진리를 찾기 어려움
다다익선(多多益善)	많을수록 더욱 좋음
단도직입(單刀直入)	칼 한 자루를 들고 혼자서 적진으로 쳐들어간다는 뜻으로, 요점을 바로 말함

대기만성(大器晚成)	큰 솥이나 큰 종 같은 것을 주조(鑄造)하는 데는 시간이 오래 걸리듯이, 크게 될 사람은 늦게 이루어진다는 말
대동소이(大同小異)	다른 점보다는 같은 점이 많음
도불습유(道不拾遺)	법 집행이 엄하거나 민심이 순후하여 백성이 길에 떨어진 물건을 주워 가지지 아니함
도원결의(桃園結義)	유비, 관우, 장비가 도원에서 의형제를 맺은 고사에서 유래한 말로서, 의형제를 맺거나 사욕을 버리고 공동의 목적을 위하여 서로 합심함을 뜻함
독서삼매(讀書三昧)	오직 책 읽기에만 골몰하는 일
독야청청(獨也靑靑)	홀로 푸르다는 뜻으로, 혼탁한 세상에서 홀로 높은 절개를 지킴
동고동락(同苦同樂)	괴로움과 즐거움을 함께함
동문서답(東問西答)	동쪽을 묻는데 서쪽을 대답한다는 뜻으로, 묻는 말에 대하여 아주 딴판의 소리로 대답함
동병상련(同病相憐)	같은 병을 앓는 사람끼리 서로 가엾게 여긴다는 뜻으로, 처지가 비슷한 사람끼리 서로 동정함을 말함
동분서주(東奔西走)	사방으로 이리저리 바삐 돌아다님
동상이몽(同床異夢)	같은 잠자리에서 다른 꿈을 꾼다는 뜻으로, 같은 처지에 있으면서도 목표가 저마다 다름
동족방뇨(凍足放尿)	언 발에 오줌을 누어서 녹인다는 뜻으로, 다급한 처지를 일시적으로 모면하는 방법은 되나 그 효과는 곧 없어질 뿐만 아니라 도리어 더 악화시킨다는 말
두문불출(杜門不出)	세상과의 인연을 끊고 은거함
마이동풍(馬耳東風)	동풍(봄바람)이 말의 귀에 스쳐도 아무 감각이 없듯이, 남의 말을 귀담아 듣지 아니하고 지나쳐 흘려버림을 말함
막역지우(莫逆之友)	서로의 뜻을 거스르지 않는 친한 벗 = 죽마고우(竹馬故友)
만경창파(萬頃蒼波)	만 이랑의 푸른 물결, 한없이 넓고 푸른 바다를 말함
만시지탄(晚時之歎)	때늦은 한탄(恨歎)
망년지교(忘年之交)	나이를 잊고 사귄다는 뜻으로, 나이를 따지지 않고 교제하는 것

● **망양지탄**(亡羊之歎)	여러 갈래 길에서 양을 잃고 탄식한다는 뜻으로, 학문의 길이 여러 갈래라 방향을 잡기 어려움(자신의 학문의 폭이 좁음을 탄식하는 말로도 쓰임)
● **망운지정**(望雲之情)	타향에서 부모가 계신 쪽의 구름을 바라보고 부모를 그리워함
● **맥수지탄**(麥秀之嘆)	무성하게 자라는 보리를 보고 하는 탄식이라는 뜻으로, 고국의 멸망에 대한 탄식을 이르는 말
● **면종복배**(面從腹背)	얼굴 앞에서는 복종하고 마음속으로는 배반한다는 뜻 = 양봉음위(陽奉陰違)
● **명경지수**(明鏡止水)	맑은 거울과 조용히 멈춰 있는 물처럼 고요하고 잔잔한 마음
● **명약관화**(明若觀火)	밝기가 불을 보는 것과 같이 매우 명백하게 알 수 있음
● **목불인견**(目不忍見)	눈으로 차마 보지 못할 광경이나 참상
● **무릉도원**(武陵桃源)	속세를 떠난 별천지(別天地)
● **무소불위**(無所不爲)	못하는 것이 없음. 권세를 마음대로 부리는 사람이나 그런 경우를 말함
● **문경지교**(刎頸之交)	목이 달아나는 한이 있어도 마음이 변치 않을 만큼 친한 사이
● **문일지십**(聞一知十)	하나를 들으면 열을 앎
● **문전성시**(門前成市)	대문 앞이 시장을 이룬다는 뜻으로, 세도가나 부잣집 문 앞이 방문객으로 시장을 이루다시피 함을 이르는 말 = 문정약시(門庭若市)
● **반골**(反骨)	'골(骨)'은 기질 · 성품 · 강직함 등을 뜻하며, 쉽게 사람을 따르지 않는 기질 또는 권력에 저항하는 사람을 말함
● **발본색원**(拔本塞源)	근본을 뽑고 근원을 막아 버린다는 뜻으로, 근본적인 차원에서 그 폐단을 없애 버림
● **방약무인**(傍若無人)	곁에 사람이 없는 것 같이 여긴다는 뜻으로, 주위의 다른 사람을 전혀 의식하지 않은 채 제멋대로 마구 행동함을 이르는 말
● **배수지진**(背水之陣)	물러설 수 없도록 물을 등지고 적을 치는 전법의 하나로서, 목숨을 걸고 싸우는 경우의 비유
● **백면서생**(白面書生)	방 안에 앉아 오로지 글만 읽어 얼굴이 희다는 뜻으로, 세상일에 경험이 적은 사람을 이르는 말
● **백문불여일견**(百聞不如一見)	백 번 듣는 것이 한 번 보는 것만 못하다는 뜻으로, 무엇이든지 경험해야 확실히 알 수 있다는 말

- **백미**(白眉) | 여럿 중에 가장 뛰어난 사람이나 사물

- **백아절현**(伯牙絕絃) | 백아(伯牙)가 친구의 죽음을 슬퍼하여 거문고 줄을 끊었다는 고사에서 유래한 말로서, 참다운 벗의 죽음을 이르는 말

- **백중지세**(伯仲之勢) | 우열의 차이가 없이 엇비슷함을 이르는 말

- **부화뇌동**(附和雷同) | 우레(천둥) 소리에 맞춰 함께한다는 뜻으로, 자신의 소신 없이 남이 하는 대로 따라함

- **분서갱유**(焚書坑儒) | 중국 진시황이 학자들의 정치 비평을 금하기 위하여 책을 불사르고 유생을 구덩이에 묻어 죽인 일

- **불구대천**(不俱戴天) | 세상에서 같이 살 수 없을 만큼 큰 원한

- **비육지탄**(脾肉之歎) | 장수가 전쟁에 나가지 못하여 넓적다리에 살이 찌는 것을 한탄한다는 뜻으로, 뜻을 펴보지 못하고 허송세월을 보냄

- **사고무친**(四顧無親) | 사방을 둘러보아도 친척이 없다는 뜻으로, 의지할 사람이 없음

- **사면초가**(四面楚歌) | 사방에서 들리는 초(楚)나라의 노래라는 뜻으로, 적에게 둘러싸인 상태이나 누구의 도움도 받을 수 없는 처지를 당함

- **사상누각**(沙上樓閣) | 모래 위의 누각이라는 뜻으로, 오래 유지되지 못할 일이나 실현 불가능한 일을 말함

- **산해진미**(山海珍味) | 산과 바다의 산물(産物)을 다 갖추어 아주 잘 차린 진귀한 음식이란 뜻으로, 온갖 귀한 재료로 만든 맛좋은 음식

- **살신성인**(殺身成仁) | 자신을 희생해 인(仁)을 이루거나 옳은 도리를 행함

- **삼고초려**(三顧草廬) | 중국의 삼국시대에 촉한(蜀漢)의 유비(劉備)가 남양(南陽) 융중(隆中) 땅에 있는 제갈량(諸葛亮)의 초려를 세 번이나 찾아가 자신의 큰 뜻을 말하고 그를 초빙하여 군사로 삼은 고사에서 유래한 말로서, 인재를 얻기 위해 참을성 있게 힘쓰는 것을 말함

- **삼인성호**(三人成虎) | 세 사람이 범을 만들어 낸다는 뜻으로, 근거가 없는 말이라도 여러 사람이 말하면 그렇다고 믿게 된다는 말

- **상전벽해**(桑田碧海) | 뽕나무 밭이 변하여 푸른 바다가 된다는 뜻으로, 세상의 일이 덧없이 빠르게 변하는 것을 말함

- **새옹지마**(塞翁之馬) | 변방에 사는 한 노인이 기르는 말이 도망가고 준마(駿馬)를 데리고 돌아왔는데, 그 아들이 말을 타다가 떨어져 절름발이가 되었고 그로 말미암아 징병(徵兵)을 면하여, 다른 사람처럼 전사(戰死)하지 않고 살아남았다는 고사에서 유래한 말로서, 인생의 길흉화복(吉凶禍福)은 예측할 수 없다는 말 = 새옹득실(塞翁得失)

- **생자필멸**(生者必滅)   불교 용어로, 생명이 있는 것은 반드시 죽는다는 말

- **설상가상**(雪上加霜)   눈 위에 서리가 내린다는 뜻으로, 불행한 일이 거듭하여 겹침

- **소탐대실**(小貪大失)   욕심을 부려 작은 것을 탐하다가 큰 것을 잃음

- **속수무책**(束手無策)   손을 묶어 놓아 방책(方策)이 없다는 뜻으로, 손을 묶은 듯이 꼼짝할 수 없음을 말함

- **송구영신**(送舊迎新)   묵은해를 보내고 새해를 맞이함

- **수구초심**(首丘初心)   여우가 죽을 때 머리를 자기가 살던 굴로 향한다는 뜻으로, 고향을 그리워하는 마음을 일컬음 = 호사수구(狐死首丘)

- **수불석권**(手不釋卷)   손에서 책을 놓지 않는다는 뜻으로, 늘 공부하는 사람

- **수어지교**(水魚之交)   물과 고기의 사이처럼 떨어질 수 없는 특별한 친분 = 수어지친(水魚之親)

- **수주대토**(守株待兔)   송(宋)나라의 한 농부가 나무 그루터기에 토끼가 부딪쳐 죽는 것을 보고 그루터기를 지키면서 토끼를 기다렸다는 고사에서 유래한 말로, 구습(舊習)을 고수한 채 변통할 줄 모르는 것을 비유함

- **순망치한**(脣亡齒寒)   입술을 잃으면 이가 시리다는 뜻으로, 가까운 사이의 한쪽이 망하면 다른 한쪽도 그 영향을 받아 온전하기 어려움. 또는 서로 도우며 떨어질 수 없는 밀접한 관계, 서로 도움으로써 성립되는 관계 등을 비유하여 이르는 말 = 순치지세(脣齒之勢)

- **시시비비**(是是非非)   옳은 것을 옳다고 하고, 그른 것을 그르다고 함. 옳고 그름을 가리어 밝힘(잘잘못이란 뜻도 있음)

- **식자우환**(識字憂患)   글자를 아는 것이 도리어 근심을 사게 된다는 뜻으로, 똑바로 잘 알고 있지 못하기 때문에 그 지식이 오히려 걱정거리가 됨. 도리를 알고 있는 까닭으로 도리어 불리하게 되었거나 차라리 모르는 편이 나을 때 등을 말함

- **신상필벌**(信賞必罰)   상을 받을 만한 사람에게는 반드시 상을 주고, 벌을 받을 만한 사람에게는 반드시 벌을 줌. 상벌(賞罰)을 공정하고 엄중히 하는 일

- **실사구시**(實事求是)   실제의 일에서 진리를 추구한다는 뜻으로, 사실에 의거하여 진리를 탐구하는 것을 말함

- **십시일반**(十匙一飯)   열 사람이 한 술씩 보태면 한 사람 먹을 분량이 된다는 뜻으로, 여러 사람이 힘을 합하면 한 사람을 구제하기는 쉽다는 말

- **십중팔구**(十中八九)   열이면 그 중 여덟이나 아홉은 그러함 = 십상팔구(十常八九)

● **아비규환**(阿鼻叫喚) 불교에서 말하는 아비지옥과 규환지옥으로, 뜻하지 않은 사고가 발생하여 많은 사람이 괴로움을 당하여 울부짖는 참상을 말함

● **아전인수**(我田引水) 내 논에 물을 끌어들인다는 뜻으로, 자기의 이익만을 추구함

● **악전고투**(惡戰苦鬪) 어려운 싸움과 괴로운 다툼이라는 뜻으로, 죽을 힘을 다하여 고되게 싸움

● **안거위사**(安居危思) 편안한 때에도 위험이 닥칠 것을 잊지 말고 대비하라는 말

● **안중지정**(眼中之釘) 눈에 박힌 못이라는 뜻으로, 나에게 해를 끼치는 사람, 미워서 항상 눈에 거슬리는 사람(눈엣가시)을 말함

● **안하무인**(眼下無人) 눈 아래 사람이 없다는 뜻으로, 교만하여 남을 업신여긴다는 뜻

● **암중모색**(暗中摸索) 어둠 속에서 손으로 더듬어 찾는다는 뜻으로, 어림짐작으로 추측함

● **양두구육**(羊頭狗肉) 양 머리를 걸어놓고 개고기를 판다는 뜻으로, 겉으로는 훌륭하다고 내세우나 속은 변변찮음

● **양상군자**(梁上君子) 대들보 위의 군자라는 뜻으로, 도둑이나 천장 위의 쥐를 비유함

● **양약고구**(良藥苦口) 좋은 약은 입에 씀. 충언은 귀에는 거슬리나 자신에게 이로움

● **어부지리**(漁父之利) 두 사람이 이해관계로 다투는 사이에 제3자가 이득을 얻음

● **어불성설**(語不成說) 말이 사리에 맞지 않음

● **언어도단**(言語道斷) 말문이 막혔다는 뜻(너무 어이없어서 말하려고 해도 말할 수 없음)

● **언중유골**(言中有骨) 보통 예사로운 말 속에 단단한 속뜻이 들어 있다는 말

● **엄동설한**(嚴冬雪寒) 눈이 오고 몹시 추운 한겨울

● **역지사지**(易地思之) 처지를 바꿔놓고 생각함

● **연목구어**(緣木求魚) 나무에 올라 고기를 구하듯 불가능한 일을 하려고 한다는 뜻으로, 목적이나 수단이 일치하지 않아 성공이 불가능하다는 말, 또는 허술한 계책으로 큰일을 도모함

● **오리무중**(五里霧中) 짙은 안개가 5리나 끼어 있어 방향을 알 수 없다는 뜻으로, 무슨 일에 대해 알 길이 없음

● **오월동주**(吳越同舟) 오나라 사람과 월나라 사람이 한 배를 탄다는 뜻으로, 어려운 상황에서는 원수라도 협력하게 된다는 뜻. 또는 사이가 나쁜 사람끼리 같은 장소와 처지에 놓인 경우

● **온고지신**(溫故之新)	옛것을 익히고 그것으로 미루어 새것을 안다는 뜻
● **와신상담**(臥薪嘗膽)	섶 위에 누워 쓸개를 맛본다는 뜻으로, 원수를 갚으려고 괴로움을 참고 견딤
● **요산요수**(樂山樂水)	지혜로운 사람은 물을 좋아하고, 어진 사람은 산을 좋아한다는 뜻
● **용두사미**(龍頭蛇尾)	용의 머리에 뱀의 꼬리라는 말로, 시작은 거창했지만 결국엔 보잘것 없이 흐지부지 끝남
● **우공이산**(愚公移山)	우공이 산을 옮긴다는 뜻으로, 남들은 어리석게 여기나 한 가지 일을 꾸준히 하면 목적을 달성할 수 있음
● **우도할계**(牛刀割鷄)	소 잡는 칼로 닭을 잡는다는 뜻으로, 큰일을 처리할 기능을 작은 일을 처리하는 데 씀
● **우후죽순**(雨後竹筍)	비 온 뒤에 솟는 죽순같이 어떤 일이 한때에 많이 일어남
● **원앙지계**(鴛鴦之契)	금슬이 좋은 부부를 원앙새에 비유하여 이르는 말
● **유비무환**(有備無患)	미리 준비하면 근심할 일이 없음
● **유유상종**(類類相從)	비슷한 무리끼리 서로 내왕하며 사귐
● **은인자중**(隱忍自重)	마음속으로 참으며 몸가짐을 자중함
● **읍참마속**(泣斬馬謖)	울면서 마속(瑪謖)의 목을 벤다는 뜻으로 큰 뜻을 이루기 위해 사사로운 정을 버림
● **이전투구**(泥田鬪狗)	진흙탕에서 싸우는 개라는 뜻으로, 명분이 서지 않는 일로 몰골사납게 싸움
● **인면수심**(人面獸心)	얼굴은 사람이나 마음은 짐승 같은 사람(흉폭하고 잔인한 사람)
● **인산인해**(人山人海)	사람이 헤아릴 수 없이 많이 모임
● **일거양득**(一擧兩得)	한 가지 일을 하여 두 가지 이익을 거둠
● **일구이언**(一口二言)	한 입으로 두 가지 말을 한다는 뜻
● **일망타진**(一網打盡)	그물을 한 번 쳐서 물고기를 모두 잡음
● **일사천리**(一瀉千里)	강물이 단번에 천 리를 간다는 뜻으로, 문장이나 일이 거침없이 명쾌하게 진행됨을 말함

- **일석이조**(一石二鳥)   돌멩이 하나를 던져 두 마리의 새를 잡는다는 뜻으로, 한 가지 일로 두 가지 이익을 얻는다는 말

- **일장춘몽**(一場春夢)   한바탕의 봄꿈처럼 헛된 부귀영화

- **일취월장**(日就月將)   학문이나 실력이 날로 달로 발전함

- **일필휘지**(一筆揮之)   단숨에 글씨나 그림을 훌륭하게 그려냄

- **일확천금**(一攫千金)   단번에 거액의 돈을 얻음

- **임기응변**(臨機應變)   뜻밖의 일을 당했을 때 재빨리 그에 맞게 대처하는 일

- **입신양명**(立身揚名)   출세하여 (부모의) 이름을 세상에 널리 드날림

- **자가당착**(自家撞着)   문장이나 언행이 앞뒤가 어긋나 일치하지 않음

- **자격지심**(自激之心)   자기가 한 일에 대하여 자기 스스로 미흡하게 여기는 마음

- **자업자득**(自業自得)   자기가 저지른 일의 과오를 자기가 받음

- **자중지란**(自中之亂)   같은 패 안에서 일어나는 싸움

- **자화자찬**(自畵自讚)   자기가 그린 그림을 스스로 칭찬한다는 뜻으로, 제 일을 제가 자랑함

- **전광석화**(電光石火)   극히 짧은 순간(아주 신속한 동작)

- **전전긍긍**(戰戰兢兢)   매우 두려워 벌벌 떨며 두려워함

- **전화위복**(轉禍爲福)   화(禍)를 바꾸어 오히려 복(福)이 되게 함

- **절차탁마**(切磋琢磨)   옥돌을 자르고 줄로 쓸고 끌로 쪼고 갈아 빛을 낸다는 뜻으로, 학문이나 인격을 갈고 닦음

- **절치부심**(切齒腐心)   몹시 분하여 이를 갈고 속을 썩임

- **점입가경**(漸入佳境)   경치나 문장, 사건이 갈수록 재미있게 전개됨

- **조령모개**(朝令暮改)   아침에 명령을 내리고 저녁에 고친다는 뜻으로, 일관성 없는 정책을 빗대어 이르는 말

- **조삼모사**(朝三暮四)   도토리를 아침에는 세 개 주고 저녁에는 네 개 준다는 뜻으로, 간사한 꾀로 남을 속여 희롱함 또는 얕은 꾀에 속는 어리석음을 이르는 말

- **조족지혈**(鳥足之血)   새 발의 피라는 뜻으로, 그 양이 적거나 거의 쓸모가 없음

- **좌불안석**(坐不安席) 불안, 공포 때문에 한 자리에 편하게 앉아 있지 못함

- **주객전도**(主客顚倒) 손님이 도리어 주인이 된다는 뜻으로, 대소 · 선후 · 경중이 바뀐 상태

- **주마가편**(走馬加鞭) 달리는 말에 채찍질한다는 뜻으로, 부지런하고 성실한 사람을 더 격려함

- **주마간산**(走馬看山) 말을 타고 달리면서 산을 본다는 뜻으로, 사물을 자세히 보지 못하고 겉만 대강 보고 지나감

- **주지육림**(酒池肉林) 술로 연못을 이루고 고기로 숲을 이룬다는 뜻으로, 극히 호사스럽고 방탕한 술잔치를 이르는 말

- **죽마고우**(竹馬故友) 대나무로 만든 목마를 같이 타고 놀았던 친구라는 뜻으로, 어렸을 때부터 친하게 사귄 친구

- **중과부적**(衆寡不敵) 적은 수로는 많은 수에 대적하기 어려움

- **중구난방**(衆口難防) 여러 사람의 말을 다 막기가 어렵다는 뜻으로, 많은 사람이 마구 떠들어대는 소리는 감당하기 어려우니 행동을 조심해야 한다는 뜻

- **지록위마**(指鹿爲馬) 사슴을 가리켜 말이라고 한다는 뜻으로, 사실이 아닌 것을 사실로 만들어 강압적으로 인정하게 함, 또는 윗사람을 농락하여 권세를 마음대로 부림을 비유

- **진퇴양난**(進退兩難) 나아가지도 물러서지도 못 하는 난처한 입장에 처함

- **창해상전**(滄海桑田) 푸른 바다가 변하여 뽕밭이 되는 것 같은 덧없는 세상의 변천

- **천고마비**(天高馬肥) 하늘이 높고 말은 살이 찌듯, 가을은 살기 좋은 계절이라는 말

- **천의무봉**(天衣無縫) 선녀의 옷에는 바느질한 자리가 없다는 뜻으로, 글이 자연스럽고 완벽함

- **천재일우**(千載一遇) 천 년에 한 번 만난다는 뜻으로, 매우 좋은 기회를 말함

- **천진난만**(天眞爛漫) 천진함이 넘친다는 뜻으로, 꾸밈이 없이 아주 순진함

- **천편일률**(千篇一律) 여러 사물이 변화가 없이 비슷비슷함

- **청산유수**(靑山流水) 막힘이 없이 말을 잘함

- **청천벽력**(靑天霹靂) 맑게 갠 하늘의 벼락(날벼락)이란 뜻으로, 필세(筆勢)가 매우 힘참 또는 갑자기 일어난 큰 사건이나 이변

● **청출어람**(靑出於藍)	쪽에서 나온 물감이 쪽보다 푸르다는 뜻으로, 제자(후배)가 스승(선배)보다 나음
● **초미지급**(焦眉之急)	눈썹에 불이 붙었다는 뜻으로, 매우 위급한 상태를 말함
● **초지일관**(初志一貫)	처음 계획한 뜻을 이루려고 끝까지 밀고 나감
● **촌철살인**(寸鐵殺人)	한 치의 쇠로 사람을 죽인다는 뜻으로, 간단한 짧은 말로 핵심을 찔러 사람을 감동시킴
● **칠종칠금**(七縱七擒)	일곱 번 놓아주고 일곱 번 사로잡음. 즉 자유자재의 전술
● **쾌도난마**(快刀亂麻)	어지럽게 뒤얽힌 삼의 가닥을 잘 드는 칼로 베어 버린다는 뜻으로, 무질서한 상황을 통쾌하게 풀어 놓는 것을 말함
● **타산지석**(他山之石)	다른 산에서 난 나쁜 돌도 자기의 구슬을 가는 데에 소용이 된다는 뜻으로, 남의 하찮은 언행(言行)일지라도 교훈이 되는 점이 있음
● **탁상공론**(卓上空論)	실천성이 없이 탁자 위에서만 펼치는 헛된 논설이라는 뜻
● **토사구팽**(兎死狗烹)	토끼를 잡으면 사냥개를 삶아 먹는다는 뜻으로, 필요할 때는 이용하고 이용 가치가 없을 때는 홀대하거나 제거함
● **파란만장**(波瀾萬丈)	파도의 물결치는 것이 만장(萬丈)의 길이나 된다는 뜻으로, 일의 진행에 변화가 심함을 비유하는 말
● **파렴치**(破廉恥)	염치가 없어 도무지 부끄러움을 모름
● **파사현정**(破邪顯正)	그릇된 것을 깨고 바른 것을 드러냄
● **파죽지세**(破竹之勢)	대나무를 쪼개는 기세라는 뜻으로, 세력이 강대하여 대적(大敵)을 거침없이 물리치고 쳐들어가는 기세를 말함
● **파천황**(破天荒)	천지개벽 이전의 혼돈한 상태를 깨뜨려 연다는 뜻으로, 이제까지 아무도 하지 않은 일을 행함을 이르는 말
● **풍수지탄**(風樹之嘆)	바람에 흔들리는 나무의 탄식, 즉 효도를 못한 자식의 슬픔
● **한단지몽**(邯鄲之夢)	한단에서 꾼 꿈이라는 뜻으로, 인생과 영화의 덧없음을 말함
● **한우충동**(汗牛充棟)	수레에 실으면 소가 땀을 흘릴 정도이고 방 안에 쌓으면 들보에 닿을 정도란 뜻으로, 읽은 책이 매우 많음
● **함흥차사**(咸興差使)	함흥으로 보낸 차사, 즉 사람이 돌아오지 않거나 소식이 없음
● **형설지공**(螢雪之功)	갖은 고생을 하며 부지런히 학문을 닦은 노력

- **호가호위**(狐假虎威) 여우가 호랑이의 위엄을 빌림, 즉 남의 권세를 빌려 위세를 부림

- **호사다마**(好事多魔) 좋은 일에는 방해되는 것이 많다는 뜻

- **호시탐탐**(虎視眈眈) 호랑이가 눈을 부릅뜨고 노려본다는 뜻으로, 날카로운 눈빛으로 형세를 바라보며 기회를 노린다는 말

- **호연지기**(浩然之氣) 하늘과 땅 사이에 넘치게 가득 찬 넓고도 큰 원기(元氣), 자유롭고 유쾌한 마음, 공명정대하여 조금도 부끄러운 바 없는 용기 등을 뜻함

- **호접지몽**(胡蝶之夢) 장자가 나비가 된 꿈이란 뜻으로, 만물일체(萬物一體)의 심정, 또는 인생의 덧없음을 비유하여 이르는 말

- **혹세무민**(惑世誣民) 세상 사람을 속여 미혹시키고 어지럽힘

- **화룡점정**(畫龍點睛) 용을 그릴 때 마지막으로 눈을 그려 넣음, 즉 가장 긴요한 부분을 끝내어 일을 완성함

- **화무십일홍**(花無十日紅) 열흘 붉은 꽃이 없다는 뜻, 권세나 영화는 영원할 수 없음

- **화중지병**(畫中之餅) 그림의 떡, 즉 실제로 이용할 수 없거나 차지할 수 없는 것

- **환골탈태**(換骨奪胎) 옛 사람이나 남의 글에서 그 형식이나 내용을 모방하여 자기의 작품으로 꾸미는 것, 또는 용모가 환하고 아름다워져 다른 사람처럼 됨

- **활달대도**(豁達大度) 도량이 넓고 커서 작은 일에 신경 쓰지 않음

- **황당무계**(荒唐無稽) 말이나 행동 또는 어떤 상황이 터무니없고, 근거가 없음

- **회자정리**(會者定離) 만나면 언젠가는 헤어짐

- **횡설수설**(橫說竪說) 말을 함에 있어 두서없이 아무렇게나 떠드는 것

- **효제충신**(孝悌忠信) 부모에 대한 효도, 형제간의 우애, 임금에 대한 충성과 친구 사이의 믿음을 통틀어 이르는 말

- **후안무치**(厚顔無恥) 뻔뻔하여 부끄러운 줄을 모름

- **후회막급**(後悔莫及) 어떤 행동이나 말로 인한 잘못을 아무리 뉘우쳐도 어찌할 수 없음

- **휘황찬란**(輝煌燦爛) 눈부시게 빛이 날 정도로 화려함을 뜻하는 말, 행동이 바르지 못하고 과장과 거짓이 많아 믿을 수 없음

- **흉악무도**(凶惡無道) 성질이 거칠고 사나우며 도의심이 없음

- **흥망성쇠**(興亡盛衰) 잘됨 또는 망함과 이루고 쇠함을 의미

- **흥진비래**(興盡悲來) 　즐거운 일이 다하면 슬픈 일이 오기 마련임
- **희로애락**(喜怒哀樂) 　기쁨과 분노, 슬픔과 즐거움이라는 뜻으로 사람의 여러 가지 감정을 의미

---

02 │ 속담

● 갈치가 갈치 꼬리 문다	同族相殘(동족상잔)
● 같은 값이면 다홍치마, 이왕이면 다홍치마	同價紅裳(동가홍상)
● 까마귀 날자 배 떨어진다	烏飛梨落(오비이락)
● 고래 싸움에 새우 등 터진다	鯨戰蝦死(경전하사)
● 고생 끝에 낙이 온다	苦盡甘來(고진감래)
● 고양이 목에 방울 달기	猫頭縣鈴(묘두현령)
● 귀에 걸면 귀걸이 코에 걸면 코걸이	耳懸鈴鼻懸鈴(이현령비현령)
● 숭어가 뛰니까 망둥이도 뛴다	附和雷同(부화뇌동)
● 낫 놓고 기역자도 모른다	目不識丁(목불식정)
● 내 코가 석자다	吾鼻三尺(오비삼척)
● 누워서 떡 먹기	囊中取物(낭중취물)
● 눈 가리고 아웅 한다	姑息之計(고식지계)
● 단맛 쓴맛 다 보았다	山戰水戰(산전수전)
● 달리는 말에 채찍질한다	走馬加鞭(주마가편)
● 대청 빌려 주니 안방 빌리자고 한다	借廳借閨(차청차규)
● 등잔 밑이 어둡다	燈下不明(등하불명)
● 불면 꺼질까 쥐면 터질까	金枝玉葉(금지옥엽)

● 비단 옷 입고 밤길 가기	錦衣夜行(금의야행)
● 빈대 잡으려다 초가삼간 태운다	矯角殺牛(교각살우)
● 서당 개 삼년에 풍월을 읊는다	堂狗風月(당구풍월)
● 소 잃고 외양간 고친다	亡羊補牢(망양보뢰)
● 손뼉도 마주 쳐야 소리가 난다	孤掌難鳴(고장난명)
● 쇠귀에 경 읽기	牛耳讀經(우이독경)
● 십 년이면 강산도 변한다	桑田碧海(상전벽해)
● 엎친 데 덮친다	雪上加霜(설상가상)
● 열에 한 술 밥이 한 그릇 푼푼하다	十匙一飯(십시일반)
● 우물 안 개구리	井底之蛙(정저지와)
● 원님 덕에 나팔 분다	狐假虎威(호가호위)
● 임도 보고 뽕도 따고, 도랑치고 가재 잡고, 마당 쓸고 동전 줍고	一擧兩得(일거양득)
● 입술이 없으면 이가 시리다	脣亡齒寒(순망치한)
● 자라 보고 놀란 가슴 솥뚜껑 보고 놀란다	吳牛喘月(오우천월)
● 제 논에 물 대기	我田引水(아전인수)
● 지성이면 감천	至誠感天(지성감천)
● 참외 밭에선 신발 끈을 고쳐 매지 말라	瓜田不納履(과전불납리)
● 하나를 보면 열을 안다	聞一知十(문일지십)
● 호랑이는 죽어서 가죽을 남기고 사람은 죽어서 이름을 남긴다	虎死留皮人死留名(호사유피 인사유명)
● 홀아비 사정은 과부가 안다	同病相憐(동병상련)

Section 02 한글 맞춤법 & 표준어

01 틀리기 쉬운 맞춤법

구분	활용	구분	활용
거치다 걷히다	천안을 거쳐 왔습니다. 성금이 잘 걷힙니다.	겉잡다 걷잡다	겉잡아서 이틀 걸릴 일 걷잡을 수 없는 상태
늘이다 늘리다	고무줄을 늘입니다. 수출량을 더 늘립니다.	다치다 닫히다	다리를 다쳤습니다. 문이 저절로 닫혔습니다.
마치다 맞히다	숙제를 마쳤습니다. 문제를 더 맞혔습니다.	받히다 밭치다	자전거에 받혔습니다. 밀가루를 체에 밭칩니다.
바치다 받치다	목숨을 바쳤습니다. 우산을 받치고 갑니다.	부딪치다 부딪히다	차와 기차가 부딪쳤습니다. 자동차가 벽에 부딪혔습니다.
반드시 반듯이	약속은 반드시 지키세요. 고개는 반듯이 드세요.	저리다 절이다	다리가 저려 옵니다. 배추를 절였습니다.
안치다 앉히다	밥을 안칩니다. 자리에 앉혔습니다.	이따가 있다가	이따가 오너라. 돈은 있다가도 없습니다.

02 띄어쓰기

• 조사는 그 앞말에 붙여 쓴다.

• 의존명사는 띄어 쓴다.

• 단위를 나타내는 명사는 띄어 쓴다. 다만, 순서를 나타내는 경우나 숫자와 어울려 쓰이는 경우에는 붙여 쓸 수 있다(두시 삼십분 오초, 16동 502호).

• 수를 적을 때에는 '만(萬)' 단위로 띄어 쓴다(삼천사백오십육만 칠천팔백구십팔 / 3,456만 7,898).

• 두 말을 이어 주거나 열거할 적에 쓰이는 말들은 띄어 쓴다(겸, 내지, 대, 등, 및).

• 단음절로 된 단어가 연이어 나타날 적에는 붙여 쓸 수 있다(그때 그곳, 좀더 큰것).

03 복수 표준어

• 뜻이나 어감에 차이가 있어 별도의 표준어로 인정한 경우

현재 표준어	추가 표준어	현재 표준어	추가 표준어
-기에	-길래	거치적거리다	걸리적거리다
괴발개발	개발새발	끼적거리다	끄적거리다
날개	나래	두루뭉술하다	두리뭉실하다
냄새	내음	맨송맨송	맨숭맨숭/맹숭맹숭
눈초리	눈꼬리	바동바동	바둥바둥
떨어뜨리다	떨구다	새치름하다	새초롬하다
뜰	뜨락	아옹다옹	아웅다웅
먹을거리	먹거리	야멸치다	야멸차다
메우다	메꾸다	오순도순	오손도손
손자	손주	찌뿌듯하다	찌뿌둥하다
어수룩하다	어리숙하다	치근거리다	추근거리다

• 같은 뜻으로 많이 쓰여 표준어로 인정한 경우

현재 표준어	추가 표준어	현재 표준어	추가 표준어
간질이다	간지럽히다	세간	세간살이
품세	품새	쌉싸래하다	쌉싸름하다
자장면	짜장면	고운대	토란대
만날	맨날	허섭스레기	허접쓰레기
묏자리	묫자리	토담	흙담

04 문장부호의 활용

▷ 쉼표(,)

활용	예문
같은 자격의 어구를 열거할 때	근면, 검소, 협동은 우리 겨레의 미덕이다.
짝을 지어 구별할 때	닭과 지네, 개와 고양이는 상극이다.
이웃하는 수를 개략적으로 나타낼 때	5, 6 세기 / 6, 7 개
열거의 순서를 나타내는 어구 다음	마지막으로, 무엇보다 마음이 편해야 한다.
문장의 연결 관계를 분명히 하고자 할 때 절과 절 사이	콩 심은 데 콩 나고, 팥 심은 데 팥 난다.
같은 말이 되풀이되는 것을 피하기 위하여 일정한 부분을 줄여서 열거할 때	여름에는 바다에서, 겨울에는 산에서 휴가를 즐겼다.
부르거나 대답하는 말 뒤	네, 지금 가겠습니다.
한 문장 안에서 앞말을 '곧', '다시 말해' 등과 같은 어구로 다시 설명할 때 앞말 다음	원만한 인간관계는 말과 관련한 예의, 즉 언어 예절을 갖추는 것에서 시작된다.
문장 앞부분에서 조사 없이 쓰인 제시어나 주제어의 뒤	열정, 이것이야말로 젊은이의 가장 소중한 자산이다.
한 문장에 같은 의미의 어구가 반복될 때 앞에 오는 어구 다음	그의 애국심, 몸을 사리지 않고 국가를 위해 헌신한 정신을 우리는 본받아야 한다.
도치문에서 도치된 어구들 사이	다시 보자, 한강수야.
바로 다음 말과 직접적인 관계에 있지 않음을 나타낼 때	갑돌이는, 울면서 떠나는 갑순이를 배웅했다.
문장 중간에 끼어든 어구의 앞뒤	나는, 솔직히 말하면, 그 말이 별로 탐탁지 않아.
특별한 효과를 위해 끊어 읽는 곳을 나타낼 때	내가, 정말 그 일을 오늘 안에 해낼 수 있을까?
짧게 더듬는 말을 표시할 때	부, 부정행위라니요? 그런 건 새, 생각조차 하지 않았습니다.

▷ 가운뎃점(·)

활용	예문
열거할 어구들을 일정한 기준으로 묶어서 나타낼 때	지금의 경상남도 · 경상북도, 전라남도 · 전라북도, 충청남도 · 충청북도 지역을 예부터 삼남이라 일러 왔다.
짝을 이루는 어구들 사이	빨강 · 초록 · 파랑이 빛의 삼원색이다.
공통 성분을 줄여서 하나의 어구로 묶을 때	상 · 중 · 하위권 / 금 · 은 · 동메달

▷ 쌍점(:)

활용	예문
표제 다음에 해당 항목을 들거나 설명을 붙일 때	문방사우 : 종이, 붓, 먹, 벼루
희곡 등에서 대화 내용을 제시할 때 말하는 이와 말한 내용 사이	김 과장 : 난 못 참겠다.
시와 분, 장과 절 등을 구별할 때	오전 10 : 20(오전 10시 20분)
의존명사 '대'가 쓰일 자리	65 : 60(65 대 60)

▷ 빗금(/)

활용	예문
대비되는 두 개 이상의 어구를 묶어 나타낼 때 그 사이	남반구 / 북반구
기준 단위당 수량을 표시할 때 해당 수량과 기준 단위 사이	100미터 / 초, 1,000원 / 개
시의 행이 바뀌는 부분임을 나타낼 때	산에 / 산에 / 피는 꽃은 / 저만치 혼자서 피어 있네

▷ 괄호

구분	활용	예문
소괄호 (( ))	주석이나 보충적인 내용을 덧붙일 때	니체(독일의 철학자)의 말을 빌리면 다음과 같다. 2014. 12. 19.(금) 문인화의 대표적인 소재인 사군자(매화, 난초, 국화, 대나무)는 고결한 선비 정신을 상징한다.
	우리말 표기와 원어 표기를 아울러 보일 때	기호(嗜好), 자세(姿勢) 커피(coffee), 에티켓(étiquette)
	생략할 수 있는 요소임을 나타낼 때	광개토(대)왕은 고구려의 전성기를 이끌던 임금이다.
	희곡 등 대화를 적은 글에서 동작이나 분위기, 상태를 드러낼 때	"관찰한 것을 쓰는 것이 습관이 되었죠. 그러다 보니, 상상력이 생겼나 봐요."(웃음)
	내용이 들어갈 자리임을 나타낼 때	우리나라의 수도는 ( )이다.
	항목의 순서나 종류를 나타내는 숫자나 문자	(가) 동해, (나) 서해, (다) 남해
중괄호 ({ })	같은 범주에 속하는 여러 요소를 세로로 묶어서 보일 때	주격 조사 { 이 가
	열거된 항목 중 어느 하나가 자유롭게 선택될 수 있음을 보일 때	아이들이 모두 학교{에, 로, 까지} 갔어요.
대괄호 ([ ])	괄호 안에 또 괄호를 쓸 필요가 있을 때 바깥쪽의 괄호로 사용	이번 회의에는 두 명[이혜정(실장), 박철용(과장)]만 빼고 모두 참석했습니다.
	고유어에 대응하는 한자어를 함께 보일 때	나이[年歲] 낱말[單語] 손발[手足]
	원문에 대한 이해를 돕기 위해 설명이나 논평 등을 덧붙일 때	그것[한글]은 정보화시대에 알맞은 과학적인 문자이다. 그런 일은 결코 있을 수 없다.[원문에는 '업다'임.]

Section 03 빈틈없는 상식

01 순우리말 단위어

단	짚, 땔나무, 채소 따위의 묶음을 세는 단위
달포	한 달이 조금 넘는 기간
마지기	논 200~300평, 밭 100평 정도(씨앗을 한 말 정도 뿌릴 넓이)
뭇	채소, 짚, 잎나무, 장작의 작은 묶음. 생선 10마리, 미역 10장, 자반 10개
발	두 팔을 양옆으로 펴서 벌렸을 때 한쪽 손끝에서 다른 쪽 손끝까지의 길이
사리	수, 새끼, 실 따위의 뭉치를 세는 단위
손	큰 놈 뱃속에 작은 놈 한 마리를 끼워 넣어 파는 자반고등어 2마리
쌈	바늘을 세는 단위(1쌈은 바늘 24개)
연	종이 500장
접	사과, 배 등 과일이나 무, 배추 등의 채소 100개
제	한약의 분량을 나타내는 단위(한 제는 스무 첩)
죽	옷, 신, 그릇 따위의 10개
첩	약봉지에 싼 약의 뭉치를 세는 단위
축	오징어 20마리
쾌	북어 20마리
토리	실을 감은 뭉치 또는 그 단위
톳	김 100장

02 24절기

春(봄)	입춘(立春)	봄의 시작(양력 2월 4일경)
	우수(雨水)	강물이 풀림(양력 2월 19일경)
	경칩(驚蟄)	동물이 겨울잠에서 깨어남(양력 3월 5일경)
	춘분(春分)	밤과 낮의 길이가 같음(양력 3월 21일경)
	청명(淸明)	날씨가 맑고 청명함(양력 4월 5일경)
	곡우(穀雨)	봄비가 내려 곡식이 윤택함(양력 4월 20일경)
夏(여름)	입하(立夏)	여름의 시작(양력 5월 6일경)
	소만(小滿)	만물이 점차 생장(양력 5월 21일경)
	망종(芒種)	보리는 익고 모를 심기 좋은 때(양력 6월 6일경)
	하지(夏至)	낮의 길이 최장(양력 6월 21일경)
	소서(小暑)	본격적 더위 시작(양력 7월 7일경)
	대서(大暑)	더위가 가장 심함(양력 7월 23일경)
秋(가을)	입추(立秋)	가을의 시작(양력 8월 8일경)
	처서(處暑)	더위가 물러가는 시기(양력 8월 23일경)
	백로(白露)	이슬이 내리고 가을 기운(양력 9월 8일경)
	추분(秋分)	낮과 밤의 길이가 같음(양력 9월 23일경)
	한로(寒露)	찬 이슬이 내림(양력 10월 8일경)
	상강(霜降)	서리가 내림(양력 10월 23일경)
冬(겨울)	입동(立冬)	겨울의 시작(양력 11월 7일경)
	소설(小雪)	눈이 오기 시작함(양력 11월 22일경)
	대설(大雪)	눈이 많이 오는 시기(양력 12월 7일경)
	동지(冬至)	밤이 가장 긴 시점(양력 12월 22일경)
	소한(小寒)	겨울 추위가 본격적으로 시작됨(양력 1월 5일경)
	대한(大寒)	가장 춥다고 하는 절기(양력 1월 20일경)

명칭	연령	의미	출전
지학(志學)	15세	학문에 뜻을 두는 나이	논어(論語)
약관(弱冠)	20세	남자 나이 스무 살을 뜻함	예기(禮記)
이립(而立)	30세	모든 기초를 세우는 나이	논어(論語)
불혹(不惑)	40세	사물의 이치를 터득하고 세상일에 흔들리지 않을 나이	논어(論語)
상수(桑壽)	48세	상(桑)자를 십(十)이 네 개와 팔(八)이 하나인 글자로 파자(破字)하여 48세로 봄	–
지천명(知天命)	50세	하늘의 뜻을 아는 나이	논어(論語)
이순(耳順)	60세	생각하는 것이 원만하여 어떤 일을 들으면 이해가 되는 나이	논어(論語)
화갑(華甲)	61세	화(華)자는 십(十)이 여섯 개이고 일(一)이 하나라고 해석하여 61세를 가리키며, 한 갑자인 60년이 돌아왔다고 해서 환갑(還甲) 또는 회갑(回甲)이라고도 함	–
진갑(進甲)	62세	환갑의 다음해	
종심(從心)	70세	뜻대로 행하여도 도리에 어긋나지 않는 나이, 또한 두보의 시 '곡강(曲江)'에서 유래하여 고희(古稀)라고도 함 → 從心所欲不踰矩(종심소욕불유구)	논어(論語)
희수(喜壽)	77세	희(喜)의 초서체가 칠(七)과 칠(七)을 연속으로 쓴 것으로 보여 77세를 의미	
산수(傘壽)	80세	산(傘)자를 팔(八)과 십(十)의 파자(破字)로 해석하여 80세라는 의미	
미수(米壽)	88세	미(米)자를 팔(八)과 십(十)과 팔(八)의 파자(破字)로 보아 88세라는 의미	–
졸수(卒壽)	90세	졸(卒)자의 약자를 구(九)와 십(十)으로 파자해 90세로 봄	
망백(望百)	91세	91세가 되면 백 살까지 살 것을 바라본다 하여 망백이라 함	
백수(白壽)	99세	일백 백(百)자에서 한 일(一)자를 빼면 흰 백(白)자가 된다 하여 99세로 봄	
상수(上壽)	100세	사람의 수명을 상중하로 나누어 볼 때 최상의 수명이라는 뜻. '좌전(左傳)'에서는 120살을 상수(上壽)로 봄	장자(莊子)

대상	호칭	관계
아버지	부친(父親), 가친(家親)	나를 낳아 길러주신 분들
어머니	모친(母親), 자친(慈親)	
할아버지	조부(祖父)	아버지의 아버지
할머니	조모(祖母)	아버지의 어머니
증조할아버지	증조부(曾祖父), 한할아버지	할아버지의 아버지
증조할머니	증조모(曾祖母), 한할머니	할아버지의 어머니
고조할아버지	고조부(高祖父), 높은 할아버지	증조할아버지의 아버지
고조할머니	고조모(高祖母), 높은 할머니	증조할아버지의 어머니
아들	가아(家兒), 돈아(豚兒)	내가 낳은 남자아이
며느리	자부(子婦)	아들의 아내
딸	여식(女息)	내가 낳은 여자아이
사위	서랑(壻郞)	딸의 남편
형	장형(長兄), 사백(舍伯), 사중(舍仲)	손위 형제
형수	장형수(長兄嫂), 큰형수	형의 부인
아우	사제(舍弟), 동생	손아래 형제
제수	제수(弟嫂), 계수(季嫂)	동생의 아내
누이	가매(家妹), 언니, 누나	손위 여자형제
자형	자형(姉兄), 매형(妹兄)	누이의 남편
누이동생	매(妹), 가매(家妹)	손아래 여자형제
매제	매부(妹夫), 매제(妹弟)	누이동생의 남편
큰아버지	백부(伯父), 중백부(仲伯父)	아버지의 형
큰어머니	백모(伯母), 중백모(仲伯母)	아버지의 형수
작은아버지	숙부(叔父), 계부(季父)	아버지의 동생
작은어머니	숙모(叔母)	아버지의 제수
당숙	당숙(堂叔), 종숙(從叔)	아버지의 사촌형제
당숙모	당숙모(堂叔母), 종숙모(從叔母)	아버지의 사촌형제의 부인
재당숙	재당숙(再堂叔), 재종숙(再從叔)	아버지의 육촌형제

재당숙모	재당숙모(再堂叔母), 재종숙모(再從叔母)	아버지의 육촌형제의 부인
종조부	종조부(從祖父)	할아버지의 형제
종조모	종조모(從祖母)	할아버지의 형수, 제수
종형제	사촌형제(四寸兄弟)	아버지의 조카
종수	사촌형수, 제수(弟嫂)	아버지의 조카며느리
재종형제	육촌형제(六寸兄弟)	당숙의 아들
재종형수	육촌형수, 제수(弟嫂)	당숙의 며느리
조카	질(姪)	형과 아우의 아들딸
조카며느리	질부(姪婦)	조카의 아내
당질	당질(堂姪)	사촌의 아들
당질부	당질부(堂姪婦)	사촌 아들의 아내
종손	종손(從孫)	조카의 아들
재종손	재종손(再從孫)	육촌의 손자

05 | 문학의 4대 장르(갈래)

문학은 언어의 형태에 따라 운문문학과 산문문학, 전달 방식에 따라 구비문학과 기록문학으로 나뉘기도 한다. 보통은 4분법에 의해 시·소설·희곡·수필로 구분하고, 4분법에 평론을 더한 5분법, 평론과 시나리오를 더한 6분법을 적용하기도 한다.

06 | 시나리오 용어

구분	내용
S#(Scene Number)	장면 번호
F.I(Fade In)	화면이 점차 밝아 옴
O.L(Over Lap)	화면이 겹치며 장면 전환
N.G(No Good)	촬영에 실패한 경우
콘티뉴이티(Continuity)	현장용 촬영 대본
인서트(Insert)	장면 사이의 삽입 화면
크랭크 인(Crank In)	촬영 시작
C.B(Cut Back)	다른 화면을 번갈아 대조함
NAR(Narration)	해설
F.O(Fade Out)	화면이 점차 어두워짐
PAN(Panning)	카메라를 상하좌우로 움직임
E(Effect)	효과음
타이틀(Title)	자막
C.U(Close up)	일부분을 확대해 찍는 것
크랭크 업(Crank Up)	촬영 완료
쇼트(Shot)	촬영된 한 장면(Cut)

작가	시대	작품
김동인	1920년대	〈감자〉〈배따라기〉〈운현궁의 봄〉〈약한 자의 슬픔〉〈발가락이 닮았다〉 〈광염소나타〉〈광화사〉
염상섭		〈표본실의 청개구리〉〈만세전〉〈삼대〉〈두 파산〉
현진건		〈운수 좋은 날〉〈빈처〉〈무영탑〉〈술 권하는 사회〉
주요섭		〈사랑 손님과 어머니〉〈아네모네 마담〉〈인력거꾼〉
이상	1930년대	〈날개〉〈오감도〉〈봉별기〉〈종생기〉〈권태〉
채만식		〈치숙〉〈탁류〉〈태평천하〉〈레디 메이드 인생〉
김유정		〈봄봄〉〈동백꽃〉〈금 따는 콩밭〉
김동리		〈무녀도〉〈등신불〉〈사반의 십자가〉〈바위〉
황순원		〈독짓는 늙은이〉〈카인의 후예〉〈학〉〈소나기〉
이효석		〈메밀꽃 필 무렵〉〈분녀〉〈산〉〈돈〉〈들〉
최인훈	1960년대	〈광장〉〈회색인〉〈서유기〉
이청준		〈서편제〉〈병신과 머저리〉〈축제〉〈매잡이〉
김승옥		〈서울, 1964년 겨울〉〈무진기행〉
박경리		〈토지〉〈김약국의 딸들〉〈불신시대〉
신경림	1970년대	〈농무〉〈목계장터〉〈가난한 사랑 노래〉
황석영		〈삼포가는 길〉〈장길산〉〈객지〉〈개밥바라기별〉
조세희		〈난장이가 쏘아올린 작은 공〉
한승원		〈아제아제 바라아제〉〈화사〉〈다산〉〈물보라〉〈아버지를 위하여〉〈스님의 맨발〉
이외수		〈괴물〉〈장외인간〉〈황금비늘〉〈하악하악〉〈외뿔〉
박완서	1980년대	〈엄마의 말뚝〉〈나목〉〈그 많던 싱아는 누가 다 먹었을까〉
조정래		〈태백산맥〉〈아리랑〉〈한강〉
공지영		〈고등어〉〈봉순이 언니〉〈무소의 뿔처럼 혼자서 가라〉〈도가니〉
이문열		〈우리들의 일그러진 영웅〉〈젊은 날의 초상〉〈영웅시대〉

김영하	1990년대	〈오직 두 사람〉 〈살인자의 기억법〉 〈너의 목소리가 들려〉 〈나는 나를 파괴할 권리가 있다〉
윤대녕		〈피에로들의 집〉 〈많은 별들이 한곳으로 흘러갔다〉 〈대설주의보〉 〈제비를 기르다〉 〈빛의 걸음걸이〉 〈은어낚시통신〉
성석제		〈투명인간〉 〈아름다운 날들〉 〈내 고운 벗님〉 〈그곳에는 어처구니들이 산다〉
한강		〈검은 사슴〉 〈채식주의자〉 〈흰〉 〈소년이 온다〉 〈희랍어 시간〉
김훈		〈남한산성〉 〈칼의 노래〉 〈공터에서〉 〈강산무진〉 〈공무도하〉
김진명		〈무궁화 꽃이 피었습니다〉 〈고구려〉 〈1026〉 〈킹메이커〉 〈하늘이여 땅이여〉 〈한반도〉
김연수		〈파도가 바다의 일이라면〉 〈밤은 노래한다〉 〈꾼빠이 이상〉 〈네가 누구든 얼마나 외롭든〉
김애란	2000년대 이후	〈바깥은 여름〉 〈비행운〉 〈달려라, 아비〉 〈두근두근 내 인생〉
정이현		〈우리가 녹는 온도〉 〈상냥한 폭력의 시대〉 〈너는 모른다〉 〈달콤한 나의 도시〉 〈낭만적 사랑과 사회〉
구병모		〈파과〉 〈위저드 베이커리〉 〈그것이 나만은 아니기를〉
정유정		〈7년의 밤〉 〈종의 기원〉 〈내 심장을 쏴라〉 〈28〉
장강명		〈한국이 싫어서〉 〈댓글부대〉 〈우리의 소원은 전쟁〉 〈그믐, 또는 당신이 세계를 기억하는 방식〉

08 처음에 관한 모든 것

- 우리나라 최초의 해외 원전 수출사업 – UAE 바라카 원전
- 우리나라 최초의 근대적 헌법 – 홍범 14조
- 동계패럴림픽에서 우리나라 최초로 금메달을 획득한 선수 – 신의현
- 우리나라를 처음으로 유럽에 알린 문헌 – 〈하멜표류기〉
- 우리나라 최초의 쇄빙연구선 – 아라온호
- 우리나라 최초의 한국형 구축함 – 광개토대왕함
- 우리나라 최초로 실전 배치된 잠수함 – 장보고함
- 우리나라 최초의 국산 자동차 – 시발(始發)자동차
- 우리나라 최초의 순한글신문 – 〈독립신문〉
- 우리나라 최초의 한글소설 – 〈홍길동전〉
- 우리나라 최초의 서양식 극장 – 원각사(圓覺社)
- 우리나라 최초로 한글이 새겨진 현존 최고의 금석문 – 이윤탁 한글 영비
- 세계 최초 금속활자로 인쇄된 책 – 〈직지심체요절〉
- 세계 최초 여성 대통령을 배출한 국가 – 아르헨티나
- 세계 최초의 영화 – 〈기차의 도착〉
- 세계 최초의 해양 문명 – 에게 문명
- 세계 최초의 성문헌법 – 미국 헌법
- 세계 최초의 근대적인 조약 – 베스트팔렌 조약
- 최초의 인류 – 오스트랄로피테쿠스
- 인류 최초의 우주인 – 유리 가가린
- 아시아에서 최초로 노벨문학상을 수상한 사람 – 라빈드라나트 타고르
- 최초의 할리우드 블록버스터 – 스티븐 스필버그 〈죠스〉
- 최초로 사회보험제도를 실시한 국가 – 독일
- 최초로 여성에게 참정권을 부여한 국가 – 뉴질랜드
- 최초로 안락사를 합법화한 국가 – 네덜란드

09 주요 순화어

대상어	다듬은 말	의미
블라인드 채용	(정보) 가림 채용	선발 과정의 공정성을 확보하기 위하여 응시자의 개인 정보를 배제하고 채용을 진행하는 방식
스낵컬처	자투리 문화	스낵을 먹듯 5~15분의 짧은 시간에 가볍게 즐길 수 있는 문화 콘텐츠
크래프트 맥주	수제 맥주	개인 또는 소규모 양조장이 자체 개발한 제조법에 따라 만든 맥주
홈 퍼니싱	집 꾸미기	가구, 인테리어 소품, 생활용품 등을 활용해 집안을 꾸미는 것
드라이 에이징	건식 숙성	통풍이 잘 되는 곳에서 거꾸로 매달아 고기 등을 숙성시키는 방식
레거시	(대회) 유산	올림픽·아시안 게임 등 국제대회 관련 분야에서 대회 개최 후 활용해야 할 시설(경기장, 숙박 시설 등)이나 대회 개최 과정에서 축적된 기술이나 각종 지원 체계(방송, 의료) 등을 의미
베뉴	경기장, 행사장	각종 스포츠 경기나 콘서트 등의 행사가 열리는 장소
규제 샌드박스	규제 유예(제도)	새로운 제품이나 서비스가 출시될 때 일정 동안 기존 규제를 면제하거나 유예해 주는 제도
네거티브 규제	최소 규제	법령에서 금지한 것 외에는 원칙적으로 행위를 허용하고 인정하는 규제로서, 최소화한 규제
로드쇼	투자설명회	유가증권을 발행하려는 회사가 투자자들을 대상으로 벌이는 설명회
스마트 모빌리티	1인 전동차	전기 자전거, 전동 휠, 전동 킥보드 등 전력을 동력으로 한 차세대 개인용 이동 수단
비하인드 컷	미공개 장면	특정한 목적으로 사진을 찍거나 영상을 찍을 때, 최종 선정되어 공개된 것이 아니라 공식적으로 공개되지 않은 사진이나 영상
프레스콜	언론 시연회	언론에 알린다는 뜻으로 뮤지컬이나 연극 등에서 정식 공연 전에 취재진 앞에서 주요 장면을 보여 주며 공연을 소개하는 것
소셜 다이닝	밥상모임	누리소통망(SNS) 서비스를 통해 공통의 관심사를 가진 사람들이 만나 식사를 즐기며 인간관계를 맺는 것
라인업	출연진, 제품군	영화, 텔레비전 프로그램, 공연 등의 참가자나 출연자의 구성 또는 한 회사의 제품군을 의미
버스킹	거리 공연	길거리에서 행해지는 공연
페이백	보상 환급	물건을 구매하거나 계약을 체결할 때, 지불한 금액에서 일정 금액을 되돌려 주는 것
섬네일	마중그림	그래픽 파일의 이미지를 소형화한 것. 일반적으로 인터넷에서 작은 크기의 견본 이미지를 의미
핀테크	금융 기술 (서비스)	금융을 뜻하는 '파이낸셜(Financial)'과 '기술(Technology)'의 혼성어로 '정보 기술(IT)을 기반으로 한 금융 서비스'를 의미
어뷰징	조회 수 조작	포털 사이트 등에서 클릭 수를 조작하는 행위

좋은 책을 만드는 길
독자님과 함께하겠습니다.

도서나 동영상에 궁금한 점, 아쉬운 점, 만족스러운 점이
있으시다면 어떤 의견이라도 말씀해 주세요.
SD에듀는 독자님의 의견을 모아 더 좋은 책으로 보답하겠습니다.

www.sdedu.co.kr

3일 완성 공기업 최신기출 일반상식

개정4판1쇄 발행	2022년 04월 05일 (인쇄 2022년 03월 29일)
초 판 발 행	2018년 06월 05일 (인쇄 2018년 04월 23일)
발 행 인	박영일
책 임 편 집	이해욱
편 저	시사상식연구소
편 집 진 행	김준일 · 김은영 · 남민우 · 김유진
표지디자인	조혜령
편집디자인	임아람 · 채현주
발 행 처	(주)시대고시기획
출 판 등 록	제 10-1521호
주 소	서울시 마포구 큰우물로 75 [도화동 538 성지 B/D] 9F
전 화	1600-3600
팩 스	02-701-8823
홈 페 이 지	www.sdedu.co.kr
I S B N	979-11-254-2182-2(13030)
정 가	16,000원